全世界无产者，联合起来！

马克思主义理论研究和建设工程重点项目

列宁专题文集

论辩证唯物主义和历史唯物主义

中共中央　马克思　恩格斯　著作编译局编
　　　　　列　宁　斯大林

人民出版社

弗·伊·列宁

（1910年）

编　辑　说　明

　　《列宁专题文集》是马克思主义理论研究和建设工程的重点项目，旨在为广大干部群众提供学习马克思列宁主义基本理论的读本。经中共中央批准，这部文集的编辑工作由中央编译局组织实施。

　　《列宁专题文集》分五个专题，编为五卷：《论马克思主义》、《论辩证唯物主义和历史唯物主义》、《论资本主义》、《论社会主义》、《论无产阶级政党》。文集精选了列宁各个时期的重要著作、文章、报告、笔记和书信，既注重反映列宁毕生坚持和发展马克思主义的主要理论成果以及对无产阶级革命和社会主义建设实践经验的科学总结，又着眼于适应干部群众学习和研究中国特色社会主义理论体系的实际需要。

　　《列宁专题文集》采用文献选编与重要论述摘编相结合的形式。各卷精选了列宁最具代表性的著作，或全文收录，或部分节选，同时从本卷未选收的著作中摘选与本专题有关的重要论述，编成《重要论述摘编》，作为本专题所收文献的补充。这种新的编辑形式既能反映列宁相关思想的完整性和系统性，又能体现收文少而精的原则。

　　《列宁专题文集》各卷著作的编排按各卷的不同特点采取不同方式。《论资本主义》、《论社会主义》、《论无产阶级政党》采用编年原则，《论马克思主义》、《论辩证唯物主义和历史唯物主义》采用以理论逻辑为主和以重点著作为主的编排方式。

　　《列宁专题文集》采用《列宁全集》中文第二版的译文,其中,马克思和恩格斯的引文选自《马克思恩格斯全集》和《马克思恩格斯选集》中文第一版,本文集未作变动。

　　《列宁专题文集》各卷均附有注释和人名索引。为了帮助读者把握各篇著作的理论精髓,每篇著作都附有导读性的题注,力求言简意赅地介绍每篇文章的核心内容和理论要点。

　　《列宁专题文集》沿用《列宁全集》中文第二版的技术规格。每篇文献标题下括号内的写作或发表日期是编者加的,文献本身在开头已注明日期的,标题下不另列日期。1918年2月14日以前俄国通用俄历,此后改用公历。两种历法所标日期,在1900年2月以前相差12天(如俄历为1日,公历为13日),从1900年3月起相差13天。编者加的日期,公历和俄历并用时,俄历在前,公历在后。引文中尖括号〈　〉内的文字和标点是列宁加的。未说明是编者加的脚注为列宁的原注。文中的[……]为编者加的删节号。《人名索引》条目按汉语拼音字母顺序排列,条头括号内用黑体字排的是真姓名。

　　马克思主义理论研究和建设工程咨询委员会对文集整体方案、各卷文献篇目以及各篇著作的题注进行了认真审议并提出许多宝贵意见,这对提高文集编辑工作的质量起到了重要作用。

　　本卷收入列宁著作14篇,相关重要论述23条。列宁著作分两部分编排。第一部分是两本哲学专著:《唯物主义和经验批判主义》(节选)和《哲学笔记》(节选)。列宁在《唯物主义和经验批判主义》中批判了经验批判主义及其变种俄国马赫主义,捍卫和发展了马克思主义哲学,并在总结革命实践经验和自然科学新成就的基础上阐述了辩证唯物主义和历史唯物主义的基本原理,特别是辩证唯物主义认识论的基本原理,指出辩证唯物主义和历史唯物主义是科学的世界观。在本卷节选的章节中,列宁阐明了辩证唯物主义哲学的理论基础;揭露了马赫主义在认识论上的唯心主义和不可知论实质,阐发了辩证唯物主义认识论的科学内涵;指明了在自然科学研究中坚持辩证唯物主义的重要性;同时用历史唯物主义的基本原理批驳了唯心主义的"社会存在和社会意识同一论"和"社会唯能论",论证了辩证唯物主义和历史唯物主义是一个不可分割的整体。《哲学笔记》是列宁在1895—1916年期间研读哲学著作、探讨马克思主义哲学问题时所写的摘要、短文、札记和批语。本卷摘选了列宁在1914—1915年期间为研究唯物辩证法所写的批语,其内容涉及:唯物辩证法科学体系的内在逻辑结构,唯物辩证法的核心、规律、范畴和实践意义,认识的辩证过程和实践在认识中的作用,辩证法、认识论、逻辑学的相互关系等。《谈谈辩证法问题》是列宁对他在这一时期的辩证法研究的简要总结,阐明了唯物辩证法的实质、辩证发展观和形而上学发展观的根本区别,揭示了唯心主义的认识论根源和阶级根源。

　　第二部分选收了列宁论述哲学或涉及哲学内容的一些论著,按发表的时间顺序编排,其内容既有关于辩证唯物主义的论述,也有关于历史唯物主义的论述。列宁在这些著作中高度评价了马克思和恩格斯对创立马克思主义科学世界观所作的贡献;批判了资产阶级学者对唯物辩证法和唯物史观的歪曲;阐明了辩证唯物主义和历史唯物主义的理论精髓;强调要善于用唯物辩证法来认识和分析现实问题,并通过对现实问题的分析与研究阐发了唯物辩证法的精神实质;批判了机会主义者用折中主义和诡辩术来偷换辩证法;要求共产党人必须始终不渝地捍卫马克思主义哲学,同各种唯心主义和形而上学思潮作不调和的斗争。

目　　录

插　　图

唯物主义和经验批判主义

对一种反动哲学的批判[1](节选)

（1908年2—10月）

第一版序言

　　许多想当马克思主义者的著作家，今年在我们这里对马克思主

　　这是列宁批判唯心主义哲学思潮，阐明马克思主义科学世界观的重要哲学专著。列宁在这部著作中驳斥了俄国马赫主义对马克思主义的攻击，捍卫和发展了马克思主义哲学，阐明了马克思主义的科学世界观是辩证唯物主义和历史唯物主义，在总结当时革命斗争经验和自然科学新成就的基础上系统地阐述了辩证唯物主义和历史唯物主义的基本原理，特别是辩证唯物主义认识论的基本原理。列宁揭露了马赫主义在认识论问题上的唯心主义和不可知论实质，考察了物质和意识的辩证关系，揭示了物质和意识关系问题上唯物主义和唯心主义的根本区别，提出了辩证唯物主义认识论的三个重要结论。列宁还阐明了真理的客观性以及相对真理和绝对真理的辩证关系，论述了实践在认识论中的作用和地位，指出生活、实践的观点应该是认识论的首要的和基本的观点。列宁分析了"物理学"唯心主义产生的原因，指出这是由于一些自然科学家没有从形而上学唯物主义上升到辩证唯物主义。列宁用历史唯物主义基本原理批驳了唯心主义的"社会存在和社会意识同一论"和"社会唯能论"，论证了辩证唯物主义和历史唯物主义是不可分割的整体。列宁还论述了唯物主义和唯心主义斗争的实质，阐明了哲学的党性原则。

义哲学进行了真正的讨伐。不到半年就出版了四本书,这四本书主要是并且几乎完全是攻击辩证唯物主义的。其中,首先是1908年在圣彼得堡出版的巴扎罗夫、波格丹诺夫、卢那察尔斯基、别尔曼、格尔方德、尤什凯维奇、苏沃洛夫的论文集《关于〈?应当说是:反对〉马克思主义哲学的论丛》2,其次是尤什凯维奇的《唯物主义和批判实在论》、别尔曼的《从现代认识论来看辩证法》和瓦连廷诺夫的《马克思主义的哲学体系》。

　　所有这些人都不会不知道,马克思和恩格斯几十次地把自己的哲学观点叫做辩证唯物主义。然而所有这些因敌视辩证唯物主义而联合起来的人(尽管政治观点截然不同)在哲学上又自命为马克思主义者!别尔曼说,恩格斯的辩证法是"神秘主义"。恩格斯的观点"过时了",——巴扎罗夫随便一说,好像这是不言而喻的。唯物主义看来被我们的勇士们驳倒了,他们自豪地引证"现代认识论",引证"最新哲学"(或"最新实证论"3),引证"现代自然科学的哲学",或者甚至引证"20世纪的自然科学的哲学"。我们的这些要把辩证唯物主义消灭的人,以所有这些所谓最新的学说为依据,竟肆无忌惮地谈起公开的信仰主义①来了(卢那察尔斯基最为明显,但决不只是他一个人!5),可是到了要对马克思和恩格斯明确表态时,他们的全部勇气和对自己信念的任何尊重都立即消失了。在事实上,他们完全背弃了辩证唯物主义即马克思主义。在口头上,他们却百般狡辩,企图避开问题的实质,掩饰他们的背弃行为,用某一个唯物主义者来代替整个唯物主义,根本不去直接分析马克思和恩格斯的无数唯物主义言论。按照一

---

　　①信仰主义是一种以信仰代替知识或一般地赋予信仰以一定意义的学说。4

位马克思主义者的公正说法,这真是"跪着造反"。这是典型的哲学上的修正主义,因为只有修正主义者违背马克思主义的基本观点,而又不敢或者是没有能力公开、直率、坚决、明确地"清算"被他们抛弃的观点,才获得了这种不好的名声。正统派在反对马克思的过时见解(例如梅林反对某些历史论点6)时,总是把话说得非常明确、非常详细,从来没有人在这类论著中找到过一点模棱两可的地方。

不过,在《"关于"马克思主义哲学的论丛》中也有一句近似真理的话。那句话是卢那察尔斯基说的:"也许我们〈显然就是《论丛》的全体撰稿人〉错了,但我们是在探索。"(第161页)这句话的前半句包含着绝对真理,后半句包含着相对真理,这一点我将在本书中力求详尽地指出来。现在我只指出一点:如果我们的哲学家不是用马克思主义的名义,而是用几个"正在探索的"马克思主义者的名义讲话,那么,他们对自己和对马克思主义就显得尊重些了。

至于我自己,也是哲学上的一个"探索者"。这就是说,我在本书中给自己提出的任务是:探索那些在马克思主义的幌子下发表一种非常混乱、含糊而又反动的言论的人是在什么地方失足的。

作　者

1908年9月

第 一 章

经验批判主义的认识论和
辩证唯物主义的认识论(一)

1. 感觉和感觉的复合

　　马赫和阿芬那留斯在他们的早期哲学著作中,直言不讳地、简单明了地叙述了他们的认识论的基本前提。我们现在就来看看这些著作,至于这些著作家后来所作的修正和删改,则留到以后论述时再去分析。

　　马赫在1872年写道:"科学的任务只能是:(1)研究表象之间的联系的规律(心理学);(2)揭示感觉之间的联系的规律(物理学);(3)阐明感觉和表象之间的联系的规律(心理物理学)。"①这是十分清楚的。

　　物理学的对象是感觉之间的联系,而不是物或物体(我们的感觉就是它们的映象)之间的联系。1883年,马赫在他的《力学》②一书

_____

　　①**恩·马赫**《功的守恒定律的历史和根源》(1871年11月15日在波希米亚皇家科学学会上的讲演)1872年布拉格版第57—58页。

　　②即《力学发展的历史评述》。——编者注

中重复同样的思想:"感觉不是'物的符号',而'物'倒是具有相对稳定性的感觉复合的思想符号。世界的真正**要素**不是物(物体),而是颜色、声音、压力、空间、时间(即我们通常称为感觉的东西)。"①

关于"要素"这个名词,这个经过12年"思考"的成果,我们在下面再讲。现在我们要指出的是:马赫在这里直截了当地承认物或物体是感觉的复合,十分明确地把自己的哲学观点同一种相反的、认为感觉是物的"符号"(确切些说,物的映象或反映)的理论对立起来。这后一种理论就是**哲学唯物主义**。例如,唯物主义者弗里德里希·恩格斯,马克思的这位有名的合作者和马克思主义的奠基人,就经常毫无例外地在自己的著作中谈到物及其在思想上的模写或反映(Gedanken-Abbilder),不言而喻,这些思想上的模写不是由别的,而是由感觉产生的。看起来,凡谈论"马克思主义哲学"的人,尤其是**以**这种哲学的**名义**著书立说的人,都应当知道"马克思主义哲学"的这个基本观点。但是,我们的马赫主义者[7]却造成了异乎寻常的混乱,因此我们不得不把众所周知的东西再重复一下。翻开《反杜林论》第1节,我们就可以读到:"……事物及其在思想上的反映……"② 或者翻开哲学编第1节,那里写道:"思维从什么地方获得这些原则〈指一切认识的基本原则〉呢?从自身中吗?不…… 思维永远不能从自身中,而只能从外部世界中汲取和引出存在的形式。…… 原则不是研究的出发点〈而在想做一个唯物主义者可又不能彻底贯彻唯物主义的杜林那里则相反〉,而是它的最终结果;这些原则不是被应用于自然界和人类

①恩·马赫《力学发展的历史评述》1897年莱比锡第3版第473页。

②弗·恩格斯《欧根·杜林先生在科学中实行的变革》1904年斯图加特第5版第6页(见《马克思恩格斯选集》第3卷人民出版社1972年版第62页。——编者注)。

历史,而是从它们中抽象出来的;不是自然界和人类去适应原则,而是原则只有在适合于自然界和历史的情况下才是正确的。这是对事物的唯一唯物主义的观点,而杜林的相反的观点是唯心主义的观点,它把现实的相互关系头足倒置了,从思想中……来构造现实世界……"(同上,第21页)①我们再重复一遍:恩格斯到处都毫无例外地贯彻这个"唯一唯物主义的观点",只要看到杜林稍微从唯物主义退向唯心主义,就毫不留情地加以抨击。任何人只要略为留心地读一读《反杜林论》和《路德维希·费尔巴哈》,就会看到许许多多的例子,其中恩格斯讲到物及其在人的头脑中,在我们的意识、思维中的模写等等。恩格斯并没有说感觉或表象是物的"符号",因为彻底的唯物主义在这里应该用"映象"、画像或反映来代替"符号",关于这点我们将在适当的地方加以详尽的说明。我们现在谈的完全不是唯物主义的这种或那种说法,而是唯物主义和唯心主义的对立,哲学上两条基本**路线**的区别。从物到感觉和思想呢,还是从思想和感觉到物?恩格斯坚持第一条路线,即唯物主义的路线。马赫坚持第二条路线,即唯心主义的路线。任何狡辩、任何诡辩(我们还会遇到许许多多这样的狡辩和诡辩)都不能抹杀一个明显的无可争辩的事实:恩·马赫关于物即感觉的复合的学说,是主观唯心主义,是贝克莱主义的简单的重复。如果物体像马赫所说的是"感觉的复合",或者像贝克莱所说的是"感觉的组合",那么由此必然会得出一个结论:整个世界只不过是我的表象而已。从这个前提出发,除了自己以外,就不能承认别人的存在,这是最纯粹的唯我论。不管马赫、阿芬那留斯、彼得楚尔特之流怎

---

①见《马克思恩格斯选集》第3卷人民出版社1972年版第73—74页。——编者注

样宣布他们同唯我论无关,但事实上,如果他们不陷入惊人的逻辑谬误,就不可能摆脱唯我论。为了更清楚地说明马赫主义哲学的这个基本要素,我们再从马赫的著作中作一些引证。下面就是引自《感觉的分析》(科特利亚尔的俄译本,1907年莫斯科斯基尔蒙特出版社版)的一个例证:

"我们面前有一个具有尖端S的物体。当我们碰到尖端,使它和我们的身体接触的时候,我们就感到刺痛。我们可以看见尖端,而不感觉刺痛。但是当我们感觉刺痛时,我们就会发现尖端。因此,看得见的尖端是一个恒定的核心,而刺痛是一种偶然现象,视情况不同,它可能和核心联系着,也可能不和核心联系着。由于类似现象的经常重复,最后人们习惯于把物体的**一切**特性看做是从这些恒定的核心中发出并通过我们身体的中介而传给**自我**的'作用';我们就把这些'作用'叫做'**感觉**'……"(第20页)

换句话说,人们"习惯于"坚持唯物主义的观点,把感觉看做物体、物、自然界作用于我们感官的结果。这个"习惯"对哲学唯心主义者是有害的(然而是整个人类和全部自然科学所具有的!),马赫非常讨厌它,于是就去摧毁它:

"……但是,这些核心因此便失去它们的全部感性内容,成为赤裸裸的抽象符号了……"

最可敬的教授先生,这是陈词滥调啊!这是在逐字逐句地重复贝克莱所说的物质是赤裸裸的抽象符号这句话啊!实际上,赤裸裸的正是恩斯特·马赫,因为,他既然不承认客观的、不依赖于我们而存在的实在是"感性内容",那么在他那里就只剩下一个"赤裸裸的抽象的"**自我**,一个必须大写并加上着重标记的**自我**,也就是"一架发了疯的、以为世界上只有自己才存在的钢琴"。既然外部世界不是我们感觉的"感性内容",那么除了这个发表空洞"哲学"怪论的赤裸裸的**自我**以外,就什么也没有了。真是一个愚蠢的毫无结果的勾当!

"……因而,说世界仅仅由我们的感觉构成,这是正确的。但这样一来,我们所知道的也就**仅仅**是我们的感觉了,而关于那些核心以及它们之间的相互作用(这种相互作用的产物只是感觉)的假定,就是完全没有意义的和多余的了。这样的观点仅仅对**不彻底的**实在论或**不彻底的**批判主义来说才是好的。"

我们把马赫的"反形而上学的意见"的第6节全部抄下来了。这些话完全是从贝克莱那里剽窃来的。除"我们感觉到的仅仅是自己的感觉"这一点以外,没有丝毫创见,没有一点思想的闪光。从这里只能得出一个结论:"世界仅仅由**我的**感觉构成。"马赫用"我们的"这个字眼来代替"我的"这个字眼,是不合理的。就在这一个字眼上,马赫暴露出了他所谴责别人的那种"不彻底性"。因为,如果关于外部世界的"假定",关于针不依赖于我而存在以及我的身体和针尖之间发生相互作用的假定是"没有意义的",如果所有这些假定的确都是"没有意义的和多余的",那么关于别人是存在着的这一"假定"就首先是没有意义的和多余的了。存在的只是**自我**,而其余的一切人,也和整个外部世界一样,都属于没有意义的"核心"之列。从这个观点出发,就不能说"**我们的**"感觉了,可是马赫却这样说了,这只是表明他的惊人的不彻底性。这只是证明:他的哲学是连他本人也不相信的没有意义的空话。

下面的例子特别明显地说明马赫的不彻底性和思想混乱。就在《感觉的分析》的第11章第6节里,我们读到:"假使正当我感觉着什么东西的时候,我自己或别的什么人能用一切物理的和化学的方法来观察我的头脑,那就可以确定一定种类的感觉和有机体中所发生

的哪些过程有联系……"（第197页）

好极了！这不是说我们的感觉和整个有机体中、特别是我们头脑中所发生的一定过程有联系吗？是的，马赫十分肯定地作出了这种"假定"，因为从自然科学的观点出发，不作出这种"假定"是困难的。但是对不起，这正是我们这位哲学家宣布为多余的和没有意义的关于"核心以及它们之间的相互作用"的"假定"！经验批判主义者对我们说，物体是感觉的复合；马赫硬要我们相信，如果超出这一点，认为感觉是物体作用于我们感官的结果，那就是形而上学，就是没有意义的多余的假定等等，这和贝克莱如出一辙。但头脑是物体。就是说，头脑也不过是感觉的复合。结果是，我（**我**也无非是感觉的复合）依靠感觉的复合去感觉感觉的复合。多妙的哲学！先宣布感觉是"世界的真正要素"，并在这上面建立"独出心裁的"贝克莱主义，然后又偷运相反的观点，说感觉是和有机体中的一定过程有联系的。这些"过程"是否跟"有机体"和外部世界之间的物质交换有联系呢？如果某一有机体的感觉不向该有机体提供关于这个外部世界的客观正确的表象，这种物质交换能够发生吗？

马赫没有给自己提出这些麻烦的问题，而是机械地把贝克莱主义的一些片断言论和自发地站在唯物主义认识论立场上的自然科学的见解掺杂在一起……　马赫在同一节里写道："有时候人们也提出'物质'（无机的）是否也有感觉的问题……"　这不是说**有机**物质具有感觉是不成问题了吗？这不是说感觉并非什么第一性的东西，而是物质的一种特性吗？马赫越过了贝克莱主义的一切荒谬之处！……他说："从普通的、广泛流行的物理学观念出发，这个问题是十分自然的，因为按照这种物理学观念，物质是**直接的**、无疑地存在着的**实在的东西**，一切有机物和无机物都是由它构成的……"我们要好好记住马赫的这个确实有价值的自供:普通的、广泛流行的**物理学**观念认为物质是直接的实在,而且只有这种实在的一个变种(有机物质)才具有明显表现出来的感觉特性……   马赫继续写道:"那么在这样的场合下,感觉应当是在物质所构成的大厦中不知怎么地突然产生的,或者应当是存在于所谓这个大厦的基础本身中。从**我们的**观点看来,这个问题根本是荒谬的。对我们来说,物质不是第一性的东西。这种第一性的东西只是**要素**(要素在某种确定的意义上叫做感觉)……"

这样说来,感觉是第一性的东西了,尽管它只和有机物质中的一定过程有"联系"!当马赫说这种荒唐话时,仿佛是在责难唯物主义("普通的、广泛流行的物理学观念"),说它没有解决感觉是从哪里"产生出来"的问题。这是信仰主义者及其喽啰们"驳斥"唯物主义的例证。难道有什么其他哲学观点能够在解决问题所需的材料还没有充分收集起来的时候就"解决"问题吗?马赫自己在同一节中不是也说过这样的话吗?他说:"当这个任务〈即解决"感觉在有机界里扩展的范围究竟有多大"的问题〉在任何一个特殊场合下都还没有得到解决时,要解决这个问题是不可能的。"

由此可见,唯物主义和"马赫主义"的区别,在这个问题上可以归结如下:唯物主义和自然科学完全一致,认为物质是第一性的东西,意识、思维、感觉是第二性的东西,因为以明显形式表现出来的感觉只和物质的高级形式(有机物质)有联系,而"在物质大厦本身的基础中"只能假定有一种和感觉相似的能力。例如,著名的德国自然科学家恩斯特·海克尔、英国生物学家劳埃德·摩根等人的假定就是这样,至于我们上面所讲的狄德罗的猜测就更不用说了。马赫主义坚持相反的、唯心主义的观点,于是就马上陷入荒谬之中。因为,第一,它不顾感觉只和按一定方式组成的物质的一定过程相联系这一事实,把感觉当做第一性的东西;第二,除了那个大写的**自我**之外,它假定存在着其他生物和其他"复合",这就破坏了物体是感觉的复合这一基本前提。

　　"要素"这个字眼被许多天真的人看成(我们以后会看到)一种新东西、一种发现,其实"要素"是一个什么也不能说明的术语,它只是把问题弄糊涂,只是造成一种假象,似乎问题已经解决或者向前推进了一步。这种假象所以虚妄,是因为:对于那种看来完全没有感觉的物质,跟那种由同样原子(或电子)构成但却具有明显表现出来的感觉能力的物质如何发生联系的问题,我们还需要研究再研究。唯物主义明确地把这个尚未解决的问题提出来,从而促进这一问题的解决,推动人们去作进一步的实验研究。马赫主义,即一种混乱的唯心主义,却用"要素"这个空洞的狡辩的辞令把问题弄糊涂,使它离开正确的途径。

　　下面的一段话引自马赫的最后一部带有综合性和结论性的哲学著作,这段话表明了这种唯心主义怪论的全部虚伪性。在《认识和谬误》中,我们读到:"用感觉即**心理**要素构成(aufzubauen)**任何物理**要素,是没有任何困难的,但不能设想(ist keine Möglichkeit abzusehen),任何**心理**体验怎么可以由现代物理学所使用的要素即质量和运动(处在仅仅对这门特殊科学有用的那种僵化状态——Starrheit——的要素)构成(darstellen)。"①

　　关于许多现代自然科学家的概念的僵化,关于他们的形而上学的(按马克思主义对这个词的理解,即反辩证法的)观点,恩格斯曾经不止一次十分明确地讲到过。我们在下面就会看到,马赫正是在这点

---

①**恩·马赫**《认识和谬误》1906年第2版第12页注释。

上走入了歧途，因为他不懂得或者不知道相对主义和辩证法之间的关系。但是现在所说的不是这个问题。对于我们说来，重要的是要在这里指出：尽管马赫使用了混乱的、似乎是新的术语，但他的**唯心主义**表现得非常明显。你们看，由感觉即心理要素构成任何物理要素，是没有任何困难的！是的，这样的构成当然是没有困难的，因为这是纯粹字面上的构成，是偷运信仰主义的空洞的经院哲学。因此，马赫把他的著作献给内在论者，而最反动的哲学唯心主义的信徒内在论者又来拥抱马赫，这就不足为奇了。恩斯特·马赫的"最新实证论"只是迟了约200年，因为贝克莱早已充分地表明："由感觉即心理要素"所能"构成"的不是别的，只是**唯我论**。至于说到唯物主义（马赫虽然没有直截了当和明确地把它叫做"敌人"，然而在这里也把自己的观点和它对立起来），我们从狄德罗的例子中就已经看到唯物主义者的真正观点了。这种观点不在于从物质的运动中引出感觉或者把感觉归结为物质的运动，而在于承认感觉是运动着的物质的一种特性。恩格斯在这个问题上坚持狄德罗的观点。顺便提一下，恩格斯所以和"庸俗"唯物主义者福格特、毕希纳、摩莱肖特划清界限，就是因为他们迷惑于这样一种观点，似乎大脑分泌思想**正如**肝脏分泌胆汁一样。而经常把自己的观点和唯物主义对立起来的马赫，当然也会完全像其他一切御用哲学的御用教授一样，无视一切伟大的唯物主义者——狄德罗、费尔巴哈、马克思和恩格斯。

为了说明阿芬那留斯的最初的和基本的观点，我们要谈一谈1876年出版的他的第一部独立的哲学著作：《哲学——按照费力最小的原则对世界的思维》（《纯粹经验批判绪论》）。波格丹诺夫在他的《经验一元论》（1905年第2版第1卷第9页注释）中说道："在马赫的观点的发展中，哲学唯心主义是出发点，而阿芬那留斯的特点则在于他一开始就有实在论的色彩。"波格丹诺夫所以这样说,是因为他信了马赫的话,见《感觉的分析》俄译本第288页。但是波格丹诺夫枉然相信了马赫,他的论断也就完全违反了事实的真相。相反地,阿芬那留斯的唯心主义在上述1876年的著作中表现得非常明显,连阿芬那留斯本人在1891年也不得不承认这点。阿芬那留斯在《人的世界概念》的序言中说:"谁读了我的第一部有系统的著作《哲学——按照费力最小的原则对世界的思维》,谁马上就会推测到:我是企图首先从唯心主义的观点去阐明《纯粹经验批判》一书中的问题的"(《人的世界概念》1891年版序言第IX页),但是"哲学唯心主义的无效",使我"怀疑我以前所走的道路的正确性"(第X页)。在哲学文献中,阿芬那留斯的这个唯心主义出发点是大家所公认的。从法国著作家中,我可以举出科韦拉尔特,他说阿芬那留斯在《绪论》[①]中的哲学观点是"一元论唯心主义"[②];从德国著作家中,我可以举出阿芬那留斯的学生鲁道夫·维利,他说:"阿芬那留斯在青年时代,特别是在他的1876年的著作中,完全处在所谓认识论唯心主义的影响之下(ganz im Banne)。"[③]

如果否认阿芬那留斯的《绪论》中的唯心主义,那的确是可笑的,因为他在那里直言不讳地说:**"只有感觉才能被设想为存在着的东西**。"(德文第2版第10页和第65页,引文中的黑体都是我用的)阿芬那留斯自己就是这样来叙述他的著作第116节的内容的。这一节的全文如下:"存在着的东西(das Seiende)被认为是有感觉能力的实

①即《纯粹经验批判绪论》。——编者注

②**弗·万科韦拉尔特**《经验批判主义》,载于1907年2月《新经院哲学评论》杂志[8]第51页。

③**鲁道夫·维利**《反对学院智慧。哲学批判》1905年慕尼黑版第170页。

体;实体消失了〈你们看,设想"实体"不存在,设想什么外部世界都不存在,是"更经济些","费力更小些"!〉……而感觉依然存在。因此我们应当把存在着的东西设想为感觉,在它的基础中没有感觉以外的任何东西(nichts Empfindungsloses)。"

于是,感觉可以不要"实体"而存在,也就是说,思想可以不要头脑而存在!难道真的会有替这种无头脑的哲学作辩护的哲学家吗?有的,理查·阿芬那留斯教授就是其中的一个。关于这样的辩护,尽管正常的人很难认真地去对待它,但我们却不能不稍微谈一谈。下面就是阿芬那留斯在同书第89—90节中的议论:

"……运动引起感觉这个论点,仅仅是以一种假象的经验为根据的。这种包括知觉这一行为在内的经验似乎就在于:感觉是由于传来的运动(刺激)并在其他物质条件(例如血液)的协助下而在某种实体(大脑)中产生的。尽管这个产生过程从来也没有人直接(selbst)体验过,但是为了使设想的经验成为各部分都是真实的经验,至少必须用经验的证据来证明:那种似乎由传来的运动在某一实体中所引起的感觉,不是早就以某种形式存在于这个实体中的;因此,只能把感觉的出现理解为传来的运动的一种创造作用。于是,只有证明在现在出现感觉的地方以前没有任何感觉,甚至没有最低级的感觉,才能确定这样一个事实,这个事实表示某种创造作用,因而同其余的全部经验相矛盾,并且根本改变其余的全部自然观(Naturanschauung)。但是任何经验都没有提供这样的证明,而且任何经验都不能提供这样的证明;相反地,实体在具有感觉之前的那种根本没有感觉的状态,只不过是一种假说而已。这样的假说不是使我们的认识简单明白,而是使我们的认识复杂模糊。

如果这种所谓的经验(即感觉似乎是通过传来的运动而在实体

中**产生**的,而实体从这时起才开始具有感觉)在仔细的考察下原来只是假象的经验,那么,或许在残存的经验内容中还有足够的材料可以肯定感觉至少相对地起源于运动的条件,就是说,可以肯定现有的然而是潜伏的、或者最低级的、或者因其他原因而没有被我们意识到的感觉,由于传来的运动而解放出来了,或者上升了,或者被意识到了。然而,这一点残存的经验内容也只是一种假象。假使我们用一种理想的观察方法去探究从运动着的实体A中发出并经过一系列媒介中心而传达到有感觉能力的实体B的运动,那么我们至多能发现实体B中的感觉在接受传达到的运动的同时便发展或上升起来,但是我们不会发现这是**由于**运动而产生的……"

我们特意把阿芬那留斯驳斥唯物主义的这段话全部摘录下来,使读者可以看到"最新的"经验批判主义哲学在玩弄着多么可怜的诡辩。我们现在把唯心主义者阿芬那留斯的议论和波格丹诺夫的**唯物主义的**议论……比较一下,就算是对波格丹诺夫背叛唯物主义的一个惩罚吧!

在很久很久以前,整整9年以前,当波格丹诺夫一半是"自然科学的唯物主义者"(即绝大多数现代自然科学家自发地主张的唯物主义认识论的拥护者),只有一半被糊涂人奥斯特瓦尔德弄得糊里糊涂的时候,他写道:"从古代到现在,记述心理学一直把意识的事实分为三类:感觉和表象的领域、情感的领域以及冲动的领域…… 属于第一类的是外部世界或内部世界的现象在意识中如实出现的**映象**……这样的映象,如果是直接由与它相符合的外部现象经过外部感觉器官引起的,就叫做'感觉'。"① 稍后几页写道:"感觉……在意识中的

---

① **亚·波格丹诺夫**《*自然史观的基本要素*》1899年圣彼得堡版第216页。

产生,是通过外部感觉器官传来的外部环境的某种刺激的结果。"(第222页)又写道:"感觉是意识生活的基础,是意识和外部世界的直接联系。"(第240页)"在感觉过程的每一步上,都发生着外部刺激力向意识事实的转化。"(第133页)甚至在1905年,当波格丹诺夫在奥斯特瓦尔德和马赫的善意的协助下,在哲学上已经从唯物主义观点转到唯心主义观点时,他(由于健忘!)还在《经验一元论》中写道:"大家知道,外部刺激力在神经末梢器官中变为'电报'形式的神经流,这种形式的神经流虽然还没有得到充分的研究,但丝毫没有神秘性。这样的刺激力首先到达分布在神经节、脊髓、皮质下神经中枢等所谓'低级'中枢里面的神经原。"(1905年第2版第1卷第118页)

任何一个没有被教授哲学弄糊涂的自然科学家,也和任何一个唯物主义者一样,都认为感觉的确是意识和外部世界的直接联系,是外部刺激力向意识事实的转化。这种转化每个人都看到过千百万次,而且的确到处都可以看得到。唯心主义哲学的诡辩就在于:它把感觉不是看做意识和外部世界的联系,而是看做隔离意识和外部世界的屏障、墙壁;不是看做同感觉相符合的外部现象的映象,而是看做"唯一存在的东西"。阿芬那留斯只是把这种早已被贝克莱主教用滥了的旧诡辩在形式上略微改变了一下。既然我们还不知道我们每分钟所看到的感觉和按一定方式组成的物质之间的联系的一切条件,因此我们承认只有感觉才是存在着的,阿芬那留斯的诡辩就是如此。

为了结束对经验批判主义的基本的唯心主义前提的评述,我们简略地提一下这一哲学流派在英国和法国的代表。关于英国人卡尔·毕尔生,马赫直言不讳地说:"我和他的认识论的(erkenntniskritischen)观点在一切主要点上是一致的。"(《力学》上引版本第IX页)卡·毕尔生也表示他和马赫是一致的。①在毕尔生看来，"实物"就是"感性知觉"(sense impressions)。他宣称，凡是承认在感性知觉之外有物的存在的，都是形而上学。毕尔生最坚决地攻击唯物主义(尽管他既不知道费尔巴哈，也不知道马克思和恩格斯)；他的论据与上面所分析过的没有什么差别。但是，毕尔生却一点也不想冒充唯物主义者(这是俄国马赫主义者的特长)，他如此地……不谨慎，竟不替自己的哲学想出"新的"称号，而直截了当地宣布他和马赫的观点都是"**唯心主义的**"(上引版本第326页)！毕尔生认为自己的家谱是直接从贝克莱和休谟那里续来的。我们在下文中将不止一次地看到，毕尔生的哲学按其完整性和思考的周密性来说，大大地超过了马赫的哲学。

马赫特地表示自己是同法国物理学家皮·杜恒和昂利·彭加勒一致的②。关于这些著作家的特别混乱的和不彻底的哲学观点，我们在论新物理学的那一章中再讲。这里我们只须指出：彭加勒认为物是"感觉群"③，而杜恒也顺便说过类似的观点④。

现在我们来研究马赫和阿芬那留斯在承认他们的最初观点的唯心主义性质之后，又怎样在以后的著作中**修改**这些观点。

---

①卡尔·毕尔生《科学入门》1900年伦敦第2版第326页。

②《感觉的分析》第4页。参看《认识和谬误》第2版序言。

③昂利·彭加勒《科学的价值》1905年巴黎版，有俄译本，散见各处。

④参看皮·杜恒《物理学理论及其对象和构造》1906年巴黎版第6、10页。

第 二 章

经验批判主义的认识论和
辩证唯物主义的认识论(二)

1."自在之物"或维·切尔诺夫
对弗·恩格斯的驳斥

关于"自在之物",我们的马赫主义者写了好多东西,如果把它们收集在一起,真是堆积如山。"自在之物"对于波格丹诺夫和瓦连廷诺夫,巴扎罗夫和切尔诺夫,别尔曼和尤什凯维奇来说,真是个怪物。他们对"自在之物"用尽了"恶言秽语",使尽了冷嘲热讽。为了这个倒霉的"自在之物",他们究竟同谁战斗呢?在这里,俄国的马赫主义哲学家就按政党分化了。一切想当马克思主义者的马赫主义者都攻击**普列汉诺夫的**"自在之物",谴责他糊涂和陷入康德主义,谴责他背弃恩格斯(关于前一个谴责,我们把它放到第四章里去讲;关于后一个谴责,我们就在这里谈)。民粹派分子、马克思主义的死敌、马赫主义者维·切尔诺夫先生,为了"自在之物"直接攻击**恩格斯**。

这一次,由于维克多·切尔诺夫先生公开地仇视马克思主义,因而他同在党派上是我们的同志而在哲学上是我们的反对派的那些人比较起来,是**较**有原则的论敌[9],承认这一点令人羞愧,可是隐瞒它却是罪过。因为只有**不干净的心地**(也许再加上对唯物主义的无知?)才会使那些想当马克思主义者的马赫主义者圆滑地撇开恩格斯,根本不理费尔巴哈,而专门围着普列汉诺夫兜圈子。这正是纠缠,正是无聊而又琐碎的吵闹,正是对恩格斯的学生吹毛求疵,而对老师的见解却胆怯地避免作直接分析。由于我们这个简略评述的任务是要指出马赫主义的反动性以及马克思和恩格斯的唯物主义的正确性,因此我们不谈那些想当马克思主义者的马赫主义者同普列汉诺夫的吵闹,而直接谈论经验批判主义者维·切尔诺夫先生所驳斥的恩格斯。在切尔诺夫的《哲学和社会学论文集》(1907年莫斯科版,这本论文集中的文章除少数几篇之外,都是在1900年以前写的)里,有一篇题为《马克思主义和先验哲学》的文章,它一开始就企图把马克思和恩格斯对立起来,谴责恩格斯的学说是"素朴的独断的唯物主义",是"最粗陋的唯物的独断主义"(第29、32页)。维·切尔诺夫先生说,恩格斯反对康德的自在之物和休谟的哲学路线的议论就是"充分的"例证。我们就从这个议论谈起吧。

恩格斯在他的《路德维希·费尔巴哈》中宣布唯物主义和唯心主义是哲学上的基本派别。唯物主义认为自然界是第一性的,精神是第二性的,它把存在放在第一位,把思维放在第二位。唯心主义却相反。恩格斯把唯心主义和唯物主义的"各种学派"的哲学家所分成的"两大阵营"之间的这一根本区别提到首要地位,并且直截了当地谴责在别的意义上使用唯心主义和唯物主义这两个名词的那些人的"混乱"。

恩格斯说:"全部哲学的最高问题","全部哲学,特别是近代哲学的重大的基本问题"是"思维对存在、精神对自然界的关系问题"。恩格斯根据这个基本问题把哲学家划分为"两大阵营"，接着他又指出，哲学的基本问题"还有另一个方面"，这就是："我们关于我们周围世界的思想对这个世界本身的关系是怎样的？我们的思维能不能认识现实世界？我们能不能在我们关于现实世界的表象和概念中正确地反映现实？"①

恩格斯说："绝大多数哲学家对这个问题都作了肯定的回答"，他在这里所指的不仅是所有的唯物主义者，而且也包括最彻底的唯心主义者，例如，绝对唯心主义者黑格尔。黑格尔认为现实世界是某种永恒的"绝对观念"的体现，而且人类精神在正确地认识现实世界的时候，就在现实世界中并通过现实世界认识"绝对观念"。

"但是，此外〈即除了唯物主义者和彻底的唯心主义者之外〉，还有其他一些哲学家否认认识世界的可能性，或者至少是否认彻底认识世界的可能性。在近代哲学家中，休谟和康德就属于这一类，而他们在哲学的发展上是起过很重要的作用的……"②

维·切尔诺夫先生在引了恩格斯的这些话之后，就拼命加以攻击。他给"康德"这个名词作了以下的注释：

"在1888年，把康德、特别是休谟这样的哲学家叫做'近代'哲学家，是相当奇怪的。在那个时候，听到柯亨、朗格、黎尔、拉斯、李普曼、

---

①弗·恩格斯《路·费尔巴哈》德文第4版第15页（见《马克思恩格斯选集》第4卷人民出版社1972年版第219—221页。——编者注）。1905年日内瓦俄译本第12—13页。维·切尔诺夫先生把Spiegelbild译做"镜中的反映"，责怪普列汉诺夫"以十分无力的方式"表达恩格斯的理论，因为在他的俄译本里只说"反映"，而不说"镜中的反映"。这是吹毛求疵。Spiegelbild这个词在德文里也只是当做Abbild（反映、模写、映象。——编者注）来使用的。

②见《马克思恩格斯选集》第4卷人民出版社1972年版第221页。——编者注

戈林等人的名字更自然一些。看来,恩格斯在'近代'哲学方面不怎么行。"(第33页注释2)

　　维·切尔诺夫先生是始终如一的。不论在经济问题上还是在哲学问题上,他都跟屠格涅夫小说里的伏罗希洛夫[10]一样,简单地抬出一些"学者的"名字,一会儿用来消灭不学无术的考茨基①,一会儿用来消灭无知的恩格斯!但不幸的是,所有这些被切尔诺夫先生提到的权威,就是恩格斯**在《路·费尔巴哈》的同一页上**讲到的那些**新康德主义者**[11],恩格斯把他们看做是企图使早已被驳倒的康德和休谟学说的僵尸重新复活的理论上的**反动分子**。好样儿的切尔诺夫先生不懂得,恩格斯在自己的议论中所要驳斥的正是这些(在马赫主义看来是)权威的糊涂教授们!

　　恩格斯指出,黑格尔已经提出了反对休谟和康德的"决定性的"论据,费尔巴哈在这些论据上补充了一些与其说深刻不如说机智的见解,接着恩格斯继续说道:

　　"对这些以及其他一切哲学上的怪论〈或谬论,Schrullen〉的最令人信服的驳斥是实践,即实验和工业。既然我们自己能够制造出某一自然过程,按照它的条件把它生产出来,并使它为我们的目的服务,从而证明我们对这一过程的理解是正确的,那么康德的不可捉摸的〈或不可理解的,unfaßbaren——这个重要的词在普列汉诺夫的译文里和维·切尔诺夫先生的译文里都漏掉了〉'自在之物'就完结了。动植物体内所产生的化学物质,在有机化学开始把它们一一制造出来以前,一直是这种'自在之物';一旦把它们制造出来,'自在之物'就

―――――――――――――――――――――――――――――――――

　　①弗·伊林《土地问题》1908年圣彼得堡版第1册第195页(见《列宁全集》第2版第5卷第130页。——编者注)。

变成'为我之物'了,例如茜草的色素——茜素,我们已经不再从地里的茜草根中取得,而是用便宜得多、简单得多的方法从煤焦油里提炼出来了。"(上引书第16页)①

维·切尔诺夫先生引完这段议论,就完全控制不住自己了,他要彻底消灭可怜的恩格斯。请听:"可以'用便宜得多、简单得多的方法'从煤焦油里提炼出茜素[12],这当然是任何新康德主义者都不会觉得奇怪的。但是,在提炼茜素的同时可以用同样便宜的方法从同样的煤焦油里提炼出对'自在之物'的驳斥,这真是个了不起的闻所未闻的发现,当然,这样看的不仅是新康德主义者。"

"显然,恩格斯知道了康德认为'自在之物'是不可认识的,于是他就把这个定理改成逆定理,断言一切未被认识的东西都是自在之物……"(第33页)

马赫主义者先生,请你听着,胡扯也要有个限度!你是在大庭广众面前歪曲上面引证的恩格斯的那段话,甚至你不懂得这儿说的是什么,就想去"捣毁"它!

第一,说恩格斯"提炼出对自在之物的驳斥",这是不对的。恩格斯曾经直截了当地明确地说过:他驳斥**康德的不可捉摸的**(或不可认识的)自在之物。切尔诺夫先生把恩格斯关于物不依赖于我们的意识而存在的唯物主义观点搞乱了。第二,如果康德的定理说自在之物是不可认识的,那么"**逆**"定理应当说**不可认识的东西**是自在之物。切尔诺夫先生却用**未被认识的代替了**不可认识的,他不理解由于这样一代替,他又把恩格斯的唯物主义观点搞乱和歪曲了!

①见《马克思恩格斯选集》第4卷人民出版社1972年版第221—222页。——编者注

维·切尔诺夫先生被他自己所奉为指导者的那些御用哲学的反动分子弄得糊里糊涂，他**根本不了解**自己所引用的例子便大叫大嚷地反对恩格斯。我们不妨向这位马赫主义的代表说清楚，问题究竟在什么地方。

恩格斯直截了当地明确地说，他既反对休谟，又反对康德。但是休谟根本不谈什么"不可认识的自在之物"。那么这两个哲学家有什么共同之点呢？共同之点就是：他们**都把**"现象"和显现者、感觉和被感觉者、为我之物和"自在之物"**根本分开**。但是，休谟根本不愿意承认"自在之物"，他认为关于"自在之物"的思想本身在哲学上就是不可容许的，是"形而上学"（像休谟主义者和康德主义者所说的那样）。而康德则承认"自在之物"的存在，不过宣称它是"不可认识的"，它和现象有原则区别，它属于另一个根本不同的领域，即属于知识不能达到而信仰却能发现的"彼岸"（Jenseits）领域。

恩格斯的反驳的实质是什么呢？昨天我们不知道煤焦油里有茜素，今天我们知道了。试问，昨天煤焦油里有没有茜素呢？

当然有。对这点表示任何怀疑，就是嘲弄现代自然科学。

既然这样，那么由此就可以得出三个重要的认识论的结论：

（1）物是不依赖于我们的意识，不依赖于我们的感觉而在我们之外存在着的。因为，茜素昨天就存在于煤焦油中，这是无可怀疑的；同样，我们昨天关于这个存在还一无所知，我们还没有从这茜素方面得到任何感觉，这也是无可怀疑的。

（2）在现象和自在之物之间决没有而且也不可能有任何原则的差别。差别仅仅存在于已经认识的东西和尚未认识的东西之间。所谓二者之间有着特殊界限，所谓自在之物在现象的"彼岸"（康德），或者说可以而且应该用一种哲学屏障把我们同关于某一部分尚未认识但存在于我们之外的世界的问题隔离开来（休谟），——所有这些哲学的臆说都是废话、怪论（Schrulle）、狡辩、捏造。

（3）在认识论上和在科学的其他一切领域中一样，我们应该辩证地思考，也就是说，不要以为我们的认识是一成不变的，而要去分析怎样从**不知**到**知**，怎样从不完全的不确切的知到比较完全比较确切的知。

只要你们抱着人的认识是由不知发展起来的这一观点，你们就会看到：千百万个类似在煤焦油中发现茜素那样简单的例子，千百万次从科学技术史中以及从所有人和每个人的日常生活中得来的观察，都在向人表明"自在之物"转化为"为我之物"；都在表明，当我们的感官受到来自外部的某些对象的刺激时，"现象"就产生，当某种障碍物使得我们所明明知道是存在着的对象不可能对我们的感官发生作用时，"现象"就消失。由此可以得出唯一的和不可避免的结论：对象、物、物体是在我们之外、不依赖于我们而存在着的，我们的感觉是外部世界的映象。这个结论是由一切人在生动的人类实践中作出来的，唯物主义自觉地把这个结论作为自己认识论的基础。与此相反的马赫的理论（物体是感觉的复合）是可鄙的唯心主义胡说。而切尔诺夫先生在他对恩格斯的"分析"中再一次暴露出他的伏罗希洛夫式的品质：恩格斯举的简单例子在他看来竟是"奇怪而又幼稚的"！他认为只有学究的臆说才是哲学，他不能区别教授的折中主义和彻底的唯物主义认识论。

至于切尔诺夫先生往后的全部议论，我们没有可能，也没有必要去分析它们，因为它们都是同样狂妄的胡说（譬如他说：原子在唯物主义者看来是自在之物！）。我们只须指出一个和我们题目有关的（并且看来迷惑了某些人的）对马克思的议论：马克思似乎跟恩格斯不同。这里讲的是马克思关于费尔巴哈的提纲**第2条**以及普列汉诺夫对此岸性(Diesseitigkeit)这个词的译法。

下面就是提纲第2条：

"人的思维是否具有对象的真理性，这并不是一个理论的问题，而是一个实践的问题。人应该在实践中证明自己思维的真理性，即自己思维的现实性和力量，亦即自己思维的此岸性。关于离开实践的思维是否具有现实性的争论，是一个纯粹经院哲学的问题。"①

普列汉诺夫不是译成"证明思维的此岸性"(直译)，而是译成证明思维"不是停留在现象的此岸"。于是维·切尔诺夫先生就大叫大嚷地说："恩格斯和马克思的矛盾被异常简单地排除了"，"结果马克思似乎和恩格斯一样，也肯定了自在之物的可知性和思维的彼岸性了"(上述著作第34页注释)。

请同这位每说一句话就增加好多糊涂思想的伏罗希洛夫打一次交道吧！维克多·切尔诺夫先生，如果你不知道一切唯物主义者都承认自在之物的可知性，这就是无知。维克多·切尔诺夫先生，如果你跳过这一条的**第一句**话，不想一想思维的"对象的真理性"(gegenständliche Wahrheit)**无非是**指思维所**真实**反映的对象(="自在之物")的**存在**，这就是无知或极端的马虎。维克多·切尔诺夫先生，如果你断言似乎可以从普列汉诺夫的转述(普列汉诺夫只是转述而不是翻译)中"得出结论说"，马克思拥护思维的**彼岸性**，这也是无知。因为只有休谟主义者和康德主义者才使人的思维停留在"现象的此岸"。一切唯物主义者，其中包括贝克莱主教所攻击的17世纪的唯物主义者(见《代绪论》)，都认为"现象"是"为我之物"，或者是"自在客

---

① 见《马克思恩格斯选集》第1卷人民出版社1972年版第16页。——编者注

体"的**复写**。当然,那些想知道马克思的原文的人是不一定需要普列汉诺夫的自由转述的,但是必须细心推敲马克思的言论,而不应该伏罗希洛夫式地卖弄聪明。

有一种情况指出来是有意思的:我们发现一些自称社会主义者的人不愿意或不能够细心推敲马克思的《提纲》,而一些资产阶级著作家、哲学专家,有时候倒比较认真。我知道这样一个著作家,他研究费尔巴哈的哲学并且为此还探讨了马克思的《提纲》。这个著作家就是阿尔伯·莱维,他在自己写的有关费尔巴哈的著作的第2部分第3章里专门研究了费尔巴哈对马克思的影响①。我们不谈莱维是否在每一个地方都正确地解释费尔巴哈以及他如何用通常的资产阶级观点去批判马克思,我们只举出他对马克思的著名《提纲》的哲学内容的评价。关于提纲的第1条,阿·莱维说道:"一方面,马克思和一切以往的唯物主义以及费尔巴哈都承认,同我们关于物的表象相符合的是我们之外的实在的单独的(独立的,distincts)客体……"

读者可以看到,阿尔伯·莱维一下子就清楚了:承认我们表象与之"相符合的"我们之外的实在的客体,不仅是马克思主义的唯物主义的基本立场,而且是**任何**唯物主义、"**一切以往的**"唯物主义的基本立场。这种关于**整个**唯物主义的起码知识,只有俄国的马赫主义者才不知道。莱维继续说道:

"……另一方面,马克思认为遗憾的是:唯物主义曾经让唯心主义去评价能动力〈即人的实践〉的作用。""马克思认为:应该把这些能动力从唯心主义手中夺过来,也把它们引入唯物主义的体系,但是,

①阿尔伯·莱维《费尔巴哈的哲学及其对德国著作界的影响》1904年巴黎版第249—338页(费尔巴哈对马克思的影响);第290—298页(对《提纲》的分析)。

当然必须把唯心主义不能承认的那种实在的和感性的特性给予这些能动力。所以马克思的思想是这样的：正像同我们表象相符合的是我们之外的实在的客体一样，同我们的现象的活动相符合的是我们之外的实在的活动、物的活动。从这个意义上来讲，人类不仅是通过理论认识而且还通过实践活动参加到绝对物中去；这样，整个人类活动就获得了一种使它可以同理论并驾齐驱的价值和尊严。革命的活动从此就获得形而上学的意义……"

阿·莱维是一个教授。而一个循规蹈矩的教授不会不骂唯物主义者是形而上学者。在唯心主义、休谟主义和康德主义的教授们看来，任何唯物主义都是"形而上学"，因为它在现象（为我之物）之外还看到我们之外的实在；因此，当阿·莱维说马克思认为同人类的"现象的活动"相符合的是"物的活动"，即人类的实践不仅具有（休谟主义和康德主义所谓的）现象的意义而且还具有客观实在的意义的时候，他的话在本质上是正确的。实践标准在马赫和马克思那里有着完全不同的意义，我们在适当地方（第6节）将详细地加以说明。"人类参加到绝对物中去"，这就是说：人的认识反映绝对真理（见下面第5节），人类的实践检验我们的表象，确证其中与绝对真理相符合的东西。阿·莱维继续说道：

"……马克思谈到这点时，自然会遭到批驳。他承认自在之物是存在的，而我们的理论是人对自在之物的翻译。他就不能避开通常的反驳：究竟什么东西向你保证这种翻译是正确的呢？什么东西证明人的思想给你提供客观真理呢？对于这种反驳，马克思在提纲第2条中作了答复。"（第291页）

读者可以看到，阿·莱维一分钟也没有怀疑马克思承认自在之物的存在！

4. 有没有客观真理?

波格丹诺夫宣称:"在我看来,马克思主义包括对任何真理的绝对客观性的否定,对任何永恒真理的否定。"(《经验一元论》第3卷第IV—V页)什么叫**绝对**客观性呢?波格丹诺夫在同一个地方说,"永恒真理"就是"具有绝对意义的客观真理",他只同意承认"仅仅在某一时代范围内的客观真理"。

在这里显然是把下面两个问题搞混了:(1)有没有客观真理?就是说,在人的表象中能否有不依赖于主体、不依赖于人、不依赖于人类的内容?(2)如果有客观真理,那么表现客观真理的人的表象能否立即地、完全地、无条件地、绝对地表现它,或者只能近似地、相对地表现它?这第二个问题是关于绝对真理和相对真理的相互关系问题。

波格丹诺夫明确地、直截了当地回答了第二个问题,他根本否认绝对真理,并且因恩格斯承认绝对真理而非难恩格斯搞**折中主义**。关于亚·波格丹诺夫发现恩格斯搞折中主义这一点,我们在后面另行论述。现在我们来谈谈第一个问题。关于这个问题,波格丹诺夫虽然没有直接说到,但回答也是否定的。因为,否定人的某些表象中的相对性因素,可以不否定客观真理;但是否定绝对真理,就不可能不否定客观真理的存在。

稍后,波格丹诺夫在第IX页上写道:"……别尔托夫所理解的客观真理的标准是没有的;真理是思想形式——人类经验的组织形式……"

这里和"别尔托夫的理解"毫无关系,因为这里谈的是哲学的基本问题中的一个问题,而根本不涉及别尔托夫。这和真理的**标准**也毫无关系,关于真理的标准要另行论述,不应该把这个问题和**有没有客**观真理的问题混为一谈。波格丹诺夫对后一问题的否定的回答是明显的:如果真理**只是**思想形式,那就是说,不会有不依赖于主体、不依赖于人类的真理了,因为除了人类的思想以外,我们和波格丹诺夫都不知道别的什么思想。从波格丹诺夫的后半句话来看,他的否定的回答就更加明显了:如果真理是人类经验的形式,那就是说,不会有不依赖于人类的真理,不会有客观真理了。

波格丹诺夫对客观真理的否定,就是不可知论和主观主义。这种否定的荒谬,即使从前面所举的一个自然科学真理的例子来看,也是显而易见的。自然科学关于地球存在于人类之前的论断是真理,对于这一点,自然科学是不容许怀疑的。这一点和唯物主义的认识论是完全符合的:被反映者不依赖于反映者而存在(外部世界不依赖于意识而存在)是唯物主义的基本前提。自然科学关于地球存在于人类之前的论断,是客观真理。自然科学的这个原理同马赫主义者的哲学以及他们的真理学说,是不可调和的:如果真理是人类经验的组织形式,那么地球存在于任何人类经验**之外**的论断就不可能是真理了。

但是不仅如此。如果真理只是人类经验的组织形式,那么天主教的教义也可以说是真理了。因为,天主教毫无疑问地是"人类经验的组织形式"。波格丹诺夫本人也感觉到了他的理论的这种惊人的谬误,我们来看看他怎样企图从他所陷入的泥坑中爬出来,倒是非常有趣的。

我们在《经验一元论》第1卷里读到:"客观性的基础应该是在集体经验的范围内。我们称之为客观的,是这样一些经验材料,它们对于我们和别人都具有同样的切身意义,不仅我们可以根据它们来毫无矛盾地组织自己的活动,而且我们深信,别人为了不陷于矛盾也应该以它们为根据。物理世界的客观性就在于：它不是对我一个人，而是对所有的人说来都是存在的〈不对！它是**不依赖于**"所有的人"而存在的〉，并且我深信，它对于所有的人，就像对于我一样，具有同样确定的意义。物理系列的客观性就是它的**普遍意义**。"（第25页，黑体是波格丹诺夫用的）"我们在自己的经验中所遇见的那些物理物体的客观性，归根到底是确立在不同人的意见的相互验证和一致的基础上的。总之，物理世界是社会地一致起来的、社会地协调起来的经验，一句话，**是社会地组织起来的经验**。"（第36页，黑体是波格丹诺夫用的）

这是根本错误的唯心主义的定义；物理世界是不依赖于人类和人类经验而存在的；在不可能有人类经验的任何"社会性"和任何"组织"的时候，物理世界就已经存在了，等等。关于这些我们不再重复了。现在我们从另一方面来揭穿马赫主义哲学：它给客观性下这样的定义，就会使宗教教义也适合这个定义了，因为宗教教义无疑地也具有"普遍意义"等等。再听一听波格丹诺夫往下说吧！"我们再一次提醒读者：'客观'经验决不是'社会'经验…… 社会经验远非都是社会地组织起来的，它总包含着各种各样的矛盾，因而它的某些部分和其他一些部分是不一致的。鬼神可以存在于某个民族或民族中某个集团（例如农民）的社会经验范围之内，但还不能因此就把它们包括在社会地组织起来的或客观的经验之内，因为它们和其余的集体经验不协调，并且不能列入这种经验的组织形式中，例如，因果性的链条中。"（第45页）

波格丹诺夫自己"不把"关于鬼神等等的社会经验"包括"在客观经验之内，我们当然是很高兴的。但是，以否定信仰主义的精神来作出的这种善意修正，丝毫没有改正波格丹诺夫的整个立场的根本错误。波格丹诺夫给客观性和物理世界所下的定义无疑是站不住脚的，因为宗教教义比科学学说具有更大的"普遍意义"，人类的大部分至今还信奉宗教教义。天主教由于许多世纪的发展已经是"社会地组织起来、协调起来和一致起来的"；它无可争辩地可以**"列入""因果性的链条"**中，因为宗教的产生不是无缘无故的，在现代条件下宗教得到人民群众的信奉，决不是偶然的，而哲学教授们迎合宗教的意旨，也是完全"合乎规律的"。如果说这种无疑具有普遍意义的和无疑高度组织起来的社会宗教的经验与科学的"经验""不协调"，那么就是说，二者之间存在着原则的根本的差别，而波格丹诺夫在否认客观真理时却把这种差别抹杀了。无论波格丹诺夫怎样"修正"，说信仰主义或僧侣主义是和科学不协调的，然而有一个事实毕竟是无可怀疑的，即波格丹诺夫对客观真理的否定是和信仰主义完全"协调"的。现代信仰主义决不否认科学；它只否认科学的"过分的奢望"，即对客观真理的奢望。如果客观真理存在着（如唯物主义者所认为的那样），如果只有那在人类"经验"中反映外部世界的自然科学才能给我们提供客观真理，那么一切信仰主义就无条件地被否定了。如果没有客观真理，真理（也包括科学真理）只是人类经验的组织形式，那么，这就是承认僧侣主义的基本前提，替僧侣主义大开方便之门，为宗教经验的"组织形式"开拓地盘。

试问：这种对客观真理的否定，是出自不肯承认自己是马赫主义者的波格丹诺夫本人呢，还是出自马赫和阿芬那留斯的学说的基本原理？对这个问题的回答只能是后者。如果世界上只存在着感觉（1876年阿芬那留斯是这样说的），如果物体是感觉的复合（马赫在《感觉的分析》中是这样说的），那么就很明显，在我们面前的就是哲学主观主义，它不可避免地会导致对客观真理的否定。如果把感觉叫做"要素",这种"要素"在一种联系上构成物理的东西,在另一种联系上构成心理的东西,那么正如我们所看到的那样,经验批判主义的基本出发点并没有因此被否定,而只是被搞乱。阿芬那留斯和马赫都承认感觉是我们知识的泉源。因此,他们都抱着经验论(一切知识来自经验)或感觉论(一切知识来自感觉)的观点。但是,这种观点只会导致唯心主义和唯物主义这两个基本哲学派别之间的差别,而不会排除它们之间的差别,不管你们给这种观点套上什么"新"字眼("要素")的服饰。无论唯我论者即主观唯心主义者还是唯物主义者,都可以承认感觉是我们知识的泉源。贝克莱和狄德罗都渊源于洛克。认识论的第一个前提无疑地就是:感觉是我们知识的唯一泉源。马赫承认了第一个前提,但是搞乱了第二个重要前提:人通过感觉感知的是客观实在,或者说客观实在是人的感觉的泉源。从感觉出发,可以沿着主观主义的路线走向唯我论("物体是感觉的复合或组合"),也可以沿着客观主义的路线走向唯物主义(感觉是物体、外部世界的映象)。在第一种观点(不可知论,或者更进一步说,主观唯心主义)看来,客观真理是不会有的。在第二种观点(唯物主义)看来,承认客观真理是最要紧的。这个哲学上的老问题,即关于两种倾向的问题,或者说得更确切些,关于从经验论和感觉论的前提中得出两种可能的结论的问题,马赫并没有解决,也没有排除或超越,他只是玩弄"要素"这类名词,**把**问题**搞乱**。波格丹诺夫否定客观真理,这是整个马赫主义的必然结果,而不是离开马赫主义。

恩格斯在他的《路·费尔巴哈》中,把休谟和康德叫做"否认认识世界的可能性,或者至少是否认彻底认识世界的可能性"的哲学家。因而恩格斯提到首要地位的是休谟和康德的共同点,而不是他们的分歧点。同时他又指出:"对驳斥这一〈休谟的和康德的〉观点具有决定性的东西,已经由黑格尔说过了。"(德文第4版第15—16页)①因此,指出黑格尔讲的下面一段话,在我看来不是没有意思的。黑格尔在宣称**唯物主义**是"彻底的经验论体系"时写道:"在经验论看来,外部东西(das Äußerliche)总是真实的;即使经验论容许某种超感觉的东西,那也否认这种超感觉的东西的可知性(soll doch eine Erkenntnis desselben(d.h.des Übersinnlichen)nicht statt finden können),经验论认为必须完全遵循属于知觉的东西(das der Wahrnehmung Angehörige)。而这个基本前提经过彻底的发展(Durchführung),便产生了后来所谓的**唯物主义**。在这种唯物主义看来,物质本身是真实的客观的东西(das wahrhaft Objektive)。"②

一切知识来自经验、感觉、知觉。这是对的。但试问:"属于知觉"的,也就是说,作为知觉的泉源的是**客观实在**吗?如果你回答说是,那你就是唯物主义者。如果你回答说不是,那你就是不彻底的,你不可避免地会陷入主观主义,陷入不可知论;不论你是否认自在之物的可知性和时间、空间、因果性的客观性(像康德那样),还是不容许关于自在之物的思想(像休谟那样),反正都一样。在这种情况下,你的经验论、经验哲学的不彻底性就在于:你否定经验中的客观内容,否定经验认识中的客观真理。

康德和休谟路线的维护者(马赫和阿芬那留斯包括在休谟路线的维护者之内,因为他们不是纯粹的贝克莱主义者)把我们唯物主义者叫做"形而上学者",因为我们承认我们在经验中感知的客观实在,

---

①见《马克思恩格斯选集》第4卷人民出版社1972年版第221页。——编者注

②黑格尔《哲学全书缩写本》,《黑格尔全集》1843年版第6卷第83页,参看第122页。

承认我们感觉的客观的、不依赖于人的泉源。我们唯物主义者,继恩格斯之后,把康德主义者和休谟主义者叫做**不可知论者**,因为他们否定客观实在是我们感觉的泉源。不可知论者这个词来自希腊文:在希腊文里α是**不**的意思,**gnosis**是**知**的意思。不可知论者说:**我不知道**是否有我们的感觉所反映、模写的客观实在;我宣布,要知道这点是不可能的(见上面恩格斯关于不可知论者的立场的叙述)。因此,不可知论者就否定客观真理,并且小市民式地、庸俗地、卑怯地容忍有关鬼神、天主教圣徒以及诸如此类东西的教义。马赫和阿芬那留斯自命不凡地提出"新"术语、所谓"新"观点,实际上却是糊涂地混乱地重复不可知论者的回答:一方面,物体是感觉的复合(纯粹的主观主义、纯粹的贝克莱主义),另一方面,如果把感觉改名为要素,那就可以设想它们是不依赖于我们的感官而存在的!

马赫主义者喜欢唱这样一种高调:他们是完全相信我们感官的提示的哲学家,他们认为世界确实像显现在我们面前的那样,是充满着声音、颜色等等的,而唯物主义者认为世界是死的,世界没有声音和颜色,它本身和它的显现不同,等等。例如,约·彼得楚尔特在他的《纯粹经验哲学引论》和《从实证论观点来看世界问题》(1906)里面唱的都是这类高调。维克多·切尔诺夫先生对这一"新"思想称赞不已,他跟着彼得楚尔特喋喋不休地重复这种论调。其实,马赫主义者是主观主义者和不可知论者,因为他们**不充分**相信我们感官的提示,不彻底贯彻感觉论。他们不承认客观的、不依赖于人的实在是我们感觉的泉源。他们不把感觉看做是这个客观实在的正确摄影,因而直接和自然科学发生矛盾,为信仰主义大开方便之门。相反地,唯物主义者认为世界比它的显现更丰富、更生动、更多样化,因为科学每向前发展一步,就会发现它的新的方面。唯物主义者认为我们的感觉是唯一的和最终的客观实在的映象,所谓最终的,并不是说客观实在已经被彻底认识了,而是说除了它,没有而且也不能有别的客观实在。这种观点不仅坚决地堵塞了通向一切信仰主义的大门,而且也堵塞了通向教授的经院哲学的大门。这种经院哲学不是把客观实在看做我们感觉的泉源,而是用成套臆造的字眼来"推演出"客观的这一概念,认为客观的就是具有普遍意义的、社会地组织起来的,等等,它不能够而且也往往不愿意把客观真理和关于鬼神的教义分开。

马赫主义者对"独断主义者"即唯物主义者的"陈腐"观点轻蔑地耸耸肩膀,因为唯物主义者坚持着似乎已被"最新科学"和"最新实证论"驳倒了的**物质**概念。关于物质构造的新物理学理论,我们将另行论述。但是,像马赫主义者那样把关于物质的某种构造的理论和认识论的范畴混淆起来,把关于物质的新类型(例如电子)的新特性问题和认识论的老问题,即关于我们知识的泉源、客观真理的存在等等问题混淆起来,这是完全不能容许的。有人对我们说,马赫"发现了世界要素":红、绿、硬、软、响、长等等。我们要问:当人看见红,感觉到硬等等的时候,人感知的是不是客观实在呢?这个老而又老的哲学问题被马赫搞乱了。如果你们认为人感知的不是客观实在,那么你们就必然和马赫一起陷入主观主义和不可知论,你们就理所当然地受到内在论者即哲学上的缅施科夫式人物的拥抱。如果你们认为人感知的是客观实在,那么就需要有一个关于这种客观实在的哲学概念,而这个概念很早很早以前就制定出来了,这个概念就是**物质**。物质是标志客观实在的哲学范畴,这种客观实在是人通过感觉感知的,它不依赖于我们的感觉而存在,为我们的感觉所复写、摄影、反映。因此,如果说这个概念会"陈腐",就是**小孩子的糊涂话**,就是无聊地重复时髦的**反动**哲学的论据。在两千年的哲学发展过程中,唯心主义和唯物主义的斗争难道会陈腐吗?哲学上柏拉图的和德谟克利特的倾向或路线的斗争难道会陈腐吗?宗教和科学的斗争难道会陈腐吗?否定客观真理和承认客观真理的斗争难道会陈腐吗?超感觉知识的维护者和反对者的斗争难道会陈腐吗?

接受或抛弃物质概念这一问题,是人对他的感官的提示是否相信的问题,是关于我们认识的泉源的问题。这一问题从一开始有哲学起就被提出来讨论了,教授小丑们可以千方百计地把这个问题改头换面,但是它正如视觉、触觉、听觉和嗅觉是否是人的认识的泉源这个问题一样,是不会陈腐的。认为我们的感觉是外部世界的映象;承认客观真理;坚持唯物主义认识论的观点,——这都是一回事。为了说明这一点,我只引证费尔巴哈以及两本哲学入门书里的话,以便读者可以看清楚,这是一个多么起码的问题。

路·费尔巴哈写道:"否认感觉是客观救世主的福音、通告(Verkündung),这多么无聊。"①你们可以看到,这是稀奇古怪的术语,然而却是一条十分鲜明的哲学路线:感觉给人揭示客观真理。"我的感觉是主观的,可是它的基础〈或原因,Grund〉是客观的。"(第195页)请把这句话同上面引证过的那段话比较一下,在那段话里费尔巴哈说过,唯物主义是从感性世界,即最终的(ausgemachte)客观真理出发的。

在弗兰克的《哲学辞典》②中,我们读到这样的话:感觉论是"把认识归于感觉,从感觉的经验中"引出我们的一切观念的学说。感觉论分为主观的感觉论(怀疑论13和贝克莱主义)、道德的感觉论(伊壁

---

①《费尔巴哈全集》1866年版第10卷第194—195页。
②《哲学辞典》1875年巴黎版。

鸠鲁主义[14]）和客观的感觉论。"客观的感觉论是唯物主义，因为在唯物主义者看来，物质或物体是能够作用于我们感官（atteindre nos sens）的唯一客体。"

施韦格勒在他的《哲学史》中说："既然感觉论断言只有依靠感官才能感知真理或存在物，那么只要〈指18世纪末的法国哲学〉客观地表述这个原理，我们就可以得出一个唯物主义的论点：只有感性的东西是存在着的；除了物质的存在，没有别的存在。"①

这就是写进教科书的一些起码的真理，而我们的马赫主义者却把它们忘记了。

5. 绝对真理和相对真理，或论亚·波格丹诺夫所发现的恩格斯的折中主义

波格丹诺夫的这一发现写在1906年《经验一元论》第3卷的序言中。波格丹诺夫写道："恩格斯在《反杜林论》里所说的意思，同我刚才所说明的真理相对性的意思**差不多**"（第Ⅴ页），就是指否定一切永恒真理，"否定任何真理的绝对客观性"。"恩格斯的错误就在于不坚决果断，就在于他透过自己的全部讥讽言论，流露出对某些尽管是可怜的'永恒真理'的承认。"（第Ⅷ页）"在这里，只有不彻底性才会容许像恩格斯所作的那些折中主义的保留……"（第Ⅸ页）现在我们来举出波格丹诺夫如何反驳恩格斯的折中主义的一个例子。为了向杜林说明，凡是奢望在历史科学中发现永恒真理的人会局限于哪些东西，

---

① 阿尔伯特·施韦格勒博士《哲学史纲要》第15版第194页。

会满足于哪些"陈词滥调"（Plattheiten），恩格斯在《反杜林论》（论"永恒真理"这一章）里说到"拿破仑死于1821年5月5日"。于是波格丹诺夫反驳恩格斯说："这是什么'真理'啊？它有什么'永恒的'呢？确证对于我们这一代大概已经没有任何现实意义的个别关系，这不能作为任何活动的出发点，而且也不会引导我们到达任何地方。"（第IX页）他在第VIII页上还说："难道'陈词滥调'可以叫做'真理'吗？难道'陈词滥调'是真理吗？真理就是经验的生动的组织形式。它在我们的活动中引导我们到达某个地方，它在生活斗争中提供支撑点。"

从这两段引文中可以很明显地看出：波格丹诺夫不是在反驳恩格斯，而是在**唱高调**。如果你不能断定"拿破仑死于1821年5月5日"这个命题是错误的或是不确切的，那么你就得承认它是真理。如果你不能断定它在将来会被推翻，那么你就得承认这个真理是永恒的。把真理是"经验的生动的组织形式"这类词句叫做反驳，这就是用**一堆无聊的话**来冒充哲学。地球具有地质学所叙述的历史呢，还是在七天内被创造出来的[15]呢？难道能够用"引导"我们到达某个地方的"生动的"（这是什么意思？）真理等等词句来回避这个问题吗？难道关于地球历史和人类历史的知识"没有现实意义"吗？这只是波格丹诺夫用来掩饰他**退却**的冠冕堂皇的胡言乱语。因为，他在证明恩格斯对永恒真理的承认就是折中主义的时候，既没有推翻拿破仑确实死于1821年5月5日的事实，也没有驳倒那个认为这一**真理**将来会被推翻的见解是个荒谬见解的论点，而只是用响亮的词句来回避问题，这样的做法就是一种退却。

恩格斯所举的这个例子是非常浅显的，关于这类永恒的、绝对的、只有疯子才会怀疑的**真理**（正像恩格斯在举"巴黎在法国"这个例子时所说的），任何人都能轻而易举地想出几十个例子。为什么恩格斯在这里要讲到这些"陈词滥调"呢?因为他是要驳斥和嘲笑不会在绝对真理和相对真理的关系问题上应用辩证法的、独断的、形而上学的唯物主义者杜林。当一个唯物主义者,就要承认感官给我们揭示的客观真理。承认客观的即不依赖于人和人类的真理,也就是这样或那样地承认绝对真理。正是这个"这样或那样",就把形而上学唯物主义者杜林同辩证唯物主义者恩格斯区别开来了。在一般科学、特别是历史科学的最复杂的问题上,杜林到处滥用最后真理、终极真理、永恒真理这些字眼。恩格斯嘲笑了他,回答说:当然,永恒真理是有的,但是在简单的事物上用大字眼(gewaltige Worte)是不聪明的。为了向前推进唯物主义,必须停止对"永恒真理"这个字眼的庸俗的玩弄,必须善于辩证地提出和解决绝对真理和相对真理的关系问题。正是由于这个缘故,30年前在杜林和恩格斯之间展开了斗争。而波格丹诺夫却假装"**没有看到**"恩格斯**在同一章中**对绝对真理和相对真理的问题所作的说明,波格丹诺夫由于恩格斯承认了对**一切**唯物主义来说都是最起码的论点,就想尽办法非难恩格斯搞"折中主义"。他这样做,只是再一次暴露了他无论对唯物主义还是对辩证法都绝对无知。

恩格斯在《反杜林论》中上述那章(第1编第9章)的开头写道:"我们却遇到了这样一个问题:人的认识的产物究竟能否具有至上的意义和无条件的真理权(Anspruch),如果能,那么是哪些产物能这样。"(德文第5版第79页)恩格斯对这个问题的解答如下:

"思维的至上性是在一系列非常不至上地思维着的人们中实现的;拥有无条件的真理权的那种认识是在一系列相对的谬误中实现的;二者〈绝对真理的认识和至上的思维〉都只有通过人类生活的无限延续才能完全实现。

在这里,我们又遇到在上面已经遇到过的矛盾:一方面,人的思维的性质必然被看做是绝对的,另一方面,人的思维又是在完全有限地思维着的个人中实现的。这个矛盾只有在至少对我们说来实际上是无止境的人类世代更迭中才能得到解决。从这个意义来说,人的思维是至上的,同样又是不至上的,它的认识能力是无限的,同样又是有限的。按它的本性〈或构造,Anlage〉、使命、可能和历史的终极目的来说,是至上的和无限的;按它的个别实现和每次的现实来说,又是不至上的和有限的。"(第81页)①

恩格斯继续说道:"永恒真理的情况也是一样。"②

这个论断,对于一切马赫主义者所强调的**相对主义**问题,即我们知识的相对性原则的问题,是极端重要的。马赫主义者**都**坚决认为他们是相对主义者,但是,俄国马赫主义者在重复德国人的话的时候,却害怕或不能直截了当地明白地提出相对主义和辩证法的关系问题。在波格丹诺夫(以及一切马赫主义者)看来,承认我们知识的相对性,就是根本**不**承认绝对真理。在恩格斯看来,绝对真理是由相对真理构成的。波格丹诺夫是相对主义者。恩格斯是辩证论者。下面是恩格斯在《反杜林论》同一章中讲的另一段同样重要的话:

"真理和谬误,正如一切在两极对立中运动的逻辑范畴一样,只是在非常有限的领域内才具有绝对的意义;这一点我们刚才已经看到了,即使是杜林先生,只要他稍微知道一点正是说明一切两极对立

---

①参看**维·切尔诺夫**的话,上引著作第64页及以下几页。马赫主义者切尔诺夫先生完全站在不愿意承认自己是马赫主义者的波格丹诺夫的立场上。他们的不同之处在于:波格丹诺夫竭力**掩饰**他和恩格斯的分歧,认为这是偶然的,等等;而切尔诺夫则觉得,这是既同唯物主义又同辩证法进行斗争的问题。

②见《马克思恩格斯选集》第3卷人民出版社1972年版第124—126页。——编者注

的不充分性的辩证法的初步知识〈辩证法的基本前提〉，他也会知道这一点的。只要我们在上面指出的狭窄的领域之外应用真理和谬误的对立，这种对立就变成相对的，因而对精确的科学的表达方式来说就是无用的；但是，如果我们企图在这一领域之外把这种对立当做绝对有效的东西来应用，那我们就会完全遭到失败；对立的两极都向自己的对立面转化，就是说，真理变成谬误，谬误变成真理。"（第86页）①接着恩格斯举了波义耳定律（气体的体积同它所受的压力成反比）作为例子。这个定律所包含的"一粒真理"只有在一定界限内才是绝对真理。这个定律"只是近似的"真理。

因此，人类思维按其本性是能够给我们提供并且正在提供由相对真理的总和所构成的绝对真理的。科学发展的每一阶段，都在给绝对真理这一总和增添新的一粒，可是每一科学原理的真理的界限都是相对的，它随着知识的增加时而扩张、时而缩小。约·狄慈根在《漫游》②中说："我们可以看到、听到、嗅到、触到绝对真理，无疑地也可以**认识**绝对真理，但它并不全部进入（geht nicht auf）认识中。"（第195页）"不言而喻，图像不能穷尽对象，画家落后于他的模特儿……图像怎么能够和它的模特儿'一致'呢？只是近似地一致。"（第197页）"我们只能相对地认识自然界和它的各个部分；因为每一个部分，虽然只是自然界的一个相对的部分，然而却具有绝对物的本性，具有认识所不可穷尽的自在的自然整体（des Naturganzen an sich）的本性……　我们究竟怎样知道在自然现象背后，在相对真理背后，存在着不完全显露在人面前的普遍的、无限的、绝对的自然呢？……这种

---

① 见《马克思恩格斯选集》第3卷人民出版社1972年版第130页。——编者注
② 即《一个社会主义者在认识论领域中的漫游》。——编者注

知识是从哪儿来的呢?它是天赋的,是同意识一起为我们所禀赋的。"(第198页)最后这句话是狄慈根的不确切的说法之一,这些不确切的说法使得马克思在给库格曼的一封信中指出:狄慈根的观点中存在着混乱。[①]只有抓住这类不正确的地方,才能谈论不同于辩证唯物主义的狄慈根的特殊哲学。但是狄慈根自己在**同一页上**就改正了,他说:"虽然我说,关于无限的、绝对的真理的知识是天赋的,它是独一无二的唯一的先于经验的知识,但是这种天赋知识还是由经验证实的。"(第198页)

从恩格斯和狄慈根的所有这些言论中可以清楚地看出:在辩证唯物主义看来,相对真理和绝对真理之间没有不可逾越的鸿沟。波格丹诺夫完全不懂得这点,他竟然说出了这样的话:"它〈旧唯物主义的世界观〉希望成为对于**事物本质的**绝对**客观的**认识〈黑体是波格丹诺夫用的〉,因而同任何思想体系的历史条件的制约性不能相容。"(《经验一元论》第3卷第Ⅳ页)从现代唯物主义即马克思主义的观点来看,我们的知识向客观的、绝对的真理接近的**界限**是受历史条件制约的,但是这个真理的存在**是无条件的**,我们向这个真理的接近也是无条件的。图画的轮廓是受历史条件制约的,而这幅图画描绘客观地存在着的模特儿,这是无条件的。在我们认识事物本质的过程中,我们什么时候和在什么条件下进到发现煤焦油中的茜素或发现原子中的电子,这是受历史条件制约的;然而,每一个这样的发现都意味着"绝对客观的认识"前进一步,这是无条件的。一句话,任何思想体系都是受历史条件制约的,可是,任何科学的思想体系(例如不同于宗教的思想体系)都和客观真理、绝对自然相符合,这是无条件的。你们会

---

① 参看《马克思恩格斯全集》第1版第32卷第567页。——编者注

说：相对真理和绝对真理的这种区分是不确定的。我告诉你们：这种区分正是这样"不确定"，以便阻止科学变为恶劣的教条，变为某种僵死的凝固不变的东西；但同时它又是这样"确定"，以便最坚决果断地同信仰主义和不可知论划清界限，同哲学唯心主义以及休谟和康德的信徒们的诡辩划清界限。这里是有你们所没有看到的界限，而且由于你们没有看到这个界限，你们滚入了反动哲学的泥坑。这就是辩证唯物主义和相对主义的界限。

马赫、阿芬那留斯和彼得楚尔特宣称：我们是相对主义者。切尔诺夫先生和一些想当马克思主义者的俄国马赫主义者也随声附和地说：我们是相对主义者。是的，切尔诺夫先生和马赫主义者同志们，你们的错误正在这里。因为，把相对主义作为认识论的基础，就必然使自己不是陷入绝对怀疑论、不可知论和诡辩，就是陷入主观主义。作为认识论基础的相对主义，不仅承认我们知识的相对性，并且还否定任何为我们的相对认识所逐渐接近的、不依赖于人类而存在的、客观的准绳或模特儿。从赤裸裸的相对主义的观点出发，可以证明任何诡辩都是正确的，可以认为拿破仑是否死于1821年5月5日这件事是"有条件的"，可以纯粹为了人或人类的"方便"，在承认科学思想体系（它在一方面是"方便"的）的同时，又承认宗教思想体系（它在另一方面也是很"方便"的），等等。

辩证法，正如黑格尔早已说明的那样，**包含着**相对主义、否定、怀疑论的因素，可是它**并不归结为**相对主义。马克思和恩格斯的唯物主义辩证法无疑地包含着相对主义，可是它并不归结为相对主义，这就是说，它不是在否定客观真理的意义上，而是在我们的知识向客观真理接近的界限受历史条件制约的意义上，承认我们一切知识的相对性。

波格丹诺夫加上着重标记写道："**彻底的马克思主义不承认**"像永恒真理"**这样的独断主义和静力学**"(《经验一元论》第3卷第IX页)。这是一句糊涂话。如果世界是永恒地运动着和发展着的物质(像马克思主义者所认为的那样),这种物质为不断发展着的人的意识所反映,那么这同"静力学"有什么关系呢?这里谈的根本不是物的不变的本质,也不是不变的意识,而是反映自然界的意识和意识所反映的自然界之间的**符合**。在这个问题上,而且仅仅在这个问题上,"独断主义"这个术语具有特殊的、独特的哲学风味,它是唯心主义者和不可知论者在**反对**唯物主义者时所爱用的字眼,这一点我们从相当"老的"唯物主义者费尔巴哈举的例子中已经看到过了。总之,从臭名昭彰的"最新实证论"的观点出发对唯物主义所进行的一切反驳,都是陈词滥调。

6. 认识论中的实践标准

我们已经看到,马克思在1845年,恩格斯在1888年和1892年,都把实践标准作为唯物主义认识论的基础。[16]马克思在关于费尔巴哈的提纲第2条里说:离开实践提出"人的思维是否具有对象的〈即客观的〉真理性"的问题,是经院哲学。恩格斯重复说:对康德和休谟的不可知论以及其他哲学怪论(Schrullen)的最有力的驳斥就是实践。他反驳不可知论者说:"我们的行动的成功证明我们的知觉是和知觉到的事物的对象〈客观〉本性相符合的(Übereinstimmung)。"①

①参看《马克思恩格斯选集》人民出版社1972年版第1卷第16页,第4卷第221页,第3卷第387页。——编者注

请把马赫关于实践标准的言论和上面的言论对比一下。"在日常的思维和谈话中,通常把**假象**、**错觉**同**现实**对立起来。把一支铅笔举在我们面前的空气中,我们看见它是直的;把它斜放在水里,我们看见它是弯的。在后一种情况下,人们说:'铅笔**好像是弯的,但实际上是直的。**'可是我们有什么理由把**一个**事实说成是现实,而把**另一个**事实贬斥为错觉呢?……当我们犯着在非常情况下仍然期待通常现象的到来这种自然错误时,那么我们的期待当然是会落空的。但事实在这点上是没有过失的。在这种情况下谈**错觉**,从实践的观点看来是有意义的,从科学的观点看来却是毫无意义的。世界是否真的存在着或者它只是我们的像梦一样的错觉,这个常常引起争论的问题,从科学的观点看来同样是毫无意义的。但是,就连最荒唐的梦也是一个事实,它同任何其他事实比较起来并不逊色。"(《感觉的分析》第18—19页)

真的,不仅荒唐的梦是事实,而且荒唐的哲学也是事实。只要知道了恩斯特·马赫的哲学,对这点就不可能有什么怀疑。马赫是一个登峰造极的诡辩论者,他把对人们的谬误、人类的种种"荒唐的梦"(如相信鬼神之类)的科学史的和心理学的研究,同真理和"荒唐"在认识论上的区分混淆起来了。这正好像一位经济学家说:西尼耳所谓资本家的全部利润是由工人的"最后一小时"的劳动所创造的理论[17]和马克思的理论同样都是事实,至于哪一种理论反映客观真理以及哪一种理论表现资产阶级的偏见和资产阶级教授们的卖身求荣的问题,从科学的观点看来是没有意义的。制革匠约·狄慈根认为科学的即唯物主义的认识论是"反对宗教信仰的万能武器"(《短篇哲学著作集》[18]第55页),而正教授恩斯特·马赫却认为,唯物主义认识论和主观唯心主义认识论的差别,"从科学的观点看来是没有意义的"!科学在唯物主义反对唯心主义和宗教的斗争中是无党性的,这不仅是马赫一个人所喜爱的思想,而且是现代所有的资产阶级教授们所喜爱的思想,这些教授,按照约·狄慈根的公正的说法,就是"用生造的唯心主义来愚弄人民的有学位的奴仆"(同上,第53页)。

恩·马赫把每个人用来区别错觉和现实的实践标准置于科学的界限、认识论的界限之外,这正是这种生造的教授唯心主义。马克思和恩格斯都说过,人类的实践证明唯物主义认识论的正确性,并且把那些想离开实践来解决认识论的基本问题的尝试称为"经院哲学"和"哲学怪论"。但马赫认为,实践是一回事,而认识论完全是另外一回事;人们可以把它们并列在一起,不用前者来制约后者。马赫在他的最后一本著作《认识和谬误》中说:"认识是生物学上有用的(förderndes)心理体验。"(德文第2版第115页)"只有成功才能把认识和谬误区别开来。"(第116页)"概念是物理学的作业假说。"(第143页)我们俄国的那些想当马克思主义者的马赫主义者,天真到了惊人的地步,他们竟把马赫的这些话当做他**接近**马克思主义的证明。但是,马赫在这里接近马克思主义,就像俾斯麦接近工人运动或叶夫洛吉主教接近民主主义一样。在马赫那里,这些论点**是**和他的唯心主义的认识论**并列在一起的**,但是它们并不决定在认识论上选择哪一条确定的路线。认识只有在它反映不以人为转移的客观真理时,才能成为生物学上有用的认识,成为对人的实践、生命的保存、种的保存有用的认识。在唯物主义者看来,人类实践的"成功"证明着我们的表象同我们所感知的事物的客观本性相符合。在唯我论者看来,"成功"是**我在实践中**所需要的一切,而实践是可以同认识论分开来考察的。马克思主义者说:如果把实践标准作为认识论的基础,那么我们就必然得出唯物主义。马赫说:就算实践是唯物主义的,但理论却完全是另外一回事。

马赫在《感觉的分析》中写道："在实践方面,我们在从事某种活动时不能缺少**自我**这个观念,正如我们在伸手拿一个东西时不能缺少物体这个观念一样。在生理学方面,我们经常是一个利己主义者和唯物主义者,正如我们经常看到日出一样。但是在理论方面,我们决不应该坚持这种看法。"(第284—285页)

这里说到利己主义,真是牛头不对马嘴,因为它根本不是认识论的范畴。这里和表面看到的太阳环绕地球的运行也毫不相干,因为,我们用来作为认识论的标准的实践应当也包括天文学上的观察、发现等等的实践。剩下来的只是马赫的有价值的供状:人们在自己的实践中完全地唯一地以唯物主义的认识论为指导。至于在"理论方面"逃避唯物主义认识论的尝试,只不过是表现着马赫的学究式的经院哲学的倾向和生造的唯心主义的倾向罢了。

为了给不可知论和唯心主义扫清地盘,竭力想把实践作为一种在认识论上不值得研究的东西加以排除,这毫不新鲜,我们可以从下面一个德国古典哲学史上的例子看出。在康德与费希特之间有一个戈·恩·舒尔采(在哲学史上叫做舒尔采-埃奈西德穆)。他公开拥护哲学上的怀疑论路线,自称为休谟(以及古代哲学家皮浪和塞克斯都)的追随者。他坚决否认任何自在之物和客观认识的可能性,坚决要求我们不要超出"经验"、感觉之外,同时他也预见到了来自另一阵营的反驳:"既然怀疑论者在参加实际生活时承认客观对象的真实性是无可怀疑的,并且依据这点进行活动和承认真理的标准,那么他自己的这种行为就是对他的怀疑论的最好的和最明白的驳斥。"[1]舒尔采愤

①**戈·恩·舒尔采**《埃奈西德穆或关于耶拿的赖因霍尔德教授先生提出的基础哲学的原理》1792年版第253页。

慨地回答说："这类论据只是对于小民百姓（Pöbel）才是有用的"（第254页），因为"我的怀疑论并不涉及到日常生活的事情，而只是停留在哲学的范围之内"（第255页）。

主观唯心主义者费希特，同样也希望在唯心主义哲学的范围内给这样一种实在论留个地盘，"这种实在论是我们每个人、甚至最坚决的唯心主义者在行动时都不能回避的（sich aufdringt），也就是承认对象是完全不依赖于我们，在我们之外存在的"（《费希特全集》第1卷第455页）。

马赫的最新实证论并不比舒尔采和费希特高明多少！作为一个笑柄，我们要指出：在这个问题上，巴扎罗夫还是以为除普列汉诺夫以外世界上再没有别人了，再没有比猫更凶的野兽了。巴扎罗夫嘲笑"普列汉诺夫的获生的跳跃的哲学"（《论丛》第69页）[19]，的确，普列汉诺夫曾经写过这样拙劣的词句，说什么"信仰"外部世界的存在就是"哲学的不可避免的获生的跳跃（salto vitale）"（《〈路·费尔巴哈〉注释》第111页）。"信仰"这个字眼，是重复休谟的，虽然加上了引号，但暴露了普列汉诺夫用语的混乱，这是毫无疑问的。可是为什么要找普列汉诺夫呢??为什么巴扎罗夫不举其他的唯物主义者，哪怕是费尔巴哈呢?仅仅是因为他不知道费尔巴哈吗?但无知并不是论据。费尔巴哈和马克思、恩格斯一样，在认识论的基本问题上也向实践作了在舒尔采、费希特和马赫看来是不能容许的"跳跃"。在批判唯心主义的时候，费尔巴哈引证了费希特的一段典型的话来说明唯心主义的实质，这段话绝妙地击中了整个马赫主义的要害。费希特写道："你所以认为物是现实的，是存在于你之外的，只是因为你看到它们、听到它们、触到它们。但是视、触、听都只是感觉…… 你感觉的不是对象，而只是你自己的感觉。"（《费尔巴哈全集》第10卷第185页）费尔巴哈反驳说:人不是抽象的**自我**,他不是男人,就是女人,可以把世界是否是感觉的问题同别人是我的感觉还是像我们在实践中的关系所证明的那样不是我的感觉这一问题同等看待。"唯心主义的根本错误就在于:它只是从理论的角度提出并解决世界的客观性或主观性、现实性或非现实性的问题。"(同上,第189页)费尔巴哈把人类实践的总和当做认识论的基础。他说:当然唯心主义者在实践中也承认我们的**自我**和他人的**你**的实在性。不过在唯心主义者看来,"这是一种只适合于生活而不适合于思辨的观点。但是,这种和生活矛盾的思辨,把死的观点、脱离了肉体的灵魂的观点当做真理的观点的思辨,是僵死的、虚伪的思辨"(第192页)。我们要**感觉**,首先就得呼吸;没有空气,没有食物和饮料,我们就不能生存。

"愤怒的唯心主义者大叫大嚷地说:这样说来,在研究世界的观念性或实在性的问题时要讨论饮食问题吗?多么卑下!在哲学和神学的讲坛上竭力谩骂科学的唯物主义,而在公共餐桌上却醉心于最粗俗的唯物主义,这多么有失体统啊!"(第195页)费尔巴哈大声说:把主观感觉和客观世界同等看待,"就等于把遗精和生孩子同等看待"(第198页)。

这种评语虽然不十分文雅,却击中了宣称感性表象也就是存在于我们之外的现实的那些哲学家的要害。

生活、实践的观点,应该是认识论的首要的和基本的观点。这种观点必然会导致唯物主义,而把教授的经院哲学的无数臆说一脚踢开。当然,在这里不要忘记:实践标准实质上决不能**完全地**证实或驳倒人类的任何表象。这个标准也是这样的"不确定",以便不让人的知识变成"绝对",同时它又是这样的确定,以便同唯心主义和不可知论的一切变种进行无情的斗争。如果我们的实践所证实的是唯一的、最终的、客观的真理,那么,因此就得承认:坚持唯物主义观点的科学的道路是走向这种真理的唯一的道路。例如,波格丹诺夫同意承认马克思的货币流通理论只是在"我们的时代"才具有客观真理性,而把那种认为这个理论具有"超历史的客观的"真理性的见解叫做"独断主义"(《经验一元论》第3卷第VII页)。这又是一个糊涂观点。这个理论和实践的符合,是不能被将来任何情况所改变的,原因很简单,正如拿破仑死于1821年5月5日这个真理**是永恒的**一样。但是,实践标准即**一切**资本主义国家近几十年来的发展进程所证明为客观真理的,是马克思的**整个**社会经济理论,而不是其中的某一部分、某一表述等等,因此很明显,在这里说什么马克思主义者的"独断主义",就是向资产阶级经济学作不可宽恕的让步。从马克思的理论是客观真理这一为马克思主义者所同意的见解出发,所能得出的唯一结论就是:**沿着马克思的理论的道路**前进,我们将愈来愈接近客观真理(但决不会穷尽它);而**沿着任何其他的道路**前进,除了混乱和谬误之外,我们什么也得不到。

1930—1950年我国出版的列宁《唯物主义和经验批判主义》的部分中译本

第 三 章
辩证唯物主义的认识论和
经验批判主义的认识论(三)

1. 什么是物质?什么是经验?

唯心主义者,不可知论者,其中也包括马赫主义者,经常拿第一个问题追问唯物主义者,唯物主义者经常拿第二个问题追问马赫主义者。我们来分析一下这是怎么一回事。

关于物质的问题,阿芬那留斯说道:

"在清洗过的'完全经验'内部没有'物理的东西',即没有形而上学地绝对地理解的'物质',因为这样理解的'物质'只是一种抽象,也就是一切中心项都被抽象掉的对立项的总和。正如在原则同格中,也就是说,在'完全经验'中,没有中心项的对立项是不可设想的(undenkbar)一样,形而上学地绝对地理解的'物质'是完全没有意义的东西(Unding)。"(《关于心理学对象的概念的考察》,载于上述杂志第2页第119节)

从这段莫名其妙的话中可以看出一点:阿芬那留斯把物理的东西或物质叫做绝对物和形而上学,因为根据他的原则同格(或者用新的说法："完全经验"）的理论，对立项和中心项是分不开的，环境和**自我**是分不开的，**非我**和**自我**是分不开的（如约·戈·费希特所说的）。这种理论是改头换面的主观唯心主义，关于这一点我们已在有关地方说过了。阿芬那留斯对"物质"的抨击的性质十分明显：唯心主义者否认物理的东西的存在是不以心理为转移的，所以不接受哲学给这种存在制定的概念。至于物质是"物理的东西"（即人最熟悉的、直接感知的东西，除了疯人院里的疯子，谁也不会怀疑它的存在），这一点阿芬那留斯并不否认，他只是要求接受**"他的"**关于环境和**自我**有不可分割的联系的理论。

马赫把这个思想表达得比较简单，没有用哲学上的遁词饰语："我们称之为物质的东西，只是**要素**（"感觉"）的一定的有规律的联系。"（《感觉的分析》第265页）马赫以为，他提出这样一个论断，就会使普通的世界观发生"根本的变革"。其实这是用"要素"这个字眼掩盖了真面目的老朽不堪的主观唯心主义。

最后，疯狂地攻击唯物主义的英国马赫主义者毕尔生说道："从科学的观点来看，不能反对把某些比较恒久的感性知觉群加以分类，把它们集合在一起而称之为物质。这样我们就很接近约·斯·穆勒的定义：物质是感觉的恒久可能性。但是这样的物质定义完全不同于如下的定义：物质是运动着的东西。"（《科学入门》1900年第2版第249页）这里没有用"要素"这块遮羞布，唯心主义者直接向不可知论者伸出了手。

读者可以看到，经验批判主义的创始人的这一切论述，完全是在思维对存在、感觉对物理东西的关系这个认识论的老问题上兜圈子。要有俄国马赫主义者的无比天真才能在这里看到某种和"最新自然科学"或"最新实证论"多少有点关系的东西。所有我们提到的哲学家都是用唯心主义的基本哲学路线代替唯物主义的基本哲学路线（从存在到思维、从物质到感觉），只是有的质直明言，有的吞吞吐吐。他们否认物质，也就是否认我们感觉的外部的、客观的泉源，否认和我们感觉相符合的客观实在，这是大家早已熟知的他们对认识论问题的解答。相反地，对唯心主义者和不可知论者所否定的那条哲学路线的承认，是以如下的定义表达的：物质是作用于我们的感官而引起感觉的东西；物质是我们通过感觉感知的客观实在，等等。

波格丹诺夫胆怯地避开恩格斯，装做只跟别尔托夫争辩，对上述定义表示愤慨，因为，你们要知道，这类定义"原来是简单地重复"（《经验一元论》第3卷第XVI页）下面的"公式"（我们的"马克思主义者"忘记了加上：**恩格斯**的公式）：对哲学上的一个派别说来，物质是第一性的，精神是第二性的；对另一个派别说来，则恰恰相反。所有的俄国马赫主义者都喜出望外地重复波格丹诺夫的"驳斥"！可是这些人稍微想一想就会明白，对于认识论的这两个根本概念，除了指出它们之中哪一个是第一性的，不可能，实质上不可能再下别的定义。下"定义"是什么意思呢？这首先就是把某一个概念放在另一个更广泛的概念里。例如，当我下定义说驴是动物的时候，我是把"驴"这个概念放在更广泛的概念里。现在试问，在认识论所能使用的概念中，有没有比存在和思维、物质和感觉、物理的东西和心理的东西这些概念更广泛的概念呢？没有。这是些极为广泛的、最为广泛的概念，其实（如果撇开**术语上经常**可能发生的变化）认识论直到现在还没有超出它们。只有欺诈或极端愚蠢才会要求给这两个极其广泛的概念"系列"下一个不是"简单地重复"二者之中哪一个是第一性的"定义"。就拿上面所引的三种关于物质的论断来说吧！这三种论断归结起来是什么意思呢？归结起来就是：这些哲学家是从心理的东西或**自我**到物理的东西或环境,也就是从中心项到对立项,或者从感觉到物质,或者从感性知觉到物质。实际上,阿芬那留斯、马赫和毕尔生除了表明他们的哲学路线的**倾向**以外,能不能给这些基本概念下什么别的"定义"呢?对于什么是**自我**,什么是感觉,什么是感性知觉,他们是不是能下别的定义,能下什么更特别的定义呢?只要清楚地提出问题就可以了解,当马赫主义者要求唯物主义者给物质下的定义不再重复物质、自然界、存在、物理的东西是第一性的,而精神、意识、感觉、心理的东西是第二性的时候,他们是在说些多么荒唐绝顶的话。

顺便说一下,马克思和恩格斯的天才也表现在:他们蔑视学究式地玩弄新奇的名词、古怪的术语、狡猾的"主义",而直截了当地说,哲学上有唯物主义路线和唯心主义路线,在两者之间有各式各样的不可知论。劳神费力寻找哲学上的"新"观点,正如劳神费力创造"新"价值论、"新"地租论等等一样,是精神上贫乏的表现。

关于阿芬那留斯,他的门徒卡斯坦宁说,他在一次私人谈话中表示:"我既不知道物理的东西,也不知道心理的东西,只知道第三种东西。"有一位著作家指出,阿芬那留斯没有提出这个第三种东西的概念。彼得楚尔特回答说:"我们知道他为什么不能提出这样的概念。因为第三种东西没有对立概念〈Gegenbegriff,相关概念〉…… 什么是第三种东西这个问题提得不合逻辑。"(《纯粹经验哲学引论》第2卷第329页)不可能给这个概念下定义,这一点彼得楚尔特是懂得的。但是他不懂得,援用"第三种东西"不过是一种狡辩,因为我们每个人都知道什么是物理的东西,什么是心理的东西,可是目前谁也不知道什么是"第三种东西"。阿芬那留斯只是用这种狡辩掩盖痕迹,**事实上**他在宣称**自我**是第一性的(中心项),自然界(环境)是第二性的(对立项)。

当然,就是物质和意识的对立,也只是在非常有限的范围内才有绝对的意义,在这里,仅仅在承认什么是第一性的和什么是第二性的这个认识论的基本问题的范围内才有绝对的意义。超出这个范围,这种对立无疑是相对的。

现在我们来看一看在经验批判主义哲学里是怎样使用"经验"一词的。《纯粹经验批判》一书的第1节叙述了如下的"假设":"我们环境的任何构成部分都和个人处在这样一种关系中:如果前者呈现,那么后者就申述自己的经验,说某某东西是我从经验中知道的,某某东西是经验;或说某某东西是从经验中产生的,是依赖于经验的。"(俄译本第1页)这样,经验还是由**自我**和环境这两个概念来确定的,可是关于二者有"不可分割的"联系的"学说"暂时收藏起来了。再往下读:"纯粹经验的综合概念","就是作为这样一种申述的经验的综合概念,在这种申述的所有构成部分中,只有我们环境的构成部分才是这种申述的前提"(第1—2页)。如果认为环境是不依赖于人的"申述"或"言表"而存在着的,那么就有可能唯物地解释经验了!"纯粹经验的分析概念","就是作为这样一种申述的经验的分析概念,在这种申述中没有掺入任何非经验的东西,因而这种申述本身不外就是经验"(第2页)。经验就是经验。竟有人把这种冒牌学者的胡说当做真正的深奥思想!

必须再补充几点:阿芬那留斯在《纯粹经验批判》第2卷里把"经验"看做是**心理的东西**的一种"特殊状态";他把经验分为物的价值(sachhafte Werte)和思想的价值(gedankenhafte Werte);"广义的经验"包含思想的价值;"完全经验"被视为和原则同格是同一的(《考察》)。一句话,"想怎么说,就怎么说"。"经验"掩盖哲学上的唯物主义路线和唯心主义路线,使二者的混同神圣化。我们的马赫主义者轻信地把"纯粹经验"当做真的,可是在哲学著作中,各种派别的代表都一致指出阿芬那留斯滥用这个概念。阿·黎尔写道:"什么是纯粹经验,在阿芬那留斯的书中仍然是含糊不清的。他说'纯粹经验是一种没有掺入任何非经验的东西的经验',这显然是在兜圈子。"(《系统哲学》1907年莱比锡版第102页)冯特写道,阿芬那留斯的纯粹经验有时是指任何一种幻想,有时是指具有"物性"的言表(《哲学研究》杂志[20]第13卷第92—93页)。阿芬那留斯把经验这个概念**扩大了**(第382页)。科韦拉尔特写道:"整个这种哲学的意义取决于经验和纯粹经验这两个术语的精确定义。阿芬那留斯没有下这样的精确定义。"(《新经院哲学评论》杂志1907年2月号第61页)诺曼·斯密斯说道:阿芬那留斯在反唯心主义的幌子下偷运唯心主义的时候,"经验这个术语的含糊不清很好地帮了他的忙"(《思想》杂志[21]第15卷第29页)。

"我郑重声明,我的哲学的真谛和灵魂在于:人除了经验以外什么也没有;人所要获得的一切,只有通过经验才能获得……"这岂不是一位狂热的纯粹经验的哲学家吗?讲这段话的人是主观唯心主义者约·戈·费希特(《向广大读者所作的有关最新哲学真正本质的明白报道》第12页)。我们从哲学史中知道,对经验概念的解释,使古典的唯物主义者和古典的唯心主义者划分开来了。目前,各式各样的教授哲学都以侈谈"经验"来掩饰它们的反动性。一切内在论者都援用经验。马赫在他的《认识和谬误》一书第2版序言里对威·耶鲁萨伦姆教授的一本书称赞不已。在那本书中我们读到:"承认神的原初存在,和任何经验都不矛盾。"(《批判的唯心主义和纯粹的逻辑》第222页)

我们只能怜惜那些相信阿芬那留斯之流的人,他们以为靠"经验"一词就可以超越唯物主义和唯心主义的"陈旧"差别。瓦连廷诺夫和尤什凯维奇责备同纯粹马赫主义略有分歧的波格丹诺夫滥用了"经验"一词,这些先生在这里只是暴露出自己的无知。波格丹诺夫在这一点上"没有过错",因为他**只是**盲目地接受了马赫和阿芬那留斯的糊涂观念。当他说"意识和直接心理经验是同一概念"(《经验一元论》第2卷第53页),物质"不是经验",而是"引出一切已知物的未知物"(《经验一元论》第3卷第XIII页),这时候他是在**唯心地**解释经验。当然,他不是第一个①但也不是最后一个用"经验"这个字眼来建立唯心主义体系的人。当他驳斥反动的哲学家们,说那些想超出经验界限的尝试事实上"只会导致空洞的抽象和矛盾的映象,而这些抽象和映象的一切要素毕竟是从经验中取得的"(第1卷第48页),这时候他把在人之外、不依赖于人的意识而存在的东西同人的意识的空洞抽象对立起来,就是说,他是在唯物地解释经验。

完全同样地,马赫以唯心主义为出发点(物体是感觉或"要素"的复合),却常常不由自主地对"经验"一词作唯物主义的解释。他在《力学》一书(1897年德文第3版第14页)中说道:"不要从自身中推究哲理(nicht aus uns herausphilosophieren),而要从经验中推究。"在这里,他把经验同从自身中推究哲理对立起来,就是说,他把经验解释为某种客观的、人从外界得到的东西,他是在唯物地解释经验。还有一个例子:"我们在自然界里观察到的东西,虽然我们还不理解,还没有加以分析,但是已经印入我们的表象,以后这些表象在最一般、最稳定的(stärksten)特征上模仿(nachahmen)自然过程。这种经验就成为永远在我们手边的财宝(Schatz)……"(同上,第27页)在这里自然界被看做是第一性的,感觉和经验被看做是派生的。如果马赫在认识论的基

---

① 在英国,贝尔福特·巴克斯同志老早就这样做了。不久以前,一位评论巴克斯的著作《实在的根源》的法国评论家辛辣地对他说:"经验不过是意识的代用语",你就公开地做一个唯心主义者吧!(1907年《哲学评论》杂志22第10期第399页)

本问题上始终坚持这种观点,他就会使人类摆脱许多愚蠢的唯心主义的"复合"。第三个例子:"思想和经验的密切结合创立了现代自然科学。经验产生思想。思想经过进一步的精炼,又来和经验相比较",等等(《认识和谬误》第200页)。马赫的特殊"哲学"在这里被抛弃了,这位作者自发地转到唯物地看待经验的自然科学家的普通观点上去了。

总结:马赫主义者用来建立自己体系的"经验"一词,老早就在掩盖各种唯心主义体系了,现在它又被阿芬那留斯之流用来为由唯心主义立场转到唯物主义立场或由唯物主义立场转到唯心主义立场的折中主义效劳了。这个概念的各种不同的"定义",只是表现着被恩格斯十分鲜明地揭示出的哲学上的两条基本路线。

3. 自然界中的因果性和必然性

因果性问题对于确定任何一种最新"主义"的哲学路线都具有特别重要的意义,因此我们应当稍微详细地谈谈这个问题。

我们先从唯物主义认识论对这个问题的说明谈起。路·费尔巴哈的观点,在前面提到的他对鲁·海姆的反驳中讲得特别清楚。

"海姆说,'在他(费尔巴哈)的著作中,自然界和人类理性是完全分开的,它们之间有一条双方都不能逾越的鸿沟'。海姆是根据我的《宗教的本质》第48节提出这个谴责的。我在这一节中说过:'自然界只有通过自然界本身才能被理解;自然界的必然性不是人类的或逻辑的必然性,也不是形而上学的或数学的必然性;自然界是唯一的这样一种存在物,对于它是不应当,也不能够运用任何人类尺度的,尽管为了使自然界能够为我们理解,我们也拿自然现象同类似的人类现象相比,甚至把人类的用语和概念(如秩序、目的、规律等)用于自然界,而且按照我们语言的性质也必须把它们用于自然界。'这是什么意思呢?是不是我想说,自然界中没有任何秩序,比方说,秋去可以夏来,春去可以冬来,冬去可以秋来呢?是不是我想说,自然界中没有目的,比方说,肺和空气之间,光和眼睛之间,声音和耳朵之间没有任何适应呢?是不是我想说,自然界中没有规律,比方说,地球时而按椭圆形运转,时而按圆形运转,时而一年环绕太阳一周,时而一刻钟环绕太阳一周呢?这是多么荒谬啊!我在这段话里究竟想说什么呢?无非是把属于自然界的东西同属于人的东西区别开来;在这段话里没有说自然界中任何真实的东西都跟秩序、目的、规律这些词和观念不相符合,这段话只是否认思想和存在是同一的,否认秩序等等之存在于自然界就像存在于人的头脑或感觉中一样。秩序、目的、规律不外是一些词,人用这些词把自然界的事物翻译成**自己的**语言,以便了解这些事物;这些词不是没有意义的,不是没有客观内容的(nicht sinn-d. h. gegenstandlose Worte);但是,我还是应当把原文和译文区别开来。人理解秩序、目的、规律这些词是有些随意的。

有神论根据自然界的秩序、合目的性、规律性的偶然性**公然**断定它们是任意产生的,断定有一个和自然界不同的存在物,这个存在物把秩序、合目的性、规律性加给本身(an sich)就是混乱的(dissolute)、没有任何规定性的自然界。有神论者的理性……是和自然界相矛盾的理性,是绝对不了解自然界本质的理性。有神论者的理性把自然界分成两个存在物,一个是物质的,另一个是形式的或精神的。"(《费尔巴哈全集》1903年版第7卷第518—520页)

由此可见,费尔巴哈承认自然界的客观规律性,承认被人类的秩序、规律等等观念仅仅近似正确地反映着的客观因果性。费尔巴哈承认自然界的客观规律性,同他承认我们意识所反映的外部世界、对象、物体、物的客观实在性是分不开的。费尔巴哈的观点是彻底的唯物主义观点。而所有其他的观点,说得更确切些,因果性问题上的另外一条哲学路线,即否认自然界的客观规律性、因果性、必然性,被费尔巴哈公允地列为信仰主义的派别。因为事实上很明显,因果性问题上的主观主义路线,即不从外部客观世界中而从意识、理性、逻辑等等中引出自然界的秩序和必然性,不仅把人类理性和自然界分离开来,不仅把前者和后者对立起来,并且把自然界作为理性的**一部分**,而不是把理性看做自然界的一小部分。因果性问题上的主观主义路线就是哲学唯心主义(无论是休谟的还是康德的因果论,都是它的变种),也就是或多或少减弱了的、冲淡了的信仰主义。承认自然界的客观规律性和这个规律性在人脑中的近似正确的反映,就是唯物主义。

至于说到恩格斯,如果我没有弄错,他当时用不着专门在因果性问题上以他的唯物主义观点去反对其他派别。对他来说没有这种必要,因为他在关于整个外部世界的客观实在性这个更根本的问题上已经十分明确地同一切不可知论者划清了界限。但是,谁要是稍微认真地读过恩格斯的哲学著作,就一定会明白,恩格斯不容许对自然界的客观规律性、因果性、必然性的存在有丝毫怀疑。我们只要举几个例子就够了。恩格斯在《反杜林论》第1章里说道:"为了认识这些细节〈或世界现象总画面的个别方面〉,我们不得不把它们从自然的(natürlich)或历史的联系中抽出来,从它们的特性、它们的特殊的原因和结果等等方面来逐个地加以研究。"(第5—6页)这种自然联系即自然现象的联系是客观存在着的,这是很明显的。恩格斯特别强调用辩证观点来看原因和结果:"原因和结果这两个观念,只有在应用于个别场合时才有其本来的意义;可是只要我们把这种个别场合放在它和世界整体的总联系中来考察,这两个观念就汇合在一起,融化在普遍相互作用的观念中,在这种相互作用中,原因和结果经常交换位置;在此时或此地是结果,在彼时或彼地就成了原因,反之亦然。"(第8页)因此,人的因果概念总是把自然现象的客观联系稍许简单化了,只是近似地反映这种联系,人为地把一个统一的世界过程的某些方面孤立起来。恩格斯说,如果我们注意到思维和意识是"人脑的产物,而人本身是自然界的产物",那么我们发现思维规律和自然规律相符合,就是完全可以理解的。很明显,"人脑的产物,归根到底亦即自然界的产物,并不同自然界的其他联系(Naturzusammenhang)相矛盾,而是相适应的"(第22页)①。世界现象的自然的、客观的联系是存在着的,这是毫无疑问的。恩格斯经常讲到"自然界的规律"、"自然界的必然性"(Naturnotwendigkeiten),他认为没有必要特别解释这些众所周知的唯物主义原理。

在《路德维希·费尔巴哈》里,我们同样可以读到:"外部世界和人类思维的运动的一般规律在本质上是同一的,但是在表现上是不同的,这是因为人的头脑可以自觉地应用这些规律,而在自然界中这些规律是不自觉地、以外部必然性的形式、在无穷无尽的表面的偶然性中为自己开辟道路的,而且到现在为止在人类历史上多半也是如此。"(第38页)恩格斯责备旧的自然哲学"用理想的、幻想的联系来代替尚未知道的现实的联系〈自然现象的〉"(第42页)②。十分明显,恩格斯承认自然界的客观规律性、因果性、必然性,同时着重指出我们

---

① 见《马克思恩格斯选集》第3卷人民出版社1972年版第60、62、74—75页。——编者注

② 见《马克思恩格斯选集》第4卷人民出版社1972年版第239、242页。——编者注

人类用某些概念对这个规律性所作的近似的反映具有相对性。

在讲到约·狄慈根的时候，我们首先应当从我们的马赫主义者歪曲事实的无数例子中举出一个例子。《"关于"马克思主义哲学的论丛》的作者之一格尔方德先生告诉我们："狄慈根的世界观的基本点可以归结为如下论点：'……（9）我们加给物的因果依存关系实际上并不包含在物本身中'。"（第248页）**这完全是胡说**。格尔方德先生本人的见解是唯物主义和不可知论的真正杂烩。他**肆意歪曲**约·狄慈根的观点。的确，从约·狄慈根那里可以找出不少糊涂观念、不确切之处和错误，这些东西使马赫主义者称快，使一切唯物主义者不能不承认约·狄慈根是一位不十分彻底的哲学家。但是，硬说唯物主义者约·狄慈根根本否认唯物主义的因果观，这也只有格尔方德之流，只有俄国的马赫主义者们才干得出来。

约·狄慈根在他的著作《人脑活动的本质》（1903年德文版）中说道："客观的科学的认识，不是通过信仰或思辨，而是通过经验，通过归纳去寻找自己的原因，不是在经验之前而是在经验之后去寻找原因。自然科学不是在现象之外或现象之后，而是在现象之中或通过现象去寻找原因。"（第94—95页）"原因是思维能力的产物。然而它们不是思维能力的纯粹产物，而是由思维能力和感性材料结合起来产生的。感性材料给这样产生的原因提供客观存在。正如我们要求真理是客观现象的真理一样，我们也要求原因是现实的，要求它是某个客观结果的原因。"（第98—99页）"物的原因就是物的联系。"（第100页）

由此可见，格尔方德先生提出的论断**是和实际情况截然相反的**。约·狄慈根所阐述的唯物主义世界观承认"物本身中"含有"因果依存性"。为了制造马赫主义的杂烩，格尔方德先生需要把因果性问题上的唯物主义路线和唯心主义路线混淆起来。

我们现在就来谈谈这第二条路线。

阿芬那留斯在他的第一部著作《哲学——按照费力最小的原则对世界的思维》中清楚地说明了他的哲学在这个问题上的出发点。我们在第81节里读到："我们既然感觉不到〈没有在经验中认识到：erfahren〉某种引起运动的力量，也就感觉不到任何运动的**必然性**……我们所感觉到(erfahren)的一切，始终只是一个现象跟着一个现象。"这是最纯粹的休谟观点：感觉、经验丝毫没有告诉我们任何必然性。断言(根据"思维经济"的原则)感觉是唯一存在的哲学家，不能得出任何别的结论。我们往下读到："既然**因果性**的观念要求力量和必然性或强制作为决定结果的不可分割的组成部分，所以因果性的观念也就和它们一起完蛋。"(第82节)"必然性是表示期待结果的或然率的程度。"(第83节，论题)

这是因果性问题上的十分明确的主观主义。只要稍微彻底一点，那么，不承认客观实在是我们感觉的泉源，就不能得出别的结论。

拿马赫来说吧！我们在关于"因果性和说明"的专门一章(《热学原理》1900年第2版第432—439页)中读到："休谟〈对因果性概念〉的批判仍然有效。"康德和休谟对因果性问题的解答是各不相同的(其他哲学家，马赫不予理会！)；"我们赞成"休谟的解答。"除了**逻辑的**必然性〈黑体是马赫用的〉，任何其他的必然性，例如物理的必然性，都是不存在的。"这正是费尔巴哈十分坚决地反对的一种观点。马赫从来没有想到要否认他和休谟的血缘关系。只有俄国的马赫主义者们才会断言休谟的不可知论同马克思和恩格斯的唯物主义是"可以结合的"。我们在马赫的《力学》里读到："在自然界中，既没有原因，也没有结果。"(1897年第3版第474页)"我不止一次地说过：因果律的一

切形式都是从主观意向(Trieben)中产生的;对自然界说来,并没有同这些形式相适应的必然性。"(第495页)

在这里应当指出,我们的俄国马赫主义者幼稚得惊人,他们用关于因果律的这种或那种说法的问题来代替关于因果律的一切论断上的唯物主义趋向或唯心主义趋向的问题。他们相信了德国的经验批判主义教授们,以为只要说"函数关系",那就是"最新实证论"的发现,那就会摆脱类似"必然性"、"规律"等等说法的"拜物教"。当然,这纯粹是无稽之谈,冯特完全有理由嘲笑这种一点也没有改变问题实质的**字眼更换**(上引论文,载于《哲学研究》第383页和第388页)。马赫自己也说到因果律的"一切形式",并在《认识和谬误》(第2版第278页)中作了一个很明白的声明:只有在能够用**可测的**量来表达研究的结果时,函数概念才能够更精确地表达"要素的依存性",但是这甚至在化学那样的科学中也只能够部分地做到。大概,在我们那些轻信教授们发现的马赫主义者看来,费尔巴哈(不必说恩格斯了)不知道秩序、规律性等等概念在一定条件下可以用数学上规定的函数关系来表达!

划分哲学派别的真正重要的认识论问题,并不在于我们对因果联系的记述精确到什么程度,这些记述是否能用精确的数学公式来表达,而在于:我们对这些联系的认识的泉源是自然界的客观规律性,还是我们心的特性即心所固有的认识某些先验真理等等的能力。正是这个问题把唯物主义者费尔巴哈、马克思、恩格斯同不可知论者(休谟主义者)阿芬那留斯、马赫断然分开了。

马赫(如果责备他始终如一,那就错了)在他的著作的一些地方常常"忘记"他同休谟的一致,"忘记"他的主观主义的因果论,而"只是"以一个自然科学家的态度,也就是说以自发的唯物主义观点谈论问题。例如,我们在《力学》中读到:"自然界教导我们在自然现象中发现均一性。"（法译本第182页）如果我们在自然现象中**发现**均一性，那是不是说这个均一性是客观地、在我们心之外存在着呢？不是的。关于自然界的均一性这个问题，马赫却说出这样一些话："推动我们把那些只观察了一半的事实在思想中加以充实的力量，是联想。这种力量由于不断重复而加强起来。于是我们就觉得它是一种不依赖于我们的意志和个别事实的力量，是一种既指导思想**也**〈黑体是马赫用的〉指导事实并且作为支配二者的**规律**而使它们相互符合的力量。至于我们认为自己能借助于这种规律而作出预言，这仅仅〈！〉证明我们环境的充分的均一性，但决不证明我们的预言实现的**必然性**。"（《热学》①第383页）

这样说来，可以而且应当**在**环境即自然界的均一性**以外**去寻找某种必然性！到哪儿去寻找，这是唯心主义哲学的秘密，这种哲学害怕承认人的认识能力不过是对自然界的反映。马赫在他的最后一部著作《认识和谬误》里甚至断定自然规律是"对期待的限制"（第2版第450页及以下各页）！唯我论又显形了。

我们来看看这个哲学派别的其他著作家的立场。英国人卡尔·毕尔生以他特有的明确性表示："科学的规律与其说是外部世界的事实，不如说是人心的产物。"（《科学入门》第2版第36页）"凡是把自然界说成人的主宰（sovereign）的诗人和唯物主义者，都太健忘了：他们为之惊叹的自然现象的秩序和复杂性，最低限度也像人本身的记忆和思想一样，是人的认识能力的产物。"（第185页）"自然规律的广括性质应当归功于人心的独创性。"（同上）第3章第4节这样写道："**人是自然规律的创造者**。""人把规律给予自然界这一说法要比自然界把

①即《热学原理》。——编者注

规律给予人这一相反的说法有意义得多",虽然这位尊贵的教授痛苦地承认,这后一种(唯物主义的)观点,"不幸现在太流行了"(第87页)。第4章是论述因果性问题的,其中第11节表述了毕尔生的**论点**:**"必然性属于概念的世界,不属于知觉的世界。"**应当指出,对毕尔生说来,知觉或感性印象"也就是"存在于我们之外的现实。"在一定知觉系列不断重复时具有的均一性中,即在知觉的常规中,没有任何内在必然性;可是知觉常规的存在是思维者存在的必要条件。因此,必然性包含在思维者的本性中,而不包含在知觉本身中;必然性是认识能力的产物。"(第139页)

我们的这位马赫主义者(恩·马赫"本人"曾一再表示和他完全一致)就这样顺利地达到了纯粹康德主义的唯心主义:人把规律给予自然界,而不是自然界把规律给予人!问题不在于重复康德的先验性学说,因为这一点所决定的不是哲学上的唯心主义路线,而是这条路线的一个特殊说法。问题在于:理性、思维、意识在这里是第一性的,自然界是第二性的。理性并非自然界的一小部分、它的最高产物之一、它的过程的反映,而自然界倒是理性的一小部分。理性便这样自然而然地从普通的、单纯的、谁都知道的人的理性扩张成像约·狄慈根所说的"无限的"、神秘的、神的理性。"人把规律给予自然界"这个康德主义–马赫主义的公式是信仰主义的公式。如果我们的马赫主义者在恩格斯的书中读到唯物主义的基本特征是把自然界而不是把精神当做第一性,因而就非常惊异,这只是表明他们在分辨真正重要的哲学派别同教授们的故弄玄虚、咬文嚼字方面无能到了什么地步。

约·彼得楚尔特在他的两卷集著作中阐述和发挥了阿芬那留斯的理论,他可以说是反动的马赫主义经院哲学的最好的典范。他郑重其事地说:"直到今天,在休谟死后的150年,实体性和因果性仍旧麻痹着思维的勇气。"(《纯粹经验哲学引论》第1卷第31页)当然,唯我论者比任何人都"更有勇气",他们发现了没有有机物质的感觉、没有头脑的思想、没有客观规律性的自然界!"我们还没有提到的关于因果性的最后一个说法,即事件的必然性或**自然界的必然性**,在自身中包含着一种模糊的神秘的东西"——"拜物教"、"拟人观"等等的观念(第32页和第34页)。可怜的神秘主义者费尔巴哈、马克思和恩格斯!他们一直在谈论着自然界的必然性,而且还把休谟路线的拥护者叫做理论上的反动派…… 彼得楚尔特是超出一切"拟人观"的。他发现了伟大的"**一义性规律**",这个规律消除了一切模糊性、一切"拜物教"的痕迹,如此等等。就以力的平行四边形为例(第35页)。我们不能"证明"它,应当承认它是"经验的事实"。我们不能假定物体受到同样的撞击而有各种不同的运动。"我们不能容许自然界的这种不规定性和任意性;我们应当向它要求规定性和规律性。"(第35页)是的,是的!我们向自然界要求规律性。资产阶级向它的教授们要求反动性。"我们的思维向自然界要求规定性,而自然界总是服从这个要求的,我们甚至可以看出在某种意义上它不得不服从这个要求。"(第36页)当物体在*AB*线上受到撞击时,为什么它向*C*运动,而不向*D*或*F*等等方向运动呢?

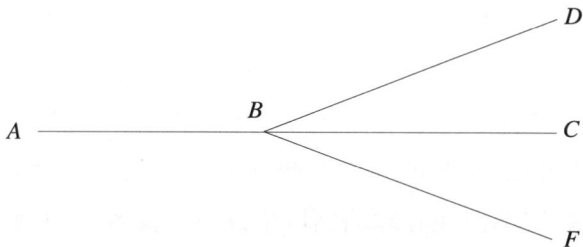

"为什么自然界不从无数其他可能的方向中选择一个方向呢?" (第37页)因为这些方向是"多义的",而约瑟夫·彼得楚尔特的伟大的经验批判主义的发现要求**一义性**。

"经验批判主义者们"以诸如此类不可名状的谬论充塞着好几十页篇幅!

"……我们一再指出,我们的原理不是从个别经验的总和中汲取力量的,相反地,我们要求自然界承认它(seine Geltung)。事实上,这个原理在还没有成为规律之前,对我们来说就已经是我们对待现实的原则即公设了。它可以说是先验地、不依赖于任何个别经验而发生作用的。乍看起来,纯粹经验哲学不应当宣传先验的真理,从而回到最空洞的形而上学去。但它所说的先验只是逻辑的先验,不是心理的先验,也不是形而上学的先验。"(第40页)当然,如果把先验叫做逻辑的先验,那么这种观念的一切反动性就会因此而消失,并且它会上升到"最新实证论"的高峰!

约·彼得楚尔特接着教训我们说:不可能有心理现象的一义规定性,因为幻想的作用、伟大发明家的意义等等在这里造成了例外,而自然规律或精神规律是不容许有"任何例外"的(第65页)。我们面前是一位十足的形而上学者,他对偶然和必然之间的差别的相对性一无所知。

彼得楚尔特继续说:也许人们会引用历史事件的或诗歌中人物性格发展的动因来反驳我吧?"如果我们仔细看一看,我们就会看到并没有这样的一义性。对任何一个历史事件或任何一出戏剧,我们都可以设想,其中的人物在同样的心理条件下会有不同的行动。"(第73页)"不但在心理的领域中没有一义性,而且我们有理由**要求**在现实中也没有一义性〈黑体是彼得楚尔特用的〉。我们的学说就是这样提高到……**公设**的地位……即提高到任何以前的经验的必要条件的地位、**逻辑的先验**的地位。"（黑体是彼得楚尔特用的，第76页）

彼得楚尔特在他的《引论》[①]两卷集和1906年出版的小册子《从实证论观点来看世界问题》中继续使用这个"逻辑的先验"。[②]我们看到的是卓越的经验批判主义者的第二个例子。他不露声色地滚到康德主义那边，并用换汤不换药的办法宣扬最反动的学说。这并不是偶然的，因为马赫和阿芬那留斯的因果说根本就是唯心主义的谎话，这是无论用多么响亮的有关"实证论"的词句也掩盖不了的。休谟和康德在因果论上的差别是次要的、不可知论者之间的差别，他们在基本点上是一致的：他们都否认自然界的客观规律性。这就注定他们必然得出某些唯心主义的结论。比起约·彼得楚尔特稍微有点"良心"的经验批判主义者鲁道夫·维利，由于自己和内在论者有血缘关系而感到羞惭，例如，他不同意彼得楚尔特的全部"一义性"理论，认为它除了"逻辑的形式主义"，什么也没有提供。然而鲁·维利是否因为摒弃了彼得楚尔特就使自己的立场有所改进呢？一点也没有。因为他摒弃康德的不可知论，完全是为了拥护休谟的不可知论。他写道："我们从休谟的时代起就早已知道'必然性'不是'超越的'，而是纯粹逻辑的标记（Merkmal），或者像我很乐意说的并且我已经说过的，是纯粹语言上的（sprachlich）标记。"（鲁·维利《反对学院智慧》1905年慕尼黑版第91页；参看第173、175页）

---

①即《纯粹经验哲学引论》。——编者注

②**约·彼得楚尔特**《从实证论观点来看世界问题》1906年莱比锡版第130页："即使从经验论的观点来看，也可以有逻辑的先验，因为对于我们环境的经验的〈erfahrungsmäßig，在经验中感知的〉恒久性来说，因果性是逻辑的先验。"

不可知论者把我们对必然性的唯物主义观点叫做"超越的"观点,因为从维利并不反对而只是加以清洗的康德主义和休谟主义的"学院智慧"来看,凡是承认我们在经验中感知的客观实在,都是非法的"超越"。

在属于我们所研究的哲学派别的法国著作家中,昂利·彭加勒这位伟大的物理学家和渺小的哲学家常常误入同一条不可知论的道路。帕·尤什凯维奇当然把他的错误宣称为最新实证论的最新成就。这种实证论"最新"到这样的程度,以至还需要加上一个新"论":经验符号论。在彭加勒看来(在论新物理学的一章中将会谈到他的全部见解),自然规律是人为了"方便"而创造的符号、约定。"唯一真正的客观实在是世界的内部和谐",并且彭加勒把具有普遍意义的、大多数人或所有的人都承认的东西叫做客观的东西①,也就是说,他像一切马赫主义者一样纯粹主观主义地取消客观真理,而关于"和谐"是不是存在于**我们之外**的问题,他断然说:"毫无疑问,不是。"十分明显,新术语一点也没有改变不可知论的陈旧不堪的哲学路线,因为彭加勒的"独创的"理论的本质就是否认(虽然他远不彻底)自然界的客观实在性和客观规律性。因此,很自然,和那些把旧错误的新说法当做最新发现的俄国马赫主义者不同,德国康德主义者欢迎这样的观点,认为这是在哲学的根本问题上转到他们一边,转到不可知论一边。我们在康德主义者菲力浦·弗兰克的著作中读到:"法国数学家昂利·彭加勒维护这样的观点:理论自然科学的许多最一般的原理(惯性定律、能量守恒定律等等),往往很难说它们的起源是经验的还是先验的,实际上,它们既不属于前者,也不属于

---

①**昂利·彭加勒**《科学的价值》1905年巴黎版第7、9页,有俄译本。

后者,纯粹是一些以人的意愿为转移的约定的前提。"这位康德主义者喜不自胜地说:"这样一来,最新自然哲学就出乎意料地复活了批判唯心主义的基本思想,那就是:经验只不过充实人生来就有的框架而已……"①

我们举这个例子是要让读者清楚地知道我们的尤什凯维奇之流天真到了什么程度。他们把一种什么"符号论"当做真正的**新货色**,可是稍微有点学识的哲学家们却直截了当地说:这是转到批判唯心主义的观点上去了!因为这种观点的实质并不一定在于重复康德的说法,而是在于承认康德和休谟**共同的**基本思想:否认自然界的客观规律性,**从主体**、从人的意识中而不是从自然界中引出某些"经验的条件",引出某些原则、公设、前提。恩格斯说得对,实质不在于一个哲学家归附于唯物主义或唯心主义的许多学派中的哪一派,而在于他把自然界、外部世界、运动着的物质看做第一性的呢,还是把精神、理性、意识等等看做第一性的。②

有学识的康德主义者埃·路加对马赫主义在这个问题上不同于其他哲学路线的特征也提出了评述。在因果性问题上,"马赫完全附和休谟"③。"保·福尔克曼从自然过程的必然性中引出思维的必然性。这个观点承认必然性的事实,它同马赫相反而和康德一致;但是福尔克曼又和康德相反,认为必然性的泉源不是在思维中,而是在自然过程中。"(第424页)

---

①1907年《自然哲学年鉴》23第6卷第443、447页。

②见《马克思恩格斯选集》第4卷人民出版社1972年版第219—221页。——编者注

③**埃·路加**《认识问题和马赫的〈感觉的分析〉》,载于《康德研究》杂志24第8卷第409页。

保·福尔克曼是一位物理学家,写过许多有关认识论问题的著作。他也像极大多数自然科学家一样,倾向于唯物主义——虽然是一种不彻底的、怯懦的、含糊的唯物主义。承认自然界的必然性,并从其中引出思维的必然性,这是唯物主义。从思维中引出必然性、因果性、规律性等等,这是唯心主义。上述引文中唯一不确切的地方,是认为马赫对一切必然性一概否定。我们已经看到,无论是马赫,或者是坚决离开唯物主义而不可避免地滚向唯心主义的整个经验批判主义派别,都不是这样的。

关于俄国马赫主义者,我们还要专门说几句话。他们想当马克思主义者,他们都"读过"恩格斯坚决把唯物主义和休谟的派别区分开来的论述,他们不会不从马赫本人或任何一个稍许熟悉马赫哲学的人那里听说马赫和阿芬那留斯是遵循休谟路线的,但是他们在因果性问题上对休谟主义和唯物主义都尽量**一声**不响!支配他们的是十足的糊涂思想。举几个例子来说吧!帕·尤什凯维奇先生宣扬"新"经验符号论。无论是"所谓纯粹经验的材料,如蓝色、坚硬等感觉",或者是"所谓纯粹理性的创造,如契玛拉[25]或象棋游戏",都是"经验符号"(《论丛》第179页)。"认识是充满了经验符号的,它在发展中走向愈来愈高度符号化的经验符号。""所谓自然规律……就是这些经验符号。"(同上)"所谓真正的实在、自在的存在,就是我们知识所力求达到的那个无限大的〈尤什凯维奇先生真是一个非常博学的人!〉终极的符号体系。"(第188页)"作为我们认识的基础的""知觉流"是"非理性的"、"非逻辑的"(第187、194页)。能量"就像时间、空间、质量以及其他自然科学的基本概念一样,不能说是物、实体:能量是常数,是经验符号,它像其他经验符号一样,暂时地满足人要把理性、逻各斯导入非理性的知觉流这个基本要求"（第209页）。

我们面前是一个穿着用斑驳陆离、刺人眼目的"最新"术语做成的小丑服装的主观唯心主义者。在他看来，外部世界、自然界和自然规律都是我们认识的符号。知觉流是没有理性、秩序、规律性的，是我们的认识把理性导入其中的。天体是人类认识的符号，地球也在其内。尽管自然科学教导我们说，地球在人类和有机物质可能出现以前就早已存在了，而我们却把这一切都改了[26]！行星运动的秩序是**我们**给予的，是我们认识的产物。当尤什凯维奇先生感到人类理性被这种哲学扩张为自然界的创造主、缔造者时，便在理性旁边写上"**逻各斯**"，即抽象的理性——这不是一般的理性，而是特殊的理性；这不是人脑的机能，而是一种先于任何头脑而存在的东西、一种神灵的东西。"最新实证论"的最新成就，就是费尔巴哈早已揭露过的那个陈旧的信仰主义公式。

我们来看一下亚·波格丹诺夫吧！1899年，当他还是一个半唯物主义者，由于受到一位很有名的化学家但也是很糊涂的哲学家威廉·奥斯特瓦尔德的影响而刚刚开始动摇时，他写道："现象的普遍因果联系，是人类认识的最终的也是最好的产物；它是普遍的规律，它是那些（用一个哲学家的话来说）由人类理性加给自然界的规律中的最高的规律。"（《自然史观的基本要素》第41页）

天晓得波格丹诺夫的这段话那时候是从谁那里引来的。但是事实上，这位"马克思主义者"轻信地加以复述的"一个哲学家的话"就是**康德**的话。这真是一件不愉快的事情！更不愉快的是：这甚至不能"单纯"用奥斯特瓦尔德的影响来解释。

1904年，波格丹诺夫已经丢开了自然科学的唯物主义和奥斯特瓦尔德，他写道："……现代实证论认为因果律仅仅是从认识上把许多现象联结成连续系列的一种方法,仅仅是使经验协调的一种形式。"(《社会心理学》第207页)这种现代实证论就是否认存在于一切"认识"和一切人以前和以外的自然界的客观必然性的不可知论,关于这一点,波格丹诺夫或者是一无所知,或者是知而不言。他完全相信德国教授们称为"现代实证论"的东西。最后,在1905年,当波格丹诺夫经过了上述几个阶段和经验批判主义阶段而处在"经验一元论"阶段时,他写道:"规律决不属于经验的范围……规律不是在经验中得出的,而是思维创造出来用以组织经验、和谐地把经验协调成严整的统一体的一种手段。"(《经验一元论》第1卷第40页)"规律是认识的抽象;正如心理学的规律很少具有心理性质一样,物理学的规律很少具有物理性质。"(同上)

这么说来,秋去冬来,冬去春来的规律不是我们在经验中得出的,而是思维创造出来的一种用以组织、协调、调合的手段……波格丹诺夫同志,组织、协调、调合什么和什么啊?

"经验一元论之所以能成立,只是因为认识积极地协调经验,排除经验的无数矛盾,为经验创造普遍的组织形式,以派生的、有秩序的关系世界代替原始的、混乱的要素世界。"(第57页)这是不对的。似乎认识能够"创造"普遍的形式,能够以秩序代替原始的混乱等等,这种思想是唯心主义哲学的思想。世界是物质的有规律的运动,而我们的认识是自然界的最高产物,只能**反映**这个规律性。

总结:我们的马赫主义者盲目地相信"最新的"反动教授们,重复着康德和休谟在因果性问题上的不可知论的错误,他们既看不到这些学说同马克思主义即唯物主义处于怎样的绝对矛盾中,也看不到这些学说怎样沿着斜坡滚向唯心主义。

5. 空间和时间

　　唯物主义既然承认客观实在即运动着的物质不依赖于我们的意识而存在,也就必然要承认时间和空间的客观实在性。这首先就和康德主义不同。康德主义在这个问题上是站在唯心主义方面的,它认为时间和空间不是客观实在,而是人的直观形式。派别极不相同的著作家、稍微彻底一些的思想家都非常清楚地认识到两条基本哲学路线在这个问题上也有根本的分歧。我们先从唯物主义者谈起。

　　费尔巴哈说道:"空间和时间不是现象的简单形式,而是存在的……根本条件(Wesensbedingungen)。"(《费尔巴哈全集》第2卷第332页)费尔巴哈承认我们通过感觉认识到的感性世界是客观实在,自然也就否认现象论(如马赫会自称的)或不可知论(如恩格斯所说的)的时空观。正如物或物体不是简单的现象,不是感觉的复合,而是作用于我们感官的客观实在一样,空间和时间也不是现象的简单形式,而是存在的客观实在形式。世界上除了运动着的物质,什么也没有,而运动着的物质只能在空间和时间中运动。人类的时空观念是相对的,但绝对真理是由这些相对的观念构成的;这些相对的观念在发展中走向绝对真理,接近绝对真理。正如关于物质的构造和运动形式的科学知识的可变性并没有推翻外部世界的客观实在性一样,人类的时空观念的可变性也没有推翻空间和时间的客观实在性。

　　恩格斯在揭露不彻底的糊涂的唯物主义者杜林时,抓住他的地方正是:他只谈时间**概念**的变化(这对于各种**极不相同的**哲学派别中多少有些名气的现代哲学家来说是无可争辩的问题),**躲躲闪闪地**不明确回答下面的问题:空间或时间是实在的还是观念的?我们的相对的时空观念是不是**接近**存在的客观实在形式?或者它们只是发展着的、组织起来的、协调起来的和如此等等的人类思想的产物?这就是而且唯有这才是真正划分根本哲学派别的认识论基本问题。恩格斯写道:"什么概念在杜林先生的脑子里变化着,这和我们毫不相干。这里所说的,不是时间**概念**,而是杜林先生决不可能这样轻易地〈就是说用概念的可变性这类词句〉摆脱掉的**现实的**时间。"(《反杜林论》德文第5版第41页)①

看来,这非常清楚,就连尤什凯维奇先生们也都能了解问题的本质吧?恩格斯提出了大家公认的、一切唯物主义者都十分明了的关于时间的**现实性**即客观实在性的原理来反对杜林。他说,光凭谈论时空**概念**的变化是**回避不了**直接承认或否认这个原理的。这并不是说,恩格斯否认对我们的时空概念的变化和发展进行研究的必要性和科学意义,而是说,我们要彻底解决认识论问题,即关于整个人类知识的泉源和意义的问题。多少有些见识的哲学唯心主义者(恩格斯在说到唯心主义者的时候,指的是古典哲学的天才的彻底的唯心主义者)容易承认我们的时空概念是发展的,例如,认为发展着的时空概念接近于绝对的时空观念等等,但他仍然是唯心主义者。如果不坚决地、明确地承认我们的发展着的时空概念**反映着**客观实在的时间和空间,不承认它们在这里也和在一般场合一样接近客观真理,那么就不可能把敌视一切信仰主义和一切唯心主义的哲学观点坚持到底。

恩格斯教训杜林说:"一切存在的基本形式是空间和时间,时间

---

① 见《马克思恩格斯选集》第3卷人民出版社1972年版第91页。——编者注

以外的存在和空间以外的存在,同样是非常荒诞的事情。"(同上)①

为什么恩格斯要在前半句话里几乎一字不差地重复费尔巴哈的话,而在后半句话里提起费尔巴哈同有神论这种非常荒诞的事情所进行的卓有成效的斗争呢?因为,从恩格斯这本著作的同一章里可以看到,要是杜林不时而依恃世界的"终极原因",时而依恃"第一次推动"(恩格斯说,这是神这个概念的另一种说法),他就不能够使自己的哲学自圆其说。也许,杜林想当一个唯物主义者和无神论者的诚意并不亚于我们那些想当马克思主义者的马赫主义者,可是他**没有能够**把那种确实可以使唯心主义和有神论的荒诞事情失去任何立足之地的哲学观点贯彻到底。既然杜林不承认,至少不是明确地承认(因为杜林在这个问题上动摇和糊涂)时间和空间的客观实在性,他也就不是偶然地而是必然地沿着斜坡一直滚到"终极原因"和"第一次推动"中去,因为他使自己失去了防止超出时间和空间界限的客观标准。既然时间和空间**只是**概念,那么创造它们的人类就有权利**超出它们的界限**,资产阶级教授们就有权利由于保卫这种超越的合法性、由于直接或间接地维护中世纪的"荒诞事情"而从反动政府领取薪金了。

恩格斯曾经向杜林指出,否认时间和空间的客观实在性,在理论上就是糊涂的哲学思想,在实践上就是向信仰主义投降或对它束手无策。

现在看一看"最新实证论"有关这个问题的"学说"吧!在马赫的著作里,我们读到:"空间和时间是感觉系列的调整了的〈或者协调了的,wohlgeordnete〉体系。"(《力学》德文第3版第498页)这是很明显

---

① 见《马克思恩格斯选集》第3卷人民出版社1972年版第91页。——编者注

的唯心主义谬论,它是从物体是感觉的复合这个学说中必然产生出来的。不是具有感觉的人存在于空间和时间中,而是空间和时间存在于人里面,依赖于人,为人所产生。这就是从马赫的著作中得出的结论。马赫感到自己在滚向唯心主义,于是就"抗拒",提出一大堆保留条件,并且像杜林一样把问题淹没在关于我们的时空概念的可变性、相对性等等冗长的议论中(着重参看《认识和谬误》)。但是,这没有挽救他,而且也挽救不了他,因为只有承认了空间和时间的客观实在性,才能真正克服在这个问题上的唯心主义立场。而这是马赫无论如何也不愿意干的。他根据相对主义的原则建立时间和空间的认识论,仅此而已。实质上,这样的构造只能导致主观唯心主义。这一点我们在谈到绝对真理和相对真理的时候就已经说明了。

马赫为了抵制从他的前提中必然得出的唯心主义结论,便反驳康德,坚持说空间概念起源于经验(《认识和谬误》德文第2版第350、385页)。但是,如果我们**没有**在经验中感知客观实在(像马赫告诫的那样),那么这样反驳康德就一点也没有抛弃康德**和**马赫的共同的不可知论立场。如果空间概念是我们从经验中获得的,但**不是**我们以外的客观实在的反映,那么马赫的理论仍旧是唯心主义的。**在**人和人的经验出现**以前**,自然界就存在**于**以百万年计算的**时间中**,这一点就证明这种唯心主义理论是荒谬的。

马赫写道:"在生理学方面,时间和空间是判定方位的感觉,它们同感性的感觉一起决定着生物学上合目的的适应反应的发出(Auslösung)。在物理学方面,时间和空间是物理要素的相互依存关系。"(同上,第434页)

相对主义者马赫只限于从各个方面考察时间**概念**!他也像杜林一样踏步不前。如果说"要素"是感觉,那么物理要素的相互依存关系就不能存在于人以外、人出现以前、有机物质出现以前。如果说时间和空间的感觉能够使人具有生物学上合目的地判定方位的能力，那也只有在这些感觉反映了人以外的**客观实在**的条件下才能做到，因为，假如人的感觉没有使人对环境具有**客观的正确的**观念，人对环境就不能有生物学上的适应。关于空间和时间的学说是同对认识论的基本问题的解答密切联系着的。这个基本问题就是：我们的感觉是物体和物的映象呢，还是物体是我们的感觉的复合。马赫只是在这两种解答之间无所适从。

马赫说道，在现代物理学中保持着牛顿对绝对时间和绝对空间的观点（第442—444页），即对本来的时间和空间的观点。他接着说，这种观点在"我们"看来是毫无意义的（他显然没有想到世界上还有唯物主义者和唯物主义认识论）。但是**在实践中**这种观点是**无害的**（unschädlich）（第442页），因而它在长时期内没有受到批判。

关于唯物主义观点无害的这种天真说法，使马赫露出了马脚！首先，说唯心主义者"很久"没有批判这种观点，是不确实的；马赫简直无视唯心主义认识论和唯物主义认识论在这个问题上的斗争；他回避直截明了地叙述这两种观点。其次，马赫承认他所反驳的唯物主义观点是"无害"的，实质上也就是承认它们是正确的。因为不正确的东西怎么能够在许多世纪以来都是无害的呢？马赫曾经向之递送秋波的实践标准到哪儿去了？唯物主义关于时间和空间的客观实在性的观点之所以是"无害的"，只是因为自然科学**没有超出**时间和空间的界限，即没有超出物质世界的界限，而把这件事让给反动哲学的教授们去做了。这种"无害"也就是正确。

"有害的"是马赫对空间和时间的唯心主义观点。因为，第一，它向信仰主义敞开了大门；第二，它**引诱**马赫本人作出反动的结论。例如，马赫在1872年写道："不必去设想化学元素是在三维空间中的。"（《功的守恒定律》①第29页，第55页重述）这样做，就是"作茧自缚。正如没有任何必要从音调的一定高度上去设想纯粹思维的东西（das bloß Gedachte）一样，也没有任何必要从空间上即从可以看到和触摸到的东西上去设想纯粹思维的东西"（第27页）。"直到现在还没有建立起令人满意的电学理论，这也许是由于总想用三维空间的分子过程来说明电的现象的缘故。"（第30页）

根据马赫在1872年公开维护的那种直率的没有被搞乱的马赫主义观点，毋庸置疑地会作出如下的论断：如果人们感觉不到分子、原子，一句话，感觉不到化学元素，那么，这就是说化学元素是"纯粹思维的东西（das bloß Gedachte）"。既然如此，既然空间和时间没有客观实在的意义，那么很明显，大可不必**从空间上**去设想原子！让物理学和化学以物质在其中运动的三维空间来"自缚"吧，——可是为了说明电，却可以在**非**三维空间中寻找它的元素！

尽管马赫在1906年重述过这个谬论（《认识和谬误》第2版第418页），我们的马赫主义者还是小心翼翼地回避了它。这是可以理解的，因为不这样，他们就必须直截了当地提出唯物主义和唯心主义对空间的看法问题，不能支吾搪塞，不能有任何"调和"这个对立的企图。同样可以理解的是，在70年代，当马赫还默默无闻，甚至"正统派的物理学家"都拒绝刊登他的论文的时候，内在论学派的首领之一安东·冯·勒克列尔就**不遗余力地**抓住马赫的**这个**论断，说它出色地否认了唯物主义，承认了唯心主义。因为，那时候勒克列尔还没有发明或者说还没有从舒佩、舒伯特-索尔登或约·雷姆克那里剽窃到"内在

①即《功的守恒定律的历史和根源》。——编者注

论学派"这个"新的"称号,而是**坦率地**自称为**批判唯心主义者**[①]。这位信仰主义的毫不掩饰的维护者在自己的哲学著作中公开宣扬信仰主义,他一看到马赫的那些话,就立刻宣称马赫是个伟大的哲学家、"最好的革命者"(第252页);他这样做是完全对的。马赫的论断是从自然科学阵营向信仰主义阵营的转移。不论在1872年或在1906年,自然科学都曾经在三维空间中探求,而且现在还在探求和发现(至少**在摸索**)电的原子即电子。自然科学毫不怀疑它所研究的物质只存在于三维空间中,因而这个物质的粒子虽然小到我们不能看见,也"必定"存在于同一个三维空间中。从1872年起,30多年来科学在物质构造问题上获得了巨大的辉煌的成就,唯物主义对空间和时间的看法一直是"无害的",也就是说跟过去一样,和自然科学是一致的,而马赫之流所持的相反的看法却是对信仰主义的"有害的"投降。

马赫在他的《力学》里维护那些研究设想出来的n维空间问题的数学家,使他们不致于因为从他们的研究中得出"怪异的"结论而遭到谴责。这种维护无疑是完全正当的,但是请看一看马赫是站在什么样的**认识论**立场上维护他们的。马赫说道,现代数学提出了n维空间,即设想出来的空间这个十分重要而有用的问题,可是只有三维空间才是"现实的"(ein wirklicher Fall)(第3版第483—485页)。因此,"由于不知道把地狱安放在什么地方而感到为难的许多神学家"以及一些降神术者想从第四维空间得到好处,那是白费心思。(同上)

很好!马赫不愿意加入神学家和降神术者的队伍。但是他在自己的**认识论**中怎样和他们划清界限呢?他说,只有三维空间才是**现实**

[①] **安东·冯·勒克列尔**《从贝克莱和康德对认识的批判来看现代自然科学的实在论》1879年布拉格版。

的!如果你不承认空间和时间具有客观实在性,那又怎么能防范神学家及其同伙呢?原来,当你需要摆脱降神术者的时候,你就采用不声不响地剽窃唯物主义的方法。因为,唯物主义者既然承认现实世界、我们感觉到的物质是**客观**实在,也就有权利由此得出结论说,任何超出时间和空间界限的人类臆想,不管它的目的怎样,**都不是现实的**。而你们呢,马赫主义者先生们,当你们和唯物主义进行斗争的时候,你们就否认"现实"具有客观实在性,可是当你们要同彻底的、毫无顾忌的、公开的唯心主义进行斗争的时候,你们又偷运这个客观实在性!如果在时间和空间的**相对的**概念里除了相对性之外没有任何东西,如果这些相对的概念所反映的客观(=既不依存于单个人,也不依存于全人类的)实在并不存在,那么为什么人类,为什么人类的大多数不能有时间和空间以外的存在物的概念呢?如果马赫有权**在**三维空间**以外**探求电的原子或一般原子,那么为什么人类的大多数无权**在**三维空间**以外**探求原子或道德基础呢?

马赫在同一本书中写道:"还没有过借助第四维来接生的产科大夫。"

绝妙的论据,但是,只有对那些认为实践是证实**客观**真理、证实我们感性世界的**客观**实在性的标准的人们来说,才是绝妙的论据。如果我们的感觉给我们提供不依赖于我们而存在的外部世界的客观真实的映象,那么这种援引产科大夫、援引整个人类实践的论据是适用的。但是这样一来,整个马赫主义这个哲学派别就毫不中用了。

马赫在提到自己1872年的著作时继续写道:"我希望没有人会用我在这个问题上所想、所说和所写的东西替任何鬼神之说辩护(die Kosten einer Spukgeschichte bestreiten)。"

不能希望拿破仑不是死于1821年5月5日。当马赫主义已经为内在论者服务而且还在服务的时候,不能希望它不为"鬼神之说"服务!

我们将会在下面看到,马赫主义还不只是替内在论者服务。哲学唯心主义不过是隐蔽起来的、修饰过的鬼神之说。请看一看这个哲学流派的那些不大像德国经验批判主义代表那样矫饰的法国代表和英国代表吧!彭加勒说,时空概念是相对的,因而(对于非唯物主义者来说的确是"因而")"不是自然界把它们〈这些概念〉给予〈或强加于,impose〉我们,而是我们把它们给予自然界,因为我们认为它们是方便的"(上引书第6页)。这不是证明德国康德主义者兴高采烈是有道理的吗?这不是证实了恩格斯的话吗?恩格斯说,彻底的哲学学说必须或者把自然界当做第一性的,或者把人的思维当做第一性的。

英国马赫主义者卡尔·毕尔生的见解是十分明确的。他说道:"我们不能断定空间和时间是实际存在的;它们不是存在于物中,而是存在于我们感知物的方式(our mode)中。"(上引书第184页)这是直率的毫不掩饰的唯心主义。"时间像空间一样,是人的认识能力这部大的分类机器用来整理(arranges)它的材料的方式〈plans,直译:方案〉之一。"(同上)卡·毕尔生照例是用确切明白的提纲形式叙述的最后结论如下:"空间和时间不是现象世界(phenomenal world)的实在性,而是我们感知物的方式〈样式,modes〉。它们既不是无限大的,也不是无限可分的,按其本质来说(essentially),它们是受我们知觉的内容限制的。"(第191页,关于空间和时间的第5章的结论)

唯物主义的这位认真而诚实的敌人毕尔生(我们再重复一遍,马赫一再表示他和毕尔生完全一致,而毕尔生也坦率地说他和马赫一致)没有给自己的哲学另造特别的招牌,而是毫不隐讳地说出他的哲学路线渊源于两位古典哲学家:休谟和康德(第192页)!

　　如果说在俄国有一些天真的人相信马赫主义在空间和时间问题上提出了"新"的解答,那么在英国的文献里却可以看到,自然科学家和唯心主义哲学家对马赫主义者卡·毕尔生的态度一开始就十分明确。例如,请看生物学家劳埃德·摩根的批评:"自然科学本身认为现象世界是存在于观察者的心以外的,是不依赖于观察者的心的",而毕尔生教授则是站在"唯心主义立场上"的[1]。"依我看来,作为科学的自然科学有充分根据来说明空间和时间是纯粹客观的范畴。我认为,生物学家有权研究有机体在空间的分布,地质学家有权研究有机体在时间上的分布,而不必向读者解释,这里讲的只是感性知觉、积累起来的感性知觉、知觉的某些形式。也许这一切都是很好的,可是在物理学和生物学中却是不适当的。"(第304页)劳埃德·摩根是恩格斯叫做"羞羞答答的唯物主义"的那种不可知论的代表,不管这种哲学具有怎样的"调和"倾向,可是要把毕尔生的观点和自然科学调和起来毕竟是不可能的。另一位批评家说道,在毕尔生那里,"起初心存在于空间中,后来空间存在于心中"[2]。卡·毕尔生的拥护者莱尔(R.J.Ryle)回答道:"与康德的名字联系在一起的时空学说,是从贝克莱主教以来关于人类认识的唯心主义理论的最重要的肯定的成就,这是不容怀疑的。毕尔生的《科学入门》的最显著的特点之一就是:在这本书里,我们也许是第一次在英国学者的著作里看到对康德学说的基本真理的完全承认,对康德学说所作的简短而明晰的说明……"[3]

---

　　[1] 1892年《自然科学》杂志[27]第1卷第300页。

　　[2] J.麦·本特利论毕尔生,载于1897年9月《哲学评论》杂志[28]第6卷第5期第523页。

　　[3] 雷·约·莱尔论毕尔生,载于1892年8月《自然科学》杂志第6期第454页。

　　可见,在英国,无论是马赫主义者自己,或者是自然科学家营垒中反对他们的人,或者是哲学专家营垒中拥护他们的人,**都丝毫没有怀疑**马赫关于时间和空间问题的学说具有唯心主义性质。"看不出"这一点的只有几个想当马克思主义者的俄国著作家。

　　例如,弗·巴扎罗夫在《论丛》第67页上写道:"恩格斯的许多个别观点,比方说,他关于'纯粹的'空间和时间的观念,现在已经陈旧了。"

　　当然啦!唯物主义者恩格斯的观点陈旧了,而唯心主义者毕尔生和糊涂的唯心主义者马赫的观点是最新的!这里最可笑的是巴扎罗夫甚至毫不怀疑:对于空间和时间的看法,即对空间和时间的客观实在性的承认或否认,可以归入"**个别观点**",而和这位著作家在下一句话里所说的"**世界观的出发点**"相对立。这就是恩格斯在谈到19世纪80年代德国哲学时常说的"折中主义残羹剩汁"的一个鲜明例子。因为,把马克思和恩格斯的唯物主义世界观的"出发点"同他们关于时间和空间的客观实在性的"个别观点"对立起来,就像把马克思的经济学说的"出发点"同他关于剩余价值的"个别观点"对立起来一样,是荒谬绝伦的。把恩格斯关于时间和空间的客观实在性的学说同他关于"自在之物"转化为"为我之物"的学说分开来,同他对客观真理和绝对真理的承认(就是承认我们通过感觉感知的客观实在)分开来,同他对自然界的客观规律性、因果性、必然性的承认分开来,这就等于把完整的哲学变为杂烩。巴扎罗夫像一切马赫主义者一样糊涂,他把人类的时空概念的可变性,即这些概念的纯粹相对的性质,同下列事实的不变性混淆起来,这个事实就是:人和自然界只存在于时间和空间中,僧侣们所创造的、为人类中无知而又受压制的群众的臆想所支持的时间和空间以外的存在物,是一种病态的幻想,是哲学唯心主义的谬论,是不良社会制度的不良产物。关于物质的构造、食物的化学成分、原子和电子的科学学说会陈旧,并且正在日益陈旧;但是,人不能拿思想当饭吃、不能单靠精神恋爱生育孩子这一真理是不会陈旧的。否定时间和空间的客观实在性的哲学,正如否定上述真理一样,是荒诞的、内部腐朽的、虚伪的。唯心主义者和不可知论者的花招,正如伪君子鼓吹精神恋爱一样,整个说来是伪善的!

为了举例说明我们的时空概念的相对性同唯物主义和唯心主义两条路线在这个问题上的**绝对的**(在认识论范围内)对立二者之间的差别,我还要引证一位很老的而且是十足的"经验批判主义者"即休谟主义者舒尔采-埃奈西德穆在1792年写的一段有代表性的话:

"如果从我们之内的表象和思想的特性推论出'我们之外的物'的特性",那么,"空间和时间就是某种在我们以外的实在的东西、真实存在着的东西,因为只有在现存的(vorhandenen)空间中才能想象物体的存在,只有在现存的时间中才能想象变化的存在"。(上引书第100页)

一点也不错!休谟的追随者舒尔采虽然坚决地批驳唯物主义并且丝毫也不向它让步,但是他在1792年对空间和时间问题同我们以外的客观实在问题的关系所作的描述,正好和唯物主义者恩格斯在1894年对这种关系所作的描述相同(恩格斯在《反杜林论》的最后一篇序言上注明的日期是1894年5月23日)。这并不是说,100年来,我们的时空观念没有改变,没有收集到大量**有关**这些观念的**发展**的新材料(伏罗希洛夫式的人物切尔诺夫和伏罗希洛夫式的人物瓦连廷诺夫在所谓驳斥恩格斯的时候所提到的材料);这是说,不管我们的马赫主义者卖弄什么"新"名称,唯物主义和不可知论这两条基本哲学路线之间的**相互关系**是不会改变的。

除了一些"新"名称,波格丹诺夫也没有给唯心主义和不可知论的旧哲学增添任何东西。当他重复赫林和马赫关于生理学空间和几何学空间的差别或者感性知觉的空间和抽象空间的差别的论述时(《经验一元论》第1卷第26页),他完全是在重复杜林的错误。人究竟怎样依靠各种感官感知空间,抽象的空间概念又怎样通过长期的历史发展从这些知觉中形成起来,这是一个问题;不依赖于人类的客观实在同人类的这些知觉和这些概念是否符合,这完全是另外一个问题。虽然后一个问题是唯一的哲学问题,但是波格丹诺夫由于对前一个问题进行了一大堆详细的研究而"看不出"这后一个问题,所以他不能明确地用恩格斯的唯物主义来反对马赫的糊涂观念。

时间像空间一样,"是各种人的经验的社会一致的形式"(同上,第34页),它们的"客观性"就在于"具有普遍意义"(同上)。

这完全是骗人的话。宗教也是具有普遍意义的,因为它表现出人类大多数的经验的社会一致。但是,任何客观实在都和宗教的教义(例如,关于地球的过去和世界的创造的教义)不相符合。科学学说认为,地球存在于任何社会性出现**以前**、人类出现**以前**、有机物质出现**以前**,存在于**一定的**时间内和**一定的**(对其他行星说来)空间内。客观实在和这种科学学说(虽然,像宗教发展的每一阶段是相对的一样,它在科学发展的每一阶段上也是相对的)**是相符合的**。在波格丹诺夫看来,空间和时间的各种形式适应人们的经验和人们的认识能力。事实上,恰好相反,我们的"经验"和我们的认识日益正确而深刻地**反映着客观的**空间和时间,并日益适应它们。

6. 自由和必然

阿·卢那察尔斯基在《论丛》第140—141页上引证了恩格斯在《反杜林论》里有关这个问题的论述,并且完全同意恩格斯在这部著作的"惊人的一页"①中对这个问题所作的"异常明晰确切的"评述。

这里的确有很多惊人的地方。而最"惊人的"是:无论阿·卢那察尔斯基,或者其他一群想当马克思主义者的马赫主义者,都"没有看出"恩格斯关于自由和必然的论述在认识论上的意义。他们读也读过,抄也抄过,可是什么都不了解。

恩格斯说:"黑格尔第一个正确地叙述了自由和必然之间的关系。在他看来,自由是对必然的认识。'必然只是**在它没有被了解的时候才是盲目的**。'自由不在于幻想中摆脱自然规律而独立,而在于认识这些规律,从而能够有计划地使自然规律为一定的目的服务。这无论对外部自然界的规律,或对支配人本身的肉体存在和精神存在的规律来说,都是一样的。这两类规律,我们最多只能在观念中而不能在现实中把它们互相分开。因此,意志自由只是借助于对事物的认识来作出决定的那种能力。因此,人对一定问题的判断愈是**自由**,这个判断的内容所具有的**必然性**就愈大…… 自由是在于根据对自然界的必然性(Naturnotwendigkeiten)的认识来支配我们自己和外部自然界……"(德文第5版第112—113页)②

---

①卢那察尔斯基说:"……宗教经济学的惊人的一页。我这样说,不免会引起不信教的读者的微笑。"卢那察尔斯基同志,不管你的用意多么好,你对宗教的诌媚所引起的不是微笑,而是憎恶29。

②见《马克思恩格斯选集》第3卷人民出版社1972年版第153—154页。——编者注

我们来分析一下这一整段论述是以哪些认识论的前提为根据的。

第一,恩格斯在他的论述中一开始就承认自然规律、外部自然界的规律、自然界的必然性,就是说,承认马赫、阿芬那留斯、彼得楚尔特之流叫做"形而上学"的一切东西。如果卢那察尔斯基愿意好好地想一想恩格斯的"惊人的"论述,就不可能不看到唯物主义认识论同不可知论和唯心主义之间的基本区别,后二者否认自然界的规律性或者宣称它只是"逻辑的"等等。

第二,恩格斯没有生造自由和必然的"定义",即反动教授(如阿芬那留斯)和他们的门徒(如波格丹诺夫)所最感兴趣的那些经院式的定义。恩格斯一方面考察人的认识和意志,另一方面也考察自然界的必然性,他没有提出任何规定、任何定义,只是说,自然界的必然性是第一性的,而人的意志和意识是第二性的。后者不可避免地、必然地要适应前者;恩格斯认为这是不言而喻的,他无须多费唇舌来说明自己的观点。只有俄国的马赫主义者才会**埋怨恩格斯**给唯物主义所下的一般定义(自然界是第一性的,意识是第二性的;请回想波格丹诺夫在这一点上的"困惑莫解"!),同时又认为恩格斯对这个一般的基本的定义的**一次个别应用**是"惊人的",是"异常确切的"!

第三,恩格斯并不怀疑有"盲目的必然性"。他承认存在**尚未被人认识的必然性**。这从上面所引的那段话里可以看得再清楚不过了。但是从马赫主义者的观点看来,人怎么能够**知道**他所**不知道**的东西是存在的呢?怎么能够知道尚未被认识的必然性是存在的呢?这难道不是"神秘主义",不是"形而上学",不是承认"物神"和"偶像",不是"康德主义的不可认识的自在之物"吗?如果马赫主义者细想一下,他们就不会看不出,恩格斯关于物的客观本性的可知性和关于"自在之物"转化为"为我之物"的论点,同他关于盲目的、尚未被认识的必然性的论点是**完全一致**的。每一个个别人的意识的发展和全人类的集体知识的发展在每一步上都向我们表明:尚未被认识的"自在之物"在转化为已被认识的"为我之物",盲目的、尚未被认识的必然性、"自在的必然性"在转化为已被认识的"为我的必然性"。从认识论上说,这两种转化完全没有什么差别,因为在这两种情况下,基本观点是一个,都是唯物主义观点,都承认外部世界的客观实在性和外部自然界的规律,并且认为这个世界和这些规律对人来说是完全可以认识的,但又是永远认识**不完**的。我们不知道气象中的自然界的必然性,所以就不可避免地成为气候的奴隶。但是,虽然**我们不知道**这个必然性,**我们却知道**它是存在的。这种知识是从什么地方得来的呢?它同物存在于我们的意识之外并且不以我们的意识为转移这种知识同出一源,就是说,从我们知识的发展中得来的。我们知识的发展千百万次地告诉每一个人,当对象作用于我们感官的时候,不知就变为知,相反地,当这种作用的可能性消失的时候,知就变为不知。

第四,在上面所引的论述中,恩格斯显然运用了哲学上"获生的跳跃"方法,就是说,作了从理论到实践的**跳跃**。我们的马赫主义者所追随的那些博学的(又是愚蠢的)哲学教授中间,从来没有一个人会容许自己作出这种对"纯科学"的代表说来是可耻的跳跃。对他们说来,要想尽办法狡猾地用文字来捏造"定义"的认识论是一回事,而实践却完全是另外一回事。对恩格斯说来,整个活生生的人类实践是深入到认识论本身之中的,它提供真理的**客观**标准。当我们不知道自然规律的时候,自然规律是在我们的认识之外独立地存在着并起着作用,使我们成为"盲目的必然性"的奴隶。一经我们认识了这种**不依赖于**我们的意志和我们的意识而起着作用的(如马克思千百次反复说过的那样)规律,我们就成为自然界的主人。在人类实践中表现出来的对自然界的统治是自然现象和自然过程在人脑中客观正确的反映的结果,它证明这一反映(在实践向我们表明的范围内)是客观的、绝对的、永恒的真理。

我们得出的结论是什么呢?在恩格斯的论述中,每一步,几乎每一句话、每一个论点,都完全是而且纯粹是建立在辩证唯物主义的认识论上的,建立在正面驳斥马赫主义关于物体是感觉的复合、关于"要素"、关于"感性表象和存在于我们之外的现实一致"等等全部胡说的那些前提上的。马赫主义者对这些满不在乎,他们抛弃唯物主义,重复着(像别尔曼那样)关于辩证法的陈腐的混话,同时又热烈地欢迎辩证唯物主义的**一次**应用!他们从折中主义残羹剩汁里获得自己的哲学,并且继续用这种东西款待读者。他们从马赫那里取出一点不可知论和唯心主义,再从马克思那里取出一点辩证唯物主义,把它们拼凑起来,于是含含糊糊地说这种杂烩是马克思主义的**发展**。他们认为,如果马赫、阿芬那留斯、彼得楚尔特以及他们的其他一切权威对黑格尔和马克思怎样解决这个问题(关于自由和必然)丝毫不了解,那纯粹是偶然的事情,那不过是他们没有读过某一本书的某一页罢了,决不是因为这些"权威"过去和现在对19世纪哲学的**真正的**进步完全无知,决不是因为他们过去和现在都是哲学上的蒙昧主义者。

请看这种蒙昧主义者之一、维也纳大学最正式的哲学教授恩斯特·马赫的论述:

"决定论的立场正确还是非决定论的立场正确,这是无法证明的。只有至善至美的科学或者证明其不可能有的科学才能解决这个问题。这里的问题是:我们在考察事物时使用(man heranbringt)什么样的前提,要看我们究竟把多大的主观成分(subjektives Gewicht)归于以往研究的成败。但是在进行研究时,每个思想家在理论上必然是一个决定论者。"(《认识和谬误》德文第2版第282—283页)

用心地把纯粹的理论同实践割裂开来,这难道不是蒙昧主义吗?把决定论局限于"研究"的领域,而在道德、社会活动的领域中,在除开"研究"以外的其他一切领域中,问题则由"主观的"评定来解决,这难道不是蒙昧主义吗?这位博学的学究说,我在书房里是一个决定论者;可是,关于哲学家要关心建立在决定论上的、包括理论和实践在内的完整的世界观这一点,却根本不谈。马赫之所以胡说,是因为他在理论上完全不明白自由和必然的关系问题。

"……任何一个新发现都暴露了我们知识的不足,都显示出至今尚未被看出的依赖性残余……"(第283页) 妙极了!这个"残余"就是我们的认识日益深刻反映的"自在之物"吗?完全不是这样:"……由此可见,在理论上维护极端的决定论的人,在实践上必定仍旧是一个非决定论者……"(第283页) 瞧,分配得多好①:理论是教授们的事,实践是神学家们的事!或者:理论上是客观主义(即"羞羞答答的"唯物主义),实践上是"社会学中的主观方法"[30]。俄国的小市民思想家,民粹派,从列谢维奇到切尔诺夫,都同情这种庸俗的哲学,这是不足为奇的。至于那些想当马克思主义者的人竟迷恋这类胡说,羞羞答答地掩饰马赫的特别荒谬的结论,这就是十分可悲的了。

但是在意志问题上,马赫没有停留在糊涂思想和不彻底的不可

---

① 马赫在《力学》中说道:"人们的宗教见解**纯属私人的事情**,只要他们不想强迫别人相信它们,不想把它们应用到属于其他领域的问题上去。"(法译本第434页)

知论上，而是走得远多了……　我们在《力学》一书中读到：“我们的饥饿感觉同硫酸对锌的亲和力本质上没有差别，我们的意志同石头对它的垫基的压力也没有多大差别。”“这样〈就是说，抱这种观点〉就发现我们更接近自然界，而不需要把人分解成一堆不可理解的云雾似的原子，或者使世界成为精神结合物的体系。”（法译本第434页）这样一来，就不需要唯物主义（“云雾似的原子”或电子，即承认物质世界的客观实在性）了，也不需要那种承认世界是精神的“异在”的唯心主义了。但是承认世界就是**意志**的唯心主义还是可以有的！我们不仅超出唯物主义，而且超出“某一位”黑格尔的唯心主义，但是我们可以向叔本华式的唯心主义打情骂俏！只要有人一提到马赫接近哲学唯心主义，我们的马赫主义者就装出一副无辜受辱的样子，可是又认为对这个棘手的问题最好来个默不作声。但实际上，在哲学文献中，很难找到一篇叙述马赫观点的文章不指出他倾向于意志的形而上学（Willensmetaphysik），即倾向于唯意志论的唯心主义。尤·鲍曼指出了这一点[1]，而对鲍曼进行驳斥的马赫主义者汉·克莱因佩特也没有反驳这一点，反而说，马赫当然“接近康德和贝克莱甚于接近在自然科学中占统治地位的形而上学经验论”（即自发的唯物主义；同上，第6卷第87页）。埃·贝歇尔也指出了这一点。他说，如果马赫在一些地方承认唯意志论的形而上学，在另一些地方又否认它，这只是证明他用语随便；事实上马赫无疑是接近于唯意志论的形而上学的[2]。路加也承认有这种形而上学（即唯心主义）和“现象学”（即不可知论）的混

---

[1] 1898年《系统哲学文库》[31]第4卷第2期第63页，关于马赫的哲学观点的论文。

[2] **埃里希·贝歇尔**《恩·马赫的哲学观点》，载于1905年《哲学评论》杂志第14卷第5期第536、546、547、548页。

合物①。威·冯特也指出了这一点②。宇伯威格—海因策的近代哲学史教程也断定,马赫是一位"并非同唯意志论的唯心主义无关的"现象论者③。

总而言之,除了俄国马赫主义者,谁都很清楚马赫的折中主义和他的唯心主义倾向。

---

①埃·路加《认识问题和马赫的〈感觉的分析〉》,载于1903年《康德研究》杂志第8卷第400页。

②《系统哲学》1907年莱比锡版第131页。

③《哲学史概论》1903年柏林第9版第4卷第250页。

第 五 章
最近的自然科学革命和
哲学唯心主义

8. "物理学"唯心主义的实质和意义

我们已经看到,在英国、德国和法国的著作中都提出了关于从最新物理学中得出的认识论结论的问题,并且从各种不同的观点展开了讨论。丝毫用不着怀疑,我们面前有一种国际性的思潮,它不是以某一哲学体系为转移,而是由哲学之外的某些一般原因所产生的。上面对各种材料的概述,无疑地表明了马赫主义是和新物理学"有联系"的,同时也表明了我们的马赫主义者所散播的关于这一联系的看法是**根本不正确的**。不论在哲学上或在物理学上,我们的马赫主义者都是盲目地赶**时髦**,不能够根据自己的马克思主义观点对某些思潮作一个总的概述,并对它们的地位作出评价。

关于马赫哲学是"20世纪自然科学的哲学"、"自然科学的最新哲学"、"最新的自然科学的实证论"等等(波格丹诺夫在《感觉的分析》序言第IV、XII页里这样讲过;参看尤什凯维奇、瓦连廷诺夫一伙人的同一说法)的一切空泛议论充满了双重的虚伪。因为,第一,马赫主义在思想上只和现代自然科学的**一个门类中的一个学派**有联系。第二，**这也是主要的一点**，在马赫主义中，和这个学派有联系的，**不是使马赫主义同其他一切唯心主义哲学的流派和体系相区别的东西，而是马赫主义和整个哲学唯心主义共有的东西**。只要看一看我们所考察的**整个**思潮，就会毫不怀疑这个论点的正确性。就拿这个学派的物理学家德国人马赫、法国人昂利·彭加勒、比利时人皮·杜恒、英国人卡·毕尔生来说吧。正如他们每一个人都十分正确地承认的，他们之间有许多共同点，他们有同一基础和同一倾向，但是他们的共同点不包括整个经验批判主义学说，特别是不包括马赫关于"世界要素"的学说。后三个物理学家甚至都不知道这两种学说。他们之间的共同点"只有"一个：哲学唯心主义。他们都毫无例外地、比较自觉地、比较坚决地**倾向**于它。拿那些以新物理学的**这个学派**为依据的、极力在认识论上加以论证和发展的哲学家来说吧。你们在这里又会看见德国的内在论者，马赫的门徒，法国的新批判主义者和唯心主义者，英国的唯灵论者，俄国的洛帕廷，还有唯一的经验一元论者亚·波格丹诺夫。他们之间的共同点只有一个，就是：他们都比较自觉地、比较坚决地贯彻哲学唯心主义，不过在贯彻过程中，有的是急急忙忙地倾向信仰主义，有的则对信仰主义怀着个人的厌恶（亚·波格丹诺夫）。

我们所考察的新物理学的这个学派的基本思想，是否认我们通过感觉感知的并为我们的理论所反映的客观实在，或者是怀疑这种实在的存在。在这里，这个学派离开了**被公认为**在物理学家中间占统治地位的**唯物主义**（它被不确切地称为实在论、新机械论、物质运动论；物理学家本人一点没有自觉地去发展它），是作为"物理学"唯心主义的学派而离开唯物主义的。

要说明"物理学"唯心主义这个听起来很古怪的术语，必须提一提最新哲学和最新自然科学的历史上的一段插曲。1866年，路·费尔巴哈攻击著名的最新生理学的创始者约翰奈斯·弥勒，并把他列入"生理学唯心主义者"（《费尔巴哈全集》第10卷第197页）。这个生理学家的唯心主义在于：他从我们感官同感觉的关系上研究感官机制的功用，例如，他指出光的感觉是由对眼睛的各种不同的刺激引起的，他想由此否定我们的感觉是客观实在的映象。路·费尔巴哈非常准确地抓住了自然科学家的一个学派的这种"生理学唯心主义"的倾向，即用唯心主义观点解释某些生理学成果的倾向。生理学和哲学唯心主义，主要是和康德派哲学唯心主义的"联系"，后来很长时间被反动哲学利用了。弗·阿·朗格曾以生理学为王牌来维护康德主义的唯心主义，驳斥唯物主义；而内在论者（亚·波格丹诺夫竟错误地把他们归入介于马赫和康德之间的路线）中的约·雷姆克却在1882年特别起来反对用生理学虚伪地证实康德主义[①]。那个时期许多大生理学家**追求**唯心主义和康德主义，正如现在许多大物理学家**追求**哲学唯心主义一样，这是不容争辩的。"物理学"唯心主义，即19世纪末和20世纪初物理学家的一个学派的唯心主义，既没有"驳倒"唯物主义，也没有证实唯心主义（或经验批判主义）和自然科学的联系，这正如弗·阿·朗格和"生理学"唯心主义者曾经枉费心机一样。在这两种场合下，自然科学一个门类中的一个自然科学家学派所显露的转向反动哲学的倾向，是暂时的曲折，是科学史上暂时的疾病期，是多半由于已经确定的旧概念**骤然崩溃**而引起的发育上的疾病。

　　正如我们在上面已经指出的，现代"物理学"唯心主义和现代物

---

　　①约翰奈斯·雷姆克《哲学和康德主义》1882年爱森纳赫版第15页及以下各页。

理学危机的联系是公认的。阿·莱伊写道："怀疑论批判用来反对现代物理学的论据，实质上可以归结为一切怀疑论者的一个著名论据：意见分歧〈物理学家中间的〉。"他与其说是指怀疑论者，毋宁说是指像布吕纳蒂埃尔那样的信仰主义的公开信奉者。但是这些分歧"没有对物理学的客观性提出任何反证"。"物理学的历史同任何历史一样，可以划分为几个大的时期，各个时期都以理论的不同形式、不同概貌为特征……　只要有一个由于确证了当时还不知道或者估计不足的某一重要事实而影响到物理学各个部分的发现一出现，物理学的整个面貌就改变了，新的时期就开始了。在牛顿的发现以后，在焦耳—迈尔和卡诺—克劳胥斯的发现以后，都有过这种情形。看来，在发现放射性以后，也在发生同样的情形……经过一段必要的时间后，观察事件的历史学家，会很容易地在当代人只看到冲突、矛盾、分裂成各种学派的地方，看到一种不断的进化。看来，物理学近年来所经历的危机，也是属于这类情况的（不管哲学的批判根据这个危机作出什么结论）。这是伟大的新发现所引起的典型的发育上的危机（crise de croissance）。不容争辩，危机会引起物理学的改革（没有这点就不会有进化和进步），可是这种改革不会改变科学精神。"（上引书第370—372页）

　　调和者莱伊极力要把现代物理学的一切学派联合起来反对信仰主义！这是好心肠的虚伪，然而终究是虚伪，因为马赫—彭加勒—毕尔生学派倾向于唯心主义（即精致的信仰主义），是不容争辩的。与不同于信仰主义精神的"科学精神"的基础相联系的、并为莱伊所热烈拥护的那个物理学的客观性，无非是唯物主义的"羞羞答答的"表述方式。物理学的唯物主义基本精神，正如整个现代自然科学的唯物主义基本精神一样，将克服所有一切危机，但是必须以辩证唯物主义去代替形而上学唯物主义。

现代物理学的危机就在于它不再公开地、断然地、坚定不移地承认它的理论的客观价值，——调和者莱伊常常力图掩盖这一点，但是事实胜于一切调和的企图。莱伊写道："数学家习惯于研究这样一种科学，它的对象至少从表面看来是学者的智慧所创造的，或者说，它的研究工作无论如何不涉及具体现象，因此他们对物理学就形成了一种过于抽象的看法。他们力图使物理学接近数学，把数学的一般理论搬用于物理学…… 一切实验家都指出，数学精神侵入(invasion)物理学的判断方法和对物理学的理解中去了。对物理学的客观性的怀疑和思想动摇，达到客观性所走的弯路以及那些必须克服的障碍，往往不就是由于这种影响（并不因为它有时隐蔽而就失去效力）而产生的吗？……"（第227页）

这说得好极了！在物理学的客观性问题上的"思想动摇"，就是时髦的"物理学"唯心主义的实质。

"……数学的抽象虚构，似乎在物理的实在和数学家们为理解关于这个实在的科学而使用的方法之间设置了一重屏障。数学家们模糊地感觉到物理学的客观性…… 当他们着手研究物理学的时候首先希望自己是客观的，他们力求依靠实在并固守这个据点，可是旧日的习惯在起作用。所以，一直到唯能论这种想比旧的机械论物理学更扎实地和更少用假说来构想世界，力图模写(décalquer)感性世界而不是重建感性世界的理论，我们总是在同数学家们的理论打交道…… 数学家们曾经用一切办法拯救物理学的客观性，因为他们十分清楚地知道，没有客观性就谈不上物理学…… 但是他们的理论的复杂性，他们所走的弯路，给人留下了一种笨拙的感觉。这未免过于做作，太牵强附会，矫揉造作(édifié)；实验家在这里感觉不到那种不断和物理的实在接触时所产生的自发的信赖…… 实质上，这就是一切物理学家——这些人首先是物理学家（他们是不可胜数的），或者仅仅是物理学家——所说的话，这就是整个新机械论学派所说的话……　物理学的危机在于数学精神征服了物理学。在19世纪，物理学的进步和数学的进步使这两门科学密切地接近了……理论物理学变成了数学物理学……　于是形式物理学即数学物理学的时期开始了；这种物理学成为纯粹数学的物理学了，它已不是物理学的一个门类，而是数学的一个门类。数学家过去已习惯于使用那种成为自己工作的唯一材料的概念（纯逻辑）要素，觉得自己受到那些他认为不大顺从的粗糙的物质要素的约束，在这个新阶段上，他们不能不尽量地把这些物质要素抽象掉，把它们想象为完全非物质的、纯逻辑的，或者甚至根本无视它们。作为实在的、客观的材料的要素，即作为**物理**要素的要素，完全消失了。剩下的仅仅是微分方程式所表示的形式关系……　只要数学家不为自己头脑的这种创造性的工作所愚弄……就会看到理论物理学和经验的联系；但是初看起来，以及对于没有基本知识的人说来，大概会觉得这是随意构造理论……　概念、纯概念代替实在的要素……　这样，由于理论物理学采用了数学形式，便历史地说明了……物理学的微恙(le malaise)、危机及其表面上同客观事实的脱离。"（第228—232页）

　　这就是产生"物理学"唯心主义的第一个原因。反动的意向是科学的进步本身所产生的。自然科学的辉煌成就，它向那些运动规律可以用数学来处理的同类的单纯的物质要素的接近，使数学家忘记了物质。"物质在消失"，只剩下一些方程式。在新的发展阶段上，仿佛是通过新的方式得到了旧的康德主义的观念：理性把规律强加于自然界。正如我们所看到的，非常欣赏新物理学的唯心主义精神的赫尔曼·柯亨，竟鼓吹在中学教授高等数学，以便把我们的唯物主义时代正在排除的唯心主义精神灌输给中学生（阿·朗格《唯物主义史》1896年第5版第2卷第XLIX页）。当然，这是反动分子的痴心妄想，事实上，除了少数专家对唯心主义的极短暂的迷恋以外，这里什么都没有，而且也不可能有。但非常值得注意的是：有教养的资产阶级的代表们像快淹死的人想抓住一根稻草来救命一样，企图用多么巧妙的手段来人为地为那种由于无知、闭塞和资本主义矛盾所造成的荒诞不经现象而在下层人民群众中产生的信仰主义保持或寻找地盘。

产生"物理学"唯心主义的另一个原因，是**相对主义的**原理，即我们知识的相对性的原理。这个原理在旧理论急剧崩溃的时期以特殊力量强使物理学家接受；**在不懂得辩证法的情况下**，这个原理必然导致唯心主义。

关于相对主义和辩证法的相互关系这个问题，对于说明马赫主义的理论厄运，几乎是最重要的问题。例如，莱伊像一切欧洲实证论者一样，不懂得马克思的辩证法。他仅仅在唯心主义哲学思辨的意义上使用辩证法这个词。因此，虽然他感觉到新物理学在相对主义上失足，可是他仍然绝望地挣扎着，企图把相对主义区分为适度的和过分的。当然，"过分的相对主义纵然不是在实践上，也是在逻辑上近似真正的怀疑论"（第215页），但是，要知道，在彭加勒那里，没有这种"过分的"相对主义。真了不起，像秤药那样多秤一些或少秤一些相对主义，就可以改善马赫主义的境况！

实际上，关于相对主义问题在理论上唯一正确的提法，是马克思和恩格斯的唯物主义辩证法指出来的，所以不懂得唯物主义辩证法，就**必然**会从相对主义走到哲学唯心主义。单是不了解这一点，就足以使别尔曼先生的《从现代认识论来看辩证法》这本荒谬的小册子失去任何意义，因为别尔曼先生关于他所完全不懂得的辩证法只是重复了陈词滥调。我们已经看到，**一切**马赫主义者在认识论上的**每一步都暴露出同样的无知。**

物理学的一切旧真理，包括那些被认为是不容争辩和不可动摇的旧真理在内，都是相对真理，——**这就是说**，任何不依赖于人类的客观真理是不会有的。不仅整个马赫主义，而且整个"物理学"唯心主义都是这样断定的。绝对真理是由发展中的相对真理的总和构成的；相对真理是不依赖于人类而存在的客体的相对正确的反映；这些反映愈来愈正确；每一个科学真理尽管有相对性，其中都含有绝对真理的成分，——这一切论点，对于所有钻研过恩格斯的《反杜林论》的人来说是不言而喻的，而对于"现代"认识论来说却是无法理解的。

像马赫特别推荐的皮·杜恒的《物理学理论》①或斯塔洛的《现代物理学的概念和理论》②这一类著作，非常明显地表明：这些"物理学"唯心主义者最重视的是证明我们知识的相对性，而实质上他们动摇于唯心主义和辩证唯物主义之间。这两个处于不同的时代并且从不同的观点研究问题的作者（杜恒是专业的物理学家，他在物理学方面工作了20年；斯塔洛以前是正统的黑格尔主义者，后来却又因他在1848年出版了一本按照老年黑格尔派[32]的精神写出的有关自然哲学的著作而感到羞惭），都极力攻击原子论—机械论的自然观。他们证明这种自然观是有局限性的，证明不能认为这种自然观是我们知识的界限，证明那些持这种自然观的著作家们的许多概念是僵化的。旧唯物主义的这种缺点是不容怀疑的；不了解一切科学理论的相对性，不懂得辩证法，夸大机械论的观点，这都是恩格斯责备旧唯物主

① 皮·杜恒《物理学理论及其对象和构造》1906年巴黎版。
② 约·伯·斯塔洛《现代物理学的概念和理论》1882年伦敦版。有法译本和德译本。

义者的地方。但是恩格斯能够(与斯塔洛不同)抛弃黑格尔的唯心主义,**并且了解**黑格尔辩证法的天才的真理的内核。恩格斯是为了**辩证**唯物主义,而不是为了那陷入主观主义的相对主义而摒弃旧的形而上学唯物主义的。例如,斯塔洛说:"机械论的理论以及一切形而上学的理论,把局部的、观念的、也许是纯粹假设的属性群或个别属性实体化,把它们说成是各种各样的客观实在。"(第150页)如果你们不拒绝承认客观实在,并且攻击反辩证法的形而上学,那么这是对的。斯塔洛并没有认识清楚这一点。他不了解唯物主义辩证法,因而常常经过相对主义滚入主观主义和唯心主义。

杜恒也是一样。他费了莫大的力气,从物理学史上引用了许多在马赫的书中也常常可以看到的那种有趣的、有价值的例子来证明"物理学的任何一个规律都是暂时的和相对的,因为它们是近似的"(第280页)。马克思主义者在读到关于这个问题的冗长议论时会这样想:这个人在敲着敞开的大门!但是杜恒、斯塔洛、马赫和彭加勒的不幸就在于他们没有看见大门已经被辩证唯物主义打开了。他们由于不能对相对主义提出正确的表述,便从相对主义滚向唯心主义。杜恒写道:"其实,物理学的规律既不是真的,也不是假的,而是近似的。"(第274页)这个"而是",就已经开始虚伪,开始抹杀近似地**反映客体的**(即接近于客观真理的)科学理论和任意的、幻想的、纯粹假设的理论(例如,宗教理论或象棋理论)之间的界限。

这种虚伪竟使杜恒宣称:"物质的实在"是否和感性现象相符合这一问题是**形而上学**(第10页),因此取消关于实在的问题吧,我们的概念和假说不过是符号(signes,第26页)、"任意的"(第27页)构造等等。从这里只走一步就达到唯心主义,就达到皮埃尔·杜恒先生按照康德主义的精神所宣扬的"信仰者的物理学"(莱伊的书第162页;

参看第160页）。而好心肠的阿德勒（弗里茨）——也是一个想当马克思主义者的马赫主义者！——所想出的最聪明的办法是这样地"改正"杜恒的理论：杜恒所排除的"隐藏在现象后面的实在，只是作为理论对象的实在，而不是作为**现实对象**的实在"①。这是我们早就熟悉的根据休谟和贝克莱的观点对康德主义的批判。

但是皮·杜恒说不上有什么自觉的康德主义。他不过是也像马赫那样**摇摆不定**，不知道使自己的相对主义依据什么。在好多地方，他非常接近辩证唯物主义。他说，我们知道的声音"是在同我们发生关系时的那种声音，而不是在发声物体中本来那样的声音。声学理论使我们可以认识这种实在，而我们的感觉从这种实在中发现的只是外在的和表面的东西。声学理论告诉我们，在我们的知觉只是把握着我们称之为声音的那种表面现象的地方，确实有一种很小的、很迅速的周期运动"等等（第7页）。物体不是感觉的符号，而感觉却是物体的符号（更确切些说是映象）。"物理学的发展引起了不停地提供材料的自然界和不停地进行认识的理性之间的不间断的斗争"（第32页）——自然界正如它的极微小的粒子（包括电子在内）一样是无限的，可是理性把"自在之物"转化为"为我之物"也同样是无限的。"实在和物理学规律之间的斗争将无限地延续下去；实在迟早会对物理学表述的每个规律予以无情的驳斥——用事实加以驳斥；可是物理学将不断地修正、改变、丰富被驳斥的规律。"（第290页）只要作者坚持这个客观实在不依赖于人类而存在，那么这就是对辩证唯物主义的十分正确的阐述。"……物理学的理论不是今天方便明天就不适用的纯粹人造的体系；它是实验方法所不能直接〈直译是：面对面地

---

①杜恒著作的德译本的《译者前言》，1908年莱比锡J．巴特出版社版。

——face à face〉观察的那些实在的愈来愈合乎自然的分类,愈来愈清楚的反映。"(第445页)

马赫主义者杜恒在最后一句话里向康德主义的唯心主义递送秋波:似乎给"实验方法"以外的方法开辟了一条小路,似乎我们不能径直地、直接地、面对面地认识"自在之物"。但是,如果说物理学的理论愈来愈合乎自然,那就是说,这个理论所"反映"的"自然"、实在,是不依赖于我们的意识而存在着的,——这正是辩证唯物主义的观点。

总之,今天的"物理学"唯心主义,正如昨天的"生理学"唯心主义一样,不过是意味着自然科学一个门类里的一个自然科学家学派,由于没有能够直接地和立即地从形而上学的唯物主义上升到辩证唯物主义而滚入了反动的哲学①。现代物理学正在走这一步,而且一定会

————

①著名的化学家威廉·拉姆赛说道:"常常有人问我:难道电不是一种振动吗?怎样才能用微小的粒子或微粒的移动来说明无线电报呢?对此回答如下:电是**物**,它**就是**〈黑体是拉姆赛用的〉这些极小的微粒,但是当这些微粒离开某一物体时,一种像光波一样的波就通过以太33散播开来,而无线电报使用的就是这种波。"(**威廉·拉姆赛**《传记性的和化学的论文集》1908年伦敦版第126页)拉姆赛叙述了镭转化为氦之后指出:"至少有一种所谓的元素现在不能再看做是最终物质了;它本身正转化为更简单的物质形式。"(第160页)"负电是物质的一种特殊形式,这几乎是毫无疑问的了;而正电是一种失去负电的物质,也就是说,是减去这种带电物质的物质。"(第176页)"什么是电?从前人们以为有两种电:正电和负电。当时是不可能回答这个问题的。但是,最近的研究证明,过去一向叫做负电的东西,确实(really)是一种实体。事实上负电的粒子的相对重量已经测定;这种粒子约等于氢原子质量的七百分之一……电的原子叫做电子。"(第196页)如果我们的那些以哲学题目著书立说的马赫主义者们会动脑筋,那么他们就会了解,"物质在消失"、"物质归结为电"等等说法,不过是下述真理在认识论上的一种无力的表现:能够发现物质的新形式、物质运动的新形式,并把旧形式归结为这些新形式,等等。

走这一步,但它不是笔直地而是曲折地,不是自觉地而是自发地走向自然科学的唯一正确的方法和唯一正确的哲学;它不是清楚地看见自己的"终极目的",而是在摸索中接近这个目的;它动摇着,有时候甚至倒退。现代物理学是在临产中。它正在生产辩证唯物主义。分娩是痛苦的。除了生下一个活生生的、有生命力的生物,它还必然会产出一些死东西,一些应当扔到垃圾堆里去的废物。整个物理学唯心主义、整个经验批判主义哲学以及经验符号论、经验一元论等等,都是这一类废物。

第 六 章
经验批判主义和历史唯物主义

俄国的马赫主义者,如我们已经看到的,分为两个阵营:一个就是维·切尔诺夫先生和《俄国财富》杂志[34]的撰稿者,他们不论在哲学或历史方面都是辩证唯物主义的彻底的始终如一的反对者;另一个就是我们在这里最感兴趣的那一伙马赫主义者,他们想当马克思主义者并且千方百计地向读者保证:马赫主义跟马克思和恩格斯的历史唯物主义是可以相容的。但是,这些保证大部分仅仅是保证而已:没有任何一个想当马克思主义者的马赫主义者曾打算稍微系统地去阐述经验批判主义的创始人在社会科学中的真实倾向。我们来简略地谈谈这个问题。先谈载入文献中的德国经验批判主义者的言论,然后再谈他们的俄国弟子们的言论。

2.波格丹诺夫怎样修正和"发展"
马克思的学说

波格丹诺夫在他的《自然界和社会中的生命的发展》(1902)这篇论文中(见《社会心理学》第35页及以下各页),引证了"最伟大的社会学家"马克思在《批判》一书的序言①里阐明历史唯物主义基本原理的那段著名的话。波格丹诺夫在引证马克思的这段话以后说："历史一元论的旧公式，虽然在基本上还是正确的，可是已经不能完全使我们满意了。"（第37页）因此，作者想**从这个理论的基本原理出发**，去修正或发展这个理论。下面就是作者的主要的结论：

"我们已经指出：社会形态属于广泛的**类**即生物学适应的**类**。但是，我们并没有因此就确定了社会形态的范围；为了确定这个范围，不仅要确定**类**，而且要确定**种**……　人们在生存斗争中，只有借助于**意识**才能结合起来，没有意识就没有交往。因此，**形形色色的社会生活都是意识—心理的生活**……　社会性和意识性是不可分离的。**社会存在和社会意识，按这两个词的确切的含义来说，是同一的。**"（第50、51页，黑体是波格丹诺夫用的）

这个结论与马克思主义毫无共同之处，这一点已由正统派指出了（《哲学论文集》1906年圣彼得堡版第183页及以前几页）。但是波格丹诺夫仅仅用谩骂来回敬她，挑剔引文中的**错误**，说原文本来是"按这两个词的确切的含义"，而正统派却引成了"按完全的含义"。错误是有的，作者完全有权利加以纠正，但抓住这点大叫"曲解"、"偷换"等等（《经验一元论》第3卷第XLIV页），这不过是用抱怨的话来**模糊**分歧的实质而已。不管波格丹诺夫替"社会存在"和"社会意识"这两个词想出了怎样"确切的"含义，有一点却是毋庸置疑的，这就是：我们所引的他的那个论点**是错误的**。社会存在和社会意识不是同一的，这正如一般存在和一般意识不是同一的一样。人们进行交往时，

---

①即《〈政治经济学批判〉序言》（见《马克思恩格斯选集》第2卷人民出版社1972年版第81—85页）。——编者注

列宁在意大利卡普里岛高尔基家做客时同亚·波格丹诺夫下棋（1908年）

是作为有意识的生物进行的,但由此决**不能得出结论说**,社会意识和社会存在是同一的。在一切稍微复杂的社会形态中,特别是在资本主义的社会形态中,人们在交往时并**没有意识到**这是在形成什么样的社会关系,这些社会关系又是按照什么样的规律发展的,等等。例如,一个农民在出售谷物时,他就和世界市场上的世界谷物生产者发生"交往",可是他没有意识到这一点,也没有意识到从交换中形成什么样的社会关系。社会意识**反映**社会存在,这就是马克思的学说。反映可能是对被反映者的近似正确的复写,可是如果说它们是同一的,那就荒谬了。意识总是**反映**存在的,这是**整个**唯物主义的一般原理。看不到这个原理与社会意识**反映**社会存在这一历史唯物主义的原理有着直接的和**不可分割的**联系,这是不可能的。

波格丹诺夫企图"按照马克思的基本原理的精神"来悄悄地修正和发展马克思的学说,这显然是按照**唯心主义**的精神来歪曲这些**唯物主义**的基本原理。想否认这一点是可笑的。让我们回想一下巴扎罗夫对经验批判主义的说明(不是对经验一元论的说明,怎么可能呢!要知道在这些"体系"之间有着很大很大的差别呀!):"感性表象**也就是**存在于我们之外的现实。"这是露骨的唯心主义,是露骨的意识和存在的同一论。我们再回想一下内在论者威·舒佩(他像巴扎罗夫之流一样拼命地赌咒发誓,说他不是唯心主义者,并且也像波格丹诺夫一样坚决地声明他的用语有特别"确切的"含义)的公式:"存在就是意识。"现在请把这个公式和内在论者舒伯特-索尔登对马克思的历史唯物主义的**驳斥**对比一下。舒伯特-索尔登是这样说的:"任何物质的生产过程,总是它的观察者的一种意识过程…… 在认识论上,外部生产过程不是**第一性的**(prius),而主体或诸主体才是**第一性的**;换句话说,甚至纯粹物质的生产过程也不能引导〈我们〉脱离意识的普遍联系（Bewußtseinszusammenhangs）。”（见上引书《人类的幸福和社会问题》第293页和第295—296页）

波格丹诺夫可以随心所欲地诅咒唯物主义者，说他们"歪曲了他的思想"，可是任何诅咒都不能改变简单明了的事实。"经验一元论者"波格丹诺夫所谓的按照马克思的精神对马克思学说的修正和发展，跟唯心主义者和认识论上的唯我论者舒伯特-索尔登对马克思的驳斥，没有**任何本质上的**差别。波格丹诺夫硬说自己不是唯心主义者；舒伯特-索尔登硬说自己是实在论者（巴扎罗夫甚至相信这一点）。在我们这时代，哲学家不能不宣称自己是"实在论者"、"唯心主义的敌人"。马赫主义者先生们，现在是应该懂得这点的时候了！

内在论者、经验批判主义者和经验一元论者，在枝节问题上、在**唯心主义**的一些说法上相互争论着，而我们则**根本**否定他们三者所共有的一切哲学基础。就算波格丹诺夫在接受马克思的**一切结论**时最好心好意地宣传着社会存在和社会意识的"同一"，但我们还是要说：波格丹诺夫**减去**"经验一元论"（更确切些说，**减去**马赫主义），才等于马克思主义者。因为这种社会存在和社会意识的同一论，是**十足的胡言乱语**，是**绝对反动**的理论。如果有个别的人把这种理论跟马克思主义，跟马克思主义者的行为调和起来，那么我们应该承认这些人比他们的理论要好些，但决不能说这种对马克思主义的惊人的理论上的歪曲是正当的。

波格丹诺夫把自己的理论跟马克思的结论调和起来，为这些结论牺牲了起码的彻底性。在世界经济中，每一个生产者都意识到自己给生产技术带来了某种变化，每一个货主都意识到他在用一些产品交换另一些产品，但是这些生产者和货主都没有意识到，他们这样做是在改变着**社会存在**。在资本主义的世界经济中，即使有70个马克思也不能够把握住所有这些错综复杂的变化的总和；至多是发现这些变化的**规律**，在主要的基本的方面指出这些变化及其历史发展的**客观的**逻辑。所谓客观的，并不是指有意识的生物的社会（即人的社会）能够不依赖于有意识的生物的存在而存在和发展（波格丹诺夫在自己的"理论"中所**强调**的仅仅是这些废话），而是指社会存在**不依赖**于人们的**社会意识**。你们过日子、经营事业、生儿育女、生产物品、交换产品等等，这些事实形成事件的客观必然的链条、发展的链条，这个链条不依赖于你们的**社会**意识，永远也不会为**社会**意识所完全把握。人类的最高任务，就是从一般的和基本的特征上把握经济演进（社会存在的演进）的这个客观逻辑，以便使自己的社会意识以及一切资本主义国家的先进阶级的意识尽可能清楚地、明确地、批判地**与它**相适应。

波格丹诺夫承认这一切。这说明什么呢？这说明：他的"社会存在和社会意识同一"论，**事实上**被他抛弃了，成了空洞的经院哲学的附属品，成了像"普遍代换说"或"要素"说、"嵌入"说以及其他一切马赫主义谬论那样空洞的、僵死的、无用的东西。但是"僵死的东西抓住了活的东西"。僵死的经院哲学的附属品**违反**波格丹诺夫的**意志并且不依赖**于他的**意识**，把他的哲学变成了替舒伯特-索尔登分子以及其他反动分子**服务的工具**，这些反动分子在几百个教授讲坛上用几千种调子把**这种**僵死的东西当做活的东西来宣传，以便反对活的东西，窒息活的东西。波格丹诺夫本人是一切反动派、特别是资产阶级反动派的死敌。但波格丹诺夫的"代换"说与"社会存在和社会意识同一"论，却为这些反动派**服务**。这是可悲的事实，然而的确是事实。

一般唯物主义认为客观真实的存在（物质）不依赖于人类的意识、感觉、经验等等。历史唯物主义认为社会存在不依赖于人类的社会意识。在这两种场合下,意识都不过是存在的反映,至多也只是存在的近似正确的(恰当的、十分确切的)反映。在这个由一整块钢铸成的马克思主义哲学中,决不可去掉任何一个基本前提、任何一个重要部分,不然就会离开客观真理,就会落入资产阶级反动谬论的怀抱。

下面还有几个例子可以说明僵死的哲学唯心主义怎样抓住了活的马克思主义者波格丹诺夫。

波格丹诺夫在1901年所著的《什么是唯心主义?》(同上,第11页及以下各页)一文中写道:"我们得出这样的结论:无论在人们对进步的见解是一致的地方或是不一致的地方,进步观念的基本含义始终只有一个,即**意识生活的不断增长的完满与和谐**。进步概念的客观内容就是如此…… 如果现在把我们所得出的进步观念在心理学上的表现和以前阐明的生物学上的表现〈"生物学上的**所谓进步就是生命总数的增长**",第14页〉对照一下,我们就不难深信:前者是和后者完全一致的,而且可以从后者中引申出来……由于社会生活归根到底就是社会成员的心理生活,所以进步观念的内容在这里也还是生活的完满与和谐的不断增长,只要加上'人们的**社会**生活'这几个字就行了。当然,社会进步的观念从来没有而且也不可能有任何其他的内容。"(第16页)

"我们发现……唯心主义表现着人的心灵中社会性较多的情绪对社会性较少的情绪的胜利;进步的理想是社会进步的趋向在唯心主义心理中的反映。"(第32页)

不用说,在这一套生物学和社会学的玩意中没有**丝毫**马克思主义。在斯宾塞和米海洛夫斯基那里,我们可以随便发现许多毫不逊色的定义,这些定义除了说明作者的"一片好心"以外,什么也没有说明,而且表明作者**完全不懂**"什么是唯心主义"和什么是唯物主义。

在《经验一元论》第3卷中，在1906年写的《社会选择》（方法的基础）这篇文章中，作者一开始就驳斥"朗格、费里、沃尔特曼及其他许多人的折中主义的社会生物学的企图"（第1页），而在第15页上提出了下述的"研究"结论："我们可以把唯能论和社会选择的基本联系表述如下：

社会选择的每一活动，就是与它有关的社会复合的能量的增加或减少。在前一种场合我们看到的是'肯定的选择'，在后一种场合我们看到的是'否定的选择'。"（黑体是原作者用的）

像这种难以形容的谬论竟然冒充马克思主义！难道还能想象出比罗列这些在社会科学领域中毫无意义而且也不会有什么意义的生物学和唯能论的名词更无益、更死板、更烦琐的事情吗？这里没有一点具体的经济研究的影子，也没有一点马克思的**方法**、辩证方法以及唯物主义世界观的迹象，只有定义的**编造**，以及把这些定义硬套到马克思主义的现成结论上去的企图。"资本主义社会生产力的迅速增长，无疑地是社会整体的能量的增长……"——这句话的后半句，无疑地只是用一些毫无内容的术语重复前半句，这些术语看起来好像是使问题"深刻化"了，事实上却跟朗格之流的折中主义的生物社会学的企图没有**丝毫**区别！——"但是，这个过程的不和谐的性质，导致它以'危机'、生产力的巨大浪费、能量的急剧减少而告终：肯定的选择被否定的选择代替了"（第18页）。

你们看，这不是朗格吗？在危机的现成结论上只是贴上生物学的和唯能论的标签，既没有补充一点具体材料，也没有说明危机的性质。这一切都是出于一片好意，因为作者想证实和加深马克思的结论，但实际上他却用枯燥不堪的僵死的经院哲学来**冲淡**马克思的结论。在这里，"马克思主义的东西"只不过是众所周知的结论的**重复**而已,至于对这种结论的全部"新的"论证,全部"**社会唯能论**"(第34页)和"社会选择",都不过是**名词的堆砌**,对马克思主义的十足嘲弄而已。

波格丹诺夫所从事的决不是马克思主义的研究,而是给这种研究早已获得的成果换上一件生物学术语和唯能论术语的新装。这全部企图自始至终都是无济于事的,因为像"选择"、能量的"同化和异化"、能量的平衡等等概念,如果应用于社会科学的领域,就成为**空洞的词句**。事实上,依靠这些概念是**不能**对社会现象作任何**研究,不能**对社会科学的**方法**作任何说明的。再没有什么事情比给危机、革命、阶级斗争等等现象贴上"唯能论的"或"生物社会学的"标签更容易了,然而,也再没有什么事情比这种勾当更无益、更烦琐和更死板了。问题不在于波格丹诺夫在这里企图把他的**全部**或者"几乎"全部的成果和结论塞给马克思(我们已经看到他在社会存在和社会意识的关系问题上所作的"修正"),而是在于他所采用的这种**方法**,即"社会唯能论"的方法完全是虚伪的,是跟朗格的方法毫无区别的。

马克思在1870年6月27日给库格曼的信里这样写道:"朗格先生(在《论工人问题……》①第2版中)对我大加赞扬,但目的只是为了抬高他自己。事情是这样的,朗格先生有一个伟大的发现:全部历史可以纳入一个唯一的伟大的自然规律。这个自然规律就是'Struggle for life',即'生存斗争'这**一句话**(达尔文的说法这样应用就变成了一句空话),而这句话的内容就是马尔萨斯的人口律,或者更确切些说,人口过剩律。这样一来,就可以不去分析'生存斗争'如何在各种不同的社会形态中历史地表现出来,而只要把每一个具体的斗争都变成'生

①即《工人问题对现在和将来的意义》。——编者注

存斗争'这句话,并且把这句话变成马尔萨斯关于'人口的狂想'就行了。必须承认,这对于那些华而不实、假冒科学、高傲无知和思想懒惰的人说来倒是一种很有说服力的方法。"①

马克思对朗格的批判的基础,不在于朗格特意把马尔萨斯主义³⁵硬搬进社会学,而在于把生物学的概念**笼统地**搬用于社会科学的领域,就变成**空话**。不论这样的搬用是出于"善良的"目的或者是为了巩固错误的社会学结论,空话始终是空话。波格丹诺夫的"社会唯能论",他加在马克思主义上面的社会选择学说,正是这样的空话。

正如马赫和阿芬那留斯在认识论上并没有发展唯心主义而是在**旧的**唯心主义的错误上增添一些自命不凡的胡诌瞎说的术语("要素"、"原则同格"、"嵌入"等等)一样,经验批判主义在社会学上即使最诚挚地同情马克思主义的结论,但还是以自命不凡的空洞浮夸的唯能论的和生物学的词句曲解历史唯物主义。

现代俄国的马赫主义(更确切些说,在一部分社会民主党人中间的马赫主义的流行病)的历史特点是由下述情况造成的。费尔巴哈"下半截是唯物主义者,上半截是唯心主义者",毕希纳、福格特、摩莱肖特和杜林等人在一定程度上也是这样,不过有一个本质上的差别,所有这些哲学家和费尔巴哈比较起来,都是一些侏儒和可怜的庸才。

马克思和恩格斯的学说是从费尔巴哈那里产生出来的,是在与庸才们的斗争中发展起来的,自然他们所特别注意的是修盖好唯物主义哲学的上层,也就是说,他们所特别注意的不是唯物主义认识论,而是唯物主义历史观。因此,马克思和恩格斯在他们的著作中特别强调的是**辩证**唯物主义,而不是辩证**唯物主义**,特别坚持的是**历史**

---

① 见《马克思恩格斯全集》第1版第32卷第671—672页。——编者注

唯物主义，而不是历史**唯物主义**。我们那些想当马克思主义者的马赫主义者是在与此完全不同的历史时期接近马克思主义的，这时候资产阶级哲学已经专门从事认识论的研究了，并且片面地歪曲地接受了辩证法的若干组成部分(例如，相对主义)，把主要的注意力集中于保护或恢复下半截的唯心主义，而不是集中于保护或恢复上半截的唯心主义。至少，一般实证论特别是马赫主义是在更多地从事对认识论的巧妙的伪造，冒充唯物主义，用似乎是唯物主义的术语来掩盖唯心主义，而对历史哲学却注意得比较少。我们的马赫主义者不理解马克思主义，因为他们可以说是**从另一个方面**接近马克思主义的，他们接受了——有时候与其说是接受了还不如说是背诵了——马克思的经济理论和历史理论，但并没有弄清楚它们的基础，即哲学唯物主义。因此，应当把波格丹诺夫这一流人叫做颠倒过来的俄国的毕希纳分子和杜林分子。他们想在上半截成为唯物主义者，但他们却不能摆脱下半截的混乱的唯心主义！在波格丹诺夫那里，"上半截"是历史唯物主义，诚然，是庸俗的、被唯心主义严重地糟蹋了的历史唯物主义；"下半截"是唯心主义，是用马克思主义的术语、马克思主义的词句装饰打扮起来的唯心主义。"社会地组织起来的经验"、"集体的劳动过程"等等，这一切都是马克思主义的字眼，然而这一切**仅仅是**一些掩饰唯心主义哲学的**字眼**，这种唯心主义哲学宣称物是"要素"-感觉的复合，外部世界是人类的"经验"或"经验符号"，物理自然界是"心理的东西"的"派生物"，等等。

日益巧妙地伪造马克思主义，日益巧妙地把各种反唯物主义的学说装扮成马克思主义，这就是现代修正主义在政治经济学上、策略问题上和一般哲学(认识论和社会学)上表现出来的特征。

4. 哲学上的党派和哲学上的无头脑者

我们还须要考察一下马赫主义对宗教的关系问题。但是这个问题扩大成了哲学上究竟有没有党派以及哲学上的无党性有什么意义的问题。

在以上的整个叙述过程中，在我们所涉及的每个认识论问题上，在新物理学所提出的每个哲学问题上，我们探究了**唯物主义**和**唯心主义**的斗争。透过许多新奇的诡辩言词和学究气十足的烦琐语句，我们总是毫无例外地看到，在解决哲学问题上有**两条**基本路线、两个基本派别。是否把自然界、物质、物理的东西、外部世界看做第一性的东西，而把意识、精神、感觉（用现今**流行的**术语来说，即经验）、心理的东西等等看做第二性的东西，这是一个**实际上**仍然把哲学家划分为**两大阵营**的根本问题。这方面的成千上万的错误和糊涂观念的根源就在于：人们在各种术语、定义、烦琐辞令、诡辩字眼等等的外表下，**忽略了**这两个基本倾向（例如，波格丹诺夫不愿意承认自己的唯心主义，因为他所采用的不是"自然界"和"精神"这类"形而上学的"概念，而是物理的东西和心理的东西这类"经验的"概念。字眼改变了啊！）。

马克思和恩格斯的天才正是在于：他们在很长时期内，在**差不多半个世纪**里，发展了唯物主义，向前推进了哲学上的一个基本派别。他们不是踏步不前，只重复那些已经解决了的认识论问题，而是把**同样的**唯物主义彻底地贯彻（而且表明了应当**如何**贯彻）在社会科学的领域中，他们把胡言乱语、冠冕堂皇的谬论以及想在哲学上"发现""新"路线和找出"新"方向等等的无数尝试当做垃圾毫不留情地清除掉。这类尝试的胡诌瞎说的性质,玩弄哲学上新"主义"的烦琐把戏,用诡辩辞令混淆问题的实质,不能了解和看清认识论上两个基本派别的斗争,——这一切正是马克思和恩格斯在其毕生活动中所抨击和痛斥的。

我们刚才说,差不多有半个世纪。其实早在1843年,当马克思刚刚成为马克思,即刚刚成为科学社会主义的创始人,成为比以往一切形式的唯物主义无比丰富和彻底的**现代唯物主义**的创始人的时候,他就已经异常明确地指出了哲学上的根本路线。卡·格律恩曾引用过马克思在1843年10月20日写给费尔巴哈的信[36],马克思在这封信里请费尔巴哈为《德法年鉴》[37]写一篇反对谢林的文章。马克思写道:这位谢林是个无聊的吹牛大王,他妄想包罗和超越一切已往的哲学派别。"谢林向法国的浪漫主义者和神秘主义者说:我把哲学和神学结合起来了。向法国的唯物主义者说:我把肉体和观念结合起来了。向法国的怀疑论者说:我把独断主义摧毁了。"[①]马克思在当时就已经看出,不管"怀疑论者"叫做休谟主义者或康德主义者(在20世纪,或者叫做马赫主义者),他们都大声叫嚷反对唯物主义的和唯心主义的"独断主义";他没有被千百种不足道的哲学体系中的任何一个体系所迷惑,而能够经过费尔巴哈直接走上反唯心主义的唯物主义道路。过了30年,马克思在《资本论》第1卷第2版的跋[②]中,同样明确地把**他的唯物主义**跟黑格尔的**唯心主义**,即最彻底最发展的**唯心主义**对立起来,同时轻蔑地抛开孔德的"实证论",把当时的一些哲学家称为可怜的模仿者,他们自以为消灭了黑格尔,而事实上却是重犯了

---

①卡尔·格律恩《路德维希·费尔巴哈的书简、遗稿及其哲学的发展的评述》1874年莱比锡版第1卷第361页。

②见《马克思恩格斯全集》第1版第23卷第14—25页。——编者注

黑格尔以前的康德和休谟的错误。马克思在1870年6月27日给库格曼的信中也轻蔑地斥责"毕希纳、朗格、杜林、费希纳等人"①，因为他们不能理解黑格尔的辩证法，并且还对他采取轻视的态度②。最后，如果把马克思在《资本论》和其他著作中的一些哲学言论考察一下，那么你们就会看到一个**始终不变的**主旨：坚持**唯物主义**，轻蔑地嘲笑一切模糊问题的伎俩、一切糊涂观念和一切向**唯心主义**的退却。马克思的**全部**哲学言论，都是以说明这二者的根本对立为中心的，但从教授哲学的观点看来，这种"狭隘性"和"片面性"也就是马克思的全部哲学言论的缺点之所在。事实上，鄙弃这些调和唯物主义和唯心主义的无聊的伎俩，正是沿着十分明确的哲学道路**前进**的马克思的最伟大的功绩。

和马克思完全一致并同马克思密切合作的恩格斯，在自己的一切哲学著作中，在**一切**问题上都简单明白地把唯物主义路线跟唯心主义路线对立起来。不论在1878年、1888年或1892年³⁸，他对于"超越"唯物主义和唯心主义的"片面性"而创立**新**路线（如创立什么"实证论"、"实在论"或其他教授的骗人理论）的无数煞费苦心的企图，一概表示轻视。恩格斯同杜林的全部斗争**始终**是在彻底贯彻唯物主义这个口号下进行的。恩格斯谴责唯物主义者杜林用空洞的字眼来混淆问题的实质，谴责他夸夸其谈，采用向唯心主义让

---

①见《马克思恩格斯全集》第1版第32卷第672页。——编者注

②关于实证论者比斯利（Beesley），马克思在1870年12月13日的信中写道："比斯利教授是一个孔德主义者，因此不能不抛出各种各样的怪论（crotchets）。"（见《马克思恩格斯全集》第1版第33卷第167页。——编者注）请把这一点同1892年恩格斯对赫胥黎之流的实证论者的评价（见《马克思恩格斯选集》第3卷人民出版社1972年版第384—389页。——编者注）比较一下。

步和转到唯心主义立场上去的论断方法。在《反杜林论》的**每一节**中都是这样提出问题的:不是彻底的唯物主义,就是哲学唯心主义的谎言和糊涂观点。只有头脑被反动教授哲学腐蚀了的人才会看不见这种提法。直到1894年恩格斯给《反杜林论》的最后增订版写最后一篇序言的时候,他还是继续探究新的哲学和新的自然科学,还是像以前那样坚持自己的明确坚定的立场,把大大小小新体系的垃圾清除掉。

关于恩格斯探究过新哲学这一点可以从《路德维希·费尔巴哈》中看出来。他在1888年写的序言中甚至提到德国古典哲学在英国和斯堪的纳维亚各国复活的现象,而对于当时占统治地位的新康德主义和休谟主义,他除了表示极端的轻蔑之外什么话也没有说(不论在序言里或该书正文里)。很明显,恩格斯在看到德国和英国的**时髦**哲学重复黑格尔以前的康德主义和休谟主义的旧错误时,甚至认为**转向黑格尔**[39](在英国和斯堪的纳维亚各国)也会是有好处的,他希望这位大唯心主义者和大辩证论者能帮助人们看出浅薄的唯心主义的和形而上学的谬误。

恩格斯没有详细考察德国新康德主义和英国休谟主义的许许多多小流派,而**根本**否定它们的背弃唯物主义的基本立场。恩格斯宣称这两个学派的**整个倾向**是"**在科学上开倒车**"。那么,对于这些新康德主义者和休谟主义者(例如他们之中的赫胥黎,恩格斯是不可能不知道的)的无疑地是"实证论"的倾向,如果用流行的术语来说,无疑地是"实在论的"倾向,恩格斯是怎样评价的呢?恩格斯宣称:曾经迷惑过并且还在迷惑着无数糊涂人的那种"实证论"和"实在论",**至多也不过是暗中偷运唯物主义**而当众对它谩骂和拒绝的**一种庸俗手**

段！①只要稍微想一想恩格斯对托·赫胥黎这样一位最大的自然科学家，这样一位比马赫、阿芬那留斯之流更讲实在论的实在论者和更讲实证论的实证论者所作的**这种**评价，就可以懂得恩格斯会怎样鄙视现在的一小撮沉溺于"最新实证论"或"最新实在论"等等的马克思主义者。

马克思和恩格斯在哲学上自始至终都是有党性的，他们善于发现一切"最新"流派对唯物主义的背弃，对唯心主义和信仰主义的纵容。因此他们对赫胥黎的评价**完全是**从彻底坚持唯物主义的观点出发的。因此他们责备费尔巴哈没有把唯物主义贯彻到底，责备他因个别唯物主义者犯有错误而拒绝唯物主义，责备他同宗教作斗争是为了革新宗教或创立新宗教，责备他在社会学上不能摆脱唯心主义的空话而成为唯物主义者。

约·狄慈根不管在阐述辩证唯物主义时曾犯过一些什么样的局部性的错误，但他充分重视并接受了他的导师的这个最伟大和最宝贵的传统。约·狄慈根由于发表一些欠妥的违背唯物主义的言论而犯了许多错误，可是他从来没有企图在原则上脱离唯物主义而独树"新的"旗帜，在紧要关头他总是毅然决然地声明：我是唯物主义者，我的哲学是唯物主义哲学。我们的约瑟夫·狄慈根公正地说道："在一切党派之中，最可鄙的就是中间党派……　正如政治上各党派日益集成两个阵营一样……科学也正在划分为两个基本集团（Generalklassen）：一边是形而上学者②，另一边是物理学家或唯物

---

①参看《马克思恩格斯选集》第4卷人民出版社1972年版第222页。——编者注

②这又是一个欠妥的、不确切的说法，不应当用"形而上学者"，而应当用"唯心主义者"。约·狄慈根本人在其他地方是把形而上学者和辩证论者对立起来的。

主义者。名目繁多的中间分子和调和派的骗子,如唯灵论者、感觉论者、实在论者等等,在他们的路途上一会儿卷入这个潮流,一会儿又卷入那个潮流。我们要求坚决性,我们要求明确性。反动的蒙昧主义者(Retraitebläser①)称自己为唯心主义者②,而所有那些竭力把人类理智从形而上学的荒诞思想中解放出来的人应当称为唯物主义者…… 如果我们把这两个党派比做固体和液体,那么中间就是一摊糊状的东西。"③

正是如此!包括"实证论者"、马赫主义者等在内的"实在论者"等等,就是这样一种讨厌的糊状的东西,就是哲学上的可鄙的**中间党派**,它在每一个问题上都把唯物主义派别和唯心主义派别混淆起来。在哲学上企图超出这两个基本派别,这不过是玩弄"调和派的骗人把戏"而已。

唯心主义哲学的"科学的僧侣主义",不过是通向公开的僧侣主义的前阶,这一点在约·狄慈根看来是毫无疑义的。他写道:"科学的僧侣主义极力想帮助宗教的僧侣主义。"(上引书第51页)"尤其是认识论的领域,对人类精神的无知",是这两种僧侣主义在其中"产卵"的"虱巢(Lausgrube)"。约·狄慈根眼里的哲学教授是"高谈'理想财富'、用生造的(geschraubter)唯心主义来愚弄人民的有学位的奴仆"(第53页)。"正如魔鬼是上帝的死对头一样,唯物主义者是僧侣教授(Kathederpfaffen)的死对头。"唯物主义认识论是"反对宗教信仰的

---

①直译是:吹倒退号的人。——编者注

②请注意,约·狄慈根已经改正了错误,并且**更确切地**说明了谁是唯物主义的敌对派。

③见他在1876年写的论文《社会民主党的哲学》,载于《短篇哲学著作集》1903年版第135页。

万能武器"(第55页),它不仅反对"僧侣所宣传的那种人所共知的、正式的、普通的宗教,而且反对沉醉的(benebelter)唯心主义者所宣传的清洗过的高尚的教授宗教"(第58页)。

在狄慈根看来,自由思想的教授们的"不彻底性"还比不上"宗教的诚实"(第60页),因为在后一种情况下,还"有一个体系",还有不把理论跟实践分开的完整的人。对于教授先生们说来,"哲学不是科学,而是防御社会民主党的手段"(第107页)。"那些自称为哲学家的教授和讲师,尽管主张自由思想,但总是或多或少地沉溺于偏见和神秘主义……他们形成了一个反对社会民主党的……反动集团。"(第108页)"为了循着正确道路前进而不致被任何宗教的和哲学的谬论(Welsch)所迷惑,必须研究错误道路中的错误道路(der Holzweg der Holzwege),即研究哲学。"(第103页)

现在我们从哲学的党派观点来看一看马赫、阿芬那留斯以及他们的学派。这些先生们**以无党性自夸**;如果说他们有什么死对头,那么只有一个,**只有……唯物主义者**。在**一切**马赫主义者的**一切**著作中,像一根红线那样贯穿着一种愚蠢奢望:"凌驾"于唯物主义和唯心主义之上、超越它们之间"陈旧的"对立。而**事实上**这帮人**每时每刻**都在陷入唯心主义,同唯物主义进行不断的和始终不渝的斗争。像阿芬那留斯这类人精心制造出来的认识论的怪论,不过是教授们的虚构,创立"自己的"哲学小宗派的企图而已。**其实**,在现代社会的各种思想和派别互相斗争的总的形势下,这些认识论的诡计所起的**客观**作用却只有一个,就是给唯心主义和信仰主义扫清道路,替它们忠实服务。因此,华德之流的英国唯灵论者、赞扬马赫攻击唯物主义的法国新批判主义者以及德国的内在论者,都拼命地抓住这个小小的经验批判主义者学派,这实在不是偶然的!约·狄慈根所谓的"信仰主义的有学位的奴仆"这一说法,正是击中了马赫、阿芬那留斯以及他们的整个学派的要害。①

企图"调和"马赫主义和马克思主义的俄国马赫主义者的不幸就在于:他们相信反动的哲学教授,他们既然相信了,也就沿着斜坡滚下去了。他们企图发展和补充马克思学说的那些手法是很不高明的。他们读了奥斯特瓦尔德的著作,就相信奥斯特瓦尔德,转述奥斯特瓦尔德的话,说这就是马克思主义。他们读了马赫的著作,就相信马赫,转述马赫的话,说这就是马克思主义。他们读了彭加勒的著作,就相信彭加勒,转述彭加勒的话,说这就是马克思主义!这些教授们虽然在化学、历史、物理学等专门领域内能够写出极有价值的著作,可是一旦谈到哲学问题的时候,他们中间**任何一个人所说的任何一句话都不可相信**。为什么呢?其原因正如政治经济学教授虽然在实际

①还可以举出一个例子来说明马赫主义事实上正在为那些广泛流行的反动资产阶级哲学流派所利用。在最新的美国哲学中,"最时髦的东西"可以说是"实用主义"40了("实用主义"来自希腊文pragma——行为、行动,即行动哲学)。在哲学杂志上谈论得最多的恐怕也要算是实用主义了。实用主义既嘲笑唯物主义的形而上学,也嘲笑唯心主义的形而上学;它宣扬经验而且仅仅宣扬经验;认为实践是唯一的标准,依靠一般实证论思潮,**特别是依靠奥斯特瓦尔德、马赫、毕尔生、彭加勒、杜恒**,依靠科学不是"实在的绝对复写"的说法;并且……极其顺利地从这一切中推演出上帝,这是为了实践的目的,而且仅仅为了实践,这里没有任何形而上学,也没有丝毫超越经验界限(参看**威廉·詹姆斯**《实用主义。某些旧思想方法的新名称》1907年纽约和伦敦版,特别是第57和第106页)。从唯物主义的观点看来,马赫主义和实用主义之间的差别,就像经验批判主义和经验一元论之间的差别一样,是微不足道的和极不重要的。请比较一下波格丹诺夫的真理定义和实用主义者的真理定义:"在实用主义者看来,真理就是经验中的各种特定作业价值(working-values)的类概念。"(同上,第68页)

材料的专门的研究方面能够写出极有价值的著作,可是一旦说到政治经济学的一般理论时,他们中间**任何一个人所说的任何一句话**都不可相信一样。因为在现代社会中,政治经济学正像**认识论**一样,是一门**有党性的**科学。总的说来,经济学教授们不过是资产阶级手下的有学问的帮办;而哲学教授们不过是神学家手下的有学问的帮办。

无论在哲学上或经济学上,马克思主义者的任务就是要善于汲取和改造这些"帮办"所获得的成就(例如,在研究新的经济现象时,如果不利用这些帮办的著作,就不能前进一步),并且要**善于**消除它们的反动倾向,善于贯彻**自己的**路线,**同**敌视我们的各种力量和阶级的**整个路线**作斗争。而我们的那些**奴颜婢膝地**追随反动教授哲学的马赫主义者就是不善于做到这一点。卢那察尔斯基代表《论丛》的作者们写道:"也许我们错了,但我们是在探索。"其实,不是**你们**在探索,而是别人**在探索你们**,不幸的地方就在这里!不是你们根据你们的即马克思主义的观点(因为你们想当马克思主义者)去探讨资产阶级时髦哲学的每一转变,而是这种时髦哲学在探寻你们,把它的那些适合唯心主义胃口的新花样塞给你们,今天是奥斯特瓦尔德的花样,明天是马赫的花样,后天又是彭加勒的花样。你们所天真地信仰的那些愚蠢的"理论"把戏(例如"唯能论"、"要素"、"嵌入"等等),始终没有超出狭隘的小学派的圈子,但这些把戏的思想倾向和**社会倾向**却立刻被华德分子、新批判主义者、内在论者、洛帕廷分子、实用主义者所抓住,并且**尽着自己应尽的职责**。对经验批判主义和"物理学"唯心主义的迷恋,正像对新康德主义和"生理学"唯心主义的迷恋一样,很快就会消逝,而信仰主义却从每一次这样的迷恋中得到好处,并千方百计地变换自己的花招,以利于哲学唯心主义。

对宗教的态度和对自然科学的态度,最好地说明了资产阶级反动派**确实**为了本阶级的利益而在利用经验批判主义。

我们来看一看前一个问题吧!卢那察尔斯基在**反对**马克思主义哲学的那部集体著作中谈到了"人类最高潜在力的神化"、"宗教的无神论"①等等,你们以为这是偶然的吗?如果你们以为这是偶然的,那么只是因为俄国的马赫主义者没有把欧洲的**整个**马赫主义思潮及其对宗教的态度正确地告诉读者。这个思潮对宗教的态度不仅跟马克思、恩格斯、约·狄慈根,甚至跟费尔巴哈的态度毫不相同,而且**根本相反**。例如,彼得楚尔特说经验批判主义"无论与有神论或无神论都不矛盾"(《纯粹经验哲学引论》第1卷第351页),马赫说"宗教的见解是私人的事情"(法译本第434页),而科内利乌斯(他极力赞扬马赫,马赫也极力赞扬他)、卡鲁斯以及一切内在论者则宣传**露骨的信仰主义**、鼓吹露骨的**黑帮思想**。**哲学家**在这个问题上保守中立,**就是**向信仰主义卑躬屈膝,而马赫和阿芬那留斯没有超出而且也不能超出中立态度,这是由他们的认识论的出发点所决定的。

只要你们否定我们通过感觉感知的客观实在,你们就失去了任何反对信仰主义的武器,因为你们已经陷入不可知论或主观主义,而这正是信仰主义所需要的。如果说感性世界就是客观实在,那么其他的任何"实在"或冒牌实在(请回想一下,巴扎罗夫曾相信那些把神说成是"实在概念"的内在论者的"实在论"),就没有立足的余地了。如果说世界是运动着的物质,那么我们可以而且应该从**这个**运动、即**这个**物质的运动的无限错综复杂的表现来对物质进行无止境的研究;在物质之外,在每一个人所熟悉的"物理的"外部世界之外,不可能有

---

①《论丛》第157、159页。这位作者在《国外周报》[41]上曾谈到"宗教意义上的科学社会主义"(第3号第5页),而在《教育》杂志[42]上(1908年 期第164页)又公然写道:"新的宗教在我心中早已成熟了⋯⋯"

任何东西存在。对唯物主义的仇视，对唯物主义者的种种诽谤，所有这一切在文明的民主的欧洲都是司空见惯的，而且直到今天还依然如此。而俄国的马赫主义者在大众面前**把**这一切**掩盖起来**，他们甚至**一次**也没有打算把马赫、阿芬那留斯、彼得楚尔特之流攻击唯物主义的胡言乱语同费尔巴哈、马克思、恩格斯、约·狄慈根**维护**唯物主义的言论简单地对比一下。

但是"掩盖"马赫和阿芬那留斯同信仰主义的关系，是无济于事的。事实是抹杀不掉的。这些反动教授由于华德、新批判主义者、舒佩、舒伯特–索尔登、勒克列尔、实用主义者等等同他们亲吻而遭到的奇耻大辱，是世界上任何办法都不能洗刷干净的。现在列举的这些身为哲学家和教授的人物的影响之大，他们的思想在"有教养的"即资产阶级的人士中间传播之广，他们写的专门著作之多，都比马赫和阿芬那留斯的那个小小的专门学派要胜过十倍。这个小小的学派该为谁服务，就为谁服务；该被怎样利用，就被怎样利用。

卢那察尔斯基说出的可耻言论，并不是什么例外，而是俄国和德国的经验批判主义的产物。我们决不能用作者的"善良意图"、他的话的"特殊含义"来为这些可耻言论辩护。如果他的话里有直接的、普通的、即纯粹信仰主义的含义，那么我们就不会再同作者交谈了，因为，大概没有一个马克思主义者会认为这些言论**不使**阿纳托利·卢那察尔斯基和彼得·司徒卢威**完全**站在一个立场上。如果不是这样（而且的确**还**不是这样），那么这完全是因为我们看到了"特殊"含义，并且**在还有可能**实行同志式的斗争的**时候**同他**进行斗争**。卢那察尔斯基的言论之所以可耻，就是因为他**居然**把这些言论和他的"善良的"意图联系起来了。他的"理论"之所以有害，就是因为这种理论为了实现善良的意图竟采用**这样的**手段或作出**这样的**结论。糟糕的是：所谓

"善良的"意图，**至多**也不过是卡尔普、彼得、西多尔的主观的事情而已，至于这类言论的**社会意义**却是绝对肯定的、无可争辩的，并且是任何的声明和解释所不能削弱的。

只有瞎子才看不出，在卢那察尔斯基的"人类最高潜在力的神化"和波格丹诺夫的心理东西对整个物理自然界的"普遍代换"之间有着思想上的血缘关系。这是同一种思想，不过前者主要是用美学观点来表达的，而后者主要是用认识论观点来表达的。"代换说"**默默地**从另一个方面来处理问题，它把"心理的东西"跟人分割开来，用无限扩大了的、抽象的、神化了的、僵死的、"一般心理的东西"来代换**整个物理自然界**，这样就把"人类最高潜在力"**神化了**。而尤什凯维奇的导入"非理性的知觉流"的"逻各斯"又怎样呢？

一爪落网，全身被缚。我们的马赫主义者全都落到了唯心主义即冲淡了的精巧的信仰主义的网里去了；从他们认为"感觉"不是外部世界的映象而是特殊"要素"的时候起，他们就落网了。如果不承认那种认为人的意识**反映**客观实在的外部世界的唯物主义理论，就必然会主张不属于任何人的感觉，不属于任何人的心理，不属于任何人的精神，不属于任何人的意志。

结　论

马克思主义者应该从以下四个角度来评价经验批判主义。

第一，首先必须把这种哲学的理论基础和辩证唯物主义的理论基础加以比较。本书前三章所作的这种比较，从认识论问题的**各方面**揭露了用新的怪论、字眼和花招来掩饰**唯心主义和不可知论**旧错误的经验批判主义的**十足反动性**。只有那些根本不懂得什么是一般哲学唯物主义，什么是马克思和恩格斯的辩证方法的人，才会侈谈经验批判主义和马克思主义的"结合"。

第二，必须确定经验批判主义这个哲学专家们的小学派在现代其他哲学学派中的地位。马赫和阿芬那留斯都是从康德开始，可是他们并没有从他走向唯物主义，而是朝着相反的方向走向休谟和贝克莱。阿芬那留斯以为自己全盘地"清洗经验"，其实他只是把康德主义从不可知论中清洗出去。马赫和阿芬那留斯的整个学派愈来愈明确地走向唯心主义，它和最反动的唯心主义学派之一，即所谓内在论派密切结合起来了。

第三，必须注意到，马赫主义与现代自然科学的一个门类中的一个学派有着无可怀疑的联系。一般自然科学家以及物理学这一特别门类中的自然科学家，极大多数都始终不渝地站在唯物主义方面。但是也有少数新物理学家，在近年来伟大发现所引起的旧理论的崩溃的影响下，在特别明显地表明我们知识的相对性的新物理学危机的影响下，由于不懂得辩证法，就经过相对主义而陷入了唯心主义。现今流行的物理学唯心主义，就像不久以前流行过的生理学唯心主义一样，是一种反动的并且使人一时迷惑的东西。

第四，在经验批判主义认识论的烦琐语句后面，不能不看到哲学上的党派斗争，这种斗争归根到底表现着现代社会中敌对阶级的倾向和思想体系。最新的哲学像在2000年前一样，也是有党性的。唯物主义和唯心主义按实质来说，是两个斗争着的党派，而这种实质被冒牌学者的新名词或愚蠢的无党性所掩盖。唯心主义不过是信仰主义的一种精巧圆滑的形态，信仰主义全副武装，它拥有庞大的组织，继续不断地影响群众，并利用哲学思想上的最微小的动摇来为自己服务。经验批判主义的客观的、阶级的作用完全是在于替信仰主义者效劳，帮助他们反对一般唯物主义，特别是反对历史唯物主义。

选自《列宁全集》第2版第18卷
第7—9、33—46、95—104、
122—153、156—173、179—
199、316—328、337—346、
351—363、374—375页

哲 学 笔 记(节选)

(1895—1916年)

黑格尔《逻辑学》一书摘要(批语摘选)

(1914年9—12月)

逻辑不是关于思维的外在形式的学说,而是关于"一切物质的、自然的和精神的事物"的发展规律的学说,即关于世界的全部具体内容的以及对它的认识的发展规律的学说,即对世界的认识的**历史**的总计、总和、结论。(《列宁全集》第2版第55卷第77页)

在人面前是自然现象之**网**。本能的人,即野蛮人,没有把自己同

《哲学笔记》是列宁在1895—1916年间研读哲学著作和探讨马克思主义哲学问题时所写的摘要、短文、札记和批语。这里摘选的主要是1914—1915年期间列宁研究唯物辩证法时所写的批语。列宁的这些批语包含了关于唯物辩证法的核心、基本规律、主要范畴的深刻见解,关于辩证法、逻辑和认识论三者之间相互关系的精辟观点以及关于辩证唯物主义认识论的重要论述。其中对"辩证法的要素"的概括具有重要的理论价值,对我们把握唯物辩证法的基本内容和研究唯物辩证法科学体系的内在逻辑结构具有重要指导意义。《谈谈辩证法问题》是列宁对自己1914—1915年间哲学研究的简要总结,其中揭示了辩证法的实质,分析了对立面的统一和斗争的辩证规律,阐明了辩证发展观和形而上学发展观的根本区别,分析了绝对和相对、抽象和具体、逻辑和历史以及一般、特殊和个别等范畴,揭示了认识过程的辩证性质以及唯心主义的认识论根源和阶级根源。

自然界区分开来。自觉的人则区分开来了,范畴是区分过程中的梯级,即认识世界的过程中的梯级,是帮助我们认识和掌握自然现象之网的网上纽结。(《列宁全集》第2版第55卷第78页)

这是非常深刻的:自在之物以及它向为他之物的转化(参看恩格斯①)。自在之物**一般地**是空洞的、无生命的抽象。在生活中,在运动中,一切的一切**总是**既"自在",又在对他物的关系上"为他",从一种状态转化为另一种状态。(《列宁全集》第2版第55卷第90页)

辩证法是一种学说,它研究**对立面**怎样才能够**同一**,是怎样(怎样成为)**同一的**——在什么条件下它们是相互转化而同一的,——为什么人的头脑不应该把这些对立面看做僵死的、凝固的东西,而应该看做活生生的、有条件的,活动的、彼此转化的东西。(《列宁全集》第2版第55卷第90页)

概念的全面的、普遍的灵活性,达到了对立面同一的灵活性,——这就是实质所在。主观地运用的这种灵活性=折中主义与诡辩。**客观地**运用的灵活性,即反映物质过程的全面性及其统一性的灵活性,就是辩证法,就是世界的永恒发展的正确反映。(《列宁全集》第2版第55卷第91页)

非本质的东西,外观的东西,表面的东西常常消失,不像"本质"那样"扎实",那样"稳固"。比如:河水的流动就是泡沫在上面,深流在

①见恩格斯《路德维希·费尔巴哈和德国古典哲学的终结》(《马克思恩格斯全集》第1版第21卷第317页)。——编者注

伯尔尼图书馆阅览室。1914—1915年列宁曾在这里研究哲学问题

下面。**然而就连泡沫**也是本质的表现！（《列宁全集》第2版第55卷第107页）

外观的东西是本质的**一个**规定，本质的一个方面，本质的一个环节。**本质**具有某种外观。外观是本质自身在自身中的表现（Scheinen）。（《列宁全集》第2版第55卷第110页）

任何具体的东西、任何具体的某物，都是和其他的一切处于相异的而且常常是矛盾的关系中，因此，它往往既是自身又是他物。（《列宁全集》第2版第55卷第115页）

运动和"**自己运动**"（这一点要注意！自生的（独立的）、天然的、**内在必然的**运动），"变化"，"运动和生命力"，"一切自己运动的原则"，"运动"和"活动"的"冲动"（Trieb）——"**僵死存在**"的对立面，——谁会相信这就是"黑格尔主义"的实质、抽象和abstrusen（费解的、荒谬的?）黑格尔主义的实质呢??必须揭示、理解、拯救[43]、解脱、澄清这种实质，马克思和恩格斯就做到了这一点。

普遍运动和变化的思想（《逻辑学》，1813年）还未被应用于生命和社会以前，就被猜测到了。这一思想应用于社会，是先被宣布的（1847年），应用于人，是后来得到证实的（1859年）。[44]（《列宁全集》第2版第55卷第117—118页）

注意

（1）普通的表象抓到的是差别和矛盾，但不是一个向另一个的**过渡**，而**这却是最重要的东西**。

（2）机智和智慧。

机智抓到矛盾，**表达**矛盾，使事物彼此发生关系，使"概念透过矛盾映现出来"，但没有**表达**事物及其关系的概念。

（3）思维的理性（智慧）使有差别的东西的已经钝化的差别尖锐化、使表象的简单的多样性尖锐化，以达到**本质的**差别，达到**对立**。只有那上升到矛盾顶峰的多样性在相互关系中才成为活跃的（regsam）和有生机的，——才能获得那作为**自己运动和生命力的内部搏动的**否定性。（《列宁全集》第2版第55卷第119页）

如果我没有弄错，那么黑格尔的这些推论中有许多的神秘主义和空洞的学究气，可是基本的思想是天才的：万物之间的世界性的、全面的、**活生生**的联系，以及这种联系在人的概念中的反映——唯物地颠倒过来的黑格尔；这些概念还必须是经过琢磨的、整理过的、灵活的、能动的、相对的、相互联系的、在对立中统一的，这样才能把握世界。要继承黑格尔和马克思的事业，就应当**辩证地**探讨人类思想、科学和技术的历史。（《列宁全集》第2版第55卷第122页）

一条河和河中的**水滴**。**每一**水滴的位置、它同其他水滴的关系；它同其他水滴的联系；它运动的方向；速度；运动的路线——直的、曲的、圆形的等等——向上、向下。运动的总和。概念是运动的各个方面、各个水滴（＝"事物"）、各个"**细流**"等等的**总计**。按照黑格尔的逻辑学，世界的情景大致是这样的，——当然要除去上帝和绝对。（《列宁全集》第2版第55卷第122—123页）

一方面，应该从对物质的认识深入到对实体的认识（概念），以便探求现象的原因。另一方面,真正地认识原因,就是使认识从现象的外在性深入到实体。应该用两类例子来说明这一点:(1)自然科学史中的例子,(2)哲学史中的例子。更确切些说:这里应该谈的不是"例子"——比较并不就是论证,——而是自然科学史和哲学史＋技术史的**精华**。(《列宁全集》第2版第55卷第133—134页)

原因和结果只是各种事件的世界性的相互依存、(普遍)联系和相互联结的环节,只是物质发展这一链条上的环节。(《列宁全集》第2版第55卷第134页)

我们通常所理解的因果性,只是世界性联系的一个极小部分,然而(唯物主义补充说)这不是主观联系的一小部分,而是客观实在联系的一小部分。(《列宁全集》第2版第55卷第135页)

概念是人脑(物质的最高产物)的最高产物。(《列宁全集》第2版第55卷第139页)

思维从具体的东西上升到抽象的东西时,不是**离开**——如果它是**正确的**(注意)(而康德,像所有的哲学家一样,谈论正确的思维)——真理,而是接近真理。**物质**的抽象,自然**规律**的抽象,**价值**的抽象的等等,一句话,**一切**科学的(正确的、郑重的、不是荒唐的)抽象,都更深刻、更正确、**更完全地**反映自然。从生动的直观到抽象的思维,**并从抽象的思维到实践**,这就是认识**真理**、认识客观实在的辩证途径。(《列宁全集》第2版第55卷第142页)

从一定观点看来,在一定条件下,普遍是个别,个别是普遍。不仅是(1)一切概念和判断的**联系**、不可分割的联系,而且是(2)一个东西向另一个东西的**过渡**,并且不仅是过渡,而且是(3)**对立面的同一**——这就是黑格尔的主要东西。然而这是穿过**迷雾**般的极端"费解的"叙述才"透露出来的"。从逻辑的一般概念和范畴的发展和运用的观点出发的思想史——这才是需要的东西!(《列宁全集》第2版第55卷第147—148页)

(抽象的)概念的形成及其运用,**已经**包含着关于世界客观联系的规律性的看法、见解、**意识**。把因果性从这个联系中分出来,是荒谬的。否定概念的客观性、否定个别和特殊之中的一般的客观性,是不可能的。黑格尔探讨客观世界的运动在概念的运动中的反映,所以他比康德及其他人深刻得多。这一个商品和另一个商品交换的个别行为,作为一种简单的价值形式来说,其中已经以尚未展开的形式包含着资本主义的**一切**主要矛盾,——即使是最简单的**概括**,即使是**概念**(判断、推理等等)的最初的和最简单的形成,已经意味着人在认识世界的日益深刻的**客观**联系。在这里必须探求黑格尔逻辑学的真实的含义、意义和作用。要注意这点。(《列宁全集》第2版第55卷第149—150页)

逻辑学是关于认识的学说,它是认识论。认识是人对自然界的反映。但是,这并不是简单的、直接的、完整的反映,而是一系列的抽象过程,即概念、规律等等的构成、形成过程,这些概念和规律等等(思维、科学="逻辑观念")有条件地近似地**把握**永恒运动着和发展着的自然界的普遍规律性。在这里**的确**客观上是**三项**:(1)自然界;(2)人的认识=人**脑**(就是同一个自然界的最高产物);(3)自然界在人的认识中的反映形式,这种形式就是概念、规律、范畴等等。人不能完全地把握＝反映＝描绘**整个**自然界、它的"直接的总体",人只能通过创立抽象、概念、规律、科学的世界图景等等**永远地**接近于这一点。(《列宁全集》第2版第55卷第152—153页)

黑格尔力求——有时甚至极力和竭尽全力——把人的有目的的活动纳入逻辑的范畴,说这种活动是推理(Schluß),说主体(人)在"推理"的逻辑的"式"中起着某一"项"的作用等等,——

这不只是牵强附会,不只是游戏。这里有非常深刻的、纯粹唯物主义的内容。要倒过来说:人的实践活动必须亿万次地使人的意识去重复不同的逻辑的式,以便这些式能够获得公理的意义。这点应注意。(《列宁全集》第2版第55卷第160页)

认识是思维对客体的永远的、无止境的接近。自然界在人的思想中的**反映**,要理解为不是"僵死的",不是"抽象的",**不是没有运动的,不是没有矛盾的**,而是处在运动的永恒**过程**中,处在矛盾的发生和解决的永恒**过程**中。(《列宁全集》第2版第55卷第165页)

真理就是由现象、现实的**一切**方面的**总和**以及它们的(相互)**关系**构成的。概念的关系(＝过渡＝矛盾)＝逻辑的主要内容,并且这些概念(及其关系、过渡、矛盾)是作为客观世界的反映而被表现出来的。**事物**的辩证法创造**观念**的辩证法,而不是相反。(《列宁全集》第2版第55卷第166页)

人对自然界的认识(＝"观念")的各环节,就是逻辑的范畴。(《列

宁全集》第2版第55卷第168页）

生命产生脑。自然界反映在人脑中。人在自己的实践中、在技术中检验这些反映的正确性并运用它们,从而也就达到客观真理。(《列宁全集》第2版第55卷第170页)

要理解,就必须从经验开始理解、研究,从经验上升到一般。要学会游泳,就必须下水。(《列宁全集》第2版第55卷第175页)

当逻辑的概念还是"抽象的",还具有抽象形式的时候,它们是主观的,但同时它们也表现着自在之物。自然界**既是**具体的**又是**抽象的,**既是**现象**又是**本质,**既是**瞬间**又是**关系。人的概念就其抽象性、分隔性来说是主观的,可是就整体、过程、总和、趋势、来源来说却是客观的。(《列宁全集》第2版第55卷第178页)

理论的认识应当提供在必然性中、在全面关系中、在自在自为的矛盾运动中的客体。但是,只有当概念成为在实践意义上的"自为存在"的时候,人的概念才能"最终地"抓住、把握、通晓认识的这个客观真理。也就是说,人的和人类的实践是认识的客观性的验证、标准。(《列宁全集》第2版第55卷第181页)

人的意识不仅反映客观世界,并且创造客观世界。(《列宁全集》第2版第55卷第182页)

世界不会满足人,人决心以自己的行动来改变世界。(《列宁全

1914年9—12月列宁所作《黑格尔〈逻辑学〉一书摘要》的手稿第100页

集》第2版第55卷第183页）

实践高于（**理论的**）**认识**，因为它不仅具有普遍性的品格，而且还具有直接现实性的品格。（《列宁全集》第2版第55卷第183页）

认识……发现在自己面前真实存在着的东西就是不以主观意见（设定）为转移的现存的现实。（这是纯粹的唯物主义！）人的意志、人的实践，本身之所以会妨碍达到自己的目的……就是由于把自己和认识分隔开来，由于不承认外部现实是真实存在着的东西（是客观真理）。**必须把认识**和**实践结合起来**。（《列宁全集》第2版第55卷第185页）

（人的活动的）目的未完成的原因（Grund）是：把实在当做不存在的东西（nichtig），不承认它（实在）的客观的现实性。（《列宁全集》第2版第55卷第187页）

为自己绘制客观世界图景的人的活动**改变**外部现实，消灭它的规定性（＝变更它的这些或那些方面、质），这样，也就去掉了它的外观、外在性和虚无性的特点，使它成为自在自为地存在着的（＝客观真实的）。（《列宁全集》第2版第55卷第187页）

(1)考察的**客观性**（不是实例，不是枝节之论，而是自在之物本身）。

辩证法的要素

×

(2)这个事物对其他事物的多种多样的**关系**的全部总和。

(3)这个事物(或现象)的**发展**、它自身的运动、它自身的生命。

(4)这个事物中的内在矛盾的**倾向**(和#方面)。

#

(5)事物(现象等等)是**对立面**的总和**与统一**。

(6)这些对立面、矛盾的趋向等等的**斗争**或展开。

(7)分析和综合的结合,——各个部分的分解和所有这些部分的总和、总计。

×(8)每个事物(现象等等)的关系不仅是多种多样的,并且是一般的、普遍的。每个事物(现象、过程等等)是和其他的**每个**事物联系着的。

(9)不仅是对立面的统一,而且是**每个**规定、质、特征、方面、特性向**每个**他者 向自己的对立面? 的**过渡**。

(10)揭示**新的**方面、关系等等的无限过程。

(11)人对事物、现象、过程等等的认识深化的无限过程,从现象到本质、从不甚深刻的本质到更深刻的本质;

(12)从并存到因果性以及从联系和相互依存的一个形式到另一个更深刻更一般的形式[45]。

(13)在高级阶段重复低级阶段的某些特征、特性等等,并且

(14)仿佛是向旧东西的复归 $\left(\begin{array}{c}\text{否定的}\\ \text{否定}\end{array}\right)$。

(15)内容对形式以及形式对内容的斗争。抛弃形式、改造内容。

(16)从量到质和**从质到量**的过渡。((15和16是
9的**实例**))

> 可以把辩证法简要地规定为关于对立面的统一的学说。这样就会抓住辩证法的核心,可是这需要说明和发挥。

（《列宁全集》第2版第55卷第190—192页）

　　辩证法的特征的和本质的东西不是单纯的否定,不是徒然的否定,**不是怀疑的**否定、动摇、疑惑,——当然,辩证法自身包含着否定的要素,并且这是它的最重要的要素,——不是这些,而是作为联系环节、作为发展环节的否定,它保持着肯定的东西,即没有任何动摇,没有任何折中。(《列宁全集》第2版第55卷第195页)

　　对于简单的和最初的“第一个”肯定的论断、论点等等,“辩证的环节”,**即**科学的考察,要求指出差别、联系、过渡。否则,简单的、肯定的论断就是不完的、无生命的、僵死的。对于“第二个”否定的论点,“辩证的环节”则要求指出“**统一**”,也就是指出否定和肯定的联系,指出这个肯定存在于否定之中。从肯定到否定——从否定到保存着肯定东西的“统一”,——否则,辩证法就要成为空洞的否定,成为游戏或怀疑。(《列宁全集》第2版第55卷第196页)

　　思维应当**把握住**运动着的全部“表象”,**为此**,思维就必须是辩证的。表象比思维**更接近**于实在吗?又是又不是。表象不能把握**整个**运动,例如它不能把握秒速为30万公里的运动[46],而**思维**则把握而且应当把握。从表象中获得的思维,也反映实在;时间是客观实在的存在形式。(《列宁全集》第2版第55卷第197页)

黑格尔《哲学史讲演录》一书摘要
（批语摘选）

（1915年）

就本来的意义说，辩证法是研究**对象的本质自身中**的矛盾：不但现象是短暂的、运动的、流逝的、只是被约定的界限所划分的，而且事物的**本质**也是如此。（《列宁全集》第2版第55卷第213页）

对于"发展原则"，在20世纪（还有19世纪末）"大家都同意"。——是的，不过这种表面的、未经深思熟虑的、偶然的、庸俗的"同意"，是**一种**窒息真理，使真理庸俗化的同意。——如果一切都发展着，那么一切就都相互过渡，因为发展显然不是简单的、普遍的和永恒的**生长**、**增多**（或减少）等等。——既然如此，那首先就要**更确切地**理解进化，把它看做一切事物的产生和消灭，相互过渡。——其次，如果**一切**都发展着，那么这是否也同思维的最一般的**概念**和**范畴**有关？如果无关，那就是说，思维同存在没有联系。如果有关，那就是说，存在着具有客观意义的概念辩证法和认识辩证法。

此外，还必须把发展的普遍原则和**世界**、自然界、运动、物质等等的**统一**的普遍原则联结、联系、结合起来。（《列宁全集》第2版第55卷第215—216页）

1915年列宁所作《黑格尔〈哲学史讲演录〉一书摘要》的手稿一页

运动是时间和空间的本质。表达这个本质的基本概念有两个：（无限的）非间断性（Kontinuität）和"点截性"（＝非间断性的否定，即**间断性**）。运动是（时间和空间的）非间断性与（时间和空间的）间断性的统一。运动是矛盾，是矛盾的统一。（《列宁全集》第2版第55卷第217页）

运动就是物体在某一瞬间在某一地点，在接着而来的另一瞬间则在另一地点，——这就是切尔诺夫追随**所有**反对黑格尔的"形而上学者"而重复提出的反驳（参看他的《哲学论文集》）。

这个反驳是**不正确的**：（1）它描述的是运动的**结果**，而不是运动**本身**；（2）它没有指出、没有包含运动的**可能性**；（3）它把运动描写为**静止**状态的总和、联结，就是说，（辩证的）矛盾没有被它消除，而只是被掩盖、推开、隐藏、遮闭起来。（《列宁全集》第2版第55卷第218—219页）

如果不把不间断的东西割断，不使活生生的东西简单化、粗陋化，不加以划分，不使之僵化，那么我们就不能想象、表达、测量、描述运动。思想对运动的描述，总是粗陋化、僵化。不仅思想是这样，而且感觉也是这样；不仅对运动是这样，而且对**任何**概念也都是这样。

这就是辩证法的**实质**。对立面的统一、同一这个公式正是表现**这个实质**。（《列宁全集》第2版第55卷第219页）

一般的含义是矛盾的：它是僵死的，它是不纯粹的、不完全的，等等，等等，而且它也只是认识**具体事物**的一个**阶段**，因为我们永远不会完全认识具体事物。一帮概念、规律等等的**无限**总和才提供完全的

具体事物。(《列宁全集》第2版第55卷第239页)

认识**向**客体的运动从来只能辩证地进行：为了更准确地前进而后退——为了更好地跃进(认识?)而后退。相合线和相离线：彼此相交的圆圈。交错点＝人的和人类历史的实践。

(实践＝同实在事物的无限多的方面中的一个方面相符合的标准。)(《列宁全集》第2版第55卷第239页)

辩证的过渡和非辩证的过渡的区别何在?在于飞跃。在于矛盾性。在于渐进过程的中断。在于存在和非存在的统一(同一)。(《列宁全集》第2版第55卷第244页)

理性(知性)、思想、意识,如果**撇开自然界**,不适应于自然界,就是虚妄。＝唯物主义!(《列宁全集》第2版第55卷第246页)

黑格尔辩证法（逻辑学）的纲要
（批语摘选）

[《小逻辑》(《哲学全书》)的目录]

（1915年）

概念（认识）在存在中（在直接的现象中）揭露本质（因果、同一、差别等等规律）——整个人类认识（全部科学）的**一般进程**确实如此。**自然科学**和**政治经济学**[以及历史]的进程也是如此。**所以**，黑格尔的辩证法是思想史的概括。从**各门科学的历史**来更具体地更详尽地研究这点，会是一个极有裨益的任务。总的说来，在逻辑中思想史**应当**和思维规律相吻合。(《列宁全集》第2版第55卷第289页)

虽说马克思没有遗留下**"逻辑"**（大写字母的），但他遗留下《资本论》的**逻辑**，应当充分地利用这种逻辑来解决这一问题。在《资本论》中，唯物主义的逻辑、辩证法和认识论不必要三个词：它们是同一个东西都应用于一门科学，这种唯物主义从黑格尔那里吸取了全部有价值的东西并发展了这些有价值的东西。(《列宁全集》第2版第55卷第290页)

拉萨尔《爱非斯的晦涩哲人赫拉克利特的哲学》一书摘要(批语摘选)

(1915年)

因此:

哲学的历史

| 希腊哲学已经涉及所有这些成分 | 各门科学的历史 儿童智力发展的历史 动物智力发展的历史 **语言**的历史,注意: ＋心理学 ＋感觉器官的生理学 | 这些就是认识论和辩证法应当从中形成的知识领域 |

简单地说,就是整个认识的历史

全部知识领域

(《列宁全集》第2版第55卷第302页)

亚里士多德《形而上学》一书摘要

（批语摘选）

（1915年）

　　智慧（人的）对待个别事物，对个别事物的复制（＝概念），**不是**简单的、直接的、照镜子那样死板的行为。而是复杂的、二重化的、曲折的、**有**可能使幻想脱离生活的行为；不仅如此，它还**有**可能使抽象概念、观念向**幻想**（最后＝上帝）**转变**（而且是不知不觉的、人所意识不到的转变）。因为即使在最简单的概括中，在最基本的一般观念（一般"桌子"）中，都**有**一定成分的**幻想**。（反过来说，就是在最精确的科学中，否认幻想的作用也是荒谬的：参看皮萨列夫论推动工作的有益的幻想以及空洞的幻想。⁴⁷）（《列宁全集》第2版第55卷第317页）

谈谈辩证法问题[48]

（1915年）

    统一物之分为两个部分以及对它的矛盾着的部分的认识（参看拉萨尔的《赫拉克利特》一书第3篇（《论认识》）开头所引的斐洛关于赫拉克利特的一段话[①]），是辩证法的**实质**（是辩证法的"本质"之一，是它的基本的特点或特征之一，甚至可说是它的基本的特点或特征）。黑格尔也正是这样提问题的（亚里士多德在其著作《形而上学》中经常为此**绞尽脑汁**，并跟赫拉克利特即跟赫拉克利特的思想**作斗争**[②]）。

    辩证法内容的这一方面的正确性必须由科学史来检验。对于辩证法的这一方面，通常（例如在普列汉诺夫那里）没有予以足够的注意：对立面的同一被当做**实例**的总和「"例如种子"；"例如原始共产主义"。恩格斯也这样做过。但这是"为了通俗化"……」，而不是当做**认识的规律**（以及客观世界的规律）。

    在数学中，＋和－，微分和积分。

    在力学中，作用和反作用。

    在物理学中，正电和负电。

[①]见《列宁全集》第2版第55卷第300页。——编者注

[②]见列宁《亚里士多德〈形而上学〉一书摘要》（同上书，第313页）。——编者注

在化学中,原子的化合和分解。

在社会科学中,阶级斗争。

对立面的同一(它们的"统一",也许这样说更正确些?虽然同一和统一这两个术语的差别在这里并不特别重要。在一定意义上二者都是正确的),就是承认(发现)自然界的(也**包括**精神的和社会的)**一切**现象和过程具有矛盾着的、**相互排斥的**、对立的倾向。要认识在"**自己运动**"中、自生发展中和蓬勃生活中的世界一切过程,就要把这些过程当做对立面的统一来认识。发展是对立面的"斗争"。有两种基本的(或两种可能的?或两种在历史上常见的?)发展(进化)观点:认为发展是减少和增加,是重复;**以及**认为发展是对立面的统一(统一物之分为两个互相排斥的对立面以及它们之间的相互关系)。

按第一种运动观点,**自己**运动,它的**动力**、它的泉源、它的动因都被忽视了(或者这个泉源被移到**外部**——移到上帝、主体等等那里去了);按第二种观点,主要的注意力正是放在认识"**自己**"运动的**泉源**上。

第一种观点是僵死的、平庸的、枯燥的。第二种观点是活生生的。**只有**第二种观点才提供理解一切现存事物的"自己运动"的钥匙,才提供理解"飞跃"、"渐进过程的中断"、"向对立面的转化"、旧东西的消灭和新东西的产生的钥匙。

对立面的统一(一致、同一、均势)是有条件的、暂时的、易逝的、相对的。相互排斥的对立面的斗争是绝对的,正如发展、运动是绝对的一样。

注意:顺便说一下,主观主义(怀疑论[13]和诡辩论等等)和辩证法的区别在于:在(客观)辩证法中,相对和绝对的差别也是相对的。对于客观辩证法说来,相对中有绝对。对于主观主义和诡辩论说来,相对只是相对,因而排斥绝对。

　　马克思在《资本论》中首先分析资产阶级社会(商品社会)里最简单、最普通、最基本、最常见、最平凡、碰到过亿万次的**关系**:商品交换。这一分析从这个最简单的现象中(从资产阶级社会的这个"细胞"中)揭示出现代社会的**一切**矛盾(或**一切**矛盾的萌芽)。往后的叙述向我们表明这些矛盾和这个社会——在这个社会的各个部分的总和中、从这个社会的开始到终结——的发展(**既是生长又是运动**)。

　　一般辩证法的阐述(以及研究)方法也应当如此(因为资产阶级社会的辩证法在马克思看来只是辩证法的局部情况)。从最简单、最普通、最常见的等等东西开始;从**任何一个命题**开始,如树叶是绿的,伊万是人,茹奇卡是狗[49]等等。在这里(正如黑格尔天才地指出过的)就已经有**辩证法**:**个别就是一般**(参看亚里士多德《形而上学》,施韦格勒译,第2卷第40页,第3篇第4章第8—9节:"因为当然不能设想:在个别的房屋之外还存在着一般房屋。"——"οὐ γὰρ ἂν ϑείημεν εἶναί τινα οἰχίαν παρὰ τὰς τινὰς οἰχίας.")。这就是说,对立面(个别跟一般相对立)是同一的:个别一定与一般相联而存在。一般只能在个别中存在,只能通过个别而存在。任何个别(不论怎样)都是一般。任何一般都是个别的(一部分,或一方面,或本质)。任何一般只是大致地包括一切个别事物。任何个别都不能完全地包括在一般之中,如此等等。任何个别经过千万次的过渡而与另一**类**的个别(事物、现象、过程)相联系,如此等等。**这里已经**有自然界的**必然性**、客观联系等概念的因素、胚芽了。这里已经有偶然和必然、现象和本质,因为我们在说伊万是人,茹奇卡是狗,**这是**树叶等等时,就把许多特征作为**偶然的东西抛掉**,把本质和现象分开,并把二者对立起来。

　　可见,在**任何**一个命题中,很像在一个"单位"("细胞")中一样,都可以(而且应当)发现辩证法**一切**要素的胚芽,这就表明辩证法本来是人类的全部认识所固有的。而自然科学则向我们揭明(这又是要用**任何**极简单的实例来揭明)客观自然界也具有同样的性质,揭明个别向一般的转变,偶然向必然的转变,对立面的过渡、转化、相互联系。辩证法**也就是**(黑格尔和)马克思主义的认识论:正是问题的这一"方面"(这不是问题的一个"方面",而是问题的**实质**)普列汉诺夫没有注意到,至于其他的马克思主义者就更不用说了。

＊　　　＊　　　＊

不论是黑格尔(见《逻辑学》),不论是自然科学中现代的"认识论者"、折中主义者、黑格尔主义的敌人(他不懂黑格尔主义!)保尔·福尔克曼(参看他的《认识论原理》第……页[50])都把认识看做一串圆圈。

哲学上的"圆圈": 是否一定要以**人物**的年代先后为顺序呢?

不!

古代:从德谟克利特到柏拉图以及赫拉克利特的辩证法。

文艺复兴时代:笛卡儿对伽桑狄(斯宾诺莎?)。

近代:霍尔巴赫——黑格尔(经过贝克莱、休谟、康德)

　　　黑格尔——费尔巴哈——马克思。

辩证法是**活生生的**、多方面的(方面的数目永远增加着的)认识,其中包含着无数的各式各样观察现实、接近现实的成分(包含着从每个成分发展成整体的哲学体系),——这就是它比起"形而上学的"唯物主义来所具有的无比丰富的内容,而形而上学的唯物主义的根本**缺陷**就是不能把辩证法应用于反映论,应用于认识的过程和发展。

从粗陋的、简单的、形而上学的唯物主义的观点看来,哲学唯心主义**不过是**胡说。相反地，从**辩证**唯物主义的观点看来，哲学唯心主义是把认识的某一特征、某一方面、某一侧面，**片面地**、夸大地、überschwengliches（狄慈根）[51]发展（膨胀、扩大）为**脱离了**物质、**脱离了**自然的、神化了的绝对。唯心主义就是僧侣主义。这是对的。但（"**更确切些**"和"**除此而外**"）哲学唯心主义是**经过**人的无限复杂的（辩证的）**认识的一个成分**而通向僧侣主义的**道路**。

注意
这个
警句

　　人的认识不是直线（也就是说，不是沿着直线进行的），而是无限地近似于一串圆圈、近似于螺旋的曲线。这一曲线的任何一个片断、碎片、小段都能被变成（被片面地变成）独立的完整的直线，而这条直线能把人们（如果只见树木不见森林的话）引到泥坑里去，引到僧侣主义那里去（在那里统治阶级的阶级利益就会把它**巩固起来**）。直线性和片面性，死板和僵化，主观主义和主观盲目性就是唯心主义的认识论根源。而僧侣主义（＝哲学唯心主义）当然有**认识论的**根源，它不是没有根基的，它无疑是一朵**无实花**，然而却是生长在活生生的、结果实的、真实的、强大的、全能的、客观的、绝对的人类认识这棵活树上的一朵无实花。（《列宁全集》第2版第55卷第305—311页）

选自《列宁全集》第2版第55卷
第77—317页

什么是"人民之友"以及他们如何攻击社会民主党人？

(答《俄国财富》杂志
反对马克思主义者的几篇文章)[52](节选)

(1894年春夏)

第 一 编

《俄国财富》[34]对社会民主党人发动进攻了。这个杂志的头目之一尼·米海洛夫斯基先生，还在去年第10期上就宣布要对"我国所谓

这是列宁批驳俄国自由主义民粹派观点，捍卫马克思主义科学世界观的重要著作。在节选的部分，列宁着重批判了自由主义民粹派的思想领袖米海洛夫斯基的唯心史观及其社会学研究中的主观唯心主义方法，系统阐述了马克思创立的唯物史观的基本原理，着重说明了物质生产力决定生产关系、生产关系的总和构成社会经济形态、物质的社会关系决定思想的社会关系、社会形态的发展是自然历史过程等基本观点，指出只有把社会关系归结于生产关系，把生产关系归结于生产力的水平，才能有可靠的根据把社会形态的发展看做自然历史过程；论证了人民群众是历史的创造者，阶级斗争是阶级社会发展的动力，指明了无产阶级的社会地位和历史作用；揭露了自由派和激进派对马克思主义的阉割和曲解，指出马克思主义理论对世界各国社会主义者所具有的不可遏止的吸引力，就在于它把严格的和高度的科学性同革命性结合起来。

的马克思主义者或社会民主党人"进行一场"论战"。随后出现了谢·克里文柯先生的《论文化孤士》一文(第12期)和尼·米海洛夫斯基先生的《文学和生活》一文(1894年《俄国财富》第1期和第2期)。至于杂志本身对我国经济现实的看法,谢·尤沙柯夫先生在《俄国经济发展问题》一文(第11期和第12期)中已作了最充分的叙述。这些先生在他们的杂志上总是以真正"人民之友"的思想和策略的表达者自居,其实他们是社会民主党最凶恶的敌人。现在我们就把这些"人民之友",把他们对马克思主义的批判、他们的思想、他们的策略仔细考察一下。

尼·米海洛夫斯基先生最注意马克思主义的理论根据,因此专门对唯物主义历史观作了分析。在概略地叙述了阐明这个学说的大量马克思主义文献的内容以后,米海洛夫斯基先生就用这样一大段话开始了他的批判。

他说:"首先自然产生这样一个问题:马克思在哪一部著作中叙述了自己的唯物主义历史观呢?他的《资本论》给我们提供了一个把逻辑力量同渊博学识、同对全部经济学文献和有关事实的细心研究结合起来的范例。他把那些早被遗忘或现在谁也不知道的经济学理论家搬出来,他对工厂视察员在各种报告中或专家在各种专门委员会上所陈述的证词中极其琐碎的细节也没有忽视;总之,他翻遍了数量惊人的实际材料,一部分用来论证,一部分用来说明他的经济理论。如果说他创立了'崭新的'历史过程观,用新的观点说明了人类的全部过去,总结了至今有过的一切历史哲学理论,那他当然会同样竭尽心力地做到这一点的,也就是说,他会真正重新审查并批判地分析一切关于历史过程的著名理论,研究世界历史的大量事实。同达尔文比较一下——在马克思主义文献中经常作这样的比较——就会更加确信这种看法。达尔文的全部著作是什么呢？就是把堆积如山的实际材料总结为几点概括性的、彼此紧相联系的思想。马克思的相称著作究竟在哪里呢？这样的著作是没有的。不仅马克思没有这样的著作，而且在全部马克思主义文献中也没有这样的著作，虽然这种文献数量很大，传播很广。"

　　这一大段话清楚地说明人们多么不理解《资本论》和马克思。他们被马克思论述中的巨大论证力量所折服，只得奉承他，称赞他，同时却完全忽视学说的基本内容，若无其事地继续弹着"主观社会学"的老调。由此不禁令人想起考茨基在他的一本论马克思经济学说的著作中所选用的一段很恰当的题词：

　　　　谁不称赞克洛普施托克的美名？
　　　　可是，会不会人人都读他的作品？不会。
　　　　但愿人们少恭维我们，
　　　　阅读我们的作品时多用心！①

　　正是这样！米海洛夫斯基先生应当少称赞马克思，多用心阅读他的著作，或者最好是更认真思索自己所读的东西。

　　米海洛夫斯基先生说，"马克思的《资本论》给我们提供了一个把逻辑力量同渊博学识结合起来的范例"。一个马克思主义者指出：米海洛夫斯基先生的这句话，给我们提供了一个把光辉词句和空洞内容结合起来的范例。这个评语是十分公正的。马克思的这种逻辑力量究竟表现在什么地方呢？它产生了什么样的结果呢？读了米海洛夫斯基先生的上述那一大段话，会以为这全部力量不过是用于最狭义的

――――――――
　　①见戈·埃·莱辛《致读者格言诗》。——编者注

"经济理论"而已。为了更加渲染马克思表现自己逻辑力量的范围是狭小的,米海洛夫斯基先生还着重指出"极其琐碎的细节"、"细心"、"谁也不知道的理论家"等等。这样一来,似乎马克思对于建立这些理论的方法,并没有提出任何值得一提的实质性的新东西,似乎他使经济学仍然停留在过去经济学家原有的范围以内,并没有将它扩大,并没有对这门科学本身提出"崭新的"见解。然而凡是读过《资本论》的人,都知道这完全不符合事实。由此不禁令人想起米海洛夫斯基先生16年前同一个庸俗的资产阶级先生尤·茹柯夫斯基进行论战时对马克思的评论[53]。那时,也许是时代不同,也许是感觉比较新鲜,不管怎样,米海洛夫斯基先生的那篇文章,无论在笔调上或内容上,都是完全不同的。

"'本书的最终目的就是揭示现代社会的发展规律①〈原文是 Das ökonomische Bewegungsgesetz——经济运动规律〉',卡·马克思曾这样谈到他的《资本论》并严格地坚持了他的主旨",——1877年米海洛夫斯基先生就是这样评论的。我们更仔细地来考察一下这个批评家也承认是严格地坚持了的主旨吧。这个主旨就是"揭示现代社会的经济发展规律"。

这句话本身就使我们碰到几个需要加以说明的问题。既然马克思以前的所有经济学家都谈论一般社会,为什么马克思却说"现代(modern)"社会呢?他在什么意义上使用"现代"一词,按什么标志来特别划出这个现代社会呢?其次,社会的经济运动规律是什么意思呢?我们总是听见经济学家说:只有财富的生产才完全受经济规律支配,而分配则以政治为转移,以政权和知识界等等对社会的影响如何

---

① 见《马克思恩格斯选集》第2卷人民出版社1972年版第207页。——编者注

为转移——而这也就是《俄国财富》所属的那个圈子里的政论家和经济学家们喜爱的思想之一。马克思谈到社会的经济运动规律，并把这个规律叫做Naturgesetz——自然规律，这究竟是什么意思呢？我国如此众多的社会学家写了大堆大堆的著作，说社会现象领域根本不同于自然历史现象领域，因此，研究前者必须采用十分特别的"社会学中的主观方法"。既然如此，那对马克思的话又怎样理解呢？

发生这些疑问是自然的，必然的；当然，只有完全无知的人，才会在谈到《资本论》时回避这些疑问。为了弄清这些问题，我们且先从《资本论》的同一序言中再引一句话，这句话就在上述那句话的稍后几行。

马克思说："我的观点是：社会经济形态的发展是一种自然历史过程。"[①]

只要把序言里引来的这两句话简单地对照一下，就可以看出《资本论》的基本思想就在于此，而这个思想，正像我们听说的那样，是以罕见的逻辑力量严格地坚持了的。说到这里，我们首先要指出两个情况。马克思说的只是一个"社会经济形态"，即资本主义社会经济形态，也就是他说的，他研究的只是这个形态而不是别的形态的发展规律，这是第一。第二，我们还得指出马克思得出他的结论的方法，这些方法，像我们刚才听到米海洛夫斯基先生所说的那样，就是"对有关事实的细心研究"。

现在我们来分析《资本论》的这一基本思想，它是我们这位主观哲学家如此狡猾地企图加以回避的。社会经济形态这一概念指的究

[①] 见《马克思恩格斯选集》第2卷人民出版社1972年版第208页。——编者注

竟是什么呢?怎样才可以而且必须把这种形态的发展看做是自然历史过程呢?这就是现在摆在我们面前的问题。我已经指出,从旧的(对俄国说来不是旧的)经济学家和社会学家的观点看来,社会经济形态这一概念完全是多余的,因为他们谈论的是一般社会,他们同斯宾塞们争论的是一般社会是什么,一般社会的目的和实质是什么等等。在这种议论中,这些主观社会学家所依靠的是如下这类论据:社会的目的是为社会全体成员谋利益,因此,正义要求有一种组织,凡不合乎这种理想的("社会学应从某种空想开始",——主观方法的首创者之一米海洛夫斯基先生的这句话绝妙地说明了他们的方法的实质)组织的制度都是不正常的,应该取消的。例如,米海洛夫斯基先生说:"社会学的根本任务是阐明那些使人的本性的这种或那种需要得到满足的社会条件。"可以看出,这位社会学家感兴趣的只是使人的本性得到满足的社会,而完全不是什么社会形态,何况这些社会形态还可能是以少数人奴役多数人这种不合乎"人的本性"的现象为基础的。同样可以看出,在这位社会学家看来,根本谈不上把社会发展看做自然历史过程。("社会学家既然认为事物有合乎心愿的,有不合乎心愿的,他就应当找到实现合乎心愿的事物,消除不合乎心愿的事物的条件",即"找到实现如此这般理想的条件",——这也是同一个米海洛夫斯基先生说的。)不仅如此,甚至谈不上什么发展,而只能谈由于……由于人们不聪明,不善于很好了解人的本性的要求,不善于找到实现这种合理制度的条件而在历史上发生过的种种违背"心愿"的偏向,"缺陷"。显而易见,马克思关于社会经济形态发展的自然历史过程这一基本思想,从根本上摧毁了这种以社会学自命的幼稚说教。马克思究竟是怎样得出这个基本思想的呢?他做到这一点所用的方法,就是从社会生活的各种领域中划分出经济领域,从一切社会关系中划分出**生产关系**，即决定其余一切关系的基本的原始的关系。马克思自己曾这样描写过他对这个问题的推论过程：

"为了解决使我苦恼的疑问，我写的第一部著作是对黑格尔法哲学的批判性的分析……　我的研究得出这样一个结果：法的关系正像国家的形式一样，既不能从它们本身来理解，也不能从所谓人类精神的一般发展来理解，相反，它们根源于物质的生活关系，这种物质的生活关系的总和，黑格尔按照18世纪的英国人和法国人的先例，称之为'市民社会'，而对市民社会的解剖应该到政治经济学中去寻求。我研究政治经济学所得到的结果，可以简要地表述如下：人们在自己生活的社会生产中发生一定的……关系，即同他们的物质生产力的一定发展阶段相适应的**生产关系**。这些生产关系的总和构成社会的经济结构，即有法律的和政治的上层建筑竖立其上并有一定的社会意识形式与之相适应的现实基础。物质生活的生产方式制约着整个社会生活、政治生活和精神生活的过程。不是人们的意识决定人们的存在，相反，是人们的社会存在决定人们的意识。社会的物质生产力发展到一定阶段，便同它们一直在其中运动的现存生产关系或财产关系(这只是生产关系的法律用语)发生矛盾。这些关系便由生产力的发展形式变成生产力的桎梏。那时社会革命的时代就到来了。随着经济基础的变更，全部庞大的上层建筑也或慢或快地发生变革。在考察这样的变革时，必须时刻把下面两者区别开来：一种是生产的经济条件方面所发生的物质的、可以像自然科学那样精确地确定的变革，一种是人们借以意识到这个冲突并力求把它解决的那些法律的、政治的、宗教的、艺术的或哲学的，简言之，意识形态的形式。我们判断一个人不能以他对自己的看法为根据，同样，我们判断这样一个变革时代也不能以它的意识为根据；相反，这个意识必须从物质生活的矛盾中,从社会生产力和生产关系之间的现存冲突中去解释。……　从总体上来探讨的亚细亚的、古代的、封建的和现代的即资产阶级的生产制度可以看做是社会各经济形态历史上演进的几个时代。"①

社会学中这种唯物主义思想本身已经是天才的思想。当然,这在那时**暂且**还只是一个假设,但是,是一个第一次使人们有可能以严格的科学态度对待历史问题和社会问题的假设。在这以前,社会学家不善于往下探究像生产关系这样简单和这样原始的关系,而直接着手探讨和研究政治法律形式,一碰到这些形式是由当时人类某种思想产生的事实,就停了下来;这样一来,似乎社会关系是由人们自觉地建立起来的。但这个充分表现在《社会契约论》54思想(这种思想的痕迹,在一切空想社会主义体系中都是很明显的)中的结论,是和一切历史观察完全矛盾的。社会成员把他们生活于其中的社会关系的总和,看做一个由某种原则所贯穿的一定的完整的东西,这是从来没有过而且现在也没有的事情;恰恰相反,大众是不自觉地适应这些关系的,而且根本不了解这些关系是特殊的历史的社会关系,例如人们在其中生活了很多世纪的交换关系,只是在最近才得到了解释。唯物主义继续深入分析,发现了人的这些社会思想本身的起源,也就消除了这个矛盾;因此,唯物主义关于思想进程取决于事物进程的结论,是唯一可与科学的心理学相容的。其次,再从另一方面说,这个假设第一次把社会学提高到科学的水平。在这以前,社会学家在错综复杂的社会现象中总是难于分清重要现象和不重要现象(这就是社会学

---

①参看《马克思恩格斯选集》第2卷人民出版社1972年版第82—83页。——编者注

中主观主义的根源），找不到这种划分的客观标准。唯物主义提供了一个完全客观的标准，它把**生产关系**划为社会结构，并使人有可能把主观主义者认为不能应用到社会学上来的重复性这个一般科学标准，应用到这些关系上来。当他们还局限于思想的社会关系（即通过人们的意识①而形成的社会关系）时，他们不能发现各国社会现象中的重复性和常规性，他们的科学至多不过是记载这些现象，收集素材。一分析物质的社会关系（即不通过人们的意识而形成的社会关系：人们在交换产品时彼此发生生产关系，甚至都没有意识到这里存在着社会生产关系），立刻就有可能看出重复性和常规性，把各国制度概括为**社会形态**这个基本概念。只有这种概括才使人有可能从记载（和从理想的观点来评价）社会现象进而以严格的科学态度去分析社会现象，譬如说，划分出一个资本主义国家和另一个资本主义国家的不同之处，研究一切资本主义国家的共同之处。

最后，第三，这个假设之所以第一次使**科学的**社会学的出现成为可能，还由于只有把社会关系归结于生产关系，把生产关系归结于生产力的水平，才能有可靠的根据把社会形态的发展看做自然历史过程。不言而喻，没有这种观点，也就不会有社会科学。（例如，主观主义者虽然承认历史现象的规律性，但不能把这些现象的演进看做自然历史过程，这是因为他们只限于指出人的社会思想和目的，而不善于把这些思想和目的归结于物质的社会关系。）

马克思在40年代提出这个假设后，就着手实际地（请注意这点）研究材料。他从各个社会经济形态中取出一个形态（即商品经济体系）加以研究，并根据大量材料（他花了不下25年的工夫来研究这些

————————

① 当然，这里说的始终是**社会**关系的意识，而不是其他什么关系的意识。

材料)对这个形态的活动规律和发展规律作了极其详尽的分析。这个分析仅限于社会成员之间的生产关系。马克思一次也没有利用这些生产关系以外的任何因素来说明问题，同时却使人们有可能看到商品社会经济组织怎样发展，怎样变成资本主义社会经济组织而造成资产阶级和无产阶级这两个对抗的(这已经是在生产关系范围内)阶级，怎样提高社会劳动生产率，从而带进一个与这一资本主义组织本身的基础处于不可调和的矛盾地位的因素。

《资本论》的**骨骼**就是如此。可是全部问题在于马克思并不以这个骨骼为满足，并不仅以通常意义的"经济理论"为限；虽然他**完全**用生产关系来**说明**该社会形态的构成和发展，但又随时随地探究与这种生产关系相适应的上层建筑，使骨骼有血有肉。《资本论》的成就之所以如此之大，是由于"德国经济学家"的这部书使读者看到整个资本主义社会形态是个活生生的形态：有它的日常生活的各个方面，有它的生产关系所固有的阶级对抗的实际社会表现，有维护资本家阶级统治的资产阶级政治上层建筑，有资产阶级的自由平等之类的思想，有资产阶级的家庭关系。现在可以看出，把马克思同达尔文相比是完全恰当的：《资本论》不是别的，正是"把堆积如山的实际材料总结为几点概括性的、彼此紧相联系的思想"。如果谁读了《资本论》，竟看不出这些概括性的思想，那就怪不得马克思了，因为我们知道，马克思甚至在序言中就已指出这些思想。而且这种比较不仅从外表方面(不知为什么，这一方面使米海洛夫斯基先生特别感兴趣)看是正确的，就是从内容方面看也是正确的。达尔文推翻了那种把动植物种看做彼此毫无联系的、偶然的、"神造的"、不变的东西的观点，探明了物种的变异性和承续性，第一次把生物学放在完全科学的基础之上。同样，马克思也推翻了那种把社会看做可按长官意志(或者说按社会意志和政府意志，反正都一样）随便改变的、偶然产生和变化的、机械的个人结合体的观点，探明了作为一定生产关系总和的社会经济形态这个概念，探明了这种形态的发展是自然历史过程，从而第一次把社会学放在科学的基础之上。

现在，自从《资本论》问世以来，唯物主义历史观已经不是假设，而是科学地证明了的原理。在我们还没有看见另一种科学地解释某种社会形态（正是社会形态，而不是什么国家或民族甚至阶级等等的生活方式）的活动和发展的尝试以前，没有看见另一种像唯物主义那样能把"有关事实"整理得井然有序，能对某一社会形态作出严格的科学解释并给以生动描绘的尝试以前，唯物主义历史观始终是社会科学的同义词。唯物主义并不像米海洛夫斯基先生所想的那样，"多半是科学的历史观"，而是唯一科学的历史观。

现在有人读了《资本论》，竟在那里找不到唯物主义，还有比这更可笑的怪事吗！唯物主义在哪里呢？——米海洛夫斯基先生带着实在莫名其妙的神情问道。

他读了《共产党宣言》，竟看不出那里对现代制度（法律制度、政治制度、家庭制度、宗教制度和哲学体系）的解释是唯物主义的，看不出那里甚至对种种社会主义和共产主义理论的批判也是在某种某种生产关系中寻找并找到这些理论的根源的。

他读了《哲学的贫困》，竟看不出那里对蒲鲁东社会学的剖析，是从唯物主义观点出发的，看不出对蒲鲁东所提出的解决各种历史问题的办法的批判，是从唯物主义原则出发的，看不出作者本人谈到应该在哪里寻找材料来解决这些问题时，总是举出生产关系。

他读了《资本论》，竟看不出这是用唯物主义方法科学地分析一个（而且是最复杂的一个）社会形态的范例，是大家公认的无与伦比的范例。于是他坐下来拼命思索这个深奥的问题："马克思在哪一部著作中叙述了自己的唯物主义历史观呢？"

凡熟悉马克思的人，都会反问他：马克思在哪一部著作中没有叙述过自己的唯物主义历史观呢？米海洛夫斯基先生大概只有等到某个卡列耶夫的某本玄奥的历史著作在"经济唯物主义"这个条目内，用相应的号码标明马克思的唯物主义著作的时候，才会知道这些著作吧。

而最可笑的是，米海洛夫斯基先生责备马克思，说他没有"重新审查〈原文如此！〉一切关于历史过程的著名理论"。这简直可笑极了。试问这些理论十分之九都是些什么东西呢？都是一些关于什么是社会、什么是进步等等纯粹先验的、独断的、抽象的议论(我有意举出这些合乎米海洛夫斯基先生心意的例子)。要知道，这样的理论，就其存在来说，已是无用的，就其基本方法，就其彻头彻尾的暗淡无光的形而上学性来说，也是无用的。要知道，从什么是社会，什么是进步等问题开始，就等于从末尾开始。既然你连任何一个社会形态都没有研究过，甚至还未能确定这个概念，甚至还未能对任何一种社会关系进行认真的、实际的研究，进行客观的分析，那你怎么能得出关于一般社会和一般进步的概念呢？过去任何一门科学都从形而上学开始，其最明显的标志就是：还不善于着手研究事实时，总是先验地臆造一些永远没有结果的一般理论。形而上学的化学家还不善于实际研究化学过程时，就臆造什么是化学亲和力的理论。形而上学的生物学家谈论什么是生命，什么是生命力。形而上学的心理学家议论什么是灵魂。这种方法是很荒谬的。不分别说明各种心理过程，就不能谈论灵魂：在这里要想有所进步，就必须抛弃那些什么是灵魂的一般理论和哲学议论，并且能够把说明这种或那种心理过程的事实的研究放在科学的基础上。因此，米海洛夫斯基先生的责备，正好像一个在什么是灵魂这个问题上写了一辈子"学术著作"的形而上学的心理学家，连一个最简单的心理现象都解释不清楚，竟来责备一个科学的心理学家，说他没有重新审查所有关于灵魂的著名理论。他，这个科学的心理学家，抛弃了关于灵魂的哲学理论，直接去研究心理现象的物质基质（神经过程），而且，譬如说，分析并说明了某个或某些心理过程。于是，我们这位形而上学的心理学家读这部著作时，称赞它，说过程描写得很好，事实研究得不错，但是并不满意。这位哲学家听见周围的人说那位学者对心理学有完全新的观点，有科学心理学的特殊方法，就激动起来，怒气冲冲地说：且慢，究竟在哪一部著作中叙述了这个方法呢？这部著作中不是"仅仅有一些事实"吗？其中不是丝毫没有重新审查"所有关于灵魂的著名哲学理论"吗？这是完全不相称的著作呀！

在形而上学的社会学家看来，《资本论》自然同样是不相称的著作。他看不出什么是社会这种先验的议论毫无用处，不懂得这种方法并不是研究问题和说明问题，不过是把英国商人的资产阶级思想或俄国民主主义者的小市民社会主义理想充做社会概念罢了。正因为如此，这一切历史哲学理论就像肥皂泡一样，一出现就化为乌有，至多不过是当时社会思想和社会关系的征象，丝毫没有促进人们对社会关系，即使是个别的但是现实的（而不是那些"适合人的本性的"）社会关系的**理解**。马克思在这方面大大前进了一步：他抛弃了所有这些关于一般社会和一般进步的议论，而对**一种**社会（资本主义社会）和**一种**进步（资本主义进步）作了**科学的**分析。米海洛夫斯基先生却责备马克思，说他从头开始，而不从尾开始；从分析事实开始，而不从最终结论开始；从研究个别的、历史上一定的社会关系开始，而不从什么是一般社会关系的一般理论开始！于是他问："相称的著作究竟在哪里呢?"呵,好一个绝顶聪明的主观社会学家!!

如果我们这位主观哲学家,仅仅是对哪部著作论证过唯物主义这一问题疑惑不解,那也许还是小小的不幸。可是他,尽管在任何地方都没有找到对唯物主义历史观的论证,甚至没有找到对唯物主义历史观的叙述(也许正因为他没有找到),却开始把这个学说从未企求过的东西硬加到它的头上。他引证了布洛斯所说的马克思宣布了一种崭新的历史**观**的话,便毫不客气地推论下去,说这个理论企求"给人类解释其过去",说明"人类的全部〈原文如此!!?〉过去"等等。这完全是捏造!这个理论所企求的只是说明资本主义一种社会组织,而不是任何别种社会组织。既然运用唯物主义去分析和说明一种社会形态就取得了这样辉煌的成果,那么,十分自然,历史唯物主义已不再是什么假设,而是经过科学检验的理论了;十分自然,这种方法也必然适用于其余各种社会形态,虽然这些社会形态还没有经过专门的实际研究和详细分析,正像已为充分事实所证实了的种变说思想适用于整个生物学领域一样,虽然对某些动植物物种来说,它们变化的事实还未能确切探明。种变说所企求的完全不是说明"全部"物种形成史,而只是把这种说明的方法提到科学的高度。同样,历史唯物主义也从来没有企求说明一切,而只企求指出"唯一科学的"(用马克思在《资本论》中的话来说)说明历史的方法。[1]根据这一点可以判断,米海洛夫斯基先生所采用的是多么机智、多么郑重、多么体面的论战手法,他首先歪曲马克思,把一些妄诞的企求强加给历史唯物主义,说它企求"说明一切",企求找到"打开一切历史门户的钥匙"(这

---

[1]参看《马克思恩格斯全集》第1版第23卷第409—410页脚注(89)。——编者注

种企求当然立即遭到马克思极其辛辣的反驳,见马克思为答复米海洛夫斯基的文章而写的"信"55),接着讥笑他自己所捏造的这种企求,最后,把恩格斯确切的意见(其所以确切,是因为这一次是摘录,而不是转述)引出来,即把唯物主义者所理解的政治经济学"尚有待于创造"、"我们所掌握的有关经济科学的东西,几乎只限于"资本主义社会史①等语引出来,于是作出这样的结论:"这些话把经济唯物主义的适用范围缩得很小了!"要多么幼稚或多么自以为是的人,才会指望这种戏法不会被人识破呵!首先歪曲马克思,接着讥笑自己的捏造,然后引来确切的意见,便厚颜无耻地宣布这些意见把经济唯物主义的适用范围缩小了!

米海洛夫斯基先生这种讥笑办法究竟是什么样的货色,可从下述例子看出。米海洛夫斯基先生说:"马克思在任何地方都没有论证过它们。"(即没有论证过经济唯物主义的理论根据)"固然,马克思和恩格斯曾打算写一部历史哲学和哲学历史性质的著作,甚至也写成了(1845—1846年),但这部著作56从未刊印。恩格斯说:'这部著作的第一部分是阐述唯物主义历史观的;这种阐述只是表明当时我们在经济史方面的知识还多么不够。'②"于是米海洛夫斯基先生作出结论说:"由此可见,在'科学社会主义'和经济唯物主义理论的基本要点被发现以及随后在《宣言》中被阐述的时候,据作者之一自己承认,他们做这样一件事情的知识是不够的。"

你看这种批评多么可爱!恩格斯说他们当时的经济"史"的知识不够,因此,他们没有把自己的"一般"哲学历史性质的著作刊印出

①见《马克思恩格斯选集》第3卷人民出版社1972年版第189页。——编者注
②见《马克思恩格斯选集》第4卷人民出版社1972年版第208页。——编者注

来。米海洛夫斯基先生把这点曲解成这样,好像"做这样一件事情",如制定"科学社会主义的基本要点",即作出《宣言》中对**资产阶级**制度所作的科学批判,他们的知识是不够的。二者必居其一:或者是米海洛夫斯基先生不懂得概括全部历史哲学的尝试和科学地说明资产阶级制度的尝试之间的差别,或者是他认为马克思和恩格斯当时的知识还不足以批判政治经济学。如果是后一种情况,他就太刻薄了,竟不让我们见识一下他断定这种不足所持的理由以及他自己的更正和补充。马克思恩格斯决定不发表他们的哲学历史著作,而集中全力来科学地分析一种社会组织,这只表明他们有高度的科学诚实态度。米海洛夫斯基先生决定加上几句话来对此加以挖苦,说马克思和恩格斯在阐述自己的观点时自己承认缺乏制定这些观点的知识,这只表明他的论战手法既不证明他聪明,也不证明他体面。

再举一个例子。米海洛夫斯基先生说:"马克思的第二个我——恩格斯,为了论证经济唯物主义这一历史理论,做了更多的工作。他有一部专门的历史著作:《家庭、私有制和国家的起源,就(im Anschluß)摩尔根的研究成果而作》,这个'就'字真是妙极了。美国人摩尔根的书①,出版在马克思和恩格斯宣布经济唯物主义原理许多年以后,同经济唯物主义完全无关。"于是他认为"经济唯物主义者附和了"这本书,同时,因为在史前时期没有阶级斗争,他们便对唯物主义历史观的公式加上这样一个"更正":在劳动生产率极低的原始时代,起首要作用的人自身的生产即子女生产,和物质财富生产同样是决定的要素。

————————

①指路易斯·亨利·摩尔根《古代社会,或人类从蒙昧时代经过野蛮时代到文明时代的发展过程的研究》一书。——编者注

1940年延安解放社出版的《列宁选集》第2卷,该卷载有《什么是"人民之友"以及他们如何攻击社会民主党人?》的节录

恩格斯说:"摩尔根的伟大功绩,就在于他在……北美印第安人的血族团体中找到了一把解开古代希腊、罗马和德意志历史上那些极为重要而至今尚未解决的哑谜的钥匙。"[1]

米海洛夫斯基先生对此宣称:"总之,在40年代末发现并宣布了一个崭新的唯物主义的和真正科学的历史观,这个历史观对历史科学的贡献,同达尔文理论对现代自然科学的贡献一样。"随后米海洛夫斯基先生又重复说,但是这个历史观从未科学地论证过。"它不仅没有经过大量和多样的实际材料的检验〈《资本论》是"不相称的"著作:其中只有事实和细心研究而已!〉,甚至没有用哪怕是批判和排斥其他历史哲学体系的方法来充分说明过。"恩格斯的《欧根·杜林先生在科学中实行的变革》一书"只是顺便说出的一些机智的尝试",因此米海洛夫斯基先生认为,这部著作中所涉及的大量重要问题,是可以完全回避的,尽管这些"机智的尝试"很机智地表明了"从空想开始的"社会学的空洞无物,尽管这部著作详细地批判了那种认为政治法律制度决定经济制度的"暴力论",亦即《俄国财富》的政论家先生们那么热心宣扬的"暴力论"。的确,对一部著作胡诌几句毫无意义的空话,比认真分析哪怕是其中唯物主义地解决了的一个问题,要容易得多;何况这样做又很保险,因为书报检查机关大概永远也不会准许翻译这部书,米海洛夫斯基先生也就不必为自己的主观哲学担心,可以把这部书叫做机智之作了。

更为突出和更有教益的(为说明人有舌头是为了隐瞒自己的思想,或赋予空洞以思想形式),是他对马克思的《资本论》的评论。"《资本论》中有一些有历史内容的光辉篇页,**但是**〈这个"但是"妙极了!这

---

[1] 见《马克思恩格斯选集》第4卷人民出版社1972年版第2页。——编者注

甚至不是"但是",而是有名的"mais",译成俄语意思是"耳朵不会高过额头"57〉这些篇页也是按照此书的主旨,仅限于一个一定的历史时期,它们并不是确立经济唯物主义的基本原理,不过是涉及某类历史现象的经济方面。"换句话说,《资本论》这部专门研究资本主义社会的著作,对这个社会和它的上层建筑作了唯物主义的分析,"**但是**"米海洛夫斯基先生宁愿回避这个分析:看呀,这里仅仅说到"一个"时期,而他,米海洛夫斯基先生,则想概括一切时期,并且概括到根本不具体谈及任何一个时期。很明显,为了达到这个目的,也就是说,为了概括一切时期而实质上不涉及任何一个时期,就只有一个方法,就是作些"光辉"而空洞的泛泛之谈。在用空话来支吾搪塞的技巧方面,谁也比不上米海洛夫斯基先生。原来只是因为他,马克思,"并不是确立经济唯物主义的基本原理,不过是涉及某类历史现象的经济方面",所以不值得(单独地)从实质上涉及马克思的著作。多么深奥呀!"不是确立",只"不过是涉及"!——的确,用空话来抹杀任何一个问题是多么容易呀!例如,既然马克思屡次说明,商品生产者的关系是法治国家公民权利平等和自由契约等等原则的基础,这是什么意思呢?他是以此来确立唯物主义呢,还是"不过是"涉及呢?我们的哲学家以他特有的谦逊,避免作实质性的回答,而直接从他的那些夸夸其谈、言之无物的"机智的尝试"中作出结论。

这个结论如下:"在一种企求阐明世界历史的理论宣布40年以后,古代希腊、罗马和德意志历史对这一理论来说仍然是些不解之谜,这是不足为奇的;而解开这些哑谜的钥匙,第一,是由一个与经济唯物主义理论完全无关、一点也不知道这个理论的人找到的;第二,是借助非经济因素找到的。'人自身的生产'这一术语,即子女生产,使人觉得有点可笑,而恩格斯却抓住这个术语,以便同经济唯物主义基本公式保持哪怕是字面上的联系。可是，恩格斯不得不承认，人类的生活在许多世纪内都不是按照这个公式形成的。"您，米海洛夫斯基先生的论战手法的确一点也"不足为奇"！这一理论是说，为了"阐明"历史，不要在思想的社会关系中，而要在物质的社会关系中去寻找基础。由于实际材料不够，过去没有可能把这个方法用来分析欧洲上古史的某些极重要的现象，例如氏族组织[58]，因此，这个组织仍然是一个谜①。后来，摩尔根在美洲搜集的丰富材料，使他有可能分析氏族组织的实质，并得出如下的结论：对氏族组织的说明，不要在思想关系（例如法的关系或宗教关系）中，而要在物质关系中去寻找。显然，这件事实光辉地证实了唯物主义方法，如此而已。所以，当米海洛夫斯基先生**为了非难**这个学说，而首先提到解开最困难的历史之谜的钥匙是由一个与经济唯物主义理论"完全无关"的人找到的时候，我们只能感到惊异，有些人多么不会辨别什么东西是在为自己辩护，什么东西是在痛斥自己。其次，我们的哲学家说，子女生产是非经济因素。可是您究竟在马克思或恩格斯的什么著作中读到他们一定是在谈经济唯物主义呢？他们在说明自己的世界观时，只是把它叫做唯物主义而已。他们的基本思想（在摘自马克思著作的上述引文中也已表达得十分明确）是把社会关系分成物质的社会关系和思想的社会关系。思想的社会关系不过是物质的社会关系的上层建筑，而物质的社会关系是不以人的意志和意识为转移而形成的，是人维持生存的活动的（结果）形式。马克思在上述引文中说，对政治法律形式的说明

①米海洛夫斯基先生在这里也没有放过机会来讥笑一下：咳，为什么这样，既然有科学的历史观，而古代史却是一个谜！米海洛夫斯基先生，您从任何一本教科书里都可以知道，氏族组织问题是曾引起许多理论来加以说明的最困难的问题之一。

要在"物质生活关系"中去寻找。怎么，难道米海洛夫斯基先生以为子女生产关系是思想关系?米海洛夫斯基先生对这一点的解释很独特，值得拿来分析一下。他说:"无论我们怎样玩弄子女生产这个术语，以图在它和经济唯物主义之间建立一种哪怕是字面上的联系，无论它在错综复杂的社会生活现象中怎样同包括经济现象在内的其他现象交织着，但它毕竟有它本身的生理根源和心理根源。〈米海洛夫斯基先生，您这一番子女生产有其生理根源的话，莫非是说给吃奶的孩子听的吗!?您为什么要顾左右而言他呢?〉而这使我们联想到，经济唯物主义的理论家不仅没有弄清楚历史，也没有弄清楚心理学。毫无疑问，氏族联系在文明国家的历史中已经失去它的意义。但关于直接的两性联系和家庭联系，却未必能同样有把握地这样说。固然，它们在整个日益复杂的生活影响下有了很大的变化，可是只要有一定的辩证技巧就可以证明:不仅法律关系，就是经济关系本身也是两性关系和家庭关系的上层建筑。我们不准备研究这一点，不过我们还是要举出遗产制度来说一说。"

我们的哲学家终于有幸由说空话①进而谈到事实了，而这些事实是确定的，可以检验的，是不允许"顾左右而言他"轻易绕过问题实质的。我们且来看看，我们这位批评马克思的批评家是怎样证明遗产制度是两性关系和家庭关系的上层建筑的。米海洛夫斯基先生说:"作为遗产传下来的，有经济生产的产品〈"经济生产的产品"!!这是多么通达!多么响亮!多么优雅的语言!〉，而遗产制度本身在一定程

---

①责备唯物主义者没有搞清楚历史，却不试图把唯物主义者对各种历史问题所作的许多唯物主义说明的**任何一种**拿来分析一下，或者说:本来是可以证明的，但我们不来研究这一点，——的确，像这样的手法，不是说空话又是什么呢?

度内是受经济竞争的事实制约的。可是第一，作为遗产传下来的，还有非物质财富，这表现在关心用父辈精神教育子女上。"总之，子女教育列入了遗产制度！例如俄国民法中有这样一条："双亲应努力进行家庭教育，培养他们〈子女〉的情操，并促进政府意图之实现。"我们的哲学家莫非把这一点叫做遗产制度吗？"第二，甚至专就经济领域来说，既然没有当做遗产传下来的生产的产品就不可能有遗产制度，那么同样，没有'子女生产'的产品，没有这种产品和与之直接结合着的复杂的紧张的心理，也就不可能有遗产制度。"（咳，请你们注意这句话：复杂的心理与子女生产的产品"结合着"！这简直妙极了！）总之，遗产制度所以是家庭关系和两性关系的上层建筑，是因为没有子女生产就不可能有遗产制！是呀，这真算是发现了新大陆！直到现在，大家都以为子女生产不大能够解释遗产制度，正如饮食的必要性不大能够解释财产制度一样。直到现在，大家都认为：如果说从前俄国在采邑制度[59]鼎盛时代，土地不能继承的话（因为当时土地只是被当做有条件的财产），那么，对这一事实的解释，需要在当时社会组织的特点中去寻找。而米海洛夫斯基先生想必认为，这件事实不过是由于与当时地主的子女生产的产品结合的心理还不够复杂。

我们可以把一句有名的格言改个样子来说：只要把"人民之友"刮一刮，就可以看出资产者的原形。的确，米海洛夫斯基先生这一套关于遗产制度同子女教育、同子女生产心理等等相联系的议论，不就是说遗产制度也同子女教育一样是永恒的、必要的和神圣的吗！固然，米海洛夫斯基先生想替自己留条后路，说"遗产制度在一定程度内是受经济竞争的事实制约的"，但这无非是想逃避明确回答问题的一种诡计，而且是一种手法拙劣的诡计。既然向我们只字不提遗产对竞争究竟依赖到什么样的"一定程度"，既然丝毫没有说明竞争与遗产制度之间的这个联系究竟是由什么引起的,那我们怎能领会这种意见呢?其实,遗产制度以私有制为前提,而私有制则是随着交换的出现而产生的。已经处在萌芽状态的社会劳动的专业化和产品在市场上的转让是私有制的基础。例如,当原始印第安公社的全体社员还共同制造他们所必需的一切产品的时候,私有制就不可能产生。当分工渗入公社,社员开始各自单独生产某一种产品并把这种产品在市场上出卖的时候,表现商品生产者这种物质上的单独性的私有制就出现了。无论私有制或遗产,都是单独的小家庭(一夫一妻制的家庭)已经形成和交换已在开始发展的那个社会制度的范畴。米海洛夫斯基先生的例子所证明的,恰巧和他所想要证明的相反。

米海洛夫斯基先生还举出一个事实,但这又是一种奇谈怪论!他继续修正唯物主义:"至于氏族联系,那么它们在各文明民族的历史中,确实有一部分已在生产形式影响的光线下褪色了〈又是一个遁词,不过是更加明显的遁词。究竟是什么生产形式呢?一句空话!〉,但还有一部分在它们本身的延续和普遍化中——在民族联系中发展了。"这样说来,民族联系就是氏族联系的延续和普遍化了!米海洛夫斯基先生关于社会历史的观念,显然是从给学生们讲的儿童故事中得来的。按这个陈腐浅陋的道理说来,社会历史是这样的:起初是家庭,这是任何一个社会的细胞①,然后家庭发展为部落,部落又发展为国家。米海洛夫斯基先生郑重其事地重复这种幼稚的胡说,不过是表明(除其他一切外)他甚至连俄国历史的进程也一点都不了解。如果可以说古罗斯[60]有过氏族生活,那么毫无疑问,在中世纪,在莫斯

---

①这是纯粹的资产阶级观念,因为分散的小家庭,只是在资产阶级制度下才占统治地位,这种家庭,在史前时期是根本没有的。资产者最大的特点,就是把现代制度的特征硬套在一切时代和一切民族身上。

科皇朝时代[61]，这些氏族联系便不存在了，就是说，国家完全不是建立在氏族的联合上，而是建立在地域的联合上：地主和寺院接纳了来自各地的农民，而这样组成的村社[62]纯粹是地域性的联合。但在当时未必能说已有真正的民族联系：国家分成各个"领地"，其中有一部分甚至是公国，这些公国还保存着从前自治制度的鲜明遗迹、管理的特点，有时候还保存着自己单独的军队（地方贵族是带领自己的军队去作战的）、单独的税界等等。仅仅在近代俄国历史上（大约从17世纪起），这一切区域、领地和公国才真正在事实上融合成一个整体。最可尊敬的米海洛夫斯基先生，这种融合并不是由氏族联系引起的，甚至不是由它的延续和普遍化引起的，而是由各个区域之间日益频繁的交换，由逐渐增长的商品流通，由各个不大的地方市场集中成一个全俄市场引起的。既然这个过程的领导者和主人是商人资本家，所以这种民族联系的建立也就无非是资产阶级联系的建立。米海洛夫斯基先生举出这两件事实，都是自己打自己的耳光，而给予我们的不过是标本的资产阶级的庸俗见解而已，其所以是**庸俗见解**，是因为他用子女生产及其心理来解释遗产制度，而用氏族联系来解释民族；其所以是**资产阶级的**，是因为他把历史上一个特定的社会形态（以交换为基础的社会形态）的范畴和上层建筑，当做同子女教育和"直接"两性关系一样普遍的和永恒的范畴。

这里最值得注意的是，我们的主观哲学家一试图由空话转到具体事实，就立刻滚到泥坑里去了。他在这个不很干净的地方，大概感到很舒服：安然坐着，收拾打扮，弄得污泥浊水四溅。例如，他想推翻历史是一系列阶级斗争事件这一原理，于是便以深思的神情宣称这是"走极端"，他说"马克思所建立的、以进行阶级斗争为目的的国际工人协会，并没有阻止住法德两国工人互相残杀和弄得彼此破产"，据他说,这也就证明唯物主义没有清除"民族自负和民族仇恨的邪魔"。这种断语表明,这位批评家丝毫不懂得工商业资产阶级的非常实际的利益是这种仇恨的主要基础,丝毫不懂得把民族感情当做独立因素来谈,就是掩盖问题的实质。不过,我们已经看出,我们的哲学家对民族有多么深奥的认识。米海洛夫斯基先生只会以纯粹布勒宁式的讥讽态度[63]来对待国际[64],说"马克思是那个诚然已经瓦解但一定会复活的国际工人协会的首脑"。当然,如果像《俄国财富》第2期国内生活栏编者按小市民的庸俗见解所写的那样,把"公平"交换制度看做国际团结的极限,而不懂得无论公平的或不公平的交换始终都以资产阶级的统治为前提和内容,不懂得不消灭以交换为基础的经济组织就不能停止国际冲突,那就不难了解,为什么他一说到国际,就一味嘲笑。那就不难了解,为什么米海洛夫斯基先生怎么也不能接受这样一个简单真理:除非在每一个国家把被压迫者阶级组织团结起来反对压迫者阶级,除非把这些民族的工人组织团结成一支国际工人大军去反对国际资本,是没有办法来消除民族仇恨的。至于说国际没有阻止住工人互相残杀,那只要向米海洛夫斯基先生提醒一下巴黎公社事变就够了,它表现了组织起来的无产阶级对待进行战争的统治阶级的真正态度。

　　米海洛夫斯基先生在这全部论战中,特别令人愤慨的,正是他的手法。如果他不满意国际的策略,如果他不赞成那些使欧洲工人为之而组织起来的思想,那他至少应当直率而公开地批评这些策略和思想,说明他认为什么策略更适当,什么观点更正确。可是他并不提出任何明确的异议,只是在汪洋大海的空话中到处插入无聊的嘲笑。怎能不把这叫做污泥浊水呢?尤其是,如果注意到在俄国不允许公开为国际的思想和策略进行辩护,就更不能不把这叫做污泥浊水了。米海洛夫斯基先生和俄国马克思主义者进行论战时所使用的手法也是这样的：他不愿费神去诚实地和确切地表达俄国马克思主义者的任何一个论点，然后给以直率而明确的批评，却宁肯抓住他听来的马克思主义的片断论据加以歪曲。请你们自己判断吧："马克思太聪明，太博学了，所以他不会以为社会现象的历史必然性和规律性的思想就是他发现的……　这是站在〈马克思主义梯子的〉下级①的人们所不知道的〈他们不知道"历史必然性的思想并不是马克思发明或发现的新东西，而是早已探明的真理"〉，或者说，他们对历来为探明这个真理所耗费的心血和精力，至多只有一个模糊的概念。"

很明显，这种说法的确能够影响一些初次听到马克思主义的人，批评家在这些人面前也就容易达到自己的目的：曲解、讥笑和"战而胜之"（据说，《俄国财富》编辑部的同事就是这样来评论米海洛夫斯基先生的文章的）。凡是稍微知道马克思的人，都能马上看出这种手法的全部虚伪和浮夸。尽可不同意马克思，但是决不能否认，是马克思万分明确地表述了自己的观点，这些观点对从前的社会主义者来说完全是**新东西**。新就新在从前的社会主义者为了论证自己的观点，认为只要指明群众在现代制度下受压迫的事实，只要指明使每个人都可获得自己生产成果的那种制度的优越性，只要指明这个理想

---

①谈到这个无聊的用语时，必须指出：米海洛夫斯基先生特别挑出马克思（他太聪明，太博学，所以我们的批评家不能够直率而公开地批评他的任何一个论点），然后摆出恩格斯（"没有那么多创作才智的人"），再后摆出多少有点独立见解的人，如考茨基，以及其余的马克思主义者。试问这种分法有什么重大意义呢？如果批评家不满意马克思学说的通俗解说者，谁又妨碍他按照马克思学说来纠正他们呢？他丝毫没有这样做。显然，他本想说得俏皮一些，结果却平淡无奇。

制度适合"人的本性"、适合理性道德生活概念等等就足够了。马克思认为不能以这种社会主义为满足。他并不限于评论现代制度,评价和斥责这个制度,他还对这个制度作了科学的解释,把这个在欧洲和非欧洲各个国家表现得不同的现代制度归结为一个共同基础,即资本主义社会形态,并对这个社会形态的活动规律和发展规律作了客观分析(他指明这个制度下的剥削的**必然性**)。同样,他认为不能满足于伟大的空想社会主义者及其渺小的模仿者即主观社会学家所说的只有社会主义制度才适合人的本性的断语。他以对资本主义制度的这种**客观**分析,证明了资本主义制度变为社会主义制度的**必然性**(他究竟怎样证明这一点,米海洛夫斯基先生又怎样反驳这一点,对于这个问题,我们还得回头再说)。这就是马克思主义者经常援引必然性的由来。米海洛夫斯基先生对问题的曲解极为明显:他撇开这个理论的全部实际内容、全部实质,而把问题说成这样,似乎这整个理论归结起来就在于"必然性"一词("在复杂的实际情况下不能只援引必然性"),似乎这个理论的**证据**就在于历史必然性是这样要求的。换句话说,他对学说的内容默不作声,只抓住它的名称,他自己竭力使马克思学说变成一枚"磨光了的金币",现在却又加以讥笑。我们当然不去探究这种讥笑,因为这套把戏我们已经看够了。让他去翻筋斗,以博得布勒宁先生的欢心和满意吧(无怪乎布勒宁先生在《新时报》[65]上抚摸了一下米海洛夫斯基先生的头顶[66]),让他向马克思点头哈腰之后又悄悄地向马克思吠叫吧:"马克思同空想主义者和唯心主义者的论战,即使没有这一点",就是说即使马克思主义者没有重申论战的理由,"也是单方面的"。我们只能把这种伎俩叫做吠叫,因为他确实**没有**拿出**一个**实际的、确定的、经得起检验的异议来反对这场论战,所以(不管我们怎样乐于谈论这个题目,认为这场论战对解决俄国社会主义问题极为重要），我们简直无法回答这种吠叫，而只有耸耸肩膀说：

> 呵呀，哈巴狗，它敢向大象吠叫，想必是力量不小！[67]

　　米海洛夫斯基先生在这之后关于历史必然性的议论，也是并不乏味的，因为它总算向我们打开了"我国著名社会学家"（这是米海洛夫斯基先生和瓦·沃·先生一起在我国"文化界"的自由派人士中间博得的称号）的一部分真正的思想行囊。他谈到"历史必然性的思想和个人活动的作用之间的冲突"时说，社会活动家如以活动家自居，那就大错特错了；其实他们是"被动者"，是"被历史必然性的内在规律从神秘的暗窖里牵出来的傀儡"，——据他说，这就是从历史必然性思想得出的结论，因此，他称这个思想是"没有结果的"和"模糊不清的"。也许不是任何一个读者都明白米海洛夫斯基先生从哪里弄来这套傀儡之类的胡说。原来，关于决定论和道德观念之间的冲突、历史必然性和个人作用之间的冲突的思想，正是主观哲学家喜爱的话题之一。关于这个问题，他写了那么一大堆纸张，说了无数的小市民感伤的荒唐话，想把这个冲突解决得使道德观念和个人作用占上风。其实，这里并没有什么冲突，冲突完全是米海洛夫斯基先生因担心（而且是不无根据的）决定论会推翻他所如此酷爱的小市民道德而捏造出来的。决定论思想确认人的行为的必然性，摒弃所谓意志自由的荒唐的神话，但丝毫不消灭人的理性、人的良心以及对人的行动的评价。恰巧相反，只有根据决定论的观点，才能作出严格正确的评价，而不致把什么都推到自由意志上去。同样，历史必然性的思想也丝毫不损害个人在历史上的作用：全部历史正是由那些无疑是活动家的个人的行动构成的。在评价个人的社会活动时会发生的真正问题是：在什么条件下可以保证这种活动得到成功?有什么保证能使这种活动不致成为孤立的行动而沉没在相反行动的汪洋大海里?这也就是社会民主党人和俄国其他社会主义者解决得各不相同的另一个问题:以实现社会主义制度为目标的活动,应当怎样吸引群众参加才能取得重大的成果?显然,这个问题的解决,直接取决于对俄国社会力量的配置的看法,对构成俄国现实的阶级斗争的看法,——而米海洛夫斯基先生又是只围着问题兜圈子,甚至不打算明确提出这个问题并给以一定的解答。大家知道,社会民主党人解答这个问题时所持的观点是:俄国经济制度是资产阶级社会,要摆脱这个社会只能有一条从资产阶级制度本质中必然产生的出路,这就是无产阶级反对资产阶级的阶级斗争。显然,严肃的批评应当是:或者反对那种认为我国制度是资产阶级制度的观点,或者反对关于这种制度的本质及其发展规律的看法,但米海洛夫斯基先生甚至不想触及这些严肃问题。他宁愿用一些毫无内容的词藻来支吾搪塞,说什么必然性是一个太一般的括弧等等。是的,米海洛夫斯基先生,任何一种思想,假若你把它当干鱼[68]对待,先把全部内脏剔去,然后摆弄剩下的外壳,那都会成为一个太一般的括弧!这个掩盖现代真正重大而迫切问题的外壳,就是米海洛夫斯基先生所喜爱的领域,因此,他特别傲然自得地强调说,"经济唯物主义忽视或不正确地阐述英雄和大众的问题"。看,关于当前俄国现实是由哪些阶级的斗争和在什么基础上构成的问题,在米海洛夫斯基先生看来想必是一个太一般的问题,于是他避而不谈。可是对于英雄和大众(不管这是工人大众、农民大众、厂主大众或是地主大众)之间存在什么关系的问题,他却极感兴趣。也许这确实是个"有兴趣的"问题,但责备唯物主义者集中全力来解决直接有关劳动阶级解放的问题,那不过表明自己是个庸人科学的爱好者而已。米海洛夫斯基先生在结束他对唯物主义的"批评"（?）时，又一次企图歪曲事实，颠倒黑白。恩格斯认为《资本论》曾被职业经济学家默然抵制①，而米海洛夫斯基先生对恩格斯这一看法的正确性表示怀疑（为了证明这种怀疑是有根据的，还举了一个可笑的理由，说德国有许许多多大学！），他说："马克思想到的决不是这类读者〈工人〉，他对科学界人士也是有所期待的。"这话完全不对，因为马克思十分懂得，很少有可能指望资产阶级科学界人士会持公正的态度和作出科学的批评，所以他在《资本论》第2版跋中对这一点说得非常明确。他在那里说："《资本论》在德国工人阶级广大范围内迅速得到理解，是对我的劳动的最好的报酬。一个在经济方面站在资产阶级立场上的人……迈尔先生，在普法战争期间发行的一本小册子中说得很对：被认为是德国世袭财产的卓越的理论思维能力（der große theoretische Sinn），已在德国的所谓有教养的阶级中完全消失了，但在德国工人阶级中复活了。"②

还有一套颠倒黑白的把戏，也是针对唯物主义的，而且完全是按照第一个公式套下来的。"这个理论〈唯物主义理论〉一直没有被科学地论证过和检验过。"命题就是如此，而证据则是："恩格斯、考茨基和其他某些人的著作中（像在布洛斯的大作里那样）个别具有历史内容的很好篇页，本来没有经济唯物主义商标也行，因为〈请注意"因为"二字！〉实际上〈原文如此！〉这些篇页考虑到了社会生活的全部总和，虽然在这一和弦中经济的弦音占优势。"结论……是："经济唯物主义在科学上是站不住脚的。"

---

①参看《马克思恩格斯选集》第4卷人民出版社1972年版第1页。——编者注
②见《马克思恩格斯全集》第1版第23卷第15页。——编者注

又是那套老把戏!为了证明这个理论没有根据,米海洛夫斯基先生首先是曲解它,硬说它荒谬到不愿考虑社会生活的全部总和(其实完全相反,唯物主义者——马克思主义者——是最先提出不仅必须分析社会生活的经济方面而且必须分析社会生活的各个方面这一问题的社会主义者①),接着又确认,"实际上"唯物主义者用经济"很好地"说明了社会生活的全部总和(这个事实显然击中了作者自己),最后作出结论说,唯物主义"是站不住脚的"。可是,米海洛夫斯基先生,您这套颠倒黑白的把戏倒是很妙地站住脚了!

这就是米海洛夫斯基先生用来"驳斥"唯物主义的一切。我再说一遍,这里没有任何批评,有的只是一堆空洞的妄自尊大的胡说。随便问一下什么人,米海洛夫斯基先生对生产关系是其余一切关系的基础的观点,究竟提出过什么异议呢?他用什么反驳过马克思用唯物主义方法得出的社会形态以及这些形态的自然历史发展过程这一概

---

①这是在《资本论》和社会民主党人策略中完全明白表示出来而和从前的社会主义者不同的地方。马克思直截了当地提出了不以经济方面为限的要求。1843年马克思在给预备出版的杂志69拟定纲领时写信给卢格说:"社会主义的原则,整个说来,仍然只是……这一方面。我们还应当同样地注意另一方面,即人的理论生活,因而应当把宗教、科学等等当做我们批评的对象。…… 正如**宗教**是人类理论斗争的目录一样,**政治国家**是人类实际斗争的目录。可见政治国家在自己的形式范围内sub specie rei publicae〔从政治角度〕反映了一切社会斗争,社会需求和社会真理。所以把最特殊的政治问题,例如等级制和代议制之间的区别的问题作为批判的对象,毫不意味着降低hauteur des principes〔原则高度〕,因为这个问题只不过是用**政治的**言辞来表明人的统治和私有制的统治之间的区别而已。这就是说,批评家不但能够,而且应该接触这些政治问题(在道地的社会主义者看来这些问题是不值得注意的)。"(见《马克思恩格斯全集》第1卷第416—417页。——编者注)

念的正确性呢？他怎样证明那些即使是他提到的作者对各种历史问题所提出的唯物主义解释是不正确的呢？任何人都一定会回答说：他没有提出任何异议，没有举出任何反驳的理由，没有指出任何不正确的地方。他只是在那里兜圈子，竭力用空话掩盖问题的实质，并顺便捏造种种无聊的遁词。

当这样一位批评家在《俄国财富》第2期上继续反驳马克思主义的时候，很难指望他会拿出什么像样的东西。全部差别在于他那种颠倒黑白的发明能力已经穷尽，他在开始利用旁人的了。

首先他大谈社会生活的"复杂性"，甚至说伽法尼电学也同经济唯物主义有联系，因为伽法尼的实验对黑格尔也"发生了影响"。真是惊人的机智！这样说来，也可以把米海洛夫斯基先生和中国皇帝联系起来了！这除了说明有人以胡说为乐事，还能得出什么结论呢？！

米海洛夫斯基先生继续说："事物的历史进程的实质根本不可捉摸，经济唯物主义学说也没有捉摸住，虽然这个学说看来依靠两个基石，一个是生产形式和交换形式具有决定一切的意义的发现，一个是辩证过程的无可争辩性。"

这样看来，唯物主义者所依靠的是辩证过程的"无可争辩性"！就是说，唯物主义者把自己的社会学理论建立在黑格尔的三段式上。我们又听到这种老一套的责难，说马克思主义是黑格尔辩证法，这种责难看来已被批评马克思的资产阶级批评家用得够滥的了。这帮先生不能从实质上对这个学说提出任何反驳，就拼命抓住马克思的表达方式，攻击这个理论的起源，想以此动摇这个理论的根基。米海洛夫斯基先生也毫不客气地采用了这种手法。恩格斯《反杜林论》一书中的一章①成了他的借口。恩格斯在反驳攻击马克思辩证法的杜林时说：马克思从未打算用黑格尔的三段式来"证明"任何事物，马克思只是研究和探讨现实过程，马克思认为理论符合现实是理论的唯一标准。假使说，有时某种社会现象的发展符合肯定——否定——否定的否定这个黑格尔公式，那也没有什么奇怪，因为这在自然界中根本不是罕见的现象。于是恩格斯引证自然历史方面（麦粒的发育）和社会方面的例子，例如起初是原始共产主义，接着是私有制，然后是资本主义的劳动社会化；又如起初是原始唯物主义，然后是唯心主义，最后是科学唯物主义，等等。谁都明白，恩格斯立论的重心在于：唯物主义者的任务是正确地和准确地描绘现实的历史过程；而坚持辩证法，选择例子证明三段式的正确，不过是科学社会主义由以长成的那个黑格尔主义的遗迹，是黑格尔主义表达方式的遗迹罢了。既然已经断然声明，用三段式"证明"任何事物都是荒谬的，说谁也没有打算这样做，那么，"辩证"过程的例子究竟能有什么意义呢？这不过是表露了学说的起源，难道还不明显吗？米海洛夫斯基先生自己也感觉到这一点，他说，不可把理论的起源当做理论的罪过。但是，要在恩格斯这段议论中发现超乎理论起源的东西，那显然就必须证明，至少有一个历史**问题**，唯物主义者不是根据有关事实，而是借三段式来解决的。米海洛夫斯基先生企图证明过这点吗？<u>丝毫</u>也没有。相反，他自己也不得不承认："马克思用实际内容把空洞的辩证公式充实到了这种程度，以至可以把这个公式从这个内容上去掉，就像从杯子上去掉盖子一样，并不会改变什么。"（米海洛夫斯基先生在这里把有关未来的问

---

①指弗·恩格斯《反杜林论》第1编第13章《辩证法。否定的否定》，见《马克思恩格斯选集》第3卷人民出版社1972年版第169—183页。——编者注

题作为例外，我们在下面还要谈到）既然如此，米海洛夫斯基先生为什么又这样热心地和这个并不改变什么的盖子周旋呢？为什么说唯物主义者所"依靠"的是辩证过程的无可争辩性呢？他为什么在攻击这个盖子时公然撒谎骗人，说他是在攻击科学社会主义的"基石"之一呢？

我当然不会去探究米海洛夫斯基先生是怎样分析三段式的例子的，我重说一遍，因为这无论对科学唯物主义还是对俄国马克思主义，都没有任何关系。但有一个问题值得注意：米海洛夫斯基先生这样曲解马克思主义者对辩证法的态度，究竟有些什么根据呢？根据有二：第一，米海洛夫斯基先生只知其一，不知其二；第二，米海洛夫斯基先生又玩了（或正确些说，从杜林那里剽窃了）一套歪曲捏造的手法。

关于第一点，米海洛夫斯基先生在读马克思主义文献时，常常碰见社会科学中的"辩证方法"，碰见社会问题范围（谈的也只是这个范围）内的"辩证思维"等等。由于头脑简单（如果只是简单那还好），他以为这个方法就是按黑格尔三段式的规律来解决一切社会学问题。他只要稍微细心一点看问题，就不能不确信这种看法是荒谬的。马克思和恩格斯称之为辩证方法（它与形而上学方法相反）的，不是别的，正是社会学中的科学方法，这个方法把社会看做处在不断发展中的活的机体（而不是机械地结合起来因而可以把各种社会要素随便搭配起来的一种什么东西），要研究这个机体，就必须客观地分析组成该社会形态的生产关系，研究该社会形态的活动规律和发展规律。辩证方法对形而上学方法（社会学中的主观方法无疑也属于这个概念）的态度，我们在下面将尽力以米海洛夫斯基先生自己的议论为例加以说明。现在我们仅仅指出，凡是读过恩格斯（在同杜林的论战中。俄文版：《社会主义从空想到科学的发展》）或马克思（《资本论》中的各条注解和第2版《跋》;《哲学的贫困》)关于辩证方法的定义和叙述的人,都会看出根本没有说到黑格尔的三段式,而全部问题不过是把社会演进看做是社会经济形态发展的自然历史过程。为了证明这一点,我把《欧洲通报》[70]1872年第5期上描述辩证方法的那一段话(短评:《卡·马克思的政治经济学批判的观点》[71])全部引来,这段话马克思在《资本论》第2版《跋》中引证过。马克思在《跋》中说,他在《资本论》中应用的方法被人们理解得很差。"德国的评论家当然大叫什么黑格尔的诡辩。"马克思为要更明白地叙述自己的方法,于是摘引了上述短评中描述这个方法的那一段话。短评说:在马克思看来,有一件事情是重要的,那就是要发现他所研究的那些现象的规律,而在他看来,特别重要的是这些现象的变化和发展的规律,这些现象由一种形式过渡到另一种形式、由一种社会关系制度过渡到另一种社会关系制度的规律。所以马克思竭力去做的只是一件事:通过精确的科学研究来证明一定的社会关系制度的必然性,同时尽可能完全地指出那些作为他的出发点和根据的事实。为了这个目的,他只要证明现有制度的必然性,同时证明另一制度不可避免地要从前一制度中生长出来的必然性就完全够了,而不管人们相信或不相信这一点,不管人们意识到或意识不到这一点。马克思把社会运动看做受一定规律支配的自然历史过程,这些规律不仅不以人的意志、意识和意图为转移,反而决定人的意志、意识和意图。(请那些因为人抱有自觉的"目的",遵循一定的理想,而主张把社会演进从自然历史演进中划分出来的主观主义者先生们注意。)既然意识要素在文化史上只起着这样从属的作用,那么不言而喻,以这个文化为对象的批判,比任何事情更不能以意识的某种形式或某种结果为依据。换句话说,作为这种批判的出发点的不能是观念,而只能是外部客观现象。批判应该是这样的：不是把一定的事实和观念比较对照，而是把它和另一种事实比较对照；对这种批判唯一重要的是，把两种事实尽量精确地研究清楚，使它们在相互关系上表现为不同的发展阶段，而且特别需要的是同样精确地把一系列已知的状态、它们的连贯性以及不同发展阶段之间的联系研究清楚。马克思所否定的正是这种思想：经济生活规律无论对于过去或现在都是一样的。恰恰相反，每个历史时期都有它自己的规律。经济生活是与生物学其他领域的发展史相类似的现象。旧经济学家不懂得经济规律的性质，他们把经济规律与物理学定律和化学定律相提并论。更深刻的分析表明，各种社会机体和各种动植物机体一样，彼此有很大的不同。马克思认为自己的任务是根据这种观点来研究资本主义的经济组织，因而严格科学地表述了对经济生活的任何精确的研究所应抱的目的。这种研究的科学意义，在于阐明调节这个社会机体的产生、生存、发展和死亡以及这一机体为另一更高的机体所代替的特殊规律（历史规律）。

这就是马克思从报章杂志对《资本论》的无数评论中挑选出来并译成德文的一段对辩证方法的描述，马克思这样做，是因为这段对辩证方法的说明，正如他自己所说，是十分确切的。试问，这里有一句话提到三段式、三分法、辩证过程的无可争辩性等等胡说，即米海洛夫斯基先生用骑士姿态加以攻击的那些胡说吗？马克思紧接着这段描述之后还直截了当地说，他的方法和黑格尔的方法"截然相反"。在黑格尔看来，观念的发展，按照三段式的辩证规律，决定现实的发展。当然，只有在这种场合，才说得上三段式的作用，才说得上辩证过程的无可争辩性。马克思说，在我看来则相反，"观念的东西不过是物质的东西的反映"。因而全部问题归结为"对现存事物及其必然的发展的肯定的理解"：三段式只能起着使庸人们发生兴趣的盖子和外壳

("我卖弄起黑格尔的字眼来了",——马克思在这个跋里说)的作用。现在要问,如果一个人想批判科学唯物主义的"基石"之一即辩证法,他无所不谈,甚至连蛤蟆和拿破仑都谈到了,可就是不谈这个辩证法有何内容,不谈社会的发展是否真的是自然历史过程,把社会经济形态看做特殊的社会机体的唯物主义概念是否正确,对这些形态的客观分析的方法是否正确,社会观念是否真的不决定社会发展反而为社会发展所决定等等问题,那么,我们应该怎样评判这个人呢?是否可以说只是由于他不理解呢?

关于第二点。米海洛夫斯基先生这样"批判"辩证法以后,就把这种"借"黑格尔三段式进行论证的办法硬加到马克思头上,并且当然是扬扬得意地攻击这种办法。他说:"关于未来,社会内在规律纯粹是被辩证地提出来的。"(这也就是上文提到的例外。)马克思关于资本主义的发展规律必然使剥夺者被剥夺的论断,带有"纯粹辩证的性质"。马克思关于土地和资本公有的"理想","就其必然和毫无疑义来说,纯粹是维系在黑格尔三项式链条的最末一环上的"。

这个论据**完全**是从杜林那里**拿来**的,是杜林在他的《国民经济学和社会主义批判史》一书(1879年第3版第486—487页)里运用过的。可是,米海洛夫斯基先生只字不提杜林。话又说回来,也许这套歪曲马克思的手法是他的独出心裁吧?

恩格斯给了杜林一个绝妙的答复,而且他也引述了杜林的批评,所以我们只引恩格斯的答复[72]就可以了。读者一定会看出,这个答复对米海洛夫斯基先生也是完全适用的。

"杜林说:'这一历史概述〈所谓英国原始资本积累的产生〉①,

---

①这个尖括号〈 〉中的话是恩格斯加的。——编者注

在马克思的书中比较起来还算是最好的，如果它除了挂学术的拐杖之外不再挂辩证法的拐杖，或许还要好些。由于缺乏较好的和较明白的方法，黑格尔的否定的否定不得不在这里执行助产婆的职务，因它之助，未来便从过去的怀中产生出来。从16世纪以来通过上述方法实现的个人所有制的消灭，是第一个否定。随之而来的是第二个否定，它被称为否定的否定，因而被称为"个人所有制"的恢复，但这已经是以土地和劳动资料的公有为基础的高级形式了。既然这种新的"个人所有制"在马克思先生那里同时也称为"公有制"，那么这里正表现出黑格尔的更高的统一，在这种统一中，矛盾被扬弃〈aufgehoben——这是黑格尔的专用术语〉，根据这种文字游戏，就是既被克服又被保存。

　　……这样，剥夺剥夺者，是历史现实在其外部物质条件中的仿佛自动的产物……　未必有一个深思熟虑的人，会凭着否定的否定这一类黑格尔遁词的信誉来确信土地和资本公有的必然性。其实，马克思观念的混混沌沌的杂种，并不会使那些知道从黑格尔辩证法这个科学原理能够得出什么，或者不如说一定能得出谬论来的人感到惊奇。对于不熟悉这些把戏的人，应该明确指出，在黑格尔那里，第一个否定是教义问答中的原罪概念，而第二个否定则是引向赎罪的更高的统一的概念。这种从宗教领域中抄袭来的荒唐类比，当然不能成为事实的逻辑的根据……　马克思先生安于他那既是个人的又是公共的所有制的混沌世界，却叫他的信徒们自己去解这个深奥的辩证法之谜。'杜林先生就是这样说的。

　　总之，——恩格斯总结说，——马克思不依靠黑格尔的否定的否定，就无法证明社会革命的必然性，证明建立土地公有制和劳动所创造的生产资料的公有制的必然性；他在根据从宗教中抄袭来的这种荒唐类比创造自己的社会主义理论时,得出这样的结论:在未来的社会里,将存在一种既是个人的又是公共的所有制,即黑格尔的被扬弃的矛盾的更高的统一。①

我们先把否定的否定撇在一边,来看看'既是个人的又是公共的所有制'。杜林先生把这叫做'混沌世界',而且他在这里令人惊奇地确实说对了。但是很遗憾,处于这个'混沌世界'的不是马克思,而又是杜林先生自己。……他按照黑格尔来纠正马克思,把马克思只字未提的什么所有制的更高的统一硬加给马克思。

马克思是说:'这是否定的否定。这种否定重新建立个人所有制,但这是以资本主义时代的成就,即以自由劳动者的协作以及他们对土地和他们所生产的生产资料的共同占有为基础的。以自己劳动为基础的分散的个人私有制转变为资本主义私有制,同事实上已经以社会化生产为基础的资本主义私有制转变为公有制比较起来,自然是一个长久得多、艰苦得多、困难得多的过程。'这就是一切。可见,靠

---

①这段杜林观点的表述对米海洛夫斯基先生也完全适用,关于这点,他那篇《卡·马克思在尤·茹柯夫斯基先生的法庭上》的论文里还有下述一段可以证明。米海洛夫斯基先生在反驳那位断言马克思是私有制辩护者的茹柯夫斯基先生时,曾指出马克思的这个公式并解说如下:"马克思把黑格尔辩证法中两个尽人皆知的戏法搬到自己的公式中来,第一,这个公式是按黑格尔三段式规律造成的;第二,合题是以对立面(即个人所有制和公有制)的同一为基础的。可见'个人'一词,在这里具有一种特殊的、纯粹假设的,即辩证过程的一个组成部分的意义,而丝毫也不能引为根据。"这是一个怀有最善良愿望的人在俄国公众面前替"热血志士"马克思辩护以反对资产者茹柯夫斯基先生时所说的话。他就是怀着这种善良愿望而把马克思说成这样:马克思把自己对过程的看法建立在"戏法"上面!米海洛夫斯基先生可以从这里吸取一个对他不无益处的教训:做任何一件事情单靠善良愿望都是有点不够的。

剥夺剥夺者而建立起来的状态,被称为以土地和劳动者自己创造出来的生产资料的公有制**为基础的**个人所有制的恢复。对任何一个懂德语的人来说〈懂俄语也一样,米海洛夫斯基先生,因为译文完全准确〉,这就是,公有制包括土地和其他生产资料,个人所有制包括产品即消费品。为了使甚至六岁的儿童也能明白这一点,马克思在第56页〈俄文版第30页〉①设想了一个'自由人联合体,他们用公有的生产资料进行劳动,并且自觉地把他们的许多的个人劳动力当做一个社会劳动力来使用',也就是设想了一个按社会主义原则组织起来的联合体,并且说:'总产品是社会的产品。这些产品的一部分重新用做生产资料。**这一部分依旧是社会的**。而另一部分则作为生活资料由联合体成员消费。**因此,这一部分要在他们之间进行分配**。'这些话甚至对杜林先生来说,也是足够清楚的了。

　　既是个人的又是公共的所有制,这个混乱的杂种,这种从黑格尔辩证法中一定能得出的谬论,这个混沌世界,这个马克思叫他的信徒们自己去解的深奥的辩证法之谜——这又是杜林先生的自由创造和臆想……

　　那么,——恩格斯继续说,——否定的否定在马克思那里究竟起了什么作用呢?在第791页和以后几页〈俄文版第648页②及以下各页〉上,马克思概述了前50页〈俄文版前35页〉中所作的关于所谓资本的原始积累的经济研究和历史研究的最后结果。在资本主义时代之前,至少在英国,存在过以劳动者私人占有自己的生产资料为基础的小生产。所谓原始积累,在这里就是剥夺这些直接生产者,即消灭

----

① 见《马克思恩格斯全集》第1版第23卷第95页。——编者注
② 见《马克思恩格斯选集》第2卷人民出版社1972年版第265页。——编者注

以自己劳动为基础的私有制。这种消灭之所以成为可能，是因为上述的小生产只能同生产和社会的狭隘的、自然产生的界限相容，因而它发展到一定程度就造成消灭它自己的物质基础。这种消灭，这种从个人的分散的生产工具到社会的集中的生产工具的转化，就构成资本的前史。劳动者一旦转化为无产者，他们的生产资料一旦转化为资本，资本主义生产方式一旦站稳脚跟，劳动的进一步社会化，土地和其他生产资料的进一步转化〈变为资本〉，从而对私有者的进一步的剥夺，都要采取新的形式。'现在要剥夺的已经不再是独立经营的劳动者，而是剥削许多工人的资本家了。这种剥夺是通过资本主义生产本身的内在规律的作用，即通过资本的集中进行的。一个资本家打倒许多资本家。随着这种集中或少数资本家对多数资本家的剥夺，规模不断扩大的劳动过程的协作形式日益发展，科学日益被自觉地应用于工艺方面，土地日益被有计划地共同利用，劳动工具日益转化为只能共同使用的东西，一切生产资料因作为结合的社会劳动的共同生产资料使用而日益节省。随着那些掠夺和垄断这一转化过程的全部利益的资本巨头不断减少，贫困、压迫、奴役、退化和剥削的程度不断加深，而日益壮大的、由资本主义生产过程的机制本身所训练、联合和组织起来的工人阶级的反抗也不断增长。资本成了和它一起并在它羽翼下繁盛起来的生产方式的桎梏。生产资料的集中和劳动的社会化，达到了同它们的资本主义外壳不能相容的地步。这个外壳就要炸毁了。资本主义私有制的丧钟就要响了。剥夺者就要被剥夺了。'

现在我请问读者：辩证法的混乱交织和阿拉伯式花纹在哪里呢？使一切差别化为乌有的那种概念的混淆在哪里呢？为信徒创造的辩证法奇迹和仿效黑格尔的逻各斯学说所玩弄的戏法——据杜林

说，没有这些东西，马克思就不能自圆其说——在哪里呢？马克思历史地证明并在这里简略地概述：正像以往小生产由于自身的发展而造成消灭自身的条件一样，现在资本主义生产方式也自己造成使自己必然走向灭亡的物质条件。这是一个历史的过程，如果它同时又是辩证的过程，那么这不是马克思的罪过，尽管这对杜林先生说来好似命中注定的。

马克思只是在作了自己的历史的和经济的证明之后才继续说：'资本主义的生产方式和占有方式，从而资本主义的私有制，是对以自己劳动为基础的个人所有制的第一个否定。对资本主义生产的否定，是它自己由于自然历史过程的必然性而造成的。这是否定的否定'等等（如上面引证过的）。

因此，当马克思把这一过程称为否定的否定时，他并没有想到要以此来证明这一过程是历史地必然的。相反地，在他历史地证明了这一过程部分确已实现，部分还一定会实现以后，他才指出，这还是一个按一定的辩证规律完成的过程。这就是一切。由此可见，杜林先生断定，否定的否定不得不在这里执行助产婆的职务，因它之助，未来便从过去的怀中产生出来，或者断定，马克思要求人们凭着否定的否定的信誉来确信土地和资本的公有的必然性，这些论断又都是杜林先生的纯粹的捏造。"（第125页）

读者可以看出，恩格斯这段驳斥杜林的出色议论，对于米海洛夫斯基先生也是完全适用的，因为米海洛夫斯基先生同样断言，马克思把未来纯粹维系在黑格尔链条的最末一环上，断言对于未来的必然性的信念只能建立在信仰上[1]。

---

[1] 说到这里，我以为不妨指出：恩格斯的全部解释是载在他谈论麦粒、卢梭学说和其他辩证过程实例的那一章里的。看来只要把这些实例拿来和恩格

　　杜林和米海洛夫斯基先生之间的全部区别,只有下列两小点:第一,尽管杜林一说起马克思就怒火万丈,但他毕竟认为必须在他那部《批判史》①的下一节里提到马克思如何在跋②中断然反驳了那种说他是黑格尔主义的责难,而米海洛夫斯基先生对马克思十分明确地说明自己是怎样理解辩证方法的那段话(上面引过的那段话)却避而不谈。

　　第二,米海洛夫斯基先生的第二个独到之处,是他把全部注意力集中在动词时态的用法上。为什么马克思说到将来的时候使用现在时呢?——我们的哲学家扬扬得意地问道。可敬的批评家,关于这个问题,你可以去查任何一本语法书,它会告诉你,当将来的事情是必不可免和毫无疑义的时候,就要用现在时而不用将来时。但是,究竟为什么这样,为什么它是毫无疑义的呢?——米海洛夫斯基先生惊问道,他想装出非常激动的样子,把歪曲捏造的把戏弥缝起来。马克思对这点也给了十分确定的答复。可以认为这个答复不充分或不正确,但那就必须指明**究竟什么地方**不正确,**为什么**不正确,而不是胡诌一通,说这是黑格尔主义。

　　有一个时候,米海洛夫斯基先生不仅本人知道这个答复是什么,而且还教训过别人。他在1877年写道,茹柯夫斯基先生尽可认为

斯(以及马克思,因为这本著作的手稿预先读给马克思听过)这样明白肯定的声明——根本谈不到用三段式来**证明**什么东西,或把这三段式的"假设成分"塞到现实过程的描述中,——对照一下,就完全可以明白,责难马克思主义是黑格尔辩证法,是荒谬绝伦的。

　　①指杜林《国民经济学和社会主义批判史》。——编者注
　　②指马克思《资本论》第1卷第2版《跋》,见《马克思恩格斯选集》第2卷人民出版社1972年版第210—218页。——编者注

马克思关于未来的理论是一种猜测，但是，他"没有道义上的权利"回避"马克思认为具有重大意义的"劳动社会化问题。呵，当然咯！茹柯夫斯基在1877年没有道义上的权利回避问题，而米海洛夫斯基先生在1894年却有这种道义上的权利了！也许是丘必特可做的，公牛不可做吧?![73]

在这里我不禁想起曾经发表在《祖国纪事》[74]上的一则关于对这个社会化的见解的奇闻。该杂志1883年第7期载有一位局外人①先生《给编辑部的信》，这位先生也同米海洛夫斯基先生一样，认为马克思关于未来的"理论"是一种猜测。这位先生说："其实，在资本主义统治下，劳动的社会形式不过是几百或几千工人在一个场所内磨着，锤着，转着，堆着，填着，拖着，以及还从事许多其他操作。这个制度的一般性质很可拿一句俗话来表示：'人人为自己，上帝为大家。'这谈得上什么劳动的社会形式呢?"

这立刻就可以看出，这个人算是把问题弄清楚了！"劳动的社会形式""不过是""在一个场所内做工"！！既然连最优秀的俄国杂志之一都有这种奇怪见解，还居然有人要我们相信《资本论》的理论部分已为科学界所公认。的确，"公认的科学"既然不能用稍为像样的东西来反驳《资本论》，于是就恭维它，同时继续表现极其无知，重复着经济学教科书中的陈词滥调。我们必须稍微谈谈这个问题，好让米海洛夫斯基先生知道他按照自己的固定习惯而完全回避了的问题的实质。

资本主义生产使劳动社会化，决不在于人们在一个场所内做工（这只是过程的一小部分），而在于随着资本集中而来的是社会劳动的专业化，每个工业部门的资本家人数的减少，单独的工业部门数目

————

① 尼·康·米海洛夫斯基的笔名。——编者注

的增多;就是说,在于许多分散的生产过程融合成一个社会生产过程。例如,在手工纺织时代,小生产者自己纺纱并用它来织布,工业部门并不多(纺纱业和织布业合在一起)。一旦资本主义使生产社会化,单独的工业部门的数目就增加起来,纺纱业单独纺纱,织布业单独织布;这种生产单独化和生产集中使机器制造业、煤炭采掘业等等新部门相继出现。在每个现在已更加专业化的工业部门里,资本家的人数日益减少。这就是说,生产者之间的社会联系日益加强,生产者在结成一个整体。分散的小生产者各人兼干几种操作,所以不大依赖别人:例如一个手工业者自己种亚麻,自己纺麻和织布,几乎是不依赖别人的。正是在这种分散的小商品生产者的制度下(也只是在这种制度下),“人人为自己,上帝为大家”这句俗话,也就是说,市场波动的无政府状态,才是有根据的。当劳动已因资本主义而社会化,情形就完全不同了。织布厂老板依赖纺纱厂老板;后者又依赖种棉花的资本家,依赖机器制造厂老板,依赖煤矿老板等等。结果任何一个资本家离了别的资本家都不行。显然,“人人为自己”这句俗话完全不适用于这样一种制度:这里已经是一人为大家工作,大家为一人工作(上帝已没有立足之地,不管他是作为天空的幻影,还是作为人间的“金犊”[75])。制度的性质完全变了。在存在分散的小企业的制度下,其中某个企业停工了,只影响社会少数成员,并未造成普遍的混乱,因而不会引起大家的注意,不会激起社会的干涉。可是,如果一个属于非常专业化的工业部门,而且几乎是为全社会工作但又依赖全社会(为简单起见,我以社会化已达顶点时的情形为例)的大企业停工了,那么,社会其余一切企业都一定会停工,因为它们只能从这个企业取得必需的产品,只有有了这个企业的商品,才能实现自己的全部商品。这样,所有的生产就融合成一个社会生产过程,同时每种生产又由资本家各自经营,以他的意愿为转移,把社会产品归他私人所有。于是生产形式就同占有形式发生不可调和的矛盾,这难道还不清楚吗?后者不能不适应前者,不能不也变成社会的即社会主义的,这难道还不明显吗?而《祖国纪事》的机智的庸人却把一切归结为在一个场所内做工。真是胡说八道!(我所说的只是物质过程,只是生产关系的改变,没有涉及这一过程的社会方面,没有涉及工人的联合、团结和组织,因为这是派生的现象,第二位的现象。)

我们所以不得不向俄国"民主主义者"解释这种起码的常识,是因为他们全身浸透了小市民思想,除小市民制度外,根本不能想象其他的制度。

我们还是回过来谈米海洛夫斯基先生吧。他拿什么来反驳马克思在作出资本主义发展规律本身使社会主义制度必然到来的结论时所依据的事实和理由呢?他是不是证明了在实际上(在商品的社会经济组织条件下)社会劳动过程不是日益专业化,资本和企业不是日益集中,整个劳动过程不是日益社会化呢?没有,他没有举出任何一个理由来反驳这些事实。他是不是动摇了认为资本主义社会具有一种不能与劳动社会化相容的无政府状态的论点呢?他丝毫没有谈到这一点。他是不是证明过一切资本家的劳动过程联合为一个社会劳动过程的现象能同私有制和平共居呢?是不是能想出除马克思指明的出路外,还可找到其他摆脱矛盾的出路呢?没有,他一个字也没有提到这一点。

他究竟靠什么来进行批评呢?靠颠倒黑白、歪曲捏造,靠无非是要花招的滔滔不绝的空话。

批评家预先说了一大堆关于历史的三段一贯的步骤的废话,然后煞有介事地质问马克思:"以后又怎样呢?"也就是说,在他所描写的那个过程的最后阶段以后,历史将怎样前进呢?试问,对这种手法又能叫做别的什么呢?请注意,马克思一开始从事写作活动和革命活动,就十分明确地表示过他对社会学理论的要求:社会学理论应当确切地描写现实过程,如此而已(例如参看《共产党宣言》论共产党人的理论标准[76])。他在《资本论》里极严格地遵守了这个要求,即他给自己提出的任务是科学地分析资本主义社会形态,而当他证明了这个组织在我们眼前的实际发展具有什么样的趋势,这个组织必然会灭亡而转变为另一更高的组织时,他就结束了自己的分析。而米海洛夫斯基先生避而不谈马克思学说的全部实质,却提出他的"以后又怎样呢?"这个极其愚蠢的问题,并故作高深地补充说:"我应当坦白地承认,我不完全懂得恩格斯的答复。"但是,米海洛夫斯基先生,我们却应当坦白地承认,我们完全懂得这种"批评"的精神和手法!

或者再拿这样一段议论来说吧:"在中世纪,马克思所说的以自己劳动为基础的个人所有制,甚至在经济关系方面,既不是唯一的,也不是主要的因素。除它之外,还有许多其他的东西,但马克思所解释的辩证方法〈莫非是米海洛夫斯基先生所歪曲的辩证方法吗?〉却不主张研究这些东西…… 所有这些公式显然不能表现出历史现实的全貌,甚至也不能表现出它的局部情况,而只能满足人们喜欢把任何事物都想象为有它的过去、现在、将来的那种爱好。"米海洛夫斯基先生,甚至您的歪曲捏造的手法也单调得令人作呕!他在马克思的只求表述资本主义现实发展过程的公式①里,先偷偷塞进用三段式证

---

①马克思所以把中世纪经济制度的其他特征撇开不谈,是因为这些特征属于封建社会形态,而马克思研究的只是**资本主义**社会形态。资本主义发展过程,按其纯粹状态来说,确实是从分散的小商品生产者的制度和他们的个人劳

明任何东西的意图,然后断定马克思的公式不符合这个由米海洛夫斯基先生强加于它的计划(第三阶段恢复的只是第一阶段的**一个**方面,而把其余各方面略去了),并随随便便地作出结论说:"这个公式显然不能表现出历史现实的全貌!"

同这样一个甚至不能(用恩格斯评杜林时所用的字眼)破例作出准确引证的人,难道可以进行严肃的论战吗?甚至不打算证明这个公式不对在哪里,就硬要大家相信这个公式"显然"不符合现实,难道这值得加以反驳吗?

米海洛夫斯基先生不去批评马克思主义观点的实际内容,却就过去、现在和将来三个范畴练习自己的机智。譬如说,恩格斯在反驳杜林先生的"永恒真理"时说,"今天向我们宣扬"三种道德,即基督教封建主义道德、资产阶级道德和无产阶级道德,可见过去、现在和将来都有自己的道德论[①]。米海洛夫斯基先生就这一点说道:"我认为历史分期的一切三分法,正是以过去、现在和将来三个范畴为基础的。"多么深奥啊!可是,谁不知道,考察任何一个社会现象的发展过程,总会在这个现象中发现过去的遗迹、现在的基础和将来的萌芽呢?譬如说,难道恩格斯曾想断言道德史(其实他谈的只是"现在")只限于上述三个阶段吗?难道曾想断言封建主义道德以前没有奴隶制道德,奴隶制道德以前没有原始共产主义公社的道德吗?米海洛夫斯基先生不去认真批评恩格斯用唯物主义观点阐明现代各派道德思想的尝试,却拿最空洞的词藻来款待我们!

米海洛夫斯基先生的"批评"一开始就声明他不知道在哪一部

动所有制开始的(例如在英国)。

[①]参看《马克思恩格斯选集》第3卷人民出版社1972年版第132—133页。——编者注

著作里叙述过唯物主义历史观,说到这种"批评"手法,提一下这位作者曾经知道这些著作之一并对它作过比较正确的评价,也许不无益处。1877年米海洛夫斯基先生是这样评《资本论》的:"如果去掉《资本论》的笨重无用的黑格尔辩证法的盖子〈真是咄咄怪事!为什么在1877年"黑格尔辩证法"是"无用的",而在1894年唯物主义却成了依靠"辩证过程的无可争辩性"呢?〉,那么,不管这部著作其他长处如何,我们也能看出这部著作很好地研究了解决形式和它赖以存在的物质条件的关系这个总问题所必需的材料,并且为一定的领域很好地提出了这个问题。"所谓"形式和它赖以存在的物质条件的关系",也就是社会生活诸方面的相互关系问题,思想的社会关系是物质的社会关系的上层建筑的问题,唯物主义学说也就是对这个问题的一定的解决。我们再往下看吧:

"老实说,**全部《资本论》**〈黑体是我用的〉研究的是一经产生的社会形式怎样日益发展,怎样加强自己的典型特征,怎样使各种发现、发明、生产方式的改进、新的市场和科学本身从属于自己,使之同化,怎样迫使这些东西为自己服务,最后,这个形式又怎样经受不住物质条件的继续变化。"

真是变得叫人吃惊!在1877年,"全部《资本论》"是对一定社会形式的唯物主义的研究(难道唯物主义不正是以物质条件说明社会形式吗?),而在1894年,却甚至不知道在什么地方,在哪部著作里去找这种唯物主义的叙述了!

在1877年,《资本论》是"研究""这个形式〈即资本主义形式?可不是吗?〉怎样经受不住物质条件的继续变化"(请注意这点!);而在1894年却变成根本没有任何研究了,资本主义形式经受不住生产力的继续发展的信念"纯粹"维系在"黑格尔三段式的最末一环上"了!

在1877年，米海洛夫斯基先生写道："对于这个社会形式和它赖以存在的物质条件的关系的分析，将**永远**〈黑体是我用的〉是这位作者的逻辑力量和渊博学识的纪念碑"；而在1894年，他却宣称唯物主义学说在任何时候任何地方都没有经过科学的检验和论证！

真是变得叫人吃惊！这究竟是怎么一回事呢？发生了什么事情呢？

发生了两件事情：第一，70年代的**俄国**农民社会主义，因为自由具有资产阶级性质而对自由"嗤之以鼻"，曾同那些竭力掩盖俄国生活中的对抗性的"高头大额的自由派"作过斗争，而且幻想过农民革命，但现在它已经完全变质了，产生了庸俗的小市民的自由主义，这种自由主义认为农民经济的进步潮流给人以"振奋人心的印象"，而忘记了这种潮流带来（和引起）的是农民大批地被剥夺；第二，在1877年，米海洛夫斯基先生以维护"热血志士"（即革命社会主义者）马克思不受自由派批评家的攻击为己任，而且是那样专心致志，竟没有发觉马克思的方法和他自己的方法互不相容。可是有人向他说明了辩证唯物主义和主观社会学之间的这个不可调和的矛盾，——恩格斯的文章和书就说明了这点，俄国社会民主党人也说明了这点（在普列汉诺夫的著作里往往可以看到对米海洛夫斯基先生非常中肯的批评），——而米海洛夫斯基先生却不去认真地重新考虑问题，反而索性放肆起来。他现在不是欢迎马克思（像他在1872年和1877年所表现的那样）[77]，而是躲在居心叵测的赞词后面向他乱吠，并且大叫大嚷地反对俄国马克思主义者，因为俄国马克思主义者不愿以"保护经济上的最弱者"为满足，不愿以货栈、农村改良、手工业博览馆和手工业劳动组合等等善良的小市民的进步办法为满足，而仍然想做"热血志士"，主张社会革命，要训练、领导并组织真正革命的社会分子。

讲了这一小段追述往事的插话以后，看来可以把分析米海洛夫斯基先生对马克思理论的"批评"的工作结束了。我们试把批评家的"理由"归纳起来作一总结。

他想要摧毁的学说，第一是依据唯物主义历史观的，第二是依据辩证方法的。

关于第一点，批评家首先说他不知道在哪部著作中叙述过唯物主义。他在任何地方都没有找到这种叙述，于是自己捏造一套什么是唯物主义。为了使人觉得这个唯物主义有过分的企求，他捏造说唯物主义者企求说明人类的全部过去、现在和将来；可是后来，批评家查阅了马克思主义者原来的声明，发现他们自己认为只是说明了一个社会形态，于是批评家就断定唯物主义者缩小了唯物主义的适用范围，说这样他们就自己打了自己的耳光。为了向人说明制定这个唯物主义的方法，他便捏造说唯物主义者自己都承认他们的知识不足以制定科学社会主义，虽然马克思和恩格斯只是承认（在1845—1846年）对经济史的知识不够，虽然他们从未刊印这部证明他们知识不够的著作。演了这样一些前奏之后，批评家就以如下的批评款待我们：《资本论》被推翻了，因为它只涉及一个时期，而批评家是需要各个时期的；因为《资本论》并不确立经济唯物主义，不过是涉及经济唯物主义。这些论据大概很有分量并且很重要，所以只得承认唯物主义从未被科学地论证过。接着又用这样一件事实来反驳唯物主义，说有一个与这个学说完全无关的人，完全在另外一个国家研究了史前时期，也得出了唯物主义的结论。其次，为了表明把子女生产扯到唯物主义上面去是完全不正确的，表明这不过是玩弄字眼，于是批评家就来证明经济关系是两性关系和家庭关系的上层建筑。这位严肃的批评家在这里为了教训唯物主义者所作的指点，使我们获得了一个深刻的真理：遗产制度非有子女生产不行，复杂的心理是同这子女生产的产品"结合着"的，子女是以父辈的精神来教育的。顺便我们也知道了民族联系就是氏族联系的延续和普遍化。批评家在继续他的关于唯物主义的理论钻研时，察觉到马克思主义者许多论据的内容都是说在资产阶级制度下群众遭受压迫和剥削是"必然"的，这个制度"必然"要转变为社会主义制度，于是他连忙宣称：必然性是个太一般的括弧（如果不说清楚人们究竟认为什么是必然的），因此，马克思主义者是神秘主义者和形而上学者。批评家还说，马克思同唯心主义者的论战是"单方面的"，可是只字不提这些唯心主义者的观点是怎样对待主观方法的，马克思的辩证唯物主义是怎样对待这些唯心主义者的观点的。

至于马克思主义的第二个基石——辩证方法，那只须这位大胆的批评家一推，就把它推翻了。而且这一下是推得很准的：批评家大卖气力来驳斥似乎用三段式可以证明什么东西的见解，可是闭口不谈辩证方法决不是三段式，不谈它恰恰是社会学中的唯心主义方法和主观主义方法的否定。另一下是专推马克思的：批评家在奋勇的杜林先生的帮助下，把一个不可思议的胡说偷偷加在马克思头上，似乎马克思在用三段式证明资本主义灭亡的必然性，然后批评家就得意扬扬地来攻击这个胡说。

这就是"我国著名社会学家"的辉煌"胜利"的史诗！观察这些胜利，岂不是"大有教益"（布勒宁）吗？

这里还不能不涉及一点，这虽然与对马克思学说的批评没有直接关系，但对弄清楚批评家的理想和他对现实的理解，却是极为重要的。这就是他对西欧工人运动的态度。

上面已经引过米海洛夫斯基先生的说法，他说唯物主义在"科学"上(也许是在德国"人民之友"的科学上吧?)站不住脚,可是米海洛夫斯基先生又说,这个唯物主义"在工人阶级中间确实传播得很快"。米海洛夫斯基先生究竟怎样解释这个事实呢?他说:"至于经济唯物主义在所谓横的方面获得成就,即它以未经批判地检验过的形式广为传播,那么,这种成就并不是侧重于科学方面,而是侧重于未来的远景所确定的日常生活实践方面。"未来的远景所"确定"的实践这一拙劣词句的意思,不外是说唯物主义所以得到传播,不是因为它正确地说明了现实,而是因为它离开这个现实,转到远景方面去了。接着又说:"这种远景对领会它的德国工人阶级所要求的,对热情关心德国工人阶级命运的人们所要求的,既不是知识,也不是批判的思考。它要求的只是信仰。"换句话说,唯物主义和科学社会主义所以能广为传播,是因为这个学说答应给工人们一个美好的未来!可是,只要稍微知道一点社会主义和西欧工人运动的历史,就可看出这种解释是极端荒谬和虚伪的。谁都知道,科学社会主义其实从未描绘过任何未来的远景,它仅限于分析现代资产阶级制度,研究资本主义社会组织的发展趋势,如此而已。马克思早在1843年就写道:"我们并不向世界说:'停止斗争吧,你的全部斗争都是无谓之举',而是给它一个真正的斗争口号。我们只向世界指明它究竟为什么而斗争;而意识则是世界**应该**具备的东西,不管世界愿意与否"①,并且马克思严格地执行了这个纲领。谁都知道,例如《资本论》这部叙述科学社会主义的主要的和基本的著作,对于未来只是提出一些最一般的暗示,它考察的只是未来的制度所由以长成的那些现有的因素。谁都知道,在未来的远景方面,从前的社会主义者所写的东西多得多,他们极详细地

①见《马克思恩格斯全集》第1版第1卷第418页。——编者注

描绘了未来的社会，想以这种制度的美景吸引人类，说那时人们不需要有斗争，那时人们的社会关系不是建立在剥削上，而是建立在合乎人的本性条件的真正进步原则上。尽管有一大批叙述过这种思想的极有才华的人物和坚定不移的社会主义者，然而，只要大机器工业还未把工人无产阶级群众卷入政治生活的漩涡，只要工人无产阶级斗争的真正口号还未发现，他们的理论始终是脱离生活的，他们的纲领始终是脱离人民的政治运动的。发现这个口号的是马克思，是很久以前（1872年）曾被米海洛夫斯基先生评为"不是空想主义者，而是严肃的有时甚至是枯燥的学者"的马克思。马克思发现这个口号，根本不是靠指出什么远景，而是靠科学地分析现代资产阶级制度，说明在这个制度下剥削的**必然性**，探讨这个制度的发展规律。米海洛夫斯基先生当然可以对《俄国财富》的读者武断说，领会这种分析既不需要知识，也不需要思考，可是，我们已经看出他本人对这种分析所探明的起码真理一窍不通（我们将会看到，他那位经济学家同事更是如此[78]），所以他的这种说法自然只能使人付之一笑。不容置辩的事实是：资本主义大机器工业在什么地方和什么程度上发展起来，工人运动也就在什么地方和什么程度上展开和发展起来；社会主义学说正是在它抛弃了关于合乎人的本性的社会条件的议论，而着手唯物主义地分析现代社会关系并说明现在剥削制度的必然性的时候取得成就的。

　　米海洛夫斯基先生企图回避唯物主义在工人中间取得成就的真正原因，其手法是对这个学说如何对待"远景"作了与事实真相根本不符的介绍，现在他又开始用最庸俗的小市民的方式来嘲弄西欧工人运动的思想和策略。正如我们所看到的，他实在举不出一个理由来反对马克思关于资本主义制度因劳动社会化而必然转变为社会主义制度的论据，可是他却非常放肆地讥讽说，"无产者大军"正在准备剥夺资本家,"随后任何阶级斗争都会停止,天下就会太平,人间就会幸福"。他,米海洛夫斯基先生,知道一条比这简单得多和正确得多的实现社会主义的道路:只要"人民之友"更详细地指出"明白的和确定不移的"实现"合乎心愿的经济演进"的道路,那时这些人民之友就一定会"被召去"解决"实际经济问题"(见《俄国财富》第11期尤沙柯夫先生《俄国经济发展问题》一文),可是暂时……暂时工人还应当等待一下,应当指望人民之友,不要抱着"没有根据的自信心"来独立进行反对剥削者的斗争。我们这位作者想彻底摧毁这种"没有根据的自信心",就声色俱厉地痛斥"这个几乎可以容纳在袖珍词典里的科学"。的确,这还了得:科学居然是只值几文钱的可以放在口袋里的社会民主主义小册子!!有些人只是因为科学教导被剥削者独立进行争取自身解放的斗争,教导他们拒绝任何掩盖阶级对抗并想独揽一切的"人民之友",才重视科学,因而才用庸人们觉得有失体面的廉价出版物叙述这个科学。请看,这些人盲目自信到了何等地步!如果工人把自己的命运交给"人民之友",那就会是另一回事了,那时,"人民之友"就会拿出真正的、大部头的、学院式的和庸人的科学给他们看,就会把合乎人的本性的社会组织详细地介绍给他们,只要……工人们同意等待,不抱着这种没有根据的自信心自己起来斗争就行了!

———

米海洛夫斯基先生的"批评"的第二部分,已经不是反对马克思的理论,而是专门反对俄国社会民主党人。在谈这一部分以前,我们必须稍微离开一下本题。原来,米海洛夫斯基先生,正如他在批评马克思时不但没有打算确切地叙述马克思的理论,反而完全歪曲了这个理论一样,他对俄国社会民主党人的思想也是肆无忌惮地加以歪曲。必须恢复真相。要做到这一点,最方便的办法是把俄国从前的社会主义者的思想同社会民主党人的思想对照一下。讲到前一种思想时，我且借用一下米海洛夫斯基先生在1892年《俄国思想》[79]第6期上发表的文章，他在这篇文章里也谈到马克思主义（并且——说来会使他惭愧——是以庄重口气谈到的，没有涉及那些只有按布勒宁方式才能在受检查的刊物上谈论的问题，也没有污蔑马克思主义者），并且是同马克思主义对立地——如果不是对立地，至少也是同它平行地——叙述了自己的观点。我当然丝毫不想侮辱米海洛夫斯基先生，就是说，不想把他算做社会主义者，也丝毫不想侮辱俄国社会主义者，把他们和米海洛夫斯基先生同等看待：我只是认为他们和他的**论证程序**实质上是一样的，差别只在于信念的坚定、率直和一贯的程度有所不同而已。

米海洛夫斯基先生在叙述《祖国纪事》的思想时写道："我们向来把土地属于耕作者和劳动工具属于生产者作为道德的政治的理想。"出发点看来是极其善意的，充满了极其善良的愿望…… "我国还存在着的中世纪劳动形式①已大大动摇了，但我们看不出有什么理由来完全取消这些形式，以迎合任何一种学说，不管是自由派的还是非自由派的。"

真是奇怪的议论！要知道，无论什么"劳动形式"，只在它被别的什么形式代替时才会动摇；而我们的这位作者甚至没有（而且他的同道中也没有一个人）打算去分析和说明这些新形式，以及弄清旧形式被这些新形式排挤的原因。更奇怪的是这段议论的第二部分："我们看不出有什么理由来取消这些形式，以迎合一种学说。""我们"（即社

---

①作者在另一地方解释道："所谓中世纪劳动形式，指的不仅是村社土地占有制、手工业和劳动组合组织。所有这些无疑都是中世纪形式，但土地或生产工具属于劳动者的种种形式也应当算做中世纪形式。"

会主义者，——请看上述附带说明）拥有什么手段来"取消"劳动形式，即改造社会各成员之间的生产关系呢？难道根据一种学说来改造这些关系的想法不是荒谬的吗？我们再听下去："我们的任务并不是一定要从本民族内部培育出一种'独特的'文明，但也不是要把西方文明连同一切腐蚀它的矛盾整个儿搬到我们这里来：必须尽可能从各处采纳长处，至于长处是自己的或别人的，那已不是原则问题，而是实际上方便不方便的问题。看来，这是这样简单明了，简直没有什么可说的。"的确，这是多么简单呵！从各处"采纳"长处，于是万事大吉！从中世纪形式中"采纳"生产资料归劳动者所有，而从新形式（即资本主义形式）中"采纳"自由、平等、教育和文化。所以没有什么可说的！社会学中的主观方法在这里了如指掌：社会学从空想——土地属于劳动者所有——开始，并指出实现合乎心愿的事情的条件：从四面八方"采纳"长处。这位哲学家纯粹形而上学地把社会关系看做是这些或那些制度的简单的机械的组合，看做是这些或那些现象的简单的机械的联结。他从这些现象中抽出一种现象，即中世纪形式中土地属于耕作者的现象，以为可以把它移植到任何别的形式中去，就像一所房子上的砖可以砌到另一所房子上一样。但这不是在研究社会关系，而是糟蹋应该研究的材料，因为在现实中这种土地属于耕作者的现象，并非像你所设想的那样单独和独立地存在着，这不过是当时生产关系中的一个环节，这种生产关系就是：土地为大土地占有者即地主所瓜分；地主把这种土地分给农民，以便剥削他们，于是土地好像是实物工资，它为农民提供必需品，使农民能够为地主生产剩余产品；它是一种使农民为地主服劳役的手段。为什么作者没有考察这种生产关系体系，而只抽出一种现象，因而使这种现象完全被歪曲了呢？这是因为作者不善于考察社会问题：他（再说一遍，我把米海洛夫斯基先生的议论只是当做例子，来批评**整个**俄国社会主义）根本没有打算**说明**当时的"劳动形式"，把这些形式看做一定的生产关系体系，看做一定的社会形态。用马克思的话来说，他根本不懂得辩证方法，而辩证方法要我们把社会看做活动着和发展着的活的机体。

他根本没有想到旧劳动形式被新劳动形式排挤的原因问题，于是在谈论这些新形式时便重复着完全同样的错误。在他看来，只要指出这些形式"动摇着"土地属于耕作者的制度（总的说来，就是生产者和生产资料分离）并斥责这多么不符合理想就够了。他的议论又是十分荒谬的：他抽出一种现象（土地被剥夺），却没有把它当做以**商品经济**为基础的另一种生产关系体系的组成部分，而商品经济则必然引起商品生产者之间的竞争，造成不平等，使一部分人破产和另一部分人发财。他指出了多数人破产的现象，却忽略了少数人发财的现象，从而使自己既不能了解前者，也不能了解后者。

他把这种手法居然还叫做"寻求有血有肉的生活问题的答案"（1894年《俄国财富》第1期），实则恰恰相反，他不能也不愿说明现实和正视现实，于是可耻地避开有产者反对无产者这样的生活问题，而躲入天真的空想领域中去；他把这叫做"寻求理想地处理迫切复杂的现实生活问题的答案"（《俄国财富》第1期），实则他根本没有打算去分析和说明这一真正的现实。

他没有这样做，而是从各个不同的社会形态中毫无意思地抽出个别要素，从中世纪社会形态中抽出这个，从"新"社会形态中抽出那个，如此等等，然后用这些东西给我们臆造了一个乌托邦。显然，建立在这上面的理论，不能不与现实的社会演进相脱离，原因很简单：我们的空想社会主义者不得不在其中生活和活动的，并不是由这儿那儿采纳来的要素构成的社会关系，而是决定农民和富农（善于经营的农夫)、手工业者和包买主、工人和厂主之间关系的社会关系,这些社会关系是我们的空想主义者所完全不了解的。他们想按自己的理想来改造这些他们所不了解的社会关系的企图和努力不能不遭到失败。

在"诞生了俄国马克思主义者"的时候,社会主义问题在俄国的情形,概括说来就是如此。

俄国马克思主义者正是从批评以前的社会主义者的主观方法开始的;他们不以指出和斥责剥削现象为满足,他们力求**说明**这种现象。他们看见俄国改革后的全部历史是多数人破产和少数人发财的历史,目睹小生产者的大量遭受剥夺与普遍的技术进步同时存在,发现商品经济在什么地方和什么程度上发展并巩固起来,这两个绝对相反的潮流就在什么地方和什么程度上产生和加强起来,所以他们不能不得出结论说,他们所遇见的是**必然**使大众遭受剥夺和压迫的资产阶级的(资本主义的)社会经济组织。这一信念直接决定了他们的实践纲领。这个纲领归结起来就是加入无产阶级反对资产阶级的斗争,加入无产者阶级反对有产者阶级的斗争,这个斗争是俄国从最偏僻的乡村到最新式完善的工厂的经济现实的主要内容。怎样加入呢?答案又是由现实本身提示给他们的。资本主义已使主要工业部门达到大机器工业的阶段;它从而使生产社会化了,造成了新制度的物质条件,同时造成了新的社会力量——工厂工人阶级,即城市无产阶级。虽然这个阶级遭受的资产阶级剥削,按经济实质来说,和俄国全体劳动群众遭受的剥削是同样的,但是这个阶级在谋求自身解放这个方面却具有特别有利的条件:它同完全建立在剥削上面的旧社会已经没有丝毫联系;它的劳动条件和生活环境本身就把它组织起来,迫使它开动脑筋,使它有可能走上政治斗争的舞台。社会民主党人自然是把自己的全部注意力和一切希望寄托在这个阶级身上，把自己的纲领归结为发展这个阶级的阶级自觉，把自己的全部活动都用来帮助这个阶级起来进行反对现代制度的直接政治斗争，并吸引俄国全体无产阶级投入这个斗争。

第 三 编

附 录 三

我所说的对马克思主义的狭隘理解,是指马克思主义者本身来说的。说到这一点,不能不指出,我国自由派和激进派在合法报刊上叙述马克思主义的时候,简直把马克思主义缩小和曲解得不成样子。这是什么叙述!真难以设想,要怎样糟蹋这个革命学说,才能使它躺到俄国书报检查机关的普罗克鲁斯提斯床上[80]!我国的政论家却掉以轻心,正在做这类手术:经他们叙述的马克思主义大概就成了这样一种学说,它说明在资本主义制度下,以私有者的劳动为基础的个人所有制,怎样经历着辩证的发展,怎样变为自己的否定,然后又怎样社会化。他们郑重其事地把马克思主义的全部内容纳入这一"公式",不谈它的社会学方法的一切特点,不谈阶级斗争学说,不谈研究的直接目的——揭露一切对抗和剥削形式,以帮助无产阶级来推翻这些形式。毫不奇怪,得出的必然是一种这样暗淡和狭隘的东西,以致我们的激进派也要为贫乏的俄国马克思主义者表示惋惜。当然呵!如果在俄国专制制度和俄国反动势力的横行时代,可以完整地、确切地和充分地叙述马克思主义,把马克思主义的结论彻底说出来,那么,俄国的专制制度和反动势力就不成其为专制制度和反动势力了!如果我国的自由派和激进派真的懂得马克思主义（即使是根据德文书刊），他们也许会羞于在受检查的报刊上这样糟蹋马克思主义。既然无法叙述这个理论，你们就免开尊口，或者交代一下，说你们远没有道出全部内容，说你们把最重要的东西都略去了。但为什么只叙述一些片断，却大喊大叫狭隘性呢？

要知道，这样只会闹出只有俄国才能有的笑话来，把一些根本不懂阶级斗争，不懂资本主义社会所固有的必然对抗，不懂这种对抗的发展，不懂无产阶级的革命作用的人算做马克思主义者；甚至把一些直接提出资产阶级方案的人，也算做马克思主义者，只要他们有时也说过"货币经济"及其"必然性"等等一类字眼就行，而承认这些字眼是马克思主义者专用的字眼，是需要有米海洛夫斯基先生那样的机智的。

马克思认为他的理论的全部价值在于这个理论"按其本质来说，它是批判的①和革命的"②。后一性质的确完全地和无条件地是**马克思主义**所固有的，因为这个理论公开认为自己的任务就是**揭露**现代社会的一切对抗和剥削形式，考察它们的演变，证明它们的暂时性和转变为另一种形式的必然性，**因而也就帮助无产阶级尽可能迅速地、尽可能容易地消灭任何剥削**。这一理论对世界各国社会主义者所具有的不可遏止的吸引力，就在于它把严格的和高度的科学性（它

①请注意，马克思在这里说的是唯物主义的批判，他认为只有这种批判才是科学的批判，这种批判就是把政治、法律、社会和习俗等等方面的事实拿来同经济、生产关系体系，以及在一切对抗性社会关系基础上必然形成的各个阶级的利益加以对照。俄国的社会关系是对抗性的关系，这几乎是谁也不能怀疑的。可是还没有人试把这些关系当做根据来进行**这种**批判。

②见《马克思恩格斯选集》第2卷人民出版社1972年版第218页。——编者注

是社会科学的最新成就)同革命性结合起来,并且不仅仅是因为学说的创始人兼有学者和革命家的品质而偶然地结合起来,而是把二者内在地和不可分割地结合在这个理论本身中。实际上,这里直接地提出理论的任务、科学的目的就是帮助被压迫阶级去进行他们已在实际进行的经济斗争。

"我们并不向世界说:'停止斗争吧,你的全部斗争都是无谓之举',而是给它一个真正的斗争口号。"①

因而在马克思看来,科学的直接任务就是提出真正的斗争口号,也就是说,善于客观地说明这个斗争是一定生产关系体系的产物,善于**了解**这一斗争的必然性、它的内容、它的发展进程和条件。要提出"斗争口号",就必须十分详细地研究这一斗争的每种形式,考察它由一种形式转为另一种形式时的每一步骤,以便善于随时判定局势,不忽略斗争的总性质和总目的——完全地和彻底地消灭任何剥削和任何压迫。

试把"我国著名的"尼·康·米海洛夫斯基在他的"批评"中叙述过和攻击过的那套平庸的胡说,同马克思的"批判的和革命的"理论比较一下,你们就会感到惊异,怎么竟会有人认为自己是"劳动阶级的思想家",却又只限于……摆弄"磨光了的金币",——我国政论家抹去马克思理论的全部精华,就把它变成了这样的金币。

试把那些最初也想做劳动者思想家的我国民粹派的著作,即论述我国整个经济制度的历史和现状,包括农民的历史和现状的著作,同这个理论的要求比较一下,你们就会感到惊异,社会主义者怎么能满足于只是研究和描写灾难并就这种灾难进行说教的理论。农奴制

---

①见《马克思恩格斯全集》第1版第1卷第418页。——编者注

度不是被看做产生了某种剥削、某些对抗阶级、某些政治、法律等等制度的一定经济组织形式，而只是被看做地主的横行霸道和对待农民的不公平。农民改革不是被看做某些经济形式和某些经济阶级的冲突，而是被看做尽管愿望极其善良但错误地"选择了""不正确道路"的长官的措施。改革后的俄国被说成是偏离正道因而给劳动者带来灾难，而不是有了某种发展的一定的对抗性生产关系体系。

不过，现在这个理论已经信誉扫地，这是不容置疑的，而俄国社会主义者越是迅速了解在现代知识水平上，不可能有马克思主义之外的革命理论，越是迅速集中他们的全部力量来把这个理论在理论上和实践上运用于俄国，革命工作的成功就会越可靠越迅速。

———

为了清楚地说明"人民之友"先生们号召知识分子从文化上影响"人民"来"创立"正常的真正的工业等等，是怎样败坏着现代"俄国贫乏的思想界"，我们且引证那些与我们的思想方式根本不同的人们，即民意党[81]嫡系后裔的"民权党人"[82]所作的评论。请看1894年"民权党"出版的小册子《迫切的问题》。

有一类民粹主义者说："不管怎样，即使在广泛自由的条件下，俄国也不应该放弃它的足以保证〈！〉劳动者在生产中的独立地位的经济组织。"他们还说："我们需要的不是政治改革，而是有步骤地、有计划地进行的经济改革。"民权党人给了这类民粹主义者有力的驳斥之后接着说：

"我们不是资产阶级的辩护人，更不是资产阶级理想的崇拜者，但是假如厄运要人民有所抉择：或者是在地方官热心保护下，实行'有计划的经济改革'，不受资产阶级的侵犯；或者是在政治自由基础上，也就是说，在**保证**人民能有组织地保护自己利益的条件下，使资产阶级存在,那么,我们认为人民选择后者是绝对有利的。现在我国并没有进行要取消人民的貌似独立的经济组织的'政治改革',可是存在着到处都照例认为是资产阶级政策的东西,这种政策表现为极粗暴地剥削人民的劳动。现在我国既没有广泛的自由,也没有狭隘的自由,可是存在着各立宪国家的大地主和资本家已不再梦想追求的对等级利益的袒护。现在我国没有'资产阶级议会制度',社会人士绝对不准参与国家管理,可是存在着要求政府用万里长城来防护自己利益的纳伊杰诺夫、莫罗佐夫、卡兹、别洛夫一流的先生,以及居然要求1俄亩可以得到100卢布无息贷款的'我国忠诚贵族'。他们应邀参加各种委员会,他们讲什么,人们都洗耳恭听,他们的意见在国家经济生活的最重要的问题上起着决定性作用。可是,有谁在什么地方替人民说话呢?不就是那些地方官吗?不是正在为人民筹划成立农业劳动队吗?现在不是有人公然无耻地说,给人民份地[83]只是为了要他们纳税和服役吗?沃洛格达省省长在他的通令中不就是这样说的吗?这位省长不过是表述和大声地说出了专制制度(或者正确些说,官僚专制制度)在自己的政策中必然实行的办法罢了。"

不管民权党人对"人民"(他们想要维护他们的利益)的看法,对"社会"(他们继续认为它是保护劳动利益的值得信任的机关)的看法是怎样的模糊,无论如何不能不承认"民权党"的成立是前进了一步,而前进的方向,是要彻底抛弃"为祖国"寻找"另外的道路"的错觉和幻想,是要大胆承认现实的道路,并在这种道路的基础上寻找进行革命斗争的成分。这里明白地显露了要成立民主主义政党的意向。我只说"意向",是因为可惜民权党人并没有始终不渝地贯彻他们的基本观点。他们仍在谈论要同社会主义者联合和结盟,而不愿了解:把工人卷入单纯的政治激进主义运动,不过是使工人知识分子脱离工人群众,使工人运动软弱无力,因为工人运动只有在各方面充分代表工人阶级利益的基础上,在同反资本仆役的政治斗争融合为一体的反资本的经济斗争的基础上,才能是强有力的。他们不愿了解:要达到一切革命分子"联合"的目的,最好是使各种利益的代表人物①分别组织起来,并由这个和那个政党在一定的场合采取共同行动。他们现在还把自己的党叫做"社会革命党"(见"民权党"1894年2月19日宣言),虽然他们以纯粹政治改革为限,小心翼翼地回避我国"可恶的"社会主义问题。一个这样热烈号召人们丢掉错觉的党,本来不应该在自己的"宣言"上一开头就给人造成错觉,本来不应该在只有**立宪主义**的地方谈论**社会主义**。可是,再说一遍,不注意民权党人是由民意党人而来的,就不能评价民权党人。因此不能不承认,他们用纯粹政治纲领来论证同社会主义无关的纯粹政治斗争,是前进了一步。社会民主党人竭诚希望民权党人获得成功,希望他们的党成长和发展起来,希望他们同那些站在现存经济制度的基地上②,其**日常**利益真正和**民主主义**有着极密切联系的社会分子更加密切地接近起来。

"人民之友"的调和主义的、畏首畏尾的、感伤幻想的民粹主义,将因遭到两面夹攻而无法长久支持下去:一方面是政治激进派攻击他们,因为他们居然对官僚表示信任,不了解政治斗争的绝对必要

---

①他们自己也反对相信知识分子的神通广大,他们自己也说必须使人民自己参加斗争。但为此必须把这个斗争同一定的日常利益联系起来,因而必须把各种利益区别开来并将它们分别引入斗争……　如果拿一些只有知识分子才了解的赤裸裸的政治要求来遮掩这些不同的利益,那岂不是又向后倒退,又只限于仅仅是知识分子的斗争吗?而这种斗争的软弱无力是刚才承认过的。

②(即资本主义制度的基地上),而不是站在必须否定这个制度和无情反对这个制度的基地上。

性;另一方面是社会民主党人攻击他们,因为他们虽然同社会主义毫不相干,根本不懂劳动者受压迫的原因和正在进行的阶级斗争的性质,却企图以几乎是社会主义者的名义出来说话。

选自《列宁全集》第2版第1卷
第102—161、290—296页

社会主义和宗教

（1905年12月3日〔16日〕）

现代社会完全建筑在地主资本家阶级极少数人对工人阶级广大群众的剥削上面。这种社会是奴隶占有者的社会，因为一生为资本做工的"自由"工人"有权"支配的仅仅是生产利润的奴隶赖以活命、从而使资本主义奴役制得以存在和延续的那一点生活资料。

对工人的经济压迫，必然会引起和产生对群众的各种政治压迫和社会屈辱，使他们在精神生活方面变得粗俗和愚昧。工人固然可以多少争得一点政治自由来为自身的经济解放而斗争，但是，在资本的政权未被推翻以前，任何自由都不会使他们摆脱贫困、失业和压迫。宗教是一生为他人干活而又深受穷困和孤独之苦的人民群众所普遍遭受的种种精神压迫之一。被剥削阶级由于没有力量同剥削者进行斗争，必然会产生对死后的幸福生活的憧憬，正如野蛮人由于没有力量同大自然搏斗而产生对上帝、魔鬼、奇迹等的信仰一样。对于辛劳一生贫困一生的人，宗教教导他们在人间要顺从和忍耐，劝他们把希

本文揭示了宗教产生的根源，阐明了无产阶级政党对待宗教的态度和政策。列宁指出，宗教是深受穷困和孤独之苦的人民群众所普遍遭受的种种精神压迫之一，这种压迫是社会内部经济压迫的产物和反映。对国家而言，宗教是私人的事情，任何人都有信仰任何宗教或者不承认任何宗教的自由，在公民中间不允许因为宗教信仰而产生权利不一样的现象。对于社会主义无产阶级政党来说，宗教不是私人的事情。我们的党纲完全是建立在科学的、唯物主义的世界观上的，我们要宣传科学的世界观，宣传无神论。

望寄托在天国的恩赐上。对于依靠他人劳动而过活的人，宗教教导他们要在人间行善，廉价地为他们的整个剥削生活辩护，向他们廉价出售进入天国享福的门票。宗教是人民的鸦片。宗教是一种精神上的劣质酒，资本的奴隶饮了这种酒就毁坏了自己做人的形象，不再要求多少过一点人样的生活。

但是，奴隶一旦意识到自己的奴役地位，并且站起来为自身的解放而斗争，他就有一半已经不再是奴隶了。现代的觉悟工人，受到了大工厂工业的教育和城市生活的启发，轻蔑地抛弃了宗教偏见，把天堂生活让给僧侣和资产阶级伪善者去享受，为自己去争取人间的美好生活。现代无产阶级正在站到社会主义方面来。社会主义吸引科学来驱散宗教的迷雾，把工人团结起来为美好的人间生活作真正的斗争，从而使他们摆脱对死后生活的迷信。

应当宣布宗教是私人的事情。这句话通常是用来表示社会主义者对待宗教的态度的。但是，这句话的意义必须正确地说明，以免引起任何误解。就国家而言，我们要求宗教是私人的事情，但是就我们自己的党而言，我们无论如何也不能认为宗教是私人的事情。国家不应当同宗教发生关系，宗教团体不应当同国家政权发生联系。任何人都有充分自由信仰任何宗教，或者不承认任何宗教，就是说，像通常任何一个社会主义者那样做一个无神论者。在公民中间，完全不允许因为宗教信仰而产生权利不一样的现象。在正式文件里应当根本取消关于公民某种信仰的任何记载。决不应当把国家的钱补贴给国家教会，决不应当把国家的钱补贴给教会团体和宗教团体，这些团体应当是完全自由的、与政权无关的志同道合的公民联合会。只有彻底实现这些要求，才能结束以往那种可耻的、可诅咒的现象：教会农奴般地依赖于国家，而俄国公民又农奴般地依赖于国家教会；中世纪的宗教裁判所的法律（这种法律至今还列在我国的刑法和刑事法规中）仍然存在，并且仍然有效，这种法律追究人是否有信仰，摧残人的良心，把官位和俸禄同布施某种国家教会劣质酒联系起来。教会与国家完全分离，这就是社会主义无产阶级向现代国家和现代教会提出的要求。

俄国革命应当实现这个要求，这是政治自由的必要的组成部分。俄国革命在这方面有着特别有利的条件，因为警察农奴制的专制制度的令人作呕的官僚习气，甚至在僧侣中间也引起了不满、骚动和愤慨。不论俄国的正教僧侣多么闭塞无知，现在，俄国中世纪旧制度崩溃时的巨响也把他们惊醒了。连他们也要求自由，反对官僚习气和官僚专横，反对警察对"上帝的仆人"进行强制的搜查。我们社会主义者应当支持这种运动，使僧侣阶层中那些正直和诚实的人士的要求彻底实现，抓住他们关于自由的言论，要求他们坚决割断宗教和警察之间的任何联系。如果你们是诚意的，那你们就应当主张教会与国家、学校与教会完全分离，彻底地无条件地宣布宗教是私人的事情。如果你们不接受这些彻底的自由要求，那就说明你们仍旧是宗教裁判传统的俘虏，仍旧依赖于官位和俸禄，说明你们不相信你们的武器的精神力量，你们继续接受国家政权的贿赂。这样，全俄国的觉悟工人就要毫不留情地向你们宣战。

对于社会主义无产阶级的政党，宗教并不是私人的事情。我们的党是争取工人阶级解放的觉悟的先进战士的联盟。这样的联盟不能够而且也不应当对信仰宗教这种不觉悟、无知和蒙昧的表现置之不理。我们要求教会与国家完全分离，以便用纯粹的思想武器，而且仅仅是思想武器，用我们的书刊、我们的言论来跟宗教迷雾进行斗争。我们建立自己的组织即俄国社会民主工党的目的之一，也正是为了要同一切利用宗教愚弄工人的行为进行这样的斗争。对我们来说，思想斗争不是私人的事情,而是全党的、全体无产阶级的事情。

既然如此,我们为什么不在自己的党纲中宣布我们是无神论者呢?我们为什么不禁止基督教徒和信奉上帝的人加入我们的党呢?

要答复这个问题,就应当说明资产阶级民主政党和社会民主党在宗教问题的提法上存在非常重要的差别。

我们的党纲完全是建立在科学的而且是唯物主义的世界观上的。因此,要说明我们的党纲,就必须同时说明产生宗教迷雾的真正的历史根源和经济根源。我们的宣传也必须包括对无神论的宣传;出版有关的科学书刊(直到现在,这些书刊还遭到农奴制的专制政权的查禁)现在应当成为我们党的工作之一。我们现在必须遵从恩格斯有一次向德国社会主义者提出的建议:翻译和大量发行18世纪的法国启蒙著作和无神论著作①。

可是,我们无论如何也不应当因此而“从理性出发”,离开阶级斗争去抽象地、唯心地来提宗教问题,——资产阶级的激进民主派常常是这样提出问题的。如果认为,在一个以无休止的压迫和折磨劳动群众为基础的社会里,可以用纯粹说教的方法消除宗教偏见,那是愚蠢可笑的。如果忘记,宗教对人类的压迫只不过是社会内部经济压迫的产物和反映,那就是受了资产阶级观点的束缚。如果无产阶级本身的反对资本主义黑暗势力的斗争没有启发无产阶级,那么任何书本、任何说教都是无济于事的。在我们看来,被压迫阶级为创立人间的天堂而进行的这种真正革命斗争的一致,要比无产者对虚幻的天堂的看法上的一致更为重要。

因此,我们在我们的党纲中没有宣布而且也不应当宣布我们的

---

① 见《马克思恩格斯全集》第1版第18卷第583—584页。——编者注

无神论。因此,我们没有禁止而且也不应当禁止那些还保存着某些旧偏见残余的无产者靠近我们党。我们永远要宣传科学的世界观,我们必须跟某些"基督教徒"的不彻底性进行斗争。但是这决不是说,应当把宗教问题提到它所不应有的首要地位,决不是说,为了反对那些很快就会失去任何政治意义、很快就会被经济发展进程本身抛到垃圾箱里去的次要的意见或呓语,而分散真正革命斗争的、经济斗争的和政治斗争的力量。

各地的反动资产阶级早就打算,而我国资产阶级现在也开始打算煽起宗教仇视,把群众的注意力吸引到这方面来,使他们不去关心真正重要的和根本的经济问题和政治问题,这些问题是在革命斗争中联合起来的全俄无产阶级目前正在实际解决的问题。这种企图分散无产阶级力量的反动政策,今天主要表现为黑帮对犹太人的屠杀,明天也许有人会想出某些更巧妙的新花样。我们无论如何要沉着地、持久地、耐心地宣传无产阶级的团结和科学的世界观,以此来抗击这种反动的政策,决不要挑起无关紧要的意见分歧。

就国家而言,革命的无产阶级力求使宗教成为真正的私人事情。在将来已经肃清中世纪霉菌的政治制度中,无产阶级必将为消灭经济奴役,即消灭宗教对人类愚弄的真正根源而进行广泛的,公开的斗争。

选自《列宁全集》第2版第12卷
第131—135页

我们的取消派

（关于波特列索夫先生和弗·巴扎罗夫）（节选）

（1911年1—2月）

常有这样一些著作，它们的全部意义就在于它们是赫罗斯特拉特性质[84]的。例如，像爱德·伯恩施坦的名著《前提》[85]这样一部最平凡的作品，却具有显著的政治意义，它成了马克思主义内部的一个完全脱离马克思主义的流派的宣言。波特列索夫先生在去年2月那期《我们的曙光》杂志[86]上的那篇论微不足道的小事的文章以及弗·巴扎罗夫在4月那期《我们的曙光》杂志上的答复，按其赫罗斯特拉特的性质来说，无疑也具有这种显著的意义。当然，这些文章涉及的问题，远远没有伯恩施坦提出的（更确切地说，是跟着资产阶级提出的）问题那样深刻，那样广泛，那样具有国际意义，但是，对1908—1909—1910—?年期间的我们俄国人来说，这些问题却具有极其重大的意

这是列宁为批判俄国孟什维克取消派的机会主义观点而写的文章。在节选的部分，列宁剖析了取消派思想家波特列索夫否定马克思主义者同马赫主义哲学斗争的意义的错误言论，揭露了他的机会主义路线与马赫主义的内在联系，阐明了哲学唯物主义与社会政治的联系。列宁指出，离开哲学唯物主义是错误的和危险的，在实践中，我们有时把注意力主要放在马克思主义的这一方面或那一方面，这并不取决于主观需要，而取决于总的历史条件；在无产阶级政党总结革命经验和教训的时期，把包括哲学问题在内的基本理论问题放在首要地位不是偶然的，在哲学上进行"清理"是必要的。

义。因此，波特列索夫先生和弗·巴扎罗夫的文章并**没有**过时，谈谈这些文章是必要的，责无旁贷的。

四

唯物主义者即马克思主义者同马赫主义者[7]即唯心主义者的哲学斗争，波特列索夫先生也认为是"微不足道的小事"。波特列索夫先生对"这种杂乱无章的〈——"我的朋友，阿尔卡季·尼古拉耶维奇，别说得那么漂亮吧！[87]〉哲理之谈"非常愤慨，而且从唯物主义者方面点了我和普列汉诺夫的名，把我们称之为"**昨天的政治家**"。我对这种说法笑了好一阵。这种自吹自擂真是太露骨，太可笑了，真该分给我们的兔子一块熊耳朵[88]。普列汉诺夫等等是"昨天的政治家"！**今天**的政治家显然就是波特列索夫和他那些"好汉们"了。多可爱，多坦率。

只要阿尔卡季·尼古拉耶维奇偶尔例外地说出一句不矫揉造作和不装腔作势的话来，他就狠狠打了自己的耳光。阿尔卡季·尼古拉耶维奇，请你加把劲，不妨**考虑一下**：你否认取消派是一个把**非**孟什维主义同布尔什维主义区别开来，把波特列索夫及其同伙为一方同普列汉诺夫和布尔什维克**合在一起**为另一方区别开来的**政治**派别。你一方面这样否认，一方面又把普列汉诺夫和某人叫做"昨天的政治家"。请你看看，你蠢到了什么地步：要知道，我和普列汉诺夫之所以能够**一起**被称为昨天的政治家，**正是**因为在我们看来，作为昨天的（按其**基础**是昨天的）运动的形式的昨天的组织，今天也是必要的。在**这个**昨天的运动的基础上的**这个**昨天的组织应该在某个时机采取哪些措施的问题上，我和普列汉诺夫有过极大的分歧，现在也还有分歧,但是同那些**今天**正是否认昨天运动的**基础**(我马上就要谈到的领导权问题也包括在内)、正是否认昨天组织的**基础**的人的斗争,却使我们接近起来。

怎么样,阿尔卡季·尼古拉耶维奇,你现在还不懂取消派是怎么回事吗?你现在还认为,是什么马基雅弗利式的计划[89]或者是想用"两条战线的斗争"来**代替**"战胜"取消派这样一种恶毒愿望使我和普列汉诺夫接近起来的吗?

现在,我们再回头来谈谈"杂乱无章的哲理之谈"。

波特列索夫先生写道:"我们知道,恩格斯反对杜林的斗争当时对德国社会民主党人的意识产生了多么深刻的影响,一些似乎是最抽象的论点实际上对德国工人阶级的运动具有多么生动的具体的意义……" 最抽象的论点具有生动的具体的意义!这又是空话,并且仅此而已。假如"你知道"的话,请你不妨解释一下,恩格斯所说的杜林关于时间和空间的哲学论断是错误的这样一个**论点**,具有什么"生动的具体的意义"!你的不幸也就在于,你像小学生一样把"恩格斯和杜林的争论具有伟大意义"这句话**背得烂熟**,而没有**深刻考虑**这句话究竟是什么意思,因此,你背出来的东西也就错误百出、残缺不全。不能说"最抽象的论点〈恩格斯反对杜林的论点〉实际上对德国工人阶级的运动具有多么生动的具体的意义"。恩格斯的最抽象的论点的意义在于它们向工人阶级的思想家说明了为什么离开唯物主义走向实证论[3]和唯心论是错误的。因此,如果你能这样论述,即从哲学上稍微明确地论述恩格斯的观点,而不是说些有"深刻的影响"、"最抽象的论点具有生动的具体的意义"等等响亮然而空洞的词句,那你马上就会看到,援引恩格斯和杜林的争论对你是**不利的**。[90]

波特列索夫先生接着写道:"……我们知道,反对主观社会学的斗争在俄国马克思主义的形成历史中所起的作用……"

难道就不知道拉甫罗夫和米海洛夫斯基的实证论和唯心论学说在主观社会学的错误中所起的作用吗?你瞧,阿尔卡季·尼古拉耶维奇,你的每一枪都打偏了。如果要作历史类比,那就应当分清并且确切指出不同事件的相同点,否则就不是作历史对比,而是信口开河。如果拿你所作的历史类比来说,那就要问:要是别尔托夫**没有**阐明哲学唯物主义的原理以及这些原理对反驳拉甫罗夫和米海洛夫斯基的意义,那么**俄国**马克思主义能不能"形成"呢?[91]对这个问题的答案只能有一个,而这个答案——如果把从历史类比中得出的结论用于同马赫主义者的争论的话——对波特列索夫先生是**不利的**。

"……但正因为我们知道这一切〈当然罗!现在我们已经知道波特列索夫先生写的"我们知道这一切"是什么意思〉,我们也就希望,在我们进行的哲学争论同马克思主义的社会政治流派及其任务和要求之间能终于建立起真正的现实的联系。而现在……"——接着引证了考茨基信中的话,说马赫主义是私事(Privatsache),关于马赫主义的争论是"海市蜃楼",等等。

引证考茨基的话,是庸俗论断的一个典型。问题不在于考茨基"没有原则",像波特列索夫先生挖苦(伊兹哥耶夫式的挖苦)的那样,而在于考茨基**不了解**也不想了解俄国马赫主义的情况。考茨基在自己的信中承认普列汉诺夫精通马克思主义,深信唯心主义同马克思主义是不可调和的,并认为马赫主义不是唯心主义(或者说:不是任何马赫主义都是唯心主义)。考茨基在最后一点上,特别在关于俄国的马赫主义这一点上**是错误的**,这是无疑的。但他的错误完全可以原谅,因为他并**没有研究过**整个马赫主义,他写了一封私人信件,其目的显然是为了提醒人们不要夸大意见分歧。在这种情况下,一个**俄国**

马克思主义作家再来引证考茨基的话，就表现出他在思想上的十足庸俗的懒惰和在斗争中的怯懦。考茨基1908年写那封信的时候，**可以指望**马赫主义在一定意义上同**唯物主义**"调和"，但在1909—1910年的俄国，再在这个问题上引证考茨基的话，就是**想把**俄国马赫主义者同唯物主义者调和起来。难道波特列索夫先生或别的什么人真想这样做吗？

考茨基不是没有原则的，而想把马赫主义说成"私事"的波特列索夫及其同伙才是当代俄国马克思主义运动中的**没有原则的典型**。考茨基在1908年没有读过俄国马赫主义者的著作，而建议**他们**同精通马克思主义的唯物主义者普列汉诺夫讲和，他完全是真诚的，一点也不是没有原则的，因为他一直是赞成唯物主义、反对唯心主义的，就在那封信中也是这样。而波特列索夫之流先生们及其同伙在1909—1910年拿考茨基作掩护，就没有**一点**诚意，**一点**也不尊重原则性。

波特列索夫先生，你没有看到哲学争论同马克思主义派别之间的生动的现实的联系吗？那就让我这个昨天的政治家恭恭敬敬地至少向你指出下面几种情况和看法：（1）什么是哲学唯物主义，为什么离开它是错误的、危险的、反动的，对这些问题的争论**总是**同"马克思主义的社会政治流派"有"生动的现实的联系"，否则这个流派就不是马克思主义的，就不是社会政治的，也就不成其为流派了。只有改良主义或无政府主义的那些目光短浅的"现实的政治家"才会否认这种联系的"现实性"。（2）既然马克思主义具有丰富多彩的思想内容，那么在俄国也同在其他国家一样，不同的历史时期时而特别突出马克思主义的这一方面，时而特别突出马克思主义的那一方面，那就不足为奇了。在德国，在1848年以前，特别突出的是马克思主义哲学的形成；在1848年，是马克思主义的政治思想；在50年代和60年代，是马克思的经济学说。在俄国，在革命以前，特别突出的是马克思的经济学说在我国实际中的运用；在革命时期，是马克思主义的政治；在革命以后，是马克思主义的哲学。这并不是说，在任何时候可以忽视马克思主义的某一方面；这只是说，**把注意力主要放在**这一方面或那一方面，并不取决于主观愿望，而取决于总的历史条件。(3)社会政治反动时期，"消化"丰富的革命教训的时期，对于每个**生气蓬勃的**派别说来，是把包括哲学问题在内的基本理论问题放在一个首要地位的时期，这并不是偶然的。(4)在俄国先进的思想流派中，没有像法国那种同18世纪的百科全书派[92]有联系的或者德国那种同从康德到黑格尔、费尔巴哈的古典哲学时期有联系的伟大的哲学传统。因此，正是对俄国的先进阶级来说，这种哲学上的"清理"是必不可少的，至于这种稍晚了些的"清理"，是在这个先进阶级完全成熟到在不久前的伟大事件中起了自己独立的历史作用之后才开始进行，那是不足为奇的。(5)世界其他国家早就为进行这种哲学上的"清理"做好了准备，因为例如新物理学提出了许多应由辩证唯物主义"处理"的新问题。在这方面，"我们的"（照波特列索夫的说法）哲学争论就不仅具有一定的即俄国的意义。欧洲为"更新"哲学思想提供了材料，而落后的俄国在1908—1910年这个被迫沉寂的时期，特别"渴望"求助于这种材料。(6)不久前，别洛乌索夫把第三届杜马[93]称为拜神杜马。他正确地抓住了第三届杜马在这方面的阶级特点，公正地痛斥了立宪民主党人[94]的伪善。

我们的一切反动派，特别是自由派的（路标派[95]的，立宪民主党的）反动派，"求助于"宗教并非偶然，而是出于**必然**。单靠棍棒和鞭子是不够的；棍棒毕竟已被折裂。**路标派**帮助先进的资产阶级搞到一种最新式的思想棍棒即精神棍棒。马赫主义这个唯心主义的变种在**客观上**是反动派的工具，反动派的宣传手段。因此，在1908—1910年这个历史时期，既然我们看到"在上面"不仅有十月党人[96]和普利什凯维奇之流的"拜神杜马"，而且还有拜神的立宪民主党人、拜神的自由派资产阶级，那么"在下面"进行反对马赫主义的斗争就不是偶然的，而是不可避免的。

波特列索夫先生"附带说明"，他"现在没有涉及到""造神说"[5]。这就是无原则的庸俗的政论家波特列索夫不同于考茨基的地方。考茨基**既不了解**马赫主义者的造神说，**也不了解**拜神的路标派，因此他**可以**说不是任何马赫主义都是唯心主义。而波特列索夫是了解这些的，他"**没有涉及到**"主要的东西(对用**狭隘的**"政论家"的眼光观察问题的人来说是主要的)，那就是伪善了。波特列索夫先生及其同伙把同马赫主义的斗争说成是"私事"，那就在"社会政治"方面成了路标派的帮凶。

选自《列宁全集》第2版第20卷
第115、125—131页

纪念赫尔岑

（1912年4月25日〔5月8日〕）

　　赫尔岑诞生一百周年了。全俄国的自由派都在纪念他，可是又小心翼翼地回避重大的社会主义问题，费尽心机地掩盖**革命家**赫尔岑与自由主义者的不同之处。右派报刊也在悼念赫尔岑，但是撒谎骗人，硬说赫尔岑晚年放弃了革命。至于侨居国外的自由派和民粹派纪念赫尔岑的言论，则满篇都是漂亮的空话。

　　工人的政党应当纪念赫尔岑，当然不是为了讲些庸俗的颂词，而是为了阐明自己的任务，为了阐明这位在为俄国革命作准备方面起了伟大作用的作家的真正历史地位。

　　赫尔岑是属于19世纪上半叶贵族地主革命家那一代的人物。俄国贵族中间产生了比龙和阿拉克切耶夫之流，产生了无数"酗酒的军官、闹事的无赖、嗜赌成性的败类、集市上的好汉、养猎犬的阔少、寻衅打架的暴徒、掌笞刑的打手、淫棍"以及温情的马尼洛夫[97]之流。赫尔岑写道："但是在他们中间，也出现了12月14日的人物[98]，出现了像

　　本文为纪念赫尔岑诞生一百周年而作。列宁评述了赫尔岑的历史地位，指出他在为俄国革命作准备方面起了伟大的作用，在19世纪40年代的俄国达到了当时最伟大思想家的水平；他领会了黑格尔的辩证法，懂得辩证法是"革命的代数学"；他超越了黑格尔，跟着费尔巴哈走向唯物主义；他已经走到了辩证唯物主义跟前，但在历史唯物主义面前却停止了。19世纪60年代，赫尔岑与巴枯宁无政府主义决裂，转向马克思所领导的国际；他看到了革命人民的历史作用，就无畏地站到革命民主派方面，进行反对沙皇制度的斗争，举起了革命的旗帜。

罗慕洛和瑞穆斯[99]那样由兽乳养大的一大群英雄…… 这是一些从头到脚用纯钢铸成的勇士，是一些顶天立地的战士，他们自觉地赴汤蹈火，以求唤醒年青的一代走向新的生活，并洗净在专横暴虐和奴颜婢膝的环境中出生的子弟身上的污垢。"[100]

赫尔岑就是这些子弟中的一个。十二月党人的起义唤醒了他，并且把他"洗净"了。他在19世纪40年代农奴制的俄国，竟能达到当时最伟大的思想家的水平。他领会了黑格尔的辩证法。他懂得辩证法是"革命的代数学"。他超过黑格尔，跟着费尔巴哈走向了唯物主义。1844年写的《自然研究书简》(第一封信。——《经验和唯心主义》)，向我们表明，这位思想家甚至在今天也比无数现代经验论的自然科学家和一大群现时的哲学家即唯心主义者和半唯心主义者高出一头。赫尔岑已经走到辩证唯物主义跟前，可是在历史唯物主义前面停住了。

正因为赫尔岑这样"停住"了，所以他在1848年革命失败之后精神上崩溃了。赫尔岑当时已经离开俄国，亲眼目睹了这场革命。当时他是一个民主主义者、革命家、社会主义者。但是，他的"社会主义"是盛行于1848年时代而被六月事件彻底粉碎了的无数资产阶级和小资产阶级社会主义形式和变种的一种。其实，这根本不是社会主义，而是一种温情的词句，是资产阶级民主派以及尚未脱离其影响的无产阶级用来表示他们**当时的**革命性的一种善良的愿望。

1848年以后，赫尔岑的精神崩溃，他的十足的怀疑论[13]和悲观论，是社会主义运动中的**资产阶级幻想**的破产。赫尔岑的精神悲剧，是资产阶级民主派的革命性**已在**消亡(在欧洲)而社会主义无产阶级的革命性**尚未**成熟这样一个具有世界历史意义的时代的产物和反映。这是现在那些用华丽词藻大谈赫尔岑的怀疑论来掩盖自己反革

命性并大唱俄国自由派高调的骑士们不理解而且也无法理解的。在
这些出卖了1905年俄国革命、根本不再想到**革命家**的伟大称号的骑
士们那里，怀疑论就是从民主派到自由派，到趋炎附势、卑鄙龌龊、穷
凶极恶的自由派的转化形式，这种自由派在1848年枪杀过工人，恢
复过已被摧毁的皇朝，向拿破仑第三鼓过掌，正是这种自由派遭到过
赫尔岑的**咒骂**，尽管他还没有识破他们的阶级本质。

在赫尔岑那里，怀疑论是从"超阶级的"资产阶级民主主义幻想
到无产阶级严峻的、不屈不挠的、无往不克的阶级斗争的转化形式。
赫尔岑在1869年即逝世前一年写给巴枯宁的几封《致老友书》就是证
明。赫尔岑与无政府主义者巴枯宁决裂了。诚然，赫尔岑把这种决裂
还只是看做策略上的意见分歧，而不是看做相信本阶级定会胜利的
无产者的世界观同绝望的小资产者的世界观之间的一道鸿沟。诚然，
赫尔岑在这里又重复了旧的资产阶级民主主义的词句，说什么社会
主义应当"向工人和雇主、农民和小市民同样作宣传"。但是，赫尔岑
与巴枯宁决裂时，他的视线并不是转向自由主义，而是转向**国际**[64]，
转向马克思所领导的国际，转向已经开始"**集合**"无产阶级"**队伍**"、团
结"抛弃了不劳而获者的世界"的那个"**劳工世界**"的国际！[101]

———

赫尔岑既然不理解1848年整个运动的以及马克思以前各种形
式的社会主义的资产阶级民主主义实质，也就更加无法理解俄国革
命的资产阶级性质。赫尔岑是"俄国"社会主义即"民粹主义"的创始
人。赫尔岑把农民**连带土地**的解放，把村社[62]土地占有制和农民的
"土地权"思想看做"社会主义"，他把他在这一方面的得意想法反复
发挥了无数次。

其实，赫尔岑的这一学说，也像一切俄国民粹主义——一直到

现时的"社会革命党人"[102]的褪了色的民粹主义——一样,是没有**一点**社会主义气味的。它也像西欧"1848年的社会主义"的各种形式一样,是一种表示俄国的资产阶级农民民主派的**革命性**的温情的词句和善良的愿望。1861年农民得到的土地愈多,得到的土地愈便宜,农奴主–地主的权力也就会被破坏得愈厉害,俄国资本主义的发展也就会愈迅速,愈自由,愈广泛。"土地权"和"平分土地"的思想,无非是为了完全推翻地主权力和完全消灭地主土地占有制而斗争的农民追求平等的革命愿望的表现而已。

1905年的革命完全证明了这一点:一方面,无产阶级创立了社会民主工党,完全独立地领导了革命斗争;另一方面,革命农民("劳动派"[103]和"农民协会"[104])力求用各种方式消灭地主土地占有制,直到"废除土地私有制",他们正是以业主的身份,以小农场主的身份进行斗争的。

现在争论什么土地权的"社会主义性"等等,这只能**模糊**和掩盖真正重要而严肃的历史问题,即自由派资产阶级和革命农民在俄国**资产阶级**革命中**利益**的区别问题,换句话说,就是关于这场革命中自由主义倾向和民主主义倾向、"妥协主义"(君主主义)倾向和共和主义倾向的问题。如果我们是看问题的实质,而不是看词句,如果我们是把阶级斗争当做"理论"和学说的基础来研究,而不是相反的话,那么,赫尔岑的《钟声》杂志[105]所提出的正是这个问题。

赫尔岑在国外创办了自由的俄文刊物,这是他的伟大功绩。《北极星》[106]发扬了十二月党人的传统。《钟声》杂志(1857—1867年)极力鼓吹农民的解放。奴隶般的沉默被打破了。

但是,赫尔岑是地主贵族中的人。他在1847年离开了俄国,他没有看见革命的人民,也就不可能相信革命的人民。由此就产生了他对

"上层"发出的自由主义呼吁。由此就出现了他在《钟声》杂志上写给绞刑手亚历山大二世的无数封充满甜言蜜语的书信,这些信现在读起来不能不令人厌恶。车尔尼雪夫斯基、杜勃罗留波夫、谢尔诺-索洛维耶维奇是新的一代平民知识分子革命家的代表,他们责备赫尔岑从民主主义**向**自由主义的这种退却,这是万分正确的。可是,说句公道话,尽管赫尔岑在民主主义和自由主义之间动摇不定,民主主义毕竟还是在他身上占了上风。

当卡维林这个极其卑鄙无耻的自由派代表人物——他先前正是由于《钟声》杂志带有**自由主义**倾向而大加赞赏——反对立宪,攻击革命鼓动,反对"暴力",反对号召使用暴力,开始宣传忍耐时,赫尔岑就同这位自由派的哲人**决裂了**。赫尔岑抨击了卡维林为了"替玩弄自由主义手腕的政府暗中策划"而写的那篇"空洞的、荒谬的、有害的杂文",抨击了卡维林硬说"俄国人民蠢笨如牛,政府则聪明绝顶"的那些"充满政治感伤的格言"。《钟声》杂志发表过一篇以《祭文》为题的文章,这篇文章痛斥了"那些把自己高傲而浅薄的思想编成一整套陈腐谬论的教授,那些一度表现仁慈宽厚、后来看见健全的青年不理会他们的腐败思想就勃然大怒的退职教授"[107]。卡维林一看到这种描绘,就知道说的是他。

当车尔尼雪夫斯基被捕时,卑鄙的自由主义者卡维林写道:"逮捕并不使我感到愤慨…… 革命政党认为可以采取一切有效的手段来推翻政府,而政府也就可以采取一切手段来自卫。"赫尔岑在谈到审判车尔尼雪夫斯基的时候,正好答复了这位立宪民主党人[94]:"这里有一些可怜的人,草芥不如的人,软骨头,却说不应当咒骂这一伙统治我们的强盗和恶棍。"[108]

当自由主义者屠格涅夫私人上书亚历山大二世,表示忠于皇朝,并且捐了两个金币来慰劳那些因镇压波兰起义[109]而受伤的士兵时,《钟声》杂志就发表了一篇文章,说"有一位白发苍苍的圣女马格达琳娜(男性)上书皇上,陈诉她夜不成眠,焦虑皇上不知道她诚心忏悔"[110]。屠格涅夫也是一看就知道说的是他。

当整个一群俄国自由派的乌合之众由于赫尔岑为波兰辩护而纷纷离开他时,当整个"有教养的社会"弃绝了《钟声》杂志时,赫尔岑并没有张皇失措。他继续捍卫波兰的自由,痛斥亚历山大二世手下的镇压者、刽子手、绞刑手。赫尔岑挽救了俄国民主派的名誉。他写信给屠格涅夫说:"我们挽救了俄国人的名誉,因此才遭到占多数的奴才们的非难。"[111]

当有消息说一个农奴打死了一个侮辱他的未婚妻的地主时,赫尔岑就在《钟声》杂志上补充说:"干得好!"当听说沙皇政府准备派遣军官去进行"和平的""解放"时,赫尔岑写道:"如果有一个聪明的上校带着他的队伍,不是去绞杀农民,而是去归附农民,那他就会登上罗曼诺夫王朝的宝座。"[112]当雷特尔恩上校不愿做刽子手的帮凶而在华沙自杀时(1860年),赫尔岑写道:"如果要开枪,那就应该把枪口对准那些下令枪杀手无寸铁的人的将军们。"[113]当别兹德纳村的50个农民被杀死,而他们的首领安东·彼得罗夫也被处以极刑时[114](1861年4月12日),赫尔岑在《钟声》杂志上写道:

"啊,俄罗斯大地上的劳动者和受苦的人,但愿我的话能够传入你们的耳鼓!⋯⋯我要教导你们鄙视彼得堡的正教院[115]和德意志血统的沙皇派来管你们的那些神父⋯⋯ 你们恨地主,恨官吏,怕他们,这完全是对的;但是你们还相信沙皇和主教⋯⋯ 不要相信他们吧。沙皇是跟他们一道的,他们都是沙皇手下的人。你们现在认识他了,你们是别兹德纳村被杀少年的父兄,你们是奔萨城被杀老人的子弟⋯⋯ 你们的神父也同你们一样无知,也同你们一样贫穷⋯⋯ 为了你们而在喀山城遇害的安东(不是安东主教,而是别兹德纳村的安东）就是这样的一个人…… 你们的这些圣徒的尸体不会作出48种奇迹，向他们祷告也不会治好牙痛；但是，你们时刻纪念着他们，这就能创造出一种奇迹——获得解放。"116

由此可见，那些藏身于奴才式的"合法"刊物中的自由派，只颂扬赫尔岑的弱点而隐瞒他的优点，这种对赫尔岑的诬蔑该是多么卑鄙无耻。赫尔岑不能在40年代的俄国内部看见革命的人民，这并不是他的过错，而是他的不幸。当他**在60年代**看见了革命的人民时，他就无畏地站到革命民主派方面来反对自由派了。他进行斗争是为了使人民战胜沙皇制度，而不是为了使自由派资产阶级去勾结地主沙皇。他举起了革命的旗帜。

————

我们纪念赫尔岑时，清楚地看到先后在俄国革命中活动的三代人物、三个阶级。起初是贵族和地主，十二月党人和赫尔岑。这些革命者的圈子是狭小的。他们同人民的距离非常远。但是，他们的事业没有落空。十二月党人唤醒了赫尔岑。赫尔岑开展了革命鼓动。

响应、扩大、巩固和加强了这种革命鼓动的，是平民知识分子革命家，从车尔尼雪夫斯基到"民意党"81的英雄们。战士的圈子扩大了，他们同人民的联系密切起来了。赫尔岑称他们是"未来风暴中的年轻航海长"。但是，这还不是风暴本身。

风暴是群众自身的运动。无产阶级这个唯一彻底革命的阶级，起来领导群众了，并且第一次唤起了千百万农民进行公开的革命斗争。第一次风暴是在1905年。第二次风暴正在我们眼前开始扩展。

无产阶级纪念赫尔岑时，以他为榜样来学习了解革命理论的伟大意义；学习了解，对革命的无限忠心和向人民进行的革命宣传，即使在播种与收获相隔几十年的时候也决不会白费；学习判定各阶级在俄国革命和国际革命中的作用。吸取了这些教训的无产阶级，一定会给自己开拓一条与全世界社会主义工人自由联合的道路，粉碎沙皇君主制恶棍，而赫尔岑就是通过向群众发表**自由的俄罗斯言论**，举起伟大的斗争旗帜来反对这个恶棍的第一人。

选自《列宁全集》第2版第21卷
第261—268页

纪念约瑟夫·狄慈根
逝世二十五周年

(1913年5月5日〔18日〕)

　　25年前,即1888年,制革工人、杰出的德国社会民主党著作家和哲学家约瑟夫·狄慈根逝世了。

　　约瑟夫·狄慈根的著作(大部分已译成俄文)有:《人脑活动的本质》(1869年出版)、《一个社会主义者在认识论领域中的漫游》、《哲学的成果》等等。马克思早在1868年12月5日给库格曼的信中就已经对狄慈根及其在哲学史上和工人运动史上所占的地位作了极为正确的评价。

　　马克思写道:"很久以前,狄慈根寄给我一部分关于《思维能力》的手稿,这一部分手稿中虽然有些混乱的概念和过多的重复,但包含着许多卓越的思想,而且作为一个工人的独立思考的产物来说是令人惊叹的思想。"[1]

　　列宁在本文中对约·狄慈根在哲学史和工人运动史上的地位作了科学评价,指出他的重要作用和影响就在于他作为一个普通工人独立地达到了辩证唯物主义。列宁肯定了狄慈根在哲学研究中强调唯物主义的历史演变和唯物主义的辩证性质,强调必须从发展的观点出发,必须懂得认识的相对性,必须懂得世界一切现象的普遍联系和相互依存,必须把自然科学的唯物主义提高到历史唯物主义。狄慈根虽然在强调相对性时,错误地向唯心主义和不可知论作了让步,但是整个说来,他是唯物主义者,是僧侣主义和不可知论的敌人。

---

　　[1] 参看《马克思恩格斯全集》第1版第32卷第566—567页。——编者注

　　狄慈根的作用在于，他是一个独立地达到了辩证唯物主义，即达到了马克思的哲学的工人。狄慈根并不认为自己是一个学派的创始人，这一点对于评价工人出身的狄慈根是非常重要的。

　　早在1873年，当时了解马克思的人还不多，约瑟夫·狄慈根就说马克思是**一派之首**。约·狄慈根着重指出，马克思和恩格斯"具有必要的哲学教养"。1886年，即在马克思主义的主要哲学著作之一、恩格斯的《反杜林论》出版后过了很长时间，狄慈根在文章中说，马克思和恩格斯是一派的"公认的创立者"。

　　为了评价资产阶级哲学即唯心主义和不可知论（包括"马赫主义[7]"）的一切追随者，记住这一点是必要的，因为这些人正想抓住约·狄慈根观点上的"**某种混乱**"。约·狄慈根本人是会嘲笑和唾弃这种崇拜者的。

　　工人们要想成为有觉悟的工人，应该阅读约·狄慈根的著作，但一刻也**不要忘记**，他阐述马克思和恩格斯的学说**并不总是正确的**，只有从马克思和恩格斯那里才能**学到哲学**。

　　约·狄慈根是在简单化的、庸俗的**唯物主义**传播最广的时期从事写作的。所以，约·狄慈根特别强调唯物主义的历史演变，强调唯物主义的**辩证**性质，即强调必须从发展的观点出发，必须懂得人的每一种认识的相对性，必须懂得世界上一切现象的全面联系和相互依存，必须把自然历史的唯物主义提高到唯物主义历史观。

　　约·狄慈根在强调人的认识的相对性时往往陷于混乱，以至错误地向唯心主义和不可知论作了让步。哲学中的唯心主义是在或多或少巧妙地维护僧侣主义，僧侣主义则是一种认为信仰高于科学或者同科学平分秋色，或者总是给信仰让出一席之地的学说。不可知论（来自希腊文，"α"是**不**的意思，"$\gamma\gamma\nu\acute{\omega}\sigma\kappa\omega$"是**知**的意思）是在唯物主义和唯心主义之间摇摆,实际上也就是在唯物主义科学和僧侣主义之间摇摆。康德的拥护者(康德主义者)、休谟的拥护者(实证论者[3]、实在论者等等)和现代的"马赫主义者"都属于不可知论者。因此某些最反动的资产阶级哲学家,如彻头彻尾的蒙昧主义者和僧侣主义的公开拥护者,都曾试图"利用"约·狄慈根的错误。

但是整个说来,约·狄慈根是唯物主义者。狄慈根是僧侣主义和不可知论的敌人。约·狄慈根写道:"我们同过去的唯物主义者只有一个共同点:承认物质是观念的前提或基原。"这个"只有"也就是哲学唯物主义的**实质**。

约·狄慈根写道:"唯物主义认识论在于承认:人的认识器官并不放出任何形而上学的光,而是自然界的一部分,这一部分反映自然界的其他部分。"这也就是人在认识永恒运动着的和变化着的物质方面的唯物主义**反映**论,——这个理论引起了整个御用教授哲学的仇恨和恐惧,诽谤和歪曲。约·狄慈根怀着多么深厚的真正革命者的热情抨击并痛斥了唯心主义者教授们和实在论者等等这些"僧侣主义的有学位的奴仆们"啊!约·狄慈根关于哲学的"党派",即关于唯物主义和唯心主义公正地写道:"在所有的党派中,最卑鄙的就是中间党派。"

《光线报》[117]编辑部和谢·谢姆柯夫斯基先生(《光线报》第92号)就属于这类"卑鄙的党派"。编辑部作了一个"附带声明":"我们不同意总的哲学观点",但对狄慈根的阐述是"正确的和清楚的"。

这是弥天大谎。谢姆柯夫斯基先生无耻地捏造和歪曲约·狄慈根的观点,他所抓住的**恰恰是**约·狄慈根的"**混乱**"的地方,而关于**马克思对狄慈根的评价**则避而不谈。然而无论是最通晓马克思主义哲学的社会党人普列汉诺夫还是欧洲卓越的马克思主义者们都**完全承认这种评价**。

　　谢姆柯夫斯基先生歪曲哲学唯物主义,也歪曲狄慈根的观点,在"一个或两个世界"问题上胡说八道(说什么这是一个"根本问题"!亲爱的,请学习一下吧,哪怕读一读恩格斯的《费尔巴哈论》①也好),而且在世界和现象问题上也胡说八道(似乎狄慈根把现实世界仅仅归结为种种现象;这是对约·狄慈根所进行的僧侣主义和教授式的诽谤)。

　　但要把谢姆柯夫斯基先生的所有歪曲都列举出来,那是不可能的。要让那些关心马克思主义的工人们知道,《光线报》编辑部是马克思主义**取消派的联盟**。一部分人正在取消地下组织即取消无产阶级政党(马耶夫斯基、谢多夫、费·唐·等人),另一部分人正在取消无产阶级领导权的思想(波特列索夫、柯尔佐夫等人),第三部分人正在取消马克思的哲学唯物主义(谢姆柯夫斯基先生及其同伙),第四部分人正在取消无产阶级社会主义的国际主义(崩得分子[118]科索夫斯基、麦迭姆等人,即"民族文化自治"的拥护者),第五部分人则在取消马克思的经济理论(马斯洛夫先生及其地租论和"新"社会学),诸如此类,不一而足。

　　谢姆柯夫斯基先生和替他打掩护的编辑部对马克思主义的令人愤慨的歪曲,只不过是这一文人的"取消派联盟"进行"活动"的最明显的事例之一。

选自《列宁全集》第2版第23卷

第151—154页

---

　　①即《路德维希·费尔巴哈和德国古典哲学的终结》,见《马克思恩格斯全集》第1版第21卷第301—353页。——编者注

第二国际的破产（节选）

（1915年5—6月）

三

但是，第二国际最有名的代表和领袖们背叛了社会主义这种事怎么**会**发生的呢?这个问题下面再详细谈，现在先考察一下"从理论上"为这种背叛辩护的言论。下面我们试就社会沙文主义的一些主要理论作一评述。普列汉诺夫(他主要是重复英法沙文主义者海德门及其新信徒的论据)和考茨基(他提出的论据要"精致"得多，表面看起来理论上要充实得多)可以算是这些理论的代表。

在这些理论中，最浅薄的恐怕就是"祸首"论了:人家进攻了我

这是列宁批判普列汉诺夫、考茨基等第二国际领袖的文章。在节选的部分，列宁揭露他们在对待第一次世界大战的问题上，用诡辩术偷换辩证法，从而背叛了社会主义。列宁在揭穿他们的诡辩时阐述了辩证法的一些基本原则，指出:辩证法要求从发展中去全面研究某个社会现象，要求把外部的、表面的东西归结于基本的动力，归结于生产力的发展和阶级斗争，辩证法的基本原理运用在战争上就是:战争不过是政治通过另一种手段即暴力手段的继续。普列汉诺夫的"祸首"论、考茨基的"超帝国主义论"，都是想抹煞战争的帝国主义性质，站在社会沙文主义的立场上，不分阶级地提出所谓"保卫祖国"。列宁明确指出:这场战争的客观内容是帝国主义的政治的继续，即列强的已经衰朽的资产阶级和他们的政府掠夺其他民族的政治的继续。

们,我们进行自卫;无产阶级的利益要求对欧洲和平的破坏者进行反击。这是各国政府的声明和全世界所有资产阶级报刊和黄色报刊的滥调的翻版。连如此陈腐庸俗的论调,普列汉诺夫也要狡猾地引用"辩证法"(这是这位著作家惯用的手法)来粉饰一番,说什么为了估计当前的具体形势,首先须要找出祸首,予以惩罚;至于其他一切问题,则留待另一种形势到来时再去解决(见普列汉诺夫的小册子《论战争》1914年巴黎版;并见阿克雪里罗得在《呼声报》[119]第86号和第87号上对这种论调的重复)。在用诡辩术偷换辩证法这一崇高事业中,普列汉诺夫打破了纪录。这位诡辩家任意抽出某一个"论据",而黑格尔早就正确地说过:人们完全可以替世上的一切找出"论据"。辩证法要求从发展中去全面研究某个社会现象,要求把外部的、表面的东西归结于基本的动力,归结于生产力的发展和阶级斗争。普列汉诺夫抽出德国社会民主党报刊上的一句话,说德国人自己在战前就承认奥地利和德国是祸首,——这就够了。至于俄国社会党人多次揭露沙皇政府对加里西亚、亚美尼亚等地的侵略计划,普列汉诺夫却只字不提。对于经济史和外交史,哪怕是最近30年来的,他也一点都没有涉及,而这段历史确凿地证明:目前参战的大国集团,**双方**都是以侵占殖民地,掠夺别国的领土,排挤更有成就的竞争者并使其破产,作为他们政策的主要轴心。①

---

①一位不惜假装为社会主义者的英国和平主义者布雷斯福德所著《钢和金的战争》一书(1914年伦敦版,书内标明的日期是1914年3月!),是一本很有教益的书。作者十分清楚地意识到,民族问题一般说来已不占突出地位,已经解决了(第35页),现在的问题不在这里,"现代外交的典型问题"(第36页)是巴格达铁路[120]、供给这条铁路的铁轨、摩洛哥的矿山等等。作者很正确地认为,"现代欧洲外交史上最耐人寻味的事件"之一,就是法国的爱国主义者和英国的帝国主

　　辩证法(普列汉诺夫为了取悦于资产阶级而无耻地将它歪曲了)的基本原理运用在战争上就是:**"战争不过是政治通过另一种〈即暴力的〉手段的继续"**。这是军事史问题的伟大著作家之一、思想上曾从黑格尔受到教益的克劳塞维茨所下的定义①。而这正是马克思和

义者一起反对凯约(在1911年和1913年)想同德国在共同瓜分殖民地势力范围和允许德国证券在巴黎交易所流通的协议的基础上讲和的企图。**英国和法国的资产阶级阻止了**这种协议(第38—40页)。帝国主义的目的就是要向较弱的国家输出资本(第74页)。英国依靠这种资本而获得的利润在1899年是9 000—10 000万英镑(吉芬),在1909年是14 000万英镑(佩什),我们得补充一下:劳合-乔治在不久前的一次演说中把利润算成2亿英镑,将近20亿卢布。卑鄙的伎俩,收买土耳其贵族的活动,替自己的子弟在印度和埃及觅取肥缺——这就是事情的实质(第85—87页)。一小撮人从扩张军备和战争中大发其财,拥护他们的是社会和金融家,而跟着拥护和平的人走的则是分散的民众(第93页)。一个今天还在高谈什么和平和裁军的和平主义者,明天就会成为完全依附于军火承包商的政党的党员(第161页)。如果三协约国[121]占上风,它们就会夺取摩洛哥并瓜分波斯,三国同盟将会夺取的黎波里,巩固自己在波斯尼亚的地位,征服土耳其(第167页)。伦敦和巴黎在1906年3月借给了俄国数十亿的贷款,帮助沙皇政府镇压解放运动(第225—228页);英国现在正帮助俄国扼杀波斯(第229页)。俄国已经燃起了巴尔干的战火(第230页)。——这一切都不是什么新鲜事情,难道不对吗?难道这一切都不是人所共知并为全世界社会民主党报纸重复过一千次的吗?一个英国的资产者在大战前夕就已经清清楚楚地看到这点了。而在上述这些简单的人所共知的事实面前,普列汉诺夫和波特列索夫关于德国负有罪责的理论,考茨基关于在资本主义制度下有实现裁军和持久和平的"前景"的理论,是多么不成体统的废话,多么使人难以忍受的伪善,多么娓娓动听的谎言啊!

　　①**卡尔·冯·克劳塞维茨《论战争》,《克劳塞维茨全集》第1卷第28页。**参看第3卷第139—140页:"大家都知道,战争只是由政府之间和民族之间的政治关系引起的;但是人们往往都以为,战争一开始,这些关系就告中断,随之产生一种完全不同的、只受自身规律支配的状态。我们的看法相反:战争无非是政治关系在另一种手段介入的情况下的继续。"

恩格斯始终坚持的观点，他们把**每次**战争都看做是有关列强（及其内部**各阶级**）在当时的政治的**继续**。

普列汉诺夫的拙劣的沙文主义与考茨基的比较精致的、心平气和的、动听的沙文主义所持的理论立场，是完全相同的。考茨基在颂扬各国社会党人倒向"自己的"资本家的行动时说道：

> 大家都有权利和义务保卫自己的祖国；真正的国际主义就在于承认各国社会党人（包括同我国交战的国家的社会党人）都有这种权利……（见1914年10月2日《新时代》杂志[122]和该作者的其他文章）

这种无与伦比的论调是对社会主义的极端庸俗的嘲弄，回答这种嘲弄的最好的办法就是定制一枚奖章，一面有威廉二世和尼古拉二世的肖像，另一面有普列汉诺夫和考茨基的肖像。要知道，真正的国际主义就是要确认：为了"保卫祖国"，法国工人应当向德国工人开枪，德国工人应当向法国工人开枪！

但是，假如我们细心地研究一下考茨基这种论调的理论前提，那么我们就一定会发现，这正是克劳塞维茨在大约80年以前所嘲笑的观点：战争一开始，各个民族和各个阶级之间历史地形成的政治关系就会中断，随之产生一种完全不同的状态！这时，"只有"进攻者和防御者，"只有"对"祖国的敌人"的抵抗！帝国主义列强对占世界人口一半以上的许多民族的压迫，这些帝国主义国家的资产阶级之间为分赃而进行的竞争，资本分裂和镇压工人运动的意图——这一切都一下子从普列汉诺夫和考茨基的视野中消失了，虽然他们自己在战前数十年中所描述的正是这种"政治"。

这两位社会沙文主义领袖还歪曲引用马克思和恩格斯的话作为自己的"王牌"论据：普列汉诺夫回忆起1813年普鲁士民族战争和

1870年德国民族战争,考茨基则作出最博学的样子证明说,马克思解决过在1854—1855年、1859年、1870—1871年的战争中哪一方(即哪一国的资产阶级)获胜比较有利的问题,一些马克思主义者还解决过1876—1877年和1897年的战争中的同样问题。一切诡辩家向来都爱采取这样的手法:引用一些情况分明完全不同的例子作为论据。他们向我们举出的以前的战争,都是历时多年的资产阶级民族运动,即反对异族压迫和反对专制制度(土耳其和俄国的)的运动的"政治的继续"。那时,除了哪一国的资产阶级获胜比较有利这个问题,不可能有任何其他的问题;马克思主义者可以**预先号召**各国人民进行这类战争,**燃起**民族的仇恨,正如马克思在1848年和1848年以后曾经号召去同俄国作战那样,正如恩格斯在1859年曾经燃起德国人对他们的压迫者拿破仑第三和俄国沙皇制度的民族仇恨那样。①

把与封建制度和专制制度进行斗争的"政治的继续",即把正在争取解放的资产阶级的"政治的继续",同已经衰朽的,**即**帝国主义的,**即**掠夺了全世界的、反动的、联合封建主来镇压无产阶级的资产阶级的"政治的继续"相提并论,这就等于是把长度同重量相提并论。

---

① 顺便说一下,加尔德宁先生在《生活报》[123]上说,马克思在1848年曾经赞成进行一场革命战争来反对欧洲那些事实上已证明是反革命的民族,即"斯拉夫人,特别是俄罗斯人",这是"革命的沙文主义",但毕竟还是沙文主义。对马克思的这种指责,只不过是再次证明这个"左派"社会革命党人[102]的机会主义(或十足的轻率,——更正确些应当说是:和十足的轻率)罢了。我们,马克思主义者,过去和现在始终赞成进行**革命**战争来反对**反革命**的民族。例如,如果社会主义1920年在美洲或欧洲**取得胜利**,假定**那时候**日本和中国促使本国的俾斯麦分子来反对我们(哪怕起初是在外交上反对),那我们就要**赞成**向它们进行一场进攻性的革命战争。加尔德宁先生,您觉得这很奇怪吧?那您就是罗普申一类的革命家了!

这就像是把罗伯斯比尔、加里波第、热里雅鲍夫这样的"资产阶级代表"同米勒兰、萨兰德拉、古契柯夫这样的"资产阶级代表"相提并论。如果不对伟大的资产阶级革命家抱至深的敬意，就不能算是一个马克思主义者，因为这些革命家具有世界历史所赋予的权利，来代表曾经通过反对封建制度的斗争使新兴民族的千百万人民走向文明生活的资产阶级"祖国"讲话。同时，如果不对普列汉诺夫和考茨基的诡辩抱鄙视的态度，也不能算是一个马克思主义者，因为他们明明看到德国帝国主义者在扼杀比利时，看到英、法、俄、意等国的帝国主义者在勾结起来掠夺奥地利和土耳其，却高谈什么"保卫祖国"。

社会沙文主义还有一个"马克思主义"理论：社会主义是以资本主义的迅速发展为基础的；我的国家的胜利会加速国内资本主义的发展，因而也就会加速社会主义的到来；我的国家的失败会阻碍国内经济的发展，因而也就会阻碍社会主义的到来。发挥这种司徒卢威主义[124]理论的，在我国有普列汉诺夫，在德国有伦施等人。考茨基反对这种拙劣的理论，反对公开维护这种理论的伦施，也反对暗中坚持这种理论的库诺，可是他反对的目的，仅仅是要在更精致更狡猾的沙文主义理论的基础上，把各国社会沙文主义者调和起来。

我们不必花许多时间来分析这种拙劣的理论。司徒卢威的《评述》一书是在1894年出版的，20年来，俄国社会民主党人已经非常熟悉有教养的俄国资产者的这种"手法"，熟悉他们怎样披着**清除了**革命性的"马克思主义"的外衣来贯彻自己的观点和愿望。最近的事态特别明显地表明，司徒卢威主义不仅是俄国的而且也是国际的资产阶级理论家的一种意图，他们妄想"用温和的手段"杀死马克思主义，用拥抱，用仿佛承认马克思主义中**除了**"煽动性的"、"蛊惑性的"、"布朗基式空想主义的"方面**以外**的"一切""真正科学的"方面和成分这种手段来杀死马克思主义。换句话说,采取马克思主义中为自由派资产阶级所能接受的一切东西,直到争取改良的斗争,直到阶级斗争(不要无产阶级专政),直到"笼统地"承认"社会主义的理想",承认资本主义要被一种"新制度"所代替,而"唯独"抛弃马克思主义的活的灵魂,"唯独"抛弃它的革命性。

马克思主义是无产阶级解放运动的理论。因此很清楚,觉悟的工人必须密切注意以司徒卢威主义偷换马克思主义的过程。这个过程的动力数量很多,形式也很多。现在我们只指出主要的三种:(1)科学的发展在提供愈来愈多的材料,证明马克思是正确的。因此要同他进行斗争就不得不加以伪装,不是去公开反对马克思主义的原理,而是假装承认它,却用诡辩来阉割它的内容,把马克思主义变为对资产阶级无害的神圣的"偶像"。(2)机会主义在社会民主党党内的发展,在支持对马克思主义的这种"改造",使它能够为对机会主义作出各种让步进行辩护。(3)帝国主义时期是压迫其他一切民族的享有特权的"大"民族瓜分世界的时期。从这种特权和压迫中得来的赃物,无疑会一星半点落到小资产阶级的某些阶层和工人阶级的贵族和官僚手中。这些阶层在无产阶级和劳动群众中只占极少数,他们倾心于"司徒卢威主义",因为司徒卢威主义可以为他们联合"自己"国家的资产阶级反对**各**民族被压迫群众的行为辩护。关于这一点,我们在下面论述国际破产的原因时还要谈到。

六

当上面这段文章写完时,5月28日出版的一期《新时代》杂志(第

9期)上发表了考茨基关于"社会民主党破产"的总结性的议论(他的一篇驳斥库诺的文章的第7节)。考茨基把他维护社会沙文主义的一切旧的诡辩和一个新的诡辩加在一起,并且自己作了如下的总结:

> "有一种非常荒谬的说法:似乎这场战争是纯粹帝国主义性质的,似乎在战争到来时只作如下的选择:要么是帝国主义,要么是社会主义,似乎德国的、法国的、往往还有英国的社会党和无产阶级群众,对事情不加思考,只听到一小撮议员的一声号召,就投入了帝国主义的怀抱,背叛了社会主义,从而导致史无前例的破产。"

这是一个新的诡辩和对工人的新的欺骗:这场战争——请注意!——不是"纯粹"帝国主义性质的!

在当前这场战争的性质和意义的问题上,考茨基的动摇简直令人吃惊,这位党的领袖总是小心翼翼地躲开巴塞尔和开姆尼茨代表大会[125]的明确的正式的声明,就像小偷躲开他刚刚偷过东西的地方一样。考茨基在1915年2月写的《民族国家……》这本小册子中曾经断言,这场战争"归根到底还是帝国主义性质的"(第64页)。现在却作了新的保留:不是**纯粹**帝国主义性质的。请问,还有别的什么性质呢?

原来还带有民族的性质!考茨基是借助下面这种"普列汉诺夫式的"所谓辩证法得出这种令人惊奇的结论的:

> "当前这场战争不仅是帝国主义的产物,而且也是俄国革命的产物。"他,考茨基,早在1904年就预见到,俄国革命将使泛斯拉夫主义以新的形式复活起来,"民主的俄国必然会强烈地激起奥地利和土耳其统治下的斯拉夫人争取民族独立的愿望…… 那时波兰问题也将尖锐起来…… 那时奥地利就会崩溃,因为目前把彼此趋向分离的分子束缚起来的那个铁箍将随着沙皇制度的崩溃而断裂"(上面的最后一句话是现在考茨基自己从他1904年的文章中引来的)……"俄国革命……给了东方的民族要求以新的强有力的推动,使得在欧洲问题之外又加上了亚洲问题。**所有这些问题在当前**这场战争中都正在强烈地表现出

来，对于**人民群众（也包括无产阶级群众）**的情绪具有决定性的意义，而在统治阶级中占优势的则是帝国主义的倾向。"（第273页；黑体是我们用的）

这是糟蹋马克思主义的又一个范例！**因为**"民主的俄国"会激起东欧各民族追求自由的愿望（这是无可争辩的），**所以**当前这场战争，虽然不会使任何一个民族得到解放，而不管谁胜谁负都会使许多民族遭到奴役，那也不是"纯粹"帝国主义性质的战争。**因为**"沙皇制度的崩溃"将意味着奥地利由于其民族结构的不民主而瓦解，**所以**暂时巩固起来的反革命的沙皇政府掠夺奥地利，使奥地利各民族遭受**更加惨重**的压迫，就使得"当前这场战争"不具有纯粹帝国主义的性质，而在某种程度上具有民族的性质。**因为**"统治阶级"利用所谓这场帝国主义战争具有民族目的的童话来欺骗愚昧的小市民和闭塞麻木的农民，**所以**一个学者，"马克思主义"的权威，第二国际的代表，就有权用下述"提法"使群众容忍这种欺骗行为：统治阶级有帝国主义的倾向，而"人民"和无产阶级群众有"民族的"要求。

辩证法变成了最卑鄙最下贱的诡辩术！

当前这场战争的民族因素**仅仅**表现在塞尔维亚反对奥地利的战争（这一点在我们党的伯尔尼会议的决议中已经指出过①）。只有在塞尔维亚和在塞尔维亚人那里，我们才看到进行多年的、有几百万"人民群众"参加的民族解放运动，而当前塞尔维亚反对奥地利的战争就是这一运动的"继续"。假定这个战争是孤立的，就是说它同全欧的战争，同英、俄等国的自私的掠夺的目的没有关系，那么一切社会党人**都应当**希望塞尔维亚的**资产阶级**获胜——这就是从当前的战争的民族因素中得出的唯一正确的、绝对必需的结论。可是，现在为奥

---

① 见《列宁全集》第2版第26卷第164页。——编者注

地利的资产者、教权派和将军们效劳的诡辩家考茨基,恰恰没有作出
这个结论!

其次,马克思的辩证法,作为关于发展的科学方法的最高成就,
恰恰不容许对事物作孤立的即片面的和歪曲的考察。塞奥战争这一
民族因素对这场欧洲大战是没有而且也不可能有**任何**重要意义的。
如果德国获胜,它就会灭亡比利时,就会再灭亡波兰的一部分,可能
还有法国的一部分等等。如果俄国获胜,它就会灭亡加里西亚,就会
再灭亡波兰的一部分以及亚美尼亚等等。如果"不分胜负",那么以往
的民族压迫就会继续存在。对于塞尔维亚来说,即对于当前这场战争
的百分之一左右的参加者来说,战争是资产阶级解放运动的"政治的
继续"。对于百分之九十九的参加者来说,战争是帝国主义资产阶级,
即只能腐蚀各民族而不能解放各民族的已经衰朽的资产阶级的政治
的继续。三协约国"解放"塞尔维亚,其实是在把塞尔维亚的自由**出卖
给**意大利帝国主义,以换取它对掠夺奥地利的帮助。

这一切是众所周知的,而考茨基为了替机会主义者辩护,竟无
耻地加以歪曲了。无论在自然界或社会中,"纯粹的"现象是**没有**而且
也不可能有的,——马克思的辩证法就是这样教导我们的,它向我们
指出,纯粹这个概念本身就是人的认识的一种狭隘性、片面性,表明
人的认识不能彻底把握事物的全部复杂性。世界上没有而且也不可
能有"纯粹的"资本主义,而总是有封建主义的、小市民的或其他的东
西**掺杂其间**。因此,当帝国主义者分明用"民族的"词句来掩盖赤裸裸
的掠夺的目的,肆无忌惮地欺骗"人民群众"的时候,有人却说战争不
是"纯粹"帝国主义性质的,这种人不是愚蠢透顶的学究,就是吹毛求
疵者和骗子。问题的整个实质就在于考茨基**在帮助**帝国主义者欺骗
人民,他说,"对于人民群众(也包括无产阶级群众)具有决定性的意

义的"是民族问题,**而**对于统治阶级来说则是"帝国主义的倾向"(第273页),同时他还援引了"极为纷繁复杂的现实"(第274页)这个似乎是辩证的论据来"充实"这一论点。毫无疑问,现实是极为纷繁复杂的,这是颠扑不破的真理!但同样毫无疑问的是,在这种极为纷繁复杂的现实中有两股主要的和根本的潮流:这场战争的客观内容是帝国主义的"政治的继续",即"列强"的已经衰朽的资产阶级(和他们的政府)掠夺其他民族的"政治的继续",而"主观的"占主导地位的思想则是为了愚弄群众而散布的"民族的"词句。

考茨基一再重复一种陈腐的诡辩,说什么"左派"把事情描绘成"在战争到来时"只能作如下的选择:要么是帝国主义,要么是社会主义。这种诡辩我们已经分析过了。这是无耻的故意曲解,因为考茨基很清楚,左派所提出的是**另外的**选择:要么是党参加帝国主义的掠夺和欺骗,要么是宣传和准备革命行动。而且考茨基还知道,**只是**书报检查机关保护了他,才使德国的"左派"无法揭穿他那些为了逢迎休特古姆之流而散布的无稽之谈。

至于说到"无产阶级群众"和"一小撮议员"的关系问题,考茨基在这里提出一个陈腐不堪的反驳意见:

"我们不谈德国人,免得为自己辩护;可是谁会郑重地断言,像瓦扬和盖得、海德门和普列汉诺夫这样的人,在一天之内就成了帝国主义者而背叛了社会主义呢?我们先不谈议员和'领导机关'……〈这里考茨基显然是暗指罗莎·卢森堡和弗·梅林的《国际》杂志[126],因为这家杂志对领导机关的政策,即对德国社会民主党的正式的领导,如它的中央——"执行委员会",它的国会党团等等的政策表现出理所当然的轻蔑〉……可是谁又敢断言,只要一小撮议员下一道命令,就能使400万觉悟的德国无产者在24小时之内一起向右转,去反对他们从前所追求的目标呢?如果确实如此,那么这件事所证明的当然就不仅是我们党的可怕的破产,而且也是**群众**〈黑体是考茨基用的〉的可怕的破产了。假如群众真是这样一群无主见的傻瓜,那我们就可以让人家来埋葬我们了。"(第274页)

政治上和学术上的最高权威卡尔·考茨基,已经用自己的行为和一整套可怜的遁词把自己埋葬了。谁不了解这一点甚至感觉不到这一点,谁在社会主义方面就毫无希望;正因为这样,梅林和罗莎·卢森堡以及他们的拥护者在《国际》杂志上把考茨基之流当做最卑鄙的人物来对待,是做得唯一正确的。

不妨想一想:当初**能够**多少自由地(就是说不至于立即被捕入狱,不会有被枪毙的危险)表示自己对战争的态度的,**只有**"一小撮议员"(他们有权自由地投票,他们完全可以投反对票——即使在俄国也不会因为投反对票而遭到殴打和迫害,甚至逮捕),一小撮官吏及记者等。现在考茨基却慷慨地把这个社会**阶层**的叛变和无主见推到**群众**身上,而正是这位考茨基多年来数十次地写文章谈到这个阶层同机会主义的策略和思想之间的**联系**!一般科学研究、特别是马克思辩证法的一条首要的最根本的准则,就是要求著作家去考察社会主义运动中的**两个派别**(即大声疾呼地唤醒人们反对叛变的派别和不认为有叛变的派别)之间现在的斗争同过去**整整数十年**的斗争的**联系**。考茨基关于这一点却没有提到,甚至根本不想提出派别和**思潮**的问题。过去有过一些思潮,现在再也没有了!现在只有奴性十足的人一向当做王牌来使用的那些"权威"的鼎鼎大名了。因此,可以特别方便地互相援引,并以互相包庇的原则友好地掩盖自己的"罪过"。尔·马尔托夫在伯尔尼的一次讲演会上惊呼:既然盖得、普列汉诺夫、考茨基都⋯⋯那怎么能说这是机会主义呢!(见《社会民主党人报》[127]第36号)阿克雪里罗得写道(《呼声报》第86号和第87号):指责像盖得这样的人是机会主义者,应当格外慎重。考茨基也在柏林随声附和道:我不打算为自己辩护,但是⋯⋯瓦扬和盖得、海德门和普列汉诺夫!杜鹃恭维公鸡是因为公鸡恭维了杜鹃。[128]

考茨基像奴仆一样献殷勤，甚至去吻海德门的手，把他描绘成只是在昨天才投身到帝国主义那里去。可是，在同一家《新时代》杂志和全世界数十家社会民主党的报纸上，关于海德门的帝国主义，已经谈论**多年**了！如果考茨基有兴趣认真研究一下他提到的这些**人物**的政治履历，那他就一定会想起：在这些人的履历中不是有一些特征和事件足以表明，他们倒向帝国主义不是"一天之内"而是几十年内酿成的结果吗？瓦扬没有当过饶勒斯派[129]的俘虏吗？普列汉诺夫没有当过孟什维克和取消派的俘虏吗？盖得派[130]不是在典型的死气沉沉、庸碌无能、对任何一个重要问题都没有独立见解的盖得派的《社会主义》杂志[131]上当众死亡了吗？在米勒兰主义问题[132]上，在开始同伯恩施坦主义[133]作斗争的时候，以及在其他方面，考茨基本人（我们给那些十分恰当地把考茨基同海德门及普列汉诺夫相提并论的人作个补充）没有表现出无主见吗？

但是，他丝毫也没有兴趣以科学态度去研究这些领袖的履历。他甚至也不打算考察一下，这些领袖现在是用他们**自己的**论据，还是捡起机会主义者和资产者的论据来为他们自己辩护？这些领袖的行为所以具有重大的政治意义是因为他们自己有特殊的影响，还是因为他们附和了别人的、真正"有影响的"、得到军事机构支持的派别即资产阶级派别？考茨基根本就没有着手研究这一问题；他唯一的兴趣，就是蒙蔽群众，用权威的鼎鼎大名来震聋群众的耳朵，不让他们明确地提出有争论的问题并全面地加以研究。①

---

①考茨基举出瓦扬和盖得、海德门和普列汉诺夫，还有另一方面的意思。像伦施和亨尼施之类的明目张胆的帝国主义者（更不用说机会主义者了）。他们举出海德门和普列汉诺夫，就是为了替**自己的**政策作辩护。他们是**有权**举出这些人的。他们说他们与海德门和普列汉诺夫所采取的实际上是相同的政策，

"……400万群众按照一小撮议员的命令一起向右转……"

这里没有一个字是正确的。德国党组织中的群众不是400万,而是100万,况且代表这个群众组织(也像任何组织一样)的统一意志的,**只是**它的统一的政治中心,即背叛了社会主义的"一小撮人"。当时人们是向这一小撮人征询意见、号召进行投票表决的;只有他们能够投票表决,能够写文章等等。而群众却无人征询他们的意见。不仅不允许他们投票表决,而且把他们驱散和赶走,这完全不是"**按照**"一小撮议员的"**命令**",而是按照军事当局的命令。军事机构现实地存在着,**这个机构里面**没有领袖叛变的事,它把"群众"**一个个地**叫来,向他们提出最后通牒:要么去当兵(按照你的领袖们的劝告),要么被枪毙。群众无法有组织地行动,因为他们早先成立的组织,即以列金、考茨基和谢德曼之流的"一小撮人"为代表的组织,已经出卖了群众,而建立一个**新的**组织还需要时间,需要有抛弃陈旧的、腐朽的、过时的组织的决心。

考茨基竭力想击败自己的对手——左派,硬把一些荒唐的东西加在他们身上,说他们是这样提出问题的:为了"回答"战争,"群众"应当"在24小时之内"制造出一个革命,实行"社会主义",以反对帝国主义,否则"群众"就是表现出"无主见和叛变"。这纯粹是胡说,资产阶级和警察用他们编撰的文理不通的小册子"打击"革命者的时候,向来就

这是**事实**。然而,考茨基却是以轻蔑的口吻谈论伦施和亨尼施这些已经投靠帝国主义的激进派的。考茨基很感谢上帝,因为他不像这些税吏[134],他不同意他们,他仍然是个革命者——这可不是闹着玩的!可是**事实上**,考茨基的立场同他们是一样的。满嘴甜言蜜语的假仁假义的沙文主义者考茨基,要比呆头呆脑的沙文主义者大卫和海涅、伦施和亨尼施可恶得多。

是借助于这种胡说的,而现在考茨基却拿它来炫耀。考茨基的左派对手知道得很清楚,革命是不能"制造出来"的,革命是从客观上(即不以政党和阶级的意志为转移)已经成熟了的危机和历史转折中**发展起来的**,没有组织的群众是不会有统一意志的,同中央集权的国家的强大的、实行恐怖的军事机构作斗争,是困难而长期的事情。领袖在紧急关头实行叛变时,群众是什么也**不能**制造出来的;而这"一小撮"领袖却**完全能够**并且应该投票反对军事拨款,反对"国内和平",反对为战争辩护,公开主张**自己的**政府失败,建立一个国际机构以宣传战壕联欢,创办秘密报刊①以宣传过渡到革命行动的必要性,等等。

考茨基知道得很清楚,德国的"左派"所指的正是这样的行动,或者确切些说,**类似的**行动,但他们在实行战时书报检查的条件下无法**直接地**公开地谈论这些行动。不惜一切代价为机会主义者辩护的愿望,使考茨基干出了前所未有的卑鄙勾当:他躲在战时书报检查官的背后,把明显的胡说硬加在左派头上,相信书报检查官会保护他不被揭穿。

选自《列宁全集》第2版第26卷
第233—239、250—258页

---

①顺便说一下,为此完全没有必要把**所有的**社会民主党报纸都停办,用这种办法来回答不许写阶级仇恨和阶级斗争的禁令。像《前进报》[135]那样接受不写这类内容的条件,是卑鄙和怯懦的表现。《前进报》由于这样做而**在政治上死亡了**。尔·马尔托夫的这句话是说对了。但是我们可以保留公开的报纸,只要我们声明这些报纸不是党的也**不是社会民主主义的**,它们只是为一部分工人的技术性需要服务的即**非政治性的报纸**。可以有**评价**战争的秘密的社会民主党的报刊,也可以有**不作这种评价**的公开的工人报刊,它不说谎话,但也不谈真情,——为什么不可以这样呢?

论尤尼乌斯的小册子

(1916年7月)

　　一本社会民主党的论述战争问题的小册子,没有迁就卑鄙的容克的书报检查,终于在德国秘密地出版了!作者显然属于党的"左翼激进"派,署名尤尼乌斯(拉丁文的意思是:年轻人),书名是《社会民主党的危机》。在附录里还刊印了"关于国际社会民主党的任务的提纲",这个提纲已经提交伯尔尼国际社会党委员会(ИСК)并刊载在该委员会公报的第3号上。[136]提纲是"国际"派[137]起草的。该派在1915年春天出了一期名叫《国际》[126]的杂志(其中载有蔡特金、梅林、罗·卢森堡、塔尔海默、敦克尔、施特勒贝尔等人的文章),在1915—1916年冬天召开了德国各个地区的社会民主党人的会议,通过了这个提纲。

　　这是列宁为评述德国社会民主党左翼领袖罗莎·卢森堡在1916年发表的《社会民主党的危机》(署名尤尼乌斯)而写的文章。尤尼乌斯认为当时欧洲爆发的战争是帝国主义战争。列宁肯定了这一正确见解,同时批评了作者提出的"再也不可能有民族战争"的错误观点。列宁辩证地阐明了帝国主义战争和民族战争的关系,指出:根据马克思主义辩证法的原理,自然界和社会中的一切界限都是有条件的和可变的,没有任何一种现象不能在一定条件下转化为自己的对立面,民族战争可能转化为帝国主义战争,反之亦然。他还指出:辩证法曾不止一次地被用做通向诡辩法的桥梁,但是,我们是辩证论者,我们同诡辩论作斗争的方法,不是根本否认任何转化的可能性,而是在某一事物的环境和发展中对它进行具体分析。

作者在1916年1月2日写的引言中说，这本小册子写于1915年4月，在刊印时"未作任何修改"。一些"外部情况"的干扰，使这本小册子没有能早日出版。这本小册子与其说是阐明"社会民主党的危机"，不如说是分析战争，驳斥那些说这场战争具有民族解放性质的奇谈怪论，证明这场战争无论从德国或其他大国方面来说都是帝国主义战争，并且对正式的党的行为进行革命的批评。尤尼乌斯这本写得非常生动的小册子，在反对已经转到资产阶级和容克方面去的德国旧社会民主党的斗争中，毫无疑问，已经起了而且还会起巨大的作用，因此，我们衷心地向作者表示敬意。

对于熟悉1914—1916年在国外用俄文刊印的社会民主党著作的俄国读者来说，尤尼乌斯的小册子根本没有提供任何新东西。人们在读这本小册子的时候，如果把这位德国的革命马克思主义者的论据，同例如我们党的中央委员会的宣言（1914年9—11月）①、伯尔尼决议（1915年3月）②以及许多关于决议的评论中所阐明的东西加以对照，那就只会深信尤尼乌斯的论据很不充分，而且他犯了两个错误。在对尤尼乌斯的缺点和错误进行批评以前，我们必须着重指出，我们这样做是为了进行马克思主义者不可缺少的自我批评，并且全面地检查那些应当成为第三国际思想基础的观点。尤尼乌斯的小册子，总的说来，是一部优秀的马克思主义著作，很可能，它的缺点在一定程度上带有偶然性。

尤尼乌斯的小册子的主要缺点，以及它比合法的（虽然出版以后立即遭到查禁的）《国际》杂志直接倒退了一步的地方，就是对社会

①见《列宁全集》第2版第26卷第12—19页。——编者注
②同上书，第163—169页。——编者注

沙文主义(作者既没有使用这个术语,也没有使用社会爱国主义这个不太确切的说法)同机会主义的联系只字未提。作者完全正确地谈到德国社会民主党的"投降"和破产、它的"正式领袖们"的"背叛",但没有继续前进。而《国际》杂志已经对"中派"即考茨基主义进行了批评,对它毫无气节、糟蹋马克思主义和对机会主义者卑躬屈膝的行为理所当然地大加嘲笑。这个杂志**已开始**揭露机会主义者的真面目,例如,公布了一件极其重要的事实:1914年8月4日机会主义者提出了最后通牒,声明他们已经决定在**任何**情况下都投票**赞成**军事拨款。无论是在尤尼乌斯的小册子里,还是在提纲中,都既**没有**提到机会主义,也**没有**提到考茨基主义!这在理论上是不正确的,因为不把"背叛"同机会主义这个有悠久历史,即有第二国际全部历史的**派别**联系起来,就无法**说明**这种"背叛"。这在政治实践中是错误的,因为不弄清公开的机会主义派(列金、大卫等)和隐蔽的机会主义派(考茨基之流)这**两个派别**的意义和作用,那就既不能了解"社会民主党的危机",也不能克服它。这和例如奥托·吕勒在1916年1月12日《前进报》[135]上发表的一篇历史性的文章[138]相比,是倒退了一步,因为吕勒在那篇文章中直接地、公开地论证了德国社会民主党的分裂是**不可避免的**(《前进报》编辑部只是重复考茨基的甜蜜的、伪善的词句来回答他,并没有找到任何一个真正的论据来否认**已经**存在两个党、而且无法把它们调和起来的事实)。这是极不彻底的,因为在"国际"派的提纲第12条里已经**直接**提到,"各主要国家的社会党的正式代表机构"已经"背叛"并且"转到资产阶级帝国主义政策的立场上",因而必须成立"新"国际。显然,谈论让德国旧社会民主党或对列金、大卫之流抱调和态度的党加入"新"国际,那是非常可笑的。

"国际"派为什么倒退了一步,我们不得而知。德国整个革命的马克思主义派的最大缺点，就是缺少一个团结一致的、不断贯彻自己的路线并根据新的任务教育群众的秘密组织，这样的组织无论对机会主义或对考茨基主义都一定会采取明确的立场。这一点所以必要，尤其是因为德国革命社会民主党人最后的两家日报，即《不来梅市民报》[139]和不伦瑞克《人民之友报》[140]现在已经被夺走了，这两家报纸都转到考茨基分子那边去了。**只有**一个派别即"德国国际社会党人"(I.S.D.)[141]还坚守自己的岗位，这是任何人都清楚的。

看来，"国际"派中的某些人又滚到无原则的考茨基主义的泥潭里去了。例如，施特勒贝尔竟在《新时代》杂志[122]上拍起伯恩施坦和考茨基的马屁来了！就在前几天，即1916年7月15日，他在报纸上发表一篇题为《和平主义与社会民主党》的文章，为考茨基的最庸俗的和平主义进行辩护。至于尤尼乌斯，他是最坚决反对考茨基的"废除武装"、"取消秘密外交"等等异想天开的计划的。在"国际"派中可能有两派：一派是革命的，另一派则向考茨基主义方面摇摆。

尤尼乌斯的第一个错误论点写进了"国际"派的提纲第5条："……在这猖狂的帝国主义的时代(纪元)，不可能再有任何民族战争。民族利益只是欺骗的工具，以便让劳动人民群众为其死敌——帝国主义效劳……" 以这个论点结尾的第5条，一开头就说明了**这场**战争是帝国主义战争。根本否认民族战争，这可能是疏忽大意，或者是在强调**这场**战争是帝国主义战争而不是民族战争这个完全正确的思想时偶然说了过头话。但是，既然也可能有相反的情况，既然因有人胡说**这场**战争是民族战争，许多社会民主党人就错误地否认**任何**民族战争，所以不能不谈一谈这个错误。

尤尼乌斯强调"帝国主义环境"在**这场**战争中有决定性的影响，他说塞尔维亚背后有俄国，"塞尔维亚民族主义背后有俄国帝国主义",并且说如果荷兰参战**也**是属于帝国主义性质的,因为第一,它要保卫自己的殖民地;第二,它会成为**帝国主义**联盟之一的成员国。这是完全正确的。就**这场**战争来说,这是不容争辩的。而且尤尼乌斯在这里特别强调指出:在他看来,最重要的是同"目前支配着社会民主党政策的""民族战争的幽灵"(第81页)进行斗争,所以不能不认为他的论断既是正确的,又是完全恰当的。

如果说有错误的话,那只是在于:夸大了这个真理,离开了必须具体这个马克思主义的要求,把对这场战争的估计搬到了帝国主义下可能发生的一切战争上去,忘记了**反对**帝国主义的民族运动。为"再也不可能有民族战争"这个论点辩护的唯一理由是:世界已经被极少数帝国主义"大"国瓜分完了,因此任何战争,即使起初是民族战争,也会由于触犯某一帝国主义大国或帝国主义联盟的利益而**转化**为帝国主义战争(尤尼乌斯的小册子第81页)。

这个理由显然是不正确的。不言而喻,马克思主义辩证法的基本原理是:自然界和社会中的一切界限都是有条件的和可变动的,没有**任何一种**现象不能在一定条件下转化为自己的对立面。民族战争**可能**转化为帝国主义战争,**反之亦然**。例如,法国大革命的几次战争起初是民族战争,而且确实是这样的战争。这些战争是革命的:保卫伟大的革命,反对反革命君主国联盟。但是,当拿破仑建立了法兰西帝国,奴役欧洲许多早已形成的、大的、有生命力的民族国家的时候,法国的民族战争便成了帝国主义战争,而这种帝国主义战争**又反过来**引起了**反对**拿破仑帝国主义的民族解放战争。

只有诡辩家才会以一种战争**可能**转化为另一种战争为理由,抹杀帝国主义战争和民族战争之间的差别。辩证法曾不止一次地被用做通向诡辩法的桥梁,在希腊哲学史上就有过这种情况。但是,我们始终是辩证论者,我们同诡辩论作斗争的办法,不是根本否认任何转化的可能性,而是在**某一事物**的环境和发展中对它进行具体分析。

至于说1914—1916年的这场帝国主义战争会转化为民族战争,这种可能性极小,因为代表**向前**发展的阶级是无产阶级,它在客观上力图把这场帝国主义战争转化为反对资产阶级的国内战争,其次还因为两个联盟的力量相差并不很大,而且国际金融资本到处造成了反动的资产阶级。但是,也不能宣布说这种转化是**不可能的**。假如欧洲无产阶级今后20来年还是软弱无力,**假如**目前这场战争的**结局**是拿破仑那样的人获得胜利,而许多有生命力的民族国家遭到奴役,**假如**欧洲以外的帝国主义(首先是日本和美国帝国主义)也能维持20来年,比如说没有由于发生日美战争而转到社会主义,那就可能在欧洲发生伟大的民族战争。这将是欧洲**倒退**几十年。这种可能性不大。但这并**不是**不可能的,因为设想世界历史会一帆风顺、按部就班地向前发展,不会有时出现大幅度的跃退,那是不辩证的,不科学的,在理论上是不正确的。

其次,在帝国主义时代,殖民地和半殖民地方面进行的民族战争不仅很有可能,而且是**不可避免的**。在殖民地和半殖民地(中国、土耳其、波斯),有将近10亿人口,即世界人口**一半以上**。那里的民族解放运动或者已经很强大,或者正在发展和成熟。任何战争都是政治通过另一种手段的继续。殖民地**反对**帝国主义的民族战争**必然**是它们的民族解放政治的继续。这种战争**可能**导致现在的帝国主义"大"国之间的帝国主义战争,但是也可能不导致,这要取决于许多情况。

例如,英法两国为了争夺殖民地打过七年战争[142],也就是说,进行过帝国主义战争(这种战争无论在奴隶制的基础上和原始资本主义的基础上,还是在现代高度发达的资本主义的基础上都可能发生）。法国被打败，并且丧失了自己的一部分殖民地。几年以后，又发生了北美合众国反对英国一国的民族解放战争[143]。法国和西班牙当时自己仍占据着今天美国的某些部分，但出于对英国的仇恨，也就是说，为了自己的帝国主义利益，却同举行起义反对英国的合众国缔结了友好条约。法军同美军一起打英国人。我们看到这是一场民族解放战争，在这场战争中，帝国主义竞争是一个没有多大意义的附带因素，这同我们在1914—1916年战争中所看到的情况恰恰相反（在奥塞战争中，民族因素同决定一切的帝国主义竞赛相比，没有多大的意义）。由此可见，死板地运用帝国主义这个概念，并且由此得出"不可能"发生民族战争的结论，那是多么荒谬。比如波斯、印度和中国联合起来进行反对某些帝国主义大国的民族解放战争，是完全可能的而且可能性很大，因为它是从这些国家的民族解放运动中产生的，至于这种战争是否转化为目前帝国主义大国之间的帝国主义战争，这要取决于很多具体情况，担保这些情况一定会出现，那是很可笑的。

第三，即使在欧洲也不能认为民族战争在帝国主义时代不可能发生。"帝国主义时代"使目前这场战争成了帝国主义战争，它必然引起（在社会主义到来以前）新的帝国主义战争，它使目前各大国的政策成了彻头彻尾的帝国主义政策，但是，这个"时代"丝毫不排斥民族战争，例如，小国（假定是被兼并的或受民族压迫的国家）**反对**帝国主义大国的民族战争，它也不排斥东欧大规模的民族运动。例如，尤尼乌斯对奥地利的判断是很有见地的，他不仅估计到"经济"因素，而且估计到特殊的政治因素，指出"奥地利没有内在的生命力"，认为"哈布斯堡王朝并不是资产阶级国家的政治组织，而只是由几个社会寄生虫集团组成的松散的辛迪加"，"奥匈帝国的灭亡在历史上不过是土耳其崩溃的继续，同时也是历史发展过程的要求"。至于某些巴尔干国家和俄国,情况也并不好些。如果各"大"国在这场战争中都弄得筋疲力竭,或者如果革命在俄国取得胜利,则完全可能发生民族战争,甚至胜利的民族战争。帝国主义大国的干涉实际上并**不是**在一切条件下都能实现的,这是一方面。而另一方面,如果有人"轻率地"说:小国反对大国的战争是没有希望的,那就必须指出:没有希望的战争也是战争;其次,"大国"内部的某些现象——如发生革命——可以使"没有希望的"战争成为很"有希望的"战争。

我们所以详细地分析所谓"再也不可能有民族战争"这个不正确的论点,不仅是因为它在理论上显然是错误的。第三国际只有在非庸俗化的马克思主义基础上才能建立起来,因此,"左派"如果对马克思主义理论漠不关心,那当然是极其可悲的。而且这个错误在政治实践中也是极其有害的:人们会从这一错误出发去进行"废除武装"的荒谬宣传,因为似乎除了反动的战争以外再也不可能有任何战争;人们从这一错误出发会对民族运动持更荒谬的和简直是反动的漠视态度。当欧洲的"大"民族——压迫许多小民族和殖民地民族的民族——的成员,以貌似学者的姿态声称"再也不可能有民族战争"的时候,这种漠视态度就是沙文主义!**反对**帝国主义大国的民族战争不仅是可能的和可能性很大,而且是不可避免的、**进步的**、**革命的**,**诚然**,为了取得**胜利**,或者需要被压迫国家众多居民(我们举例提到的印度和中国就有几亿人口)的共同努力,或者需要国际形势中某些情况**特别**有利的配合(例如,帝国主义大国由于大伤元气、由于彼此打仗和对抗而无力进行干涉,如此等等),或者需要某一大国的无产阶级**同时**举行起义反对资产阶级(我们列举的情况中的最后一种对于无产阶级的胜利是最理想和最有利的)。

不过必须指出,如果责难尤尼乌斯对民族运动漠不关心,那是不公正的。他至少已经指出，社会民主党党团的罪过之一，就是对喀麦隆一个土著领袖因"叛变"（显然是因为他在战争爆发时企图举行起义）而被处死刑一事默不作声，他在另一个地方还专门（向列金先生、伦施先生以及诸如此类的仍把自己算做"社会民主党人"的坏蛋们）强调指出，殖民地民族也是民族。他极其肯定地说："社会主义承认每个民族都有独立和自由的权利，都有独立掌握自己命运的权利"；"国际社会主义承认自由、独立、平等的民族的权利，但是，只有它才能建立这样的民族，只有它才能实现民族自决权。而这个社会主义的口号（作者说得很正确）也和其他一切口号一样，不是为现存的事物辩护，而是指出道路，促使实行革命的、改造的、积极的无产阶级政策"（第77页和第78页）。因此，谁要是认为一切左派德国社会民主党人都像某些荷兰和波兰的社会民主党人那样，囿于狭小的眼界和面目全非的马克思主义，连社会主义下的民族自决也加以否认，那就大错特错了。荷兰人和波兰人犯**这个错误**的**特殊的**根源，我们在别处还要谈到。

尤尼乌斯的另一个错误论断，同保卫祖国问题有关。这是帝国主义战争期间一个重大的政治问题。尤尼乌斯使我们更加深信，我们党对这个问题的提法是唯一正确的：在这场帝国主义战争中，无产阶级反对保卫祖国，是**因为**这场战争具有掠夺、奴役和反动的性质，是**因为**有可能和有必要用争取社会主义的国内战争来对抗帝国主义战争（并竭力变帝国主义战争为国内战争）。尤尼乌斯一方面很好地揭露了目前这场战争的帝国主义性质，指出它不同于民族战争；可是另一方面，又犯了非常奇怪的错误，企图牵强附会地把民族纲领同**目前这场非**民族的战争扯在一起！这听起来几乎令人难以置信，但却是事实。

资产阶级拼命叫喊外国"入侵",以便欺骗人民群众,掩盖战争的帝国主义性质,而带有列金和考茨基色彩的官方社会民主党人为了讨好资产阶级,特别热心地重复着这个"入侵"的论据。考茨基现在向那些天真而轻信的人保证说(包括通过俄国的组委会分子[144]斯佩克塔托尔),他从1914年年底就转到反对派方面来了,然而他却继续援引这个"论据"!尤尼乌斯竭力驳斥这个论据,举了一些历史上极有教益的例子,来证明"入侵和阶级斗争在资产阶级历史上,并不像官方的神话所说的那样,是互相矛盾的,而是两者互为手段和表现的"。例子是:法国波旁王朝曾请求外国入侵以反对雅各宾党人,1871年,资产者曾请求外国入侵以反对巴黎公社。马克思在《法兰西内战》中写道:

"旧社会还能创造的最高英雄伟绩不过是民族战争,而这种战争现在表明是政府玩弄的十足的欺骗勾当,这种欺骗勾当的唯一目的不过是要推迟阶级斗争,当阶级斗争变成内战的熊熊火焰时,这种欺骗勾当也就被抛在一边了。"①

尤尼乌斯在引证1793年的例子时写道:"法国大革命是一切时代的典型例子。"他由此得出结论说:"因此,历来的经验证明,不是戒严状态,而是唤起人民群众的自尊心、英雄气概和道德力量的忘我的阶级斗争,才是保卫国家、抵御外敌的最好办法。"

尤尼乌斯的实际结论是:

"是的,社会民主党人有责任在严重的历史危机时保卫自己的国家。而社会民主党国会党团的重大罪过,也正在于它在1914年8月4日的宣言里庄严地宣

---

① 见《马克思恩格斯选集》第2卷人民出版社1972年版第398页。——编者注

布：'我们决不会在危急时刻不起来保卫我们的祖国'，同时却又自食其言。它在最危急的时刻**没有起来**保卫祖国。因为在这个时刻它对祖国的首要义务是：向祖国指出这场帝国主义战争的真实内幕，揭穿掩盖这种危害祖国行为的爱国主义的和外交的种种谎言；大声地明确地声明，对德国人民来说，这场战争无论胜负都是灾难；竭力反对用实行戒严来扼杀祖国；宣布必须立即武装人民，让人民来决定战争与和平的问题；坚决要求在整个战争期间不断(连续)召开人民代表会议，以保证人民代表机关对政府、人民对人民代表机关的严格监督；要求立刻废除对一切政治权利的限制，因为只有自由的人民才能胜利地保卫自己的国家；最后，要用爱国主义者和民主主义者1848年的原来的真正民族的纲领，用马克思、恩格斯和拉萨尔的纲领，即统一的大德意志共和国的口号，来对抗帝国主义的战争纲领——旨在保存奥地利和土耳其，也就是保存欧洲和德国反动势力的纲领。这就是应当在全国面前展开的旗帜，它才是真正民族的、真正解放的旗帜，而且既符合德国的优良传统，也符合无产阶级的国际阶级政策"……"可见，所谓祖国利益和无产阶级的国际团结难以兼得，是悲剧性的冲突促使我们的国会议员怀着'沉重心情'站到了帝国主义战争的方面，这纯粹是一种想象，是一种资产阶级民族主义的虚构。相反地，无论在战争时期或和平时期，国家利益和无产阶级国际的阶级利益都是完全协调的，因为无论战争或和平都要求极其有力地展开阶级斗争，极其坚决地维护社会民主党的纲领。"

尤尼乌斯的论断就是如此。这些论断显然是错误的，我国沙皇制度的公开的和隐蔽的奴仆普列汉诺夫和契恒凯里先生，也许甚至还有马尔托夫和齐赫泽先生，都会幸灾乐祸地抓住尤尼乌斯的话，不去考虑理论上的真理，而是考虑如何脱身、灭迹、蒙蔽工人，因此，我们必须比较详细地来说明尤尼乌斯的错误的**理论**根源。

他建议用民族纲领来"对抗"帝国主义战争。他建议先进阶级要面向过去，而不要面向未来！1793年和1848年，无论在法国、德国或整个欧洲，**客观上**提上日程的都是**资产阶级**民主革命。同这种**客观的**历史情况相适应的，是"真正民族的"纲领，即当时民主派的民族的**资产阶级**纲领，在1793年，资产阶级和平民中最革命的分子曾经实行过这种纲领；而在1848年，马克思也代表整个先进的民主派宣布过这种纲领。当时**在客观上**同封建王朝战争相对抗的是革命民主战争、民族解放战争。那个时代的历史任务的内容就是这样的。

现在,对欧洲各先进的大国来说,**客观**情况不同了。要向前发展——如果撇开可能的、暂时的后退不说——只能走向**社会主义**社会,走向**社会主义革命**。从向前发展的观点看来,从先进阶级的观点看来,**客观上**能够对抗帝国主义资产阶级战争、高度发达的资本主义的战争的,只有**反对**资产阶级的战争,也就是说,首先是无产阶级和资产阶级争夺政权的国内战争,因为**没有**这种战争,就**不能**真正前进,其次是在一定的特殊条件下可能发生的保卫社会主义国家、反对资产阶级国家的战争。所以说,有些布尔什维克(好在只是个别的,并且立即被我们抛到号召派[145]那边去了)准备采取有条件地保卫祖国的观点,即在俄国革命胜利和共和制胜利的条件下保卫祖国的观点,他们虽然忠于布尔什维主义的**词句**,却背叛了它的**精神**;因为卷入欧洲各先进大国的帝国主义战争的俄国,即使有共和制的形式,它进行的也**还是**帝国主义战争!

尤尼乌斯说阶级斗争是对付入侵的最好手段,这只是运用了马克思辩证法的一半,他在正确的道路上迈出一步之后,马上又偏离了这条道路。马克思的辩证法要求对每一特殊的历史情况进行具体的分析。说阶级斗争是对付入侵的最好手段,这**无论**对推翻封建制度的资产阶级**或**对推翻资产阶级的无产阶级来说,都是正确的。正因为这对**任何**阶级压迫来说都是正确的,所以这**太一般化**,因而用在目前这种**特殊的**场合就**不够**了。反对资产阶级的国内战争**也是**一种阶级斗争,只有这种阶级斗争才会使欧洲(整个欧洲,而不是一个国家)避免入侵的危险。要是在1914—1916年间存在"大德意志共和国"的话,那它还会进行**同样的**帝国主义战争。

尤尼乌斯几乎得出了正确的答案和正确的口号:要进行争取社会主义、反对资产阶级的国内战争,但他似乎害怕彻底说出全部真理,而**向后**转了,陷入了在1914、1915、1916年间进行"民族战争"的幻想。如果不从理论方面,而纯粹从实践方面来看问题,那么尤尼乌斯的错误也是很明显的。德国的整个资产阶级社会、包括农民在内的各个阶级,都是**拥护**战争的(在俄国大概**也是**这样,至少是大多数富裕农民和中等农民以及很大一部分贫苦农民,显然都被资产阶级帝国主义所迷惑)。资产阶级武装到了牙齿。在这种情况下,"宣布"成立共和国、建立常设国会、由人民选举军官("武装人民")等等的纲领,**实际上就是"宣布"**(具有**不正确的**革命纲领的!)**革命**。

尤尼乌斯在这里说得完全对:革命是不能"制造"的。革命在1914—1916年间提上了日程,革命潜伏在战争中,并从战争中**发展起来**。应当以革命阶级的名义"**宣布**"这一点,大胆地彻底地指出**它的**纲领:争取实现社会主义,而在战争时代,没有反对反动透顶的、罪恶的、使人民遭受无法形容的灾难的资产阶级的国内战争,这是不可能的。应当周密考虑出系统的、彻底的、实际的、**不论革命危机以何种**速度发展都是**绝对可行的**、适合于日益成熟的革命的行动。我们党的决议中已经指出这些行动:(1)投票反对军事拨款;(2)打破"国内和平";(3)建立秘密组织;(4)举行士兵联欢;(5)支持群众的一切革命行动。[①]**所有**这些步骤的顺利实现,**必然**会导致国内战争。

宣布伟大的历史性的纲领,毫无疑问,有巨大的意义,但不是宣布旧的、对1914—1916年来说已过了时的德国民族纲领,而是要宣布无产阶级国际主义和社会主义的纲领。你们资产者为了掠夺而打

---

①见《列宁全集》第2版第26卷第166页。——编者注

仗；我们**一切**交战国工人向你们宣战，为社会主义而战，——这就是没有像列金、大卫、考茨基、普列汉诺夫、盖得、桑巴之流那样背叛了无产阶级的社会党人在1914年8月4日的国会演说中应当讲的内容。

看来，尤尼乌斯的错误可能是由双重错误的想法造成的。毫无疑问，尤尼乌斯是坚决反对帝国主义战争和坚决**拥护**革命策略的，不管普列汉诺夫先生们对尤尼乌斯的"护国主义"怎样幸灾乐祸，都抹杀不了这个**事实**。对于这种可能的和很有可能的诽谤，必须立即直截了当地给以回击。

但是，第一，尤尼乌斯没有完全摆脱德国社会民主党人、即使是左派社会民主党人的"环境"，那些人害怕分裂，害怕彻底说出革命的口号。①这种害怕心理是错误的，德国左派社会民主党人应当消除而且**一定会消除**这种心理。他们在同社会沙文主义者的斗争过程中**一定会做到**这一点。他们正在坚定不移地、**一心一意地同本国**社会沙文主义者作斗争，他们同马尔托夫和齐赫泽这班先生的重大的、原则的根本区别就在这里。因为马尔托夫和齐赫泽这班先生（和斯柯别列夫一样）一只手摇着旗帜，向"各国的李卜克内西"致敬，另一只手却和契恒凯里和波特列索夫亲热拥抱！

第二，看来，尤尼乌斯想实现一种同孟什维克的臭名昭著的"阶

①尤尼乌斯谈到"胜利还是失败"这个问题时的议论，也有同样的错误。他的结论是：二者都不好（破产、军备扩充，等等）。这不是革命无产阶级的观点，而是和平主义的小资产者的观点。如果说到无产阶级的"革命干预"——虽然，无论尤尼乌斯或"国际"派的提纲都谈到这一点，可惜太一般化了——那就**必须从别的**观点提出问题：(1)不冒失败的危险，能不能进行"革命干预"？(2)不冒同样的危险，能不能打击**本国**的资产阶级和政府？(3)我们不是向来都说，而反动战争的历史经验不是也表明，失败会促进革命阶级的事业吗？

段论"相类似的东西,想从革命纲领"最方便的"、"通俗的"、能为**小资产阶级**所接受的那一头**做起**。这好像是打算"蒙哄历史",蒙哄那些庸人。据说,谁也不会反对保卫真正祖国的**最好**办法,而真正的祖国就是大德意志共和国,保卫的最好办法**就是**建立民兵、常设国会等等。据说,这样的纲领一旦被采纳,它便会自然而然地导致下一个阶段,即社会主义革命。

大概就是这种推论自觉或半自觉地确定了尤尼乌斯的策略。不用说,这种推论是错误的。尤尼乌斯的小册子令人感觉到他是**一个孤独者**,他没有一批秘密组织中的同志,而秘密组织是习惯于透彻地考虑革命口号并经常用这些口号教育群众的。不过这种缺点——忘记这一点是很不对的——并不是尤尼乌斯个人的缺点,这是德国**所有**左派的软弱性造成的,因为他们被考茨基的虚伪、学究气、对机会主义者的"友好"这些卑鄙的东西从四面八方包围着。尤尼乌斯的拥护者**虽然**孤独无援,但是已经能够**着手**印发秘密传单并同考茨基主义作战了。他们也一定能够继续沿着正确的道路前进。

选自《列宁全集》第2版第28卷第1—15页

无产阶级革命和叛徒考茨基[146]（节选）

（1918年10—11月）

附 录 二
王德威尔得论国家的新书

我读了考茨基的这本书之后，才看到王德威尔得的《社会主义反对国家》一书（1918年巴黎版），禁不住要把两本书作个比较。考茨基是第二国际（1889—1914年）的思想领袖；王德威尔得是社会党国际局主席，是第二国际的正式代表人物。两人都反映了第二国际的彻底破产，两人都用马克思主义词句作掩饰，以老练的记者的圆滑手腕"巧妙地"掩盖这种破产，掩盖自己破产和转到资产阶级方面去的事实。前者特别清楚地表明德国机会主义的典型特点，即笨拙，好发空论，粗暴地伪造马克思主义，其方法是把马克思主义中不能为资产阶

这是列宁论述无产阶级革命和无产阶级专政学说的重要著作。在节选的部分，列宁把考茨基的《无产阶级专政》和王德威尔得的《社会主义反对国家》作了比较，指出他们是用折中主义和诡辩术偷换辩证法，用庸俗的改良主义反对无产阶级革命，从根本上歪曲了马克思的国家学说和无产阶级专政学说。列宁指出，作为资产阶级统治机关的国家和无产阶级统治机关的国家之间的过渡阶段，恰恰就是推翻资产阶级、打碎资产阶级国家机器的革命，而考茨基和王德威尔得却竭力抹煞马克思主义的这一重要观点。他们用折中主义的所谓"过渡阶段"代替革命，以"劳动的人民国家"这一非阶级概念来代替阶级概念。

级接受的东西一概砍掉。后者典型地表现了在罗曼语国家[147]——在相当程度内可以说是在西欧一带（就是说：德国以西一带）——占统治地位的机会主义的特点，即比较圆滑，不那样笨拙，比较精巧地伪造马克思主义，所用的基本手法则与前者相同。

他们两人都从根本上歪曲了马克思的国家学说和无产阶级专政学说，只是王德威尔得对第一个问题谈得多些，考茨基对第二个问题谈得多些。他们两人都抹杀这两个问题极其紧密而不可分割的联系。两人口头上都是革命者和马克思主义者，实际上都是叛徒，都是尽力**回避**革命。两人都丝毫没有那种贯穿在马克思和恩格斯的一切著作中的东西，丝毫没有那种把真正的社会主义同资产阶级的面目全非的社会主义区别开来的东西，就是说，他们丝毫没有说明革命的**任务不同于**改良的任务，革命的策略不同于改良主义的策略，无产阶级**消灭**雇佣奴隶的体系或秩序、制度这种作用，不同于"大"国无产阶级从资产阶级那里分享一点资产阶级的帝国主义超额利润和额外赃物这种作用。

现在我们举出王德威尔得几个最重要的论断来证实我们的看法。

王德威尔得同考茨基一样，非常热衷于引用马克思和恩格斯的言论。他同考茨基一样，对于马克思和恩格斯的言论，**除了**资产阶级完全不能接受的**以外**，**除了**把革命者和改良主义者区别开来的**以外**，什么都引用。关于无产阶级夺取政权的话，引了不知多少，因为这一点已被他们的实践纳入纯议会斗争的范围。马克思和恩格斯在有了巴黎公社的经验之后，认为必须对部分过时的《共产党宣言》加以补充，即说明这样一个真理：工人阶级不能简单地掌握现成的国家机器,而应当**打碎**这个机器。①关于这一点,他**却一字不提**!王德威尔得同考茨基一样,不约而同闭口不谈的恰恰是无产阶级革命**经验**中最重要的东西,恰恰是把无产阶级革命同资产阶级改良区别开来的东西。

王德威尔得同考茨基一样,谈论无产阶级专政是为了拒绝这个专政。考茨基通过粗暴的伪造来干这件事。王德威尔得则用比较巧妙的手法来干同样的勾当。他在关于"无产阶级夺取政权"的这一节即第4节中,专门用(b)分节阐述了"无产阶级的集体专政"问题,"引用了"马克思和恩格斯的话(再说一遍:他恰恰把最主要的地方,即讲到**打碎**旧的资产阶级民主国家机器的地方丢掉了),并作出结论说:

"……社会主义者通常是这样想象社会革命的:建立新的公社,但这次将是获得胜利的公社,并且不是在一个地方获得胜利,而是在资本主义世界各个主要中心获得胜利。

这是一个假设;但这个假设现在并没有什么不可思议之处,因为目前已经看得很明显,许多国家在战后时期必将发生空前的阶级对抗和社会动荡。

不过,如果说巴黎公社的失败——俄国革命的困难更不用说了——证明了什么,那就是:在无产阶级没有充分作好准备来利用那由于情势的发展可能落到自己手里的政权以前,要消灭资本主义制度是不可能的。"(第73页)

涉及问题实质的,仅此而已!

这就是第二国际的领袖和代表人物!1912年,他们签署了巴塞尔宣言[148],在宣言中直接谈到后来在1914年爆发的那种战争同无产阶级革命的联系,明确**宣告**这种革命**将要到来**。但是,当战争已经发生、革命形势已经形成的时候,他们,考茨基和王德威尔得之流,却开

---

①参看《马克思恩格斯选集》第1卷人民出版社1972年版第229页。——编者注

始拒绝革命了。请看，巴黎公社类型的革命只是一种并非不可思议的假设！这同考茨基关于苏维埃在欧洲可能起的作用的论断毫无二致。

但是要知道，一切有教养的**自由主义者**都是这样说的，他们现在一定会同意说：新的公社"并非不可思议"，苏维埃将起很大的作用，等等。无产阶级革命家和自由主义者不同的地方就在于，他作为一个理论家应该分析的正是巴黎公社和苏维埃作为**国家**的新的意义。马克思和恩格斯在分析巴黎公社的经验时，对这个问题作过许多详细的说明，王德威尔得对它们却一概**不提**。

马克思主义者作为一个实践家和政治家应当说明，现在只有社会主义叛徒才会拒绝下列任务：阐明无产阶级革命（巴黎公社类型的，苏维埃类型的，或者什么第三种类型的）的必要性，说明作好进行这种革命的准备的必要性，在群众中宣传革命，驳斥反对革命的市侩偏见等等。

无论考茨基或王德威尔得都根本不做这样的事情，这正是因为他们自己是社会主义的叛徒，是希望在工人中间保持他们的社会主义者声誉和马克思主义者声誉的叛徒。

我们从理论上来提出问题。

即使在民主共和国，国家也不过是一个阶级镇压另一个阶级的机器。考茨基知道、承认并赞成这个真理，但是……但是他避开最根本的问题：当无产阶级争得无产阶级国家的时候，它究竟应当镇压哪个阶级，为什么要镇压，用什么手段镇压。

王德威尔得知道、承认、赞成并引证马克思主义的这个基本原理（他的书第72页），但是……他只字不提**镇压剥削者的反抗**这一"不愉快的"（对资本家先生们）问题！！

王德威尔得也同考茨基一样，完全回避了这个"不愉快的"问题。

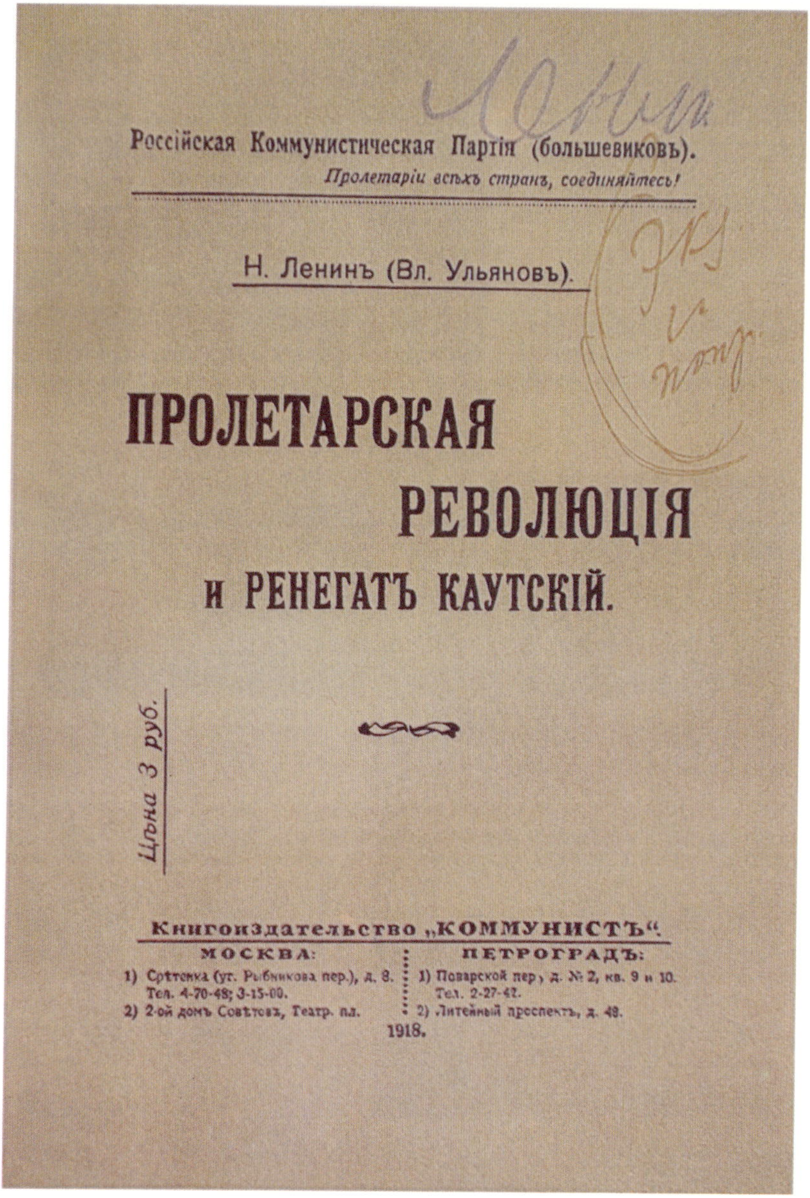
Россійская Коммунистическая Партія (большевиковъ).

Пролетаріи всѣхъ странъ, соединяйтесь!

Н. Ленинъ (Вл. Ульяновъ).

ПРОЛЕТАРСКАЯ РЕВОЛЮЦІЯ и РЕНЕГАТЪ КАУТСКІЙ.

Цѣна 3 руб.

Книгоиздательство „КОММУНИСТЪ“.

МОСКВА:

1) Срѣтенка (уг. Рыбникова пер.), д. 8. Тел. 4-70-48; 3-15-00.
2) 2-ой домъ Совѣтовъ, Театр. пл.

ПЕТРОГРАДЪ:

1) Поварской пер., д. № 2, кв. 9 и 10. Тел. 2-27-42.
2) Литейный проспектъ, д. 48.

1918.

1918年出版的、有列宁签名的《无产阶级革命和叛徒考茨基》一书封面

（按原版缩小）

这就是他们的叛徒行径之所在。

王德威尔得也同考茨基一样，是用折中主义代替辩证法的大师。一方面不能不承认，另一方面必须承认。一方面，国家可以理解为"一个民族的总和"（见李特列编的词典——没说的，真是渊博的著作！——王德威尔得的书第87页），另一方面，国家可以理解为"政府"（同上）。王德威尔得摘抄这个渊博的庸俗论调，称赞这种论调，把这种论调和马克思的言论**放在一起**。

王德威尔得说，"国家"一词的马克思主义的含义和通常的含义不同。因此可能产生"误解"。"马克思和恩格斯所说的国家，并不是广义的国家，不是作为管理机关、作为社会共同利益（intérêts généraux de la société）的代表的国家，而是作为国家政权的国家，是作为权威机关的国家，是作为一个阶级统治另一个阶级的工具的国家。"（王德威尔得的书第75—76页）

马克思和恩格斯说到消灭国家时，指的只是后一种含义的国家。"……过于绝对的论断，会有不确切的危险。在以单独一个阶级的统治为基础的资本家国家和以消灭阶级为目的的无产阶级国家之间，有许多过渡阶段。"（第156页）

请看，这就是王德威尔得的"手法"，它同考茨基的手法只是稍微有点不同，实质上则完全一样。辩证法否认绝对真理，是要阐明历史上对立物的更迭和危机的意义。折中主义者不愿意要"过于绝对的"论断，为的是暗中贯彻他们那种市侩庸人的愿望：用**"过渡阶段"**代替革命。

作为资本家阶级统治机关的国家和作为无产阶级统治机关的国家之间的过渡阶段，恰恰就是**推翻**资产阶级、**摧毁**、打碎**资产阶级**国家机器的**革命**，对于这一点，考茨基和王德威尔得之流都默不作声。

资产阶级专政应由**一个**阶级即无产阶级的专政来代替,**革命**的各个"过渡阶段"之后将是无产阶级国家逐渐消亡的各个"过渡阶段",这一点,考茨基和王德威尔得之流都一笔勾销了。

这也就是他们在政治上的叛徒行径。

这也就是在理论上哲学上用折中主义和诡辩术偷换辩证法。辩证法是具体的和革命的,它把一个阶级专政向另一个阶级专政的"过渡",同无产阶级民主国家向非国家("国家的消亡")的"过渡"区分开来。考茨基和王德威尔得之流的折中主义和诡辩术,为了迎合资产阶级,抹杀了阶级斗争中一切具体的和确切的东西,提出了"过渡"这个一般概念来掩盖(现代**十分之九的**正式**社会民主党人**都借此**掩盖**)背弃革命的行为!

王德威尔得作为一个折中主义者和诡辩家,比考茨基巧妙,精细,因为用"从狭义国家向广义国家的过渡"**一语**,可以避开任何革命问题,可以避开革命和改良的一切区别,甚至可以避开马克思主义者和自由主义者的区别。因为,有哪一个受过欧式教育的资产者会想到"一般地"否定这种"一般"意义的"过渡阶段"呢?

> 王德威尔得写道:"我同意盖得的意见,如果不预先实现下列两个条件,生产资料和交换资料的社会化是不可能的:
> 1. 用无产阶级取得政权的办法,把现在的国家即一个阶级统治另一个阶级的机关,变成门格尔所说的劳动的人民国家。
> 2. 把作为权威机关的国家和作为管理机关的国家分开,或者像圣西门所说的,把对人的管理和对物的管理分开。"(第89页)

王德威尔得把这段话加上了着重标记,来特别强调这些论点的意义。其实这是最纯粹的折中主义的糊涂观念,是同马克思主义的完全决裂！要知道，"劳动的人民国家"一语，不过是19世纪70年代德国社会民主党人所标榜的、而被恩格斯斥责为无稽之谈的"自由的人民国家"的旧调重弹[149]。"劳动的人民国家"的说法是标准的小资产阶级民主派(如我国左派社会革命党人[150])的词句，是以**非阶级**概念代替阶级概念。王德威尔得把**无产阶级**(一个**阶级**)取得国家政权同"人民"国家相提并论，而没有觉察到这只能造成糊涂观念。从考茨基的"纯粹民主"得出的同样是糊涂观念，同样是站在市侩的反革命的立场上，忽视阶级革命的任务，忽视无产阶级阶级专政的任务，忽视**阶级**国家(无产阶级国家)的任务。

其次，只有在**任何**国家都消亡了的时候，对人的管理才会消失而让位给对物的管理。王德威尔得用这种比较遥远的未来，去掩盖和冲淡**明**天的任务——**推翻**资产阶级。

这种伎俩还是等于替自由派资产阶级效劳。自由主义者同意谈谈对人用不着管理的时候会是什么情形。为什么不能沉醉于这种无害的空想呢？至于无产阶级镇压抗拒剥夺的资产阶级的反抗，那就闭口不谈了。这是资产阶级的阶级利益所要求的。

"社会主义反对国家"。这是王德威尔得恭维无产阶级。恭维是不难的，任何一个"民主主义"政治家都善于恭维自己的选民。但掩藏在"恭维"下面的是反革命的反无产阶级的内容。

王德威尔得详细地转述了奥斯特罗戈尔斯基的言论[151]，说在现代资产阶级民主的文明的、冠冕堂皇的外表下掩藏着多少欺骗、暴力、收买、谎言、伪善以及对贫民的压制。但是，王德威尔得并没有从中得出结论。他看不出，资产阶级民主镇压被剥削劳动群众，**而无产阶级民主**则要**镇压资产阶级**。在这一点上，考茨基和王德威尔得都是瞎子。这些背叛马克思主义的小资产阶级叛徒是跟着资产阶级跑的，资产阶级的阶级利益**要求**他们避开这个问题,隐瞒这个问题,或者公然否认这种镇压的必要性。

市侩折中主义反对马克思主义,诡辩术反对辩证法,庸俗改良主义反对无产阶级革命,——这就是王德威尔得的书应该用的标题。

选自《列宁全集》第2版第35卷
第321—327页

论 国 家

在斯维尔德洛夫大学的讲演[152]

(1919年7月11日)

同志们!根据你们拟订并通知我的计划,今天要讲的题目是国家问题。我不知道你们对这个问题已经熟悉到什么程度。如果我没有弄错,你们的训练班刚开课,你们是第一次有系统地研究这个问题。既然如此,这个困难的问题的第一讲,就很可能做不到使你们中间很多人都充分明白,充分了解。要真的是这样,我请你们不要懊丧,因为国家问题是一个最复杂最难弄清的问题,也可说是一个被资产阶级的学者、作家和哲学家弄得最混乱的问题。因此,绝对不要指望在一次短短的讲课中就能把这个问题完全弄清楚。听了这个问题的第一次讲课以后,你们应该把不理解或不明白的地方记下来,三番五次地加以研究,将来在看书、听讲中进一步把不明白的地方弄清楚。我希望我们还能再谈一次,那时可以就所有提出的问题交换意见,检查一下究竟哪些地方最不明白。我也希望除听讲以外,你们还花些时间,把马克思和恩格斯的主要著作至少读几本。毫无疑问,你们在参考书目中,在你们图书馆里供苏维埃工作和党务工作学校学员用的参考

列宁在这篇讲演中阐述了马克思主义国家学说的基本原理,揭露了资产阶级民主、自由和平等的虚伪性。列宁运用历史唯物主义观点论述了国家的起源、实质和职能等问题,批判了国家问题上的历史唯心主义观点,阐明了共产党人对国家的态度。

书中，一定能找到这些主要著作。不过起初也许有人又会因为难懂而被吓住，所以要再次提醒你们不要因此懊丧，第一次阅读时不明白的地方，下次再读的时候，或者以后从另一方面来研究这个问题的时候，就会明白的，因为，我再说一遍，这个问题极其复杂，又被资产阶级的学者和作家弄得极为混乱，想认真考察和独立领会它的人，都必须再三研究，反复探讨，从各方面思考，才能获得明白透彻的了解。你们反复探讨这个问题的机会很多，因为这是全部政治的基本问题，根本问题，别说在我们现时所处的这样一个革命风暴时期，就是在最平静的时期，在不论哪天哪份报纸上，只要涉及经济或政治，你们都会碰到这样的问题：国家是什么，国家的实质是什么，国家的意义是什么，我们这个为推翻资本主义而斗争的党即共产党对国家的态度又是什么。你们每天都会因为这种或那种原因遇到这个问题。最主要的，是你们要从阅读中，从听国家问题的讲课中，学会独立地观察这个问题，因为你们在各种各样的场合，在每个细小问题上，在非常意外的情况下，在谈话中，在同论敌争论时，都会遇到这个问题。只有学会独立地把这个问题弄清楚，你们才能认为自己的信念已经十分坚定，才能在任何人面前，在任何时候，很好地坚持这种信念。

作了这几点小小的说明之后，现在我来谈本题，谈谈什么是国家，它是怎样产生的，为彻底推翻资本主义而奋斗的工人阶级政党——共产党对国家的态度基本上应当是怎样的。

我已经说过，未必还能找到别的问题，会像国家问题那样，被资产阶级的科学家、哲学家、法学家、政治经济学家和政论家有意无意地弄得这样混乱不堪。直到现在，往往还有人把这个问题同宗教问题混为一谈，不仅宗教学说的代表人物（他们这样做是十分自然的），而且自以为没有宗教偏见的人，也往往把专门的国家问题同宗教问题混为一谈,并且企图建立某种具有一套哲学见解和论据的往往异常复杂的学说,说国家是一种神奇的东西,是一种超自然的东西,是一种人类赖以生存的力量,是赋予或可能赋予人们某种并非来自人本身而来自外界的东西的力量,说国家是上天赋予的力量。必须指出,这个学说同剥削阶级——地主资本家的利益有极密切的联系,处处为他们的利益服务,深深浸透了资产阶级代表先生们的一切习惯、一切观点和全部科学,因此,你们随时随地都会遇见这一学说的残余,甚至那些愤慨地否认自己受宗教偏见支配并且深信自己能够清醒地看待国家的孟什维克和社会革命党人[102]的观点也不例外。这个问题所以被人弄得这样混乱,这样复杂,是因为它比其他任何问题更加牵涉到统治阶级的利益(在这一点上它仅次于经济学中的基本问题)。国家学说被用来为社会特权辩护,为剥削的存在辩护,为资本主义的存在辩护,因此,在这个问题上指望人们公正无私,以为那些自称具有科学性的人会给你们拿出纯粹科学的见解,那是极端错误的。当你们熟悉了和充分钻研了国家问题的时候,你们在国家问题、国家学说、国家理论上,会随时看到各个不同阶级之间的斗争,看到这个斗争在各种国家观点的争论中、在对国家的作用和意义的估计上都有反映或表现。

　　要非常科学地分析这个问题,至少应该对国家的产生和发展作一个概括的历史的考察。在社会科学问题上有一种最可靠的方法,它是真正养成正确分析这个问题的本领而不致淹没在一大堆细节或大量争执意见之中所必需的,对于用科学眼光分析这个问题来说是最重要的,那就是不要忘记基本的历史联系,考察每个问题都要看某种现象在历史上怎样产生、在发展中经过了哪些主要阶段,并根据它的这种发展去考察这一事物现在是怎样的。

我希望你们在研究国家问题的时候看看恩格斯的著作《家庭、私有制和国家的起源》①。这是现代社会主义的基本著作之一,其中每一句话都是可以相信的,每一句话都不是凭空说的,而是根据大量的史料和政治材料写成的。当然,这部著作并不是全都浅显易懂,其中某些部分是要读者具有相当的历史知识和经济知识才能看懂的。我还要重复说,如果这部著作你们不能一下子读懂,那也不必懊丧。几乎从来没有哪一个人能做到这一点。可是,当你们以后一旦发生兴趣而再来研究时,即使不能全部读懂,也一定能读懂绝大部分。我所以提到这部著作,是因为它在这方面提供了正确观察问题的方法。它从叙述历史开始,讲国家是怎样产生的。

这个问题也和所有的问题(如资本主义、人对人的剥削怎样产生,社会主义怎样出现,它产生的条件是什么)一样,要正确地分析它,要有把握地切实地解决它,就必须对它的整个发展过程作历史的考察。研究国家问题的时候,首先就要注意,国家不是从来就有的。曾经有过一个时候是没有国家的。国家是在社会划分为阶级的地方和时候、在剥削者和被剥削者出现的时候才出现的。

在第一种人剥削人的形式、第一种阶级划分(奴隶主和奴隶)的形式尚未出现以前,还存在着父权制的或有时称为**克兰制的**(克兰就是家族,氏族。当时人们生活在氏族中,生活在家族中)家庭,这种原始时代的遗迹在很多原始民族的风俗中还表现得十分明显,不管你拿哪一部论述原始文化的著作来看,都可以遇到比较明确的描写、记载和回忆,说有过一个多少与原始共产主义相似的时代,那时社会并

---

①见《马克思恩格斯选集》第4卷人民出版社1972年版第1—175页。——编者注

没有分为奴隶主和奴隶。那时还没有国家,没有系统地使用暴力和强迫人们服从暴力的特殊机构。这样的机构就叫做国家。

在人们还在不大的氏族中生活的原始社会里,还处于最低发展阶段即处于近乎蒙昧的状态,在与现代文明人类相距几千年的时代,还看不到国家存在的标志。我们看到的是风俗的统治,是族长所享有的威信、尊敬和权力,我们看到这种权力有时是属于妇女的——妇女在当时不像现在这样处在无权的被压迫的地位——但是在任何地方我们都看不到一种特殊**等级**的人分化出来管理他人并为了管理而系统地一贯地掌握着某种强制机构即暴力机构,这种暴力机构,大家知道,现在就是武装队伍、监狱及其他强迫他人意志服从暴力的手段,即构成国家实质的东西。

如果把资产阶级学者编造出来的所谓宗教学说、诡辩、哲学体系以及各种各样的见解抛开,而去探求问题的实质,那我们就会看到,国家正是这种从人类社会中分化出来的管理机构。当专门从事管理并因此而需要一个强迫他人意志服从暴力的特殊强制机构(监狱、特殊队伍即军队,等等)的特殊集团出现时,国家也就出现了。

但是曾经有过一个时候,国家并不存在,公共联系、社会本身、纪律以及劳动规则全靠习惯和传统的力量来维持,全靠族长或妇女享有的威信或尊敬(当时妇女往往不仅同男子处于平等地位,而且有时还占有更高的地位)来维持,没有专门从事管理的人构成的特殊等级。历史告诉我们,国家这种强制人的特殊机构,只是在社会划分为阶级,即划分为这样一些集团,其中一些集团能够经常占有另一些集团的劳动的地方和时候,只是在人剥削人的地方,才产生出来的。

我们始终都要记住历史上社会划分为阶级的这一基本事实。世界各国所有人类社会数千年来的发展,都向我们表明了它如下的一般规律、常规和次序:起初是无阶级的社会——父权制原始社会,即没有贵族的原始社会;然后是以奴隶制为基础的社会,即奴隶占有制社会。整个现代的文明的欧洲都经过了这个阶段,奴隶制在两千年前占有完全统治的地位。世界上其余各洲的绝大多数民族也都经过这个阶段。在最不发达的民族中,现在也还有奴隶制的遗迹,例如在非洲现时还可以找到奴隶制的设施。奴隶主和奴隶是第一次大规模的阶级划分。前一集团不仅占有一切生产资料(即土地和工具,尽管当时工具还十分简陋),并且还占有人。这个集团就叫做奴隶主,而从事劳动并把劳动果实交给别人的人则叫做奴隶。

在历史上继这种形式之后的是另一种形式,即农奴制。在绝大多数国家里,奴隶制发展成了农奴制。这时社会基本上分为农奴主-地主和农奴制农民。人与人的关系的形式改变了。奴隶主把奴隶当做自己的财产,法律把这种观点固定下来,认为奴隶是一种完全被奴隶主占有的物品。农奴制农民仍然遭受阶级压迫,处于依附地位,但农奴主-地主不能把农民当做物品来占有了,而只有权占有农民的劳动,有权强迫农民尽某种义务。其实,大家知道,农奴制,特别是在俄国维持得最久、表现得最粗暴的农奴制,同奴隶制并没有什么区别。

后来,在农奴制社会内,随着商业的发展和世界市场的出现,随着货币流通的发展,产生了一个新的阶级,即资本家阶级。从商品中,从商品交换中,从货币权力的出现中,产生了资本权力。在18世纪(更正确些说,从18世纪末起)和19世纪,世界各地发生了革命。农奴制在西欧各国被取代了。这一点在俄国发生得最晚。俄国在1861年也发生了变革,结果一种社会形式被另一种社会形式所代替——农奴制被资本主义所代替。在资本主义制度下,阶级划分仍然存在,还保留着农奴制的各种遗迹和残余,但是阶级划分基本上具有另一种形式。

资本占有者、土地占有者、工厂占有者在一切资本主义国家中始终只占人口的极少数，他们支配着全部国民劳动，就是说，使全体劳动群众受其支配、压迫和剥削；这些劳动群众大多数是无产者，是雇佣工人，他们在生产过程中全靠出卖双手、出卖劳动力来获得生活资料。在农奴制时代分散的和受压迫的农民，在过渡到资本主义的时候，一部分（大多数）变成无产者，一部分（少数）变成富裕农民，后者自己雇用工人，成为农村资产阶级。

你们应当时刻注意到社会从奴隶制的原始形式过渡到农奴制、最后又过渡到资本主义这一基本事实，因为只有记住这一基本事实，只有把一切政治学说纳入这个基本范围，才能正确评价这些学说，认清它们的实质，因为人类史上的每一个大的时期（奴隶占有制时期、农奴制时期和资本主义时期）都长达许多世纪，出现过各种各样政治形式，各种各样的政治学说、政治见解和政治革命，要弄清这一切光怪陆离、异常繁杂的情况，特别是与资产阶级的学者和政治家的政治、哲学等等学说有关的情况，就必须牢牢把握住社会划分为阶级的事实，阶级统治形式改变的事实，把它作为基本的指导线索，并用这个观点去分析一切社会问题，即经济、政治、精神和宗教等等问题。

你们根据这种基本划分来观察国家，就会看出，如我在上面所说的那样，在社会划分为阶级以前国家是不存在的。但是随着社会阶级划分的发生和巩固，随着阶级社会的产生，国家也产生和巩固起来。在人类史上有几十个几百个国家经历过和经历着奴隶制、农奴制和资本主义。在每一个国家内，虽然有过巨大的历史变化，虽然发生过各种与人类从奴隶制经农奴制到资本主义、到现在全世界的反资本主义斗争这一发展过程相联系的政治变迁和革命，但你们总可以看到国家的出现。国家一直是从社会中分化出来的一种机构，是由一批专门从事管理、几乎专门从事管理或主要从事管理的人组成的一种机构。人分为被管理者和专门的管理者，后者高居于社会之上，称为统治者，称为国家代表。这个机构，这个管理别人的集团，总是把持着一定的强制机构，实力机构，不管这种加之于人的暴力表现为原始时代的棍棒，或是奴隶制时代较为完善的武器，或是中世纪出现的火器，或是完全利用现代技术最新成果造成的、堪称20世纪技术奇迹的现代化武器，反正都是一样。使用暴力的手段虽然改变，但是只要国家存在，每个社会就总有一个集团进行管理，发号施令，实行统治，并且为了维持政权而把实力强制机构、其装备同每个时代的技术水平相适应的暴力机构把持在自己手中。我们仔细地观察了这种共同现象就要问，为什么在没有阶级、没有剥削者和被剥削者的时候就没有国家，为什么国家产生于阶级出现的时候，——只有这样，我们才能给国家的实质和意义的问题找到一个确切的回答。

国家是维护一个阶级对另一个阶级的统治的机器。当社会上还没有阶级的时候，当人们还在奴隶制时代以前，在较为平等的原始条件下，在劳动生产率还非常低的条件下从事劳动的时候，当原始人很费力地获得必需的生活资料来维持最简陋的原始生活的时候，没有产生而且不可能产生专门分化出来实行管理并统治社会上其余一切人的特殊集团。只有当社会划分为阶级的第一种形式出现时，当奴隶制出现时，当某一阶级有可能专门从事最简单的农业劳动而生产出一些剩余物时，当这种剩余物对于奴隶维持最贫苦的生活并非绝对必需而由奴隶主攫为己有时，当奴隶主阶级的地位已经因此巩固起来时，为了使这种地位更加巩固，就必须有国家了。

于是出现了奴隶占有制国家，出现了一个使奴隶主握有权力、能够管理所有奴隶的机构。当时无论是社会或国家都比现在小得多，交通极不发达，没有现代的交通工具。当时山河海洋所造成的障碍比现在大得多，所以国家是在比现在狭小得多的疆域内形成起来的。技术薄弱的国家机构只能为一个版图较小、活动范围较小的国家服务。但是终究有一个机构来强迫奴隶始终处于奴隶地位，使社会上一部分人受另一部分人的强制、压迫。要强迫社会上的绝大多数人经常替另一部分人做工，就非有一种经常性的强制机构不可。当没有阶级的时候，也就没有这种机构。在阶级出现以后，随着阶级划分的加强和巩固，随时随地就有一种特殊的机关即国家产生出来。国家形式是多种多样的。在奴隶占有制时期，在当时最先进、最文明、最开化的国家内，例如在完全建立于奴隶制之上的古希腊和古罗马，已经有各种不同的国家形式。那时已经有君主制和共和制、贵族制和民主制的区别。君主制是一人掌握权力，共和制是不存在任何非选举产生的权力机关；贵族制是很少一部分人掌握权力，民主制是人民掌握权力（民主制一词按希腊文直译过来，意思是人民掌握权力）。所有这些区别在奴隶制时代就产生了。虽然有这些区别，但奴隶占有制时代的国家，不论是君主制，还是贵族的或民主的共和制，都是奴隶占有制国家。

　　不管是谁讲古代史课，你们都会听到君主制国家和共和制国家斗争的情况，但基本的事实是奴隶不算是人；奴隶不仅不算是公民，而且不算是人。罗马的法律把奴隶看成一种物品。关于杀人的法律不适用于奴隶，更不用说其他保护人身的法律了。法律只保护奴隶主，只把他们看做是有充分权利的公民。不论当时所建立的是君主国还是共和国，都不过是奴隶占有制君主国或奴隶占有制共和国。在这些国家中，奴隶主享有一切权利，而奴隶按法律规定却是一种物品，对他们不仅可以随便使用暴力，就是杀死奴隶也不算犯罪。奴隶占有制共和国按其内部结构来说分为两种：贵族共和国和民主共和国。在贵族共和国中参加选举的是少数享有特权的人，在民主共和国中参加选举的是全体，但仍然是奴隶主的全体，奴隶是除外的。我们必须注意到这种基本情况，因为它最能说明国家问题，最能清楚地表明国家的实质。

国家是一个阶级压迫另一个阶级的机器，是迫使一切从属的阶级服从于一个阶级的机器。这个机器有各种不同的形式。奴隶占有制国家可以是君主国，贵族共和国，甚至可以是民主共和国。管理形式确实是多种多样，但本质只是一个：奴隶没有任何权利，始终是被压迫阶级，不算是人。农奴制国家也有同样的情况。

由于剥削形式的改变，奴隶占有制国家变成了农奴制国家。这件事有很大的意义。在奴隶占有制社会中，奴隶完全没有权利，根本不算是人；在农奴制社会中，农民被束缚在土地上。农奴制的基本特征，就是农民（当时农民占大多数，城市人口极少）被禁锢在土地上，这就是农奴制这一概念的由来。农民可以在地主给他的那一块土地上为自己劳动一定的天数，其余的日子则替老爷干活。阶级社会的实质仍然存在：社会是靠阶级剥削来维持的。只有地主才能有充分的权利，农民是没有权利的。实际上，农民的地位与奴隶占有制国家内奴隶的地位没有多大区别。但是通向农民解放的道路毕竟是比较宽广了，因为农奴制农民已不算是地主的直接私有物。农奴制农民可以把一部分时间用在自己那块土地上，可以说，他在某种程度上是属于他自己了。由于交换和贸易关系有了更广泛的发展，农奴制日益解体，农民解放的机会也日益增多。农奴制社会总是比奴隶占有制社会更复杂。农奴制社会有发展商业和工业的巨大因素，这在当时就导致了资本主义。在中世纪，农奴制占优势。当时的国家形式也是多样的，既有君主制也有共和制（虽然远不如前者明显），但始终只有地主-农奴主才被认为是统治者。农奴制农民根本没有任何政治权利。

　　无论在奴隶制下或农奴制下，少数人对绝大多数人进行统治，非采取强制手段不可。全部历史充满了被压迫阶级要推翻压迫的接连不断的尝试。在奴隶制历史上有过多次长达几十年的奴隶解放战争。顺便说说，现在德国共产党人，即德国唯一真正反对资本主义桎梏的政党，取名为"斯巴达克派"[137]，就因为斯巴达克是大约两千年前最大一次奴隶起义中的一位最杰出的英雄。完全建立于奴隶制上的仿佛万能的罗马帝国，许多年中一直受到在斯巴达克领导下武装起来、集合起来并组成一支大军的奴隶的大规模起义的震撼和打击。最后，这些奴隶有的被打死，有的被俘虏，遭受奴隶主的酷刑。这种国内战争贯穿着阶级社会的全部历史。我刚才举的例子就是奴隶占有制时代这种国内战争中最大的一次。整个农奴制时代也同样充满着不断的农民起义。例如在中世纪的德国，地主和农奴这两个阶级之间的斗争达到了很大的规模，变成了农民反对地主的国内战争。你们大家都知道，在俄国也多次发生过这种农民反对地主-农奴主的起义。

　　地主为了维持自己的统治，为了保持自己的权力，必须有一种机构能使大多数人统统服从他们，服从他们的一定的法律、规则，这些法律基本上是为了一个目的——维持地主统治农奴制农民的权力。这就是农奴制国家，这种国家，例如在俄国或者在至今还是农奴制占统治的十分落后的亚洲各国，具有不同的形式，有的是共和制，有的是君主制。国家实行君主制时，权力归一人掌握，实行共和制时，从地主当中选举出来的人多少可以参政，——这就是农奴制社会的情形。农奴制社会中的阶级划分，是绝大多数人——农奴制农民完全依附于极少数人——占有土地的地主。

由于商业的发展,由于商品交换的发展,分化出了一个新的阶级——资本家阶级。资本产生于中世纪末期,当时世界贸易因发现美洲而得到巨大的发展,贵金属的数量激增,金银成了交换手段,货币周转使得一些人能够掌握巨量财富。全世界都认为金银是财富。地主阶级的经济力量衰落下去,新阶级即资本代表者的力量发展起来。结果社会被改造成这样:全体公民似乎一律平等了;以前那种奴隶主和奴隶的划分已经消灭了;所有的人,不管他占有的是何种资本,是不是作为私有财产的土地,也不管他是不是只有一双做工的手的穷光蛋,都被认为在法律面前一律平等了。法律对大家都同样保护,对任何人所拥有的财产都加以保护,使其不受那些没有财产的、除了双手以外一无所有的、日益贫穷破产而变成无产者的群众的侵犯。资本主义社会的情形就是这样。

我不能详细分析这个社会。你们将来学党纲的时候还会遇到这个问题,会听到关于资本主义社会的说明。这个社会在自由的口号下反对农奴制,反对旧时的农奴制度。但这只是拥有财产的人的自由。当农奴制被摧毁时(这是18世纪末19世纪初以前的事;俄国晚于其他国家,到1861年才废除),资本主义国家代替了农奴制国家,宣布它的口号是全民的自由,说它代表全体人民的意志,否认它是阶级的国家,于是为全体人民的自由而奋斗的社会主义者和资本主义国家之间的斗争从此就展开了,现在这个斗争已经导致了苏维埃社会主义共和国的建立,这个斗争正遍及全世界。

要了解已经开始的反对世界资本的斗争,要了解资本主义国家的实质,必须记住,资本主义国家起来反对农奴制国家,是在自由的口号下投入战斗的。农奴制的废除意味着资本主义国家的代表获得自由,使他们得到好处,因为农奴制已经摧毁,农民已有可能把土地作为名副其实的财产来占有了。至于这是农民赎买来的土地，还是靠支付代役租得来的小块土地，国家是不管的——国家保护一切私有财产，不问其来历怎样，因为国家是以私有制为基础的。农民在所有现代文明国家内都变成了私有者。在地主把一部分土地出让给农民的时候，国家也保护私有财产，用赎买即出钱购买的办法，使地主得到补偿。国家似乎在宣称它保护真正的私有权，并对私有权给予各种各样的支持和庇护。国家承认每个商人、工业家和工厂主都有这种私有权。而这个以私有制为基础的社会，以资本权力为基础的社会，以完全控制一切无产工人和劳动农民群众为基础的社会，却宣布自己是以自由为基础来实行统治的。它反对农奴制时，宣布私有财产自由，深以国家似乎不再是阶级的国家而自豪。

其实，国家仍然是帮助资本家控制贫苦农民和工人阶级的机器，但它在表面上是自由的。它宣布普选权，并且通过自己的拥护者、鼓吹者、学者和哲学家宣称它不是阶级的国家。甚至在目前苏维埃社会主义共和国开始反对它的时候，这班人还责备我们破坏自由，说我们建立的国家是以一部分人强制和镇压另一部分人为基础的，而他们所代表的国家却是全民的，民主的。所以在目前这个时候，在社会主义革命在全世界已经开始并且恰好在几个国家内获得胜利的时候，在反对全世界资本的斗争特别尖锐的时候，这个问题即国家问题就具有最大的意义，可以说，已经成为最迫切的问题，成为当代一切政治问题和一切政治争论的焦点了。

我们观察一下俄国的或无论哪个更文明国家的任何一个政党，都可以看到，目前几乎所有的政治争论、分歧和意见，都是围绕着国家这一概念的。在资本主义国家里，在民主共和国特别是像瑞士或美国那样一些最自由最民主的共和国里，国家究竟是人民意志的表现、全民决定的总汇、民族意志的表现等等,还是使本国资本家能够维持其对工人阶级和农民的统治的机器?这就是目前世界各国政治争论所围绕着的基本问题。人们是怎样议论布尔什维主义的呢?资产阶级的报刊谩骂布尔什维克。没有一家报纸不在重复着目前流行的对布尔什维克的责难,说布尔什维克破坏民权制度。如果我国的孟什维克和社会革命党人由于心地纯朴(也许不是由于纯朴,也许这种纯朴,如俗语所说的,比盗窃还坏),认为责难布尔什维克破坏自由和民权制度是他们的发明和创造,那他们就大错特错了。现在,在最富有的国家内,花数千万金钱推销数千万份来散布资产阶级谎言和帝国主义政策的最富有的报纸,没有一个不在重复这种反对布尔什维主义的基本论据和责难,说美国、英国和瑞士是以民权制度为基础的先进国家,布尔什维克的共和国却是强盗国家,没有自由,布尔什维克破坏民权思想,甚至解散了立宪会议。这种对布尔什维克的吓人的责难,在全世界重复着。这种责难促使我们不得不解决什么是国家的问题。要了解这种责难,要弄清这种责难并完全自觉地来看待这种责难,要有坚定的见解而不是人云亦云,那就必须彻底弄清楚什么是国家。我们看到,有各种各样的资本主义国家,有在战前创立的替这些国家辩护的各种学说。要正确处理问题,就必须批判地对待这一切学说和观点。

我已经介绍你们阅读恩格斯的著作《家庭、私有制和国家的起源》。在这部著作里就讲到,凡是存在着土地和生产资料的私有制、资本占统治地位的国家,不管怎样民主,都是资本主义国家,都是资本家用来控制工人阶级和贫苦农民的机器。至于普选权、立宪会议和议会,那不过是形式,不过是一种空头支票,丝毫也不能改变事情的实质。

　　国家的统治形式可以各不相同：在有这种形式的地方，资本就用这种方式表现它的力量，在有另一种形式的地方，资本又用另一种方式表现它的力量，但实质上政权总是操在资本手里，不管权利有没有资格限制或其他限制，不管是不是民主共和国，反正都是一样，而且共和国愈民主，资本主义的这种统治就愈厉害，愈无耻。北美合众国是世界上最民主的共和国之一，可是，世界上没有一个国家像美国那样（凡是在1905年以后到过那里的人大概都知道），资本权力即一小撮亿万富翁统治整个社会的权力表现得如此横蛮，采用贿赂手段如此明目张胆。资本既然存在，也就统治着整个社会，所以任何民主共和制、任何选举制度都不会改变事情的实质。

　　民主共和制和普选制同农奴制比较起来是一大进步，因为它们使无产阶级有可能达到现在这样的统一和团结，有可能组成整齐的、有纪律的队伍去同资本有步骤地进行斗争。农奴制农民连稍微近似这点的东西也没有，奴隶就更不用说了。我们知道，奴隶举行过起义，进行过暴动，掀起过国内战争，但是他们始终未能造成自觉的多数，未能建立起领导斗争的政党，未能清楚地了解他们所要达到的目的，甚至在历史上最革命的时机，还是往往成为统治阶级手下的小卒。资产阶级的共和制、议会和普选制，所有这一切，从全世界社会发展来看，是一大进步。人类走到了资本主义，而只有资本主义，凭借城市的文化，才使被压迫的无产者阶级有可能认清自己的地位，创立世界工人运动，造就出在全世界组织成政党的千百万工人，建立起自觉地领导群众斗争的社会主义政党。没有议会制度，没有选举制度，工人阶级就不会有这样的发展。因此，这一切东西在广大群众的眼中具有很大的意义。因此，要来一个转变是件很困难的事情。不仅那些别有用心的伪君子、学者和神父支持和维护资产阶级的谎言，说国家是自由的,说国家负有使命保护所有的人的利益,就是许多诚心诚意重复陈腐偏见而不能了解从资本主义旧社会向社会主义过渡的人,也是如此。不仅直接依赖于资产阶级的人,不仅受资本压迫或被资本收买的人(替资本服务的有大量的、各种各样的学者、艺术家和神父等等),就是那些只是受资产阶级自由这种偏见影响的人,也都在全世界攻击布尔什维主义,因为苏维埃共和国刚一成立就抛弃了这种资产阶级谎言,公开声明说:你们把你们的国家叫做自由国家,其实只要私有制存在,你们的国家即使是民主共和制的国家,也无非是资本家镇压工人的机器,而且国家愈自由,这种情形就愈明显。欧洲的瑞士和美洲的北美合众国就是这样的例子。这两个都是民主共和国,粉饰得很漂亮,侈谈劳动民主和全体公民一律平等,尽管如此,任何地方的资本统治都没有像这两个国家那样无耻,那样残酷,那样露骨。其实,瑞士和美国都是资本在实行统治,只要工人试图真的稍稍改善一下自己的处境,就立刻会引起一场国内战争。在这两个国家内,士兵较少,即常备军较少(瑞士实行民兵制,每个瑞士人的家里都有枪;美国直到最近还没有常备军),因此,罢工发生时,资产阶级就武装起来,雇用士兵去镇压罢工,而且在任何地方,对工人运动的镇压,都不如瑞士和美国那样凶暴残忍;在任何一国的议会里,资本的势力都不如这两个国家那样强大。资本的势力就是一切,交易所就是一切,而议会、选举则不过是傀儡、木偶…… 但是愈往后,工人的眼睛就愈亮,苏维埃政权的思想就传布得愈广泛,尤其是在我们刚刚经历过的这场血腥的大厮杀以后。工人阶级日益清楚地认识到必须同资本家作无情的斗争。

不管一个共和国用什么形式掩饰起来,就算它是最民主的共和国吧,如果它是资产阶级共和国,如果它那里保存着土地和工厂的私有制,私人资本把全社会置于雇佣奴隶的地位,换句话说,如果它不实现我们党纲和苏维埃宪法所宣布的那些东西,那么这个国家还是一部分人压迫另一部分人的机器。因此要把这个机器夺过来,由必将推翻资本权力的那个阶级来掌握。我们要抛弃一切关于国家就是普遍平等的陈腐偏见,那是骗人的,因为只要剥削存在,就不会有平等。地主不可能同工人平等,挨饿者也不可能同饱食者平等。人们崇拜国家达到了迷信的地步,相信国家是全民政权的陈词滥调;无产阶级就是要扔掉这个叫做国家的机器,并且指出这是资产阶级的谎言。我们已经从资本家那里把这个机器夺了过来,由自己掌握。我们要用这个机器或者说这根棍棒去消灭一切剥削。到世界上再没有进行剥削的可能,再没有土地占有者和工厂占有者,再没有一部分人吃得很饱而一部分人却在挨饿的现象的时候,就是说,只有到再没有发生这种情形的可能的时候,我们才会把这个机器毁掉。那时就不会有国家了,就不会有剥削了。这就是我们共产党的观点。我希望我们在以后的讲课中还会谈到这个问题,还会多次地谈到这个问题。

选自《列宁全集》第2版第37卷
第59—76页

论 妥 协[153]

（1920年3—4月）

　　兰斯伯里同志在同我谈话时，特别强调英国工人运动中的机会主义领袖们的下述论点：

　　　　布尔什维克同资本家妥协了，拿他们在同爱沙尼亚缔结的和约中同意租让森林来说，就是一个例子；既然这样，那么英国工人运动中的温和派领袖同资本家妥协也是同样合理的。

　　兰斯伯里同志认为这个论点在英国广为人知，对工人很有影响，迫切需要加以分析。

　　现在我试一试来满足这个要求。

一

　　拥护无产阶级革命的人是否可以同资本家或资本家阶级妥协呢？

　　本文是列宁的一篇没有完稿的文章的开头部分。列宁在文中针对英国工党领袖兰斯伯里的提问论述了"拥护无产阶级革命的人是否可以同资本家妥协"这一问题，指出笼统地否定妥协的必要性和可能性是荒谬的，并用实例阐明了对具体问题作具体分析这一马克思主义基本原则。

看来,这个问题就是我引述的那个论断的基础。但是这样笼统地提出这个问题,说明提问题的人或者是政治经验极少,政治觉悟不高,或者是他故意骗人,想用诡辩来掩盖他替抢劫、掠夺以及各种资本主义暴力所作的辩护。

事实上,对于这个笼统的问题作否定的回答显然是荒谬的。当然,拥护无产阶级革命的人是可以同资本家妥协或达成协议的。一切都要看达成的是**什么**协议,是**在什么情况下**达成的。在这一点上,也仅仅在这一点上,才可以而且应当去寻找从无产阶级革命的观点看来是正当的协议和从同样观点看来是叛卖的、变节的协议之间的区别。

为了说明这一点,我先提一提马克思主义奠基人的意见,然后再举几个最简单明了的例子。

马克思和恩格斯被认为是科学社会主义的奠基人不是没有原因的。他们无情地反对各种空谈。他们教导大家要科学地提出社会主义问题(其中包括社会主义策略问题)。19世纪70年代,恩格斯在分析公社流亡者法国布朗基派[154]的革命宣言时,曾直截了当地对他们说,他们夸口"决不妥协"是一句空话。①决不能发誓不妥协。由于所处的情况,有时甚至连最革命的阶级的最革命的政党也不得不妥协,问题在于要善于通过一切妥协来保持、巩固、锻炼、发展工人阶级及其有组织的先锋队即共产党的革命策略、革命组织、革命意识、决心和素养。

凡是熟悉马克思学说的原理的人,都必然会从这整个学说中得出这样的见解。而在英国,由于一系列历史原因,马克思主义从宪章运动[155](它在很多方面是马克思主义的准备,是马克思主义的"前

---

①见《马克思恩格斯全集》第1版第18卷第585页。——编者注

奏")以来就被工联和合作社的机会主义的、半资产阶级的领袖们置于脑后。所以我试着从日常生活即政治生活和经济生活方面大家熟悉的现象中举一些典型的例子,来说明上述见解的正确性。

先从我在一次讲话中已经举过的例子谈起。①假定一群武装强盗袭击你坐的汽车。假定当强盗用手枪对准你的太阳穴的时候,你交出了汽车、钱以及你的手枪,于是强盗就用这辆汽车等等继续行劫。

这显然是你同强盗的妥协,同强盗达成的协议。这一未经签署的、默然达成的协议,毫无疑问还是十分明确的:"我把汽车、武器、钱都给你这个强盗,你让我摆脱这次幸遇。"156

试问,如果这些强盗利用他们从达成这一协议的人那里得到的汽车、钱和武器来抢劫第三者的话,你是否会把那个同强盗达成**这种**协议的人称为强盗行径的**同谋者**,称为抢劫第三者的**同谋者**呢?

不,你不会这样称呼他的。

在这里问题十分清楚,而且简单之至。

同样也很清楚,在其他情况下,默然地把汽车、钱和武器交给强盗,会被一切头脑正常的人认为是参加盗匪活动。

结论很清楚:发誓不同强盗达成任何协议或妥协是荒谬的,然而根据笼统地说同强盗达成协议有时是可以允许的和必要的这一抽象的论点来为强盗行径的同谋行为作辩护同样也是荒谬的。

现在举一个政治方面的例子……②

选自《列宁全集》第2版第38卷
第318—320页

---

① 见《列宁全集》第2版第36卷第330—331页。——编者注
② 手稿到此中断。——俄文版编者注

再论工会、目前局势及托洛茨基同志和布哈林同志的错误[157]（节选）

（1921年1月25日）

政治和经济。辩证法和折中主义

现在重新提出这样初步的、属于起码常识的问题，当然是很奇怪的。但遗憾的是，托洛茨基和布哈林迫使我们不得不这样做。他们两人责难我，说我把问题"偷换"了，或者说我是"从政治上"看问题，而他们是"从经济上"看问题的。布哈林甚至把这点放进他的提纲里，并且企图把自己说成"凌驾于"争论双方"之上"。他说：我把这两种看

本文是列宁批判托洛茨基和布哈林在工会问题上的错误观点的论著。在节选的部分，列宁批评了他们把政治和经济割裂并对立起来的错误主张以及在面对原则问题争论时所持的折中主义态度，阐明了政治和经济的辩证关系。列宁指出，政治是经济的集中表现，政治同经济相比不能不占首位。一个阶级如果不从政治上正确地看问题，就不能维持它的统治，因而也就不能完成它的生产任务。他通过对工会性质和任务的阐述，强调必须划清辩证法和折中主义的界限，并提出了辩证逻辑的四点要求：第一，要真正地认识事物，就必须把握住、研究清楚它的一切方面、一切联系和"中介"；第二，要求从事物自身的发展、变化中来考察事物；第三，必须把实践作为检验真理的标准；第四，没有抽象的真理，真理总是具体的。

法结合起来。

这种理论错误令人吃惊。我在发言里重申，政治是经济的集中表现，因为我在以前就听到过这种对我"从政治上"看问题的非难，听到过这种非常荒谬的、完全不应当由一个马克思主义者讲出来的话。政治同经济相比不能不占首位。不肯定这一点，就是忘记了马克思主义的最起码的常识。

也许我的政治估计不正确？如果是这样，就请指出并且加以证明。可是，如果说(哪怕只是间接地提出)从政治上看问题和"从经济上"看问题有同等的价值，"两者"都可以采用，这就是忘记了马克思主义的最起码的常识。

换句话说，从政治上看问题，意思就是说：如果对待工会的态度不正确，就会使苏维埃政权灭亡，使无产阶级专政灭亡(在俄国这样的农民国家里，如果由于党的错误而造成党和工会的分裂，那就一定会使苏维埃政权遭到毁灭)。可以(而且应当)从本质上来检查这种见解，就是说，来分析、研究、判断这样看问题究竟对不对。而如果说：我"尊重"您从政治上看问题的态度，"**但是**"，这只是从政治上看问题，而我们"**还**"需要"从经济上"看问题，这就等于说：我"尊重"您所说的采取这种步骤就是自取灭亡这种见解，**但是**，也请您权衡一下，是否丰衣足食要比饥寒交迫好些。

布哈林宣传把从政治上看问题和从经济上看问题结合起来，这样就在理论上堕落到**折中主义**立场上去了。

托洛茨基和布哈林把事情说成这样：我们所关心的是提高生产，而你们所关心的只是形式上的民主。这样说是不对的，因为问题**只在于**(从马克思主义的观点来看，**也只能在于**)：一个阶级如果不从政治上正确地看问题，就不能维持它的统治，**因而**也就不能完成**它的**

生产任务。

更具体些说吧。季诺维也夫说："你们在工会中造成分裂,是犯了政治上的错误。至于提高生产的问题我早在1920年1月就已经谈过,并且写过文章,那时我曾经举修建澡堂作为例子。"托洛茨基回答说:"写了一本小册子,举了个澡堂的例子,真是了不起〈第29页〉,可是关于工会应该做什么,您却'一句话'、'一个字'也没有提〈第22页〉。"

不对。澡堂的例子——请原谅我说句笑话——可以值十个"生产气氛"再外加几个"生产民主"。澡堂的例子,正好是对群众,在"深入群众"时简单明了地说明了工会应该做什么,而"生产气氛"和"生产民主"却是迷了工人群众眼睛的沙子,**使**他们对问题**难以理解**。

托洛茨基同志也责备了我,他说:关于"那种被称为工会机关的杠杆起着怎样的作用和应当起怎样的作用","列宁却一个字也没有提"(第66页)。

对不起,托洛茨基同志,我全文宣读了鲁祖塔克的提纲并表示同意这个提纲,因此我关于这个问题所说的,要比你的整个提纲、整个报告或副报告和总结发言所说的**更多,更充分,更正确,更简洁,更明白**。因为,我再说一遍,就掌握经济、管理工业、加强工会在生产中的作用来说,实物奖励和同志纪律审判会的意义要比"生产民主"、"结合"之类的完全抽象的(因而也是空洞的)字眼重要百倍。

在提出"生产"观点(托洛茨基)或克服从政治上看问题的片面性以及把从政治上看问题同从经济上看问题结合起来(布哈林)的借口之下,使我们看到的是:

(1)忘记了马克思主义,这表现在对政治与经济的关系作了理论上错误的、折中主义的规定。

(2)为贯穿托洛茨基**整个**纲领性小册子的整刷政策这种政治错

误辩护和掩饰。而这种错误,假如不认识,不改正,那就会**导致**无产阶级专政的灭亡。

(3)在纯粹生产的即经济的问题方面,在怎样增加生产的问题方面,倒退了一步;就是说,从鲁祖塔克的**切实的**提纲,从这个提出了具体的、实际的、迫切的和活生生的任务(开展生产宣传,学会很好地分配实物奖和更正确地采用同志纪律审判会这种形式的强制)的提纲退了一步,退到抽象的、不具体的、"空洞的"、理论上错误的、知识分子式的、一般的**提纲**上去,**忘记了**最实际最切实的东西。

在关于政治与经济的问题上,季诺维也夫和我为一方,同托洛茨基和布哈林为另一方的相互关系,事实上就是如此。

因此,当我读到托洛茨基同志12月30日对我的反驳时,我不禁觉得好笑,他说:"列宁同志在苏维埃第八次代表大会上,在关于我国形势的报告的总结发言中曾经说,我们要少搞一点政治,多搞一点经济,可是在工会问题上,他却把问题的政治方面放在第一位。"(第65页)托洛茨基同志以为这些话"正中要害"。实际上这些话正好说明他的概念极其糊涂,说明他的"思想混乱"已经到了极点。自然,我在过去、现在和将来都希望我们少搞些政治,多搞些经济。但是不难理解,要实现这种愿望,就必须不发生政治上的危险**和政治上的错误**。而托洛茨基同志所犯的并且由布哈林同志加深的政治错误,却**使我们党离开**经济任务,**离开**"生产"工作,**迫使我们——遗憾得很——花许多时间**来纠正这些错误,来同工团主义倾向(它可能导致无产阶级专政的灭亡)进行争论,来同对工会运动的错误态度(这种态度可能导致苏维埃政权的灭亡)进行争论,来就一般的"提纲"进行争论,而不是进行切实的、实际的、"经济方面的"争论,即看看谁更好地更成功地根据11月2日至6日全俄工会第五次代表会议所通过的鲁祖塔克的提纲分配了实物奖,组织了纪律审判会,实行了结合:是萨拉托夫面粉业工人,是顿巴斯煤矿工人,还是彼得格勒五金工人,如此等等。

拿"广泛辩论"是否有好处这个问题来说吧。在这里,我们也可以看到,政治错误如何使我们离开了经济任务。我曾经反对所谓的"广泛"辩论,我过去和现在都认为,托洛茨基同志破坏工会问题委员会是一个错误,一个政治错误,因为在这个委员会里本来是可以进行切实的辩论的。我认为以布哈林为首的缓冲派的政治错误,在于他们不懂得缓冲的任务(在这个问题上他们也是用折中主义偷换了辩证法);从"缓冲"的观点来看,他们正应当全力反对广泛的辩论,争取把辩论转到工会问题委员会里去进行。请看一看当时的情形吧。

12月30日,布哈林竟说:"我们宣布了工人民主这个新的神圣的口号,它的内容就是,一切问题都不应当在狭小的集体管理机构里讨论,不应当在小型的会议上讨论,不应当在自己的什么团体里讨论,而应当提到大型的会议上去讨论。所以我可以肯定地说,把工会的作用问题提到今天这样的大会上来讨论,我们决不是倒退了一步,而是前进了一步。"(第45页)这个人还责备过季诺维也夫净说废话和夸大民主呢!这才是十足的废话和"胡言乱语",他根本就不懂得形式上的民主应当服从于对革命的适宜性!

托洛茨基丝毫也不高明一些。他指控说:"列宁想用一切办法来取消和破坏关于问题实质的辩论。"(第65页)他说:"为什么我不参加委员会呢?关于这一点,我在中央委员会里已经说得很明白:在没有允许我像所有其他同志一样把这些问题全部提到党报上之前,我是不指望在小圈子里研究这些问题会带来什么好处的,因此我也就不指望委员会的工作会带来什么好处。"(第69页)

结果如何呢?从12月25日托洛茨基开始"广泛辩论"到现在还不

到一个月,在100个党的负责工作人员中,对这场辩论不感到头痛,不认为这场辩论毫无益处(甚至更坏些)的,恐怕已经一个也找不到了。这是因为托洛茨基使党浪费时间去对字眼、对糟糕的提纲进行争论,还骂委员会里那种正好是**切实的**对经济方面的研究是"小圈子里的"研究。这个委员会本来就是为了研究和检查实际经验,以便从中学习在真正的"生产"工作中**前进,而不是后退**,不是从活生生的工作后退到各种各样的"生产气氛"这类僵死的经院哲学上去。

拿有名的"结合"来说吧。在12月30日我曾劝告大家对这个问题采取沉默态度,因为我们还**没有研究好**我们本身的实际经验,而不具备这个条件,关于结合的争论就必然会变成废话,使党的力量**脱离**经济工作而瞎忙一气。托洛茨基的提纲在这个问题上建议在国民经济委员会中工会代表占 $\frac{1}{3}$ 到 $\frac{1}{2}$,或占 $\frac{1}{2}$ 到 $\frac{2}{3}$,我把这个提纲叫做官僚主义的主观计划[①]。

为了这件事,布哈林向我大发脾气。我从记录第49页上看到,布哈林很周密详尽地向我证明:"当人们聚在一起谈什么问题的时候,他们是不应当装聋作哑的。"(这一页上印的就是这样的话,一字不差!)托洛茨基也发火了,他喊道:

> "我请你们每一位都在小本子上记下来:列宁同志在某月某日把这一点叫做官僚主义;我敢预言,再过几个月,这一点大家就都会知道,都会奉为准则,那时,在全俄工会中央理事会和最高国民经济委员会里,在五金工会中央委员会和金属局等组织里,都会有 $\frac{1}{3}$ 到 $\frac{1}{2}$ 的兼职工作人员……"(第68页)

我读过这段话之后,就请米柳亭同志(最高国民经济委员会副主席)把现有的关于结合问题的**印好的**报告给我送来。我自己这样

①《列宁全集》第2版第40卷第210页。——编者注

想：我就开始一点一滴地来**研究我们的实际经验**吧，因为光是说空话，既没有材料又没有事实根据，只是凭空编造分歧，炮制各种定义和"生产民主"，这样来从事"全党讨论"（布哈林在第47页上用的词，这大概也会成为"惯用语"，不亚于有名的"整刷"），实在是枯燥无味到了极点。

米柳亭同志给我送来了几本书，其中有一本是《最高国民经济委员会向全俄苏维埃第八次代表大会作的报告》（1920年莫斯科版；序言注明的日期是1920年12月19日）。该报告第14页上，载有一个表明工人参加管理机关情况的表格。我现在把这个表格照抄在下面（只包括一部分省国民经济委员会和企业）：

管 理 机 关	总人数	其 中					
		工 人		专 家		职员及其他	
		名额	百分比	名额	百分比	名额	百分比
最高国民经济委员会和各省国民经济委员会主席团	187	107	57.2	22	11.8	58	31.0
总管理局、总局、中央管理局和总管理局的局务委员会……………	140	72	51.4	31	22.2	37	26.4
集体管理制和个人管理制的工厂管理委员会………	1 143	726	63.5	398	34.8	19	1.7
总 计	1 470	905	61.6	451	30.7	114	7.7

由此可见，就在目前，工人参加管理的，平均已经达到61.6%，就是说，已经超过半数，而接近$\frac{2}{3}$了！这**已经证明**托洛茨基同志在他的提纲中关于这个问题所写的东西是官僚主义的主观计划。关于

"$\frac{1}{3}$ 到 $\frac{1}{2}$" 或 "$\frac{1}{2}$ 到 $\frac{2}{3}$"，不管你是说也好，争论也好，写成纲领也好，都是毫无实际意义的"全党讨论"，都是使人力、物力、注意力、时间脱离**生产**工作，都不过是没有重要内容的政客的空谈。而如果是在委员会里——在这里可以找到有经验的人，在这里不会同意不研究事实就写提纲——那我们就可以有成效地从事检查经验的工作，例如，找一二十个人（从1 000个"兼职工作人员"中）问一问，把他们的印象和结论同客观的统计材料加以比较，设法对未来的工作作出切实的、实际的指示：根据这些经验，现在是应当朝着原来的方向前进呢，还是应当稍微改变一下方向、方式和方法，如果改变又应当怎样改变，或者是为了对工作有利而暂时停下来，再去反复地检查经验，也许可以再把什么地方修改修改，如此等等。

同志们，一个真正的"经济工作者"（让我也来作些"生产宣传"吧！）一定知道，即使在最先进的国家里，资本家和托拉斯组织者，也要费好多年的工夫，有时是十年甚至更多的时间，去研究和检查自己的（和别人的）实际经验，纠正和改变已经开始的工作，一次又一次倒退回去，经过多次纠正，才能找到完全适合某种业务的管理制度，选拔出高级和低级的行政管理人员，等等。这是资本主义制度下的情况，资本主义在整个文明世界中是依靠**几百年的经验和习惯**来经营自己的事业的。而我们则是在新的基础上进行建设，这就要求我们对资本主义遗留给我们的习惯进行极其长久的、顽强的和耐心的改造工作，而这一工作只能一步步来。像托洛茨基那样对待这个问题，是根本错误的。托洛茨基在他12月30日的发言中喊道："我们的工人，党和工会的工作人员，有没有受过生产教育呢？有，还是没有？我的答复是：没有。"（第29页）这样来对待这种问题，是很可笑的。这就像提出这样的问题一样：在这个师里有没有足够数量的毡靴呢？有，还是没有？

甚至再过十年，我们一定还会说：所有的党和工会的工作人员，都还没有受过足够的生产教育。这正像再过十年，所有党、工会和军事部门的工作人员，也还没有受过足够的军事训练一样。但是生产教育的**基础**，我们已经奠定了，因为现在已有近千名的工人、工会会员和代表参加了管理机关，管理着企业、总管理局以及更高的机关。"生产教育"的基本原则，对**我们**这些从前的秘密工作者和职业政论家**自己**的教育的基本原则，就是遵照"七次量，一次裁"的准则，自己动手并且教会别人动手去极其仔细地研究我们自己的实际经验。坚持不懈地、从容不迫地、小心谨慎地、切实认真地检查这千把人所做的事情，更加小心谨慎地、认真地改进他们的工作，要在一定的方法、一定的管理制度、一定的比例、一定的人才的选拔办法等等都已经充分证明效果良好以后再向前进——这就是"生产教育"的主要的、根本的和绝对的准则，而托洛茨基同志的整个提纲，对待问题的整个态度，都正好违反了这个准则。托洛茨基同志的整个提纲，整个纲领性小册子，正好是用自己的错误使党的注意力和力量脱离切实的"生产"工作而去进行空洞的、毫无内容的争论。

辩证法和折中主义。"学校"和"机关"

布哈林同志有许多优点，其中之一就是他有理论修养，他对任何问题都要探究理论根源。这是一个很大的优点，因为，如果一个人从他自觉运用的一定原理出发犯了错误,那么不找出他犯错误的理论根源,就无法完全弄清他的任何错误,包括政治错误在内。

由于布哈林同志好在理论上钻研问题,所以他从12月30日的辩论开始(可能还更早些),就把争论转移到这方面来了。

> 布哈林同志在12月30日说道:"我认为有一点是绝对必要的(这里所说的"缓冲派"或缓冲派思想的理论实质就在于此),而且在我看来是完全无可辩驳的,那就是既不能抛弃这个政治因素,又不能抛弃这个经济因素……"(第47页)

布哈林同志在这里所犯的错误的理论实质,就在于他用折中主义偷换了政治和经济之间的辩证的关系(马克思主义所教导我们的这种辩证关系)。"既是这个,又是那个","一方面,另一方面"——这就是布哈林在理论上的立场。这就是折中主义。辩证法要求从相互关系的具体的发展中来全面地估计这种关系,而不是东抽一点,西抽一点。我已经用政治与经济这个例子说明了这一点。

以"缓冲"为例,这一点同样也是毫无疑问的。如果党的列车有倾覆的趋势,那么缓冲是有益的和必要的。这一点无可争辩。而布哈林是用折中主义的态度提出"缓冲"任务的,他从季诺维也夫那里吸取了一点,又从托洛茨基那里吸取了一点。布哈林作为一个"缓冲者",本来应当独立地确定,是这个人还是那个人,是这些人还是那些人犯了错误,在什么地方,什么时候,什么问题上犯了错误,是犯了理论上的错误,还是犯了政治上不策略的错误,是犯了发表派别言论的错误,还是犯了言过其实的错误,等等,然后再**全力**来抨击**每种**错误。但是布哈林并没有理解他的这种"缓冲"任务。下面就是一个明显的例证:

运输工会中央委员会(铁路和水运员工工会中央委员会)彼得

格勒常务局的共产党党团(这个组织是同情托洛茨基的,他们公开宣称:在他们看来,"在关于工会在生产中的作用这个基本问题上,托洛茨基和布哈林两位同志的立场,是同一个观点的两种表现形式")在彼得格勒把布哈林同志1921年1月3日在彼得格勒所作的副报告印成一个小册子(尼·布哈林《论工会的任务》1921年彼得格勒版)。在这个副报告里有这样一段话:

> "起初,托洛茨基同志曾经说,必须撤换工会的领导人员,必须选拔适当的同志等等,更早以前,他甚至曾经有过'整刷'的观点,但是现在,他已经放弃这个观点了。因此提出'整刷'作为反对托洛茨基同志的论据,是十分荒谬可笑的。"(第5页)

这段话里有很多不符合事实的地方,这我就不去多说了。("整刷"这个词,是托洛茨基在11月2日至6日举行的全俄工会第五次代表会议上使用的。"选拔领导人员",是托洛茨基在他11月8日提交中央的提纲第5条中说的,——顺便提一下,这个提纲已经由托洛茨基的一个拥护者印出来了。托洛茨基12月25日的小册子《工会的作用和任务》,从头到尾都贯穿着我在前面指出过的那种想法,那种精神。他的"放弃"到底表现在什么地方、什么问题上,根本无人知道。)现在我要谈的是另一个问题。如果"缓冲"是折中主义的,那么这种"缓冲"就要放过一方面的错误,而只提到另一方面的错误,即对1920年12月30日在莫斯科几千名来自全俄各地的俄共工作人员面前所犯的错误只字不提,而只提到1921年1月3日彼得格勒的错误。如果"缓冲"是辩证的,那么这种"缓冲"就要全力抨击它从两方面或从各方面看到的每一个错误。布哈林却不是这样做的。他根本就没有想到要去分析一下托洛茨基小册子中的整刷政策的观点。**他干脆就不提它**。这样扮演缓冲者的角色,难怪大家要觉得好笑了。

其次,从布哈林在彼得格勒的同一篇讲话的第7页上,我们还看到这样的话:

> "托洛茨基同志的错误,在于他没有充分地为共产主义学校这一点辩护。"

在12月30日的辩论中,布哈林说道:

> "季诺维也夫同志说工会是共产主义的学校,而托洛茨基说它是管理生产的行政技术机关。我看不出有任何逻辑上的根据,可以证明第一个论点不正确或第二个论点不正确,因为这两个论点都是对的,把这两个论点结合起来,也是对的。"(第48页)

在布哈林和他那一"派"或"派别"的提纲第6条里,也包含着同样的思想:"……一方面,它们〈工会〉是共产主义的学校……另一方面,它们又是——并且愈来愈是——经济机关和整个国家政权机关的一个组成部分……"(1月16日《真理报》)

布哈林同志的基本理论错误正是在这里,正是用折中主义来偷换马克思主义的辩证法(这种折中主义在各种"时髦的"和反动的哲学体系的作家当中是特别流行的)。

布哈林同志说到"逻辑上的"根据。从他的全部议论可以看出,他——可能是不自觉的——在这里所持的观点是形式逻辑或经院哲学逻辑的观点,而不是辩证逻辑或马克思主义逻辑的观点。我现在就从一个非常简单的例子说起来阐明这一点,这个例子是布哈林同志自己用过的。在12月30日的辩论中,他说:

> "同志们,对于这里发生的争论,也许在你们很多人当中会产生这样的印象:有两个人跑来互相质问,放在讲台上的玻璃杯是什么东西。第一个说:'这是

一个玻璃圆筒，谁说不是，谁就应当受到诅咒。'第二个说：'玻璃杯是一个饮具，谁说不是，谁就应当受到诅咒。'"（第46页）

读者可以看到，布哈林想用这个比喻，向我通俗地说明片面性的害处。我接受这个说明，并且表示感谢，而为了用行动来证明我的感谢起见，我也来通俗地解释一下折中主义和辩证法的区别，以此作为答复。

玻璃杯既是一个玻璃圆筒，又是一个饮具，这是无可争辩的。可是一个玻璃杯不仅具有这两种属性、特质或方面，而且具有无限多的其他的属性、特质、方面以及同整个外界的相互关系和"中介"。玻璃杯是一个沉重的物体，它可以作为投掷的工具。玻璃杯可以用做镇纸，用做装捉到的蝴蝶的容器。玻璃杯还可以具有作为雕刻或绘画艺术品的价值。这些同杯子是不是适于喝东西，是不是用玻璃制成的，它的形状是不是圆筒形，或不完全是圆筒形等等，都是完全无关的。

其次，如果现在我需要把玻璃杯作为饮具使用，那么，我完全没有必要知道它的形状是否完全是圆筒形，它是不是真正用玻璃制成的，对我来说，重要的是底上不要有裂缝，在使用这个玻璃杯时不要伤了嘴唇，等等。如果我需要一个玻璃杯不是为了喝东西，而是为了一种使用任何玻璃圆筒都可以的用途，那么，就是杯子底上有裂缝，甚至根本没有底等等，我也是可以用的。

形式逻辑——在中小学里只讲形式逻辑，在这些学校低年级里也应当只讲形式逻辑（但要作一些修改）——根据最普通的或最常见的事物，运用形式上的定义，并以此为限。如果同时运用两个或更多的不同的定义，把它们完全偶然地拼凑起来（既是玻璃圆筒，又是饮具），那么我们所得到的是一个仅仅指出事物的不同方面的折中主义的定义。

辩证逻辑则要求我们更进一步。要真正地认识事物，就必须把握住、研究清楚它的一切方面、一切联系和"中介"。我们永远也不会完全做到这一点，但是，全面性这一要求可以使我们防止犯错误和防止僵化。这是第一。第二，辩证逻辑要求从事物的发展、"自己运动"（像黑格尔有时所说的）、变化中来考察事物。就玻璃杯来说，这一点不能一下子就很清楚地看出来，但是玻璃杯也并不是一成不变的，特别是玻璃杯的用途，它的使用，它同周围世界的**联系**，都是在变化着的。第三，必须把人的全部实践——作为真理的标准，也作为事物同人所需要它的那一点的联系的实际确定者——包括到事物的完整的"定义"中去。第四，辩证逻辑教导说，"没有抽象的真理，真理总是具体的"——已故的普列汉诺夫常常喜欢按照黑格尔的说法这样说。（我觉得在这里应当附带向年轻的党员指出一点：不研究——正是**研究**——普列汉诺夫所写的全部哲学著作，就**不能**成为一个自觉的、**真正的**共产主义者，因为这些著作是整个国际马克思主义文献中的优秀作品①。）

自然，我还没有把辩证逻辑的概念全部说完。但是暂时这些已经够了。现在可以从玻璃杯转到工会和托洛茨基的纲领上来了。

---

①顺便说一下，不能不希望：第一，现在正在出版的普列汉诺夫文集应把他的所有哲学论文汇编成一卷或几卷专集，并且附上极详细的索引等等。这是因为这些专集应当成为必读的共产主义教科书。第二，我认为工人国家应当对哲学教授提出要求，要他们了解普列汉诺夫对马克思主义哲学的阐述，并且善于把这些知识传授给学生。不过这些话都已经离开了"宣传"而转向"行政手段"了。

"一方面是学校,另一方面是机关"——布哈林这样说,并在他的提纲中这样写着。托洛茨基的错误,在于"他没有充分地为……学校这一点辩护",而季诺维也夫的错误,则在于没有充分估计到机关"这一点"。

为什么布哈林这种议论是僵死而空洞的折中主义呢?因为布哈林丝毫也不打算独立地即用自己的观点去分析目前这一争论的全部历史(马克思主义**即**辩证逻辑绝对要求这样做),去分析在目前这个时候,在目前的具体情况下对问题的整个看法,对问题的整个提法,——或者也可以说提出问题的整个方向。布哈林丝毫也没有这样做的打算!他对问题不作丝毫具体的研究,而搬弄一些纯粹的抽象概念,从季诺维也夫那里吸取一点,从托洛茨基那里吸取一点。这就是折中主义。

为了更清楚地说明这一点,我来举一个例子。对于中国南部的起义者和革命者,我是一无所知的(我只是在好多年以前读过孙中山的两三篇论文,读过几本书和一些报纸上的文章)。既然那里发生了起义,那么在中国人中间想必也会有争论,某甲说起义是席卷全民族的极端尖锐的阶级斗争的产物,而某乙则说起义是一门艺术。我用不着知道更多的东西,就能写出像布哈林写的那样的提纲来:"一方面……另一方面"。一个没有充分估计到艺术"这一点",另一个没有充分估计到"尖锐化这一点"等等。这就是僵死而空洞的折中主义,因为在这里没有**具体地**研究**当前这场**争论、这个问题和这种对问题的看法等等。

工会一方面是学校;另一方面是机关;第三方面是劳动者的组织;第四方面是几乎纯属产业工人的组织;第五方面是按生产部门建

315

立的组织①，如此等等。布哈林丝毫没有提出任何根据，丝毫没有作任何独立的分析，来证明为什么要提出问题或事物的前两"方面"，而不提出第三、第四、第五等方面。所以说布哈林派的提纲是彻头彻尾的折中主义的空谈。布哈林关于"学校"和"机关"的相互关系的整个问题的提法，是根本性的错误，是折中主义的。

要正确地提出这个问题，就必须从空洞的抽象概念转到具体的即当前的这场争论上来。关于这个争论，无论拿在全俄工会第五次代表会议上发生的情况来讲，或者拿托洛茨基本人在他12月25日的纲领性小册子中提出并加以**阐明**的情况来讲，都可以看出，托洛茨基的**整个**看法和整个方向都是错误的。他不了解，无论在提出"苏维埃工联主义"这个问题时，在讲一般生产宣传时，或者在像他**那样**提出"结合"问题即工会参加生产管理问题时，都必须而且可以把工会看做学校。而在最后这个问题上，从托洛茨基整个纲领性小册子中的提法来看，错误的地方就在于他不懂得工会是**学习在行政和技术上管理生产的学校**。不是"一方面是学校，另一方面又是什么别的东西"，而是从**各方面来看**，针对当前的争论来说，针对当前托洛茨基对问题的提法来说，**工会都是一所学校**，是一所学习联合的学校，学习团结的学校，学习保护自己的利益的学校，学习主持经济的学校，学习管理的学校。布哈林同志不去了解并且纠正托洛茨基同志的这个根本性的错误，反而作了一个可笑的修正："一方面，另一方面"。

我们来更具体地研究研究问题吧。我们看一看，作为生产管理

---

①这里顺便指出，托洛茨基在这一点上也犯了错误。他以为产业工会就是应当支配生产的工会。这是不对的。产业工会就是按生产部门把工人组织起来的工会，这在目前的技术和文化的水平上，是不可避免的（无论在俄国或在全世界都是如此）。

"机关"的目前的工会是怎样的。我们已经看到,根据不完全的统计,约有900名工人、工会会员和代表在管理着生产。当然,把这数目字增加到10倍、甚至100倍也未尝不可,为了向你们让步并且说明你们的根本性错误,甚至也可以假定在最近就能有这种难以置信的"发展"速度——就算是这样,直接**进行管理的人**,同总数为600万的工会会员比较起来,依然是微不足道的一部分。由此可以更明显地看出,像托洛茨基那样把全部注意力都集中在"领导层"上,只顾谈论工会在生产中的作用和生产管理,而不考虑到98.5%的会员(600万减9万等于591万,等于总数的98.5%)**正在学习,而且还应当长期地学习下去**,那就是犯了根本性的错误。不是学校**和**管理,而是**学习管理的学校**。

托洛茨基同志在12月30日同季诺维也夫争辩,并且毫无根据和完全错误地指控季诺维也夫否认"委派制",即否认中央进行委派的权利和义务,在争辩时,他无意中说出了一个极其典型的对比:

他说:"……季诺维也夫过分从宣传员的观点去对待每个实际的切实的问题,忘记了这不仅是鼓动的材料,而且是应当用行政办法加以解决的问题。"(第27页)

现在我就来详细说明,如果以行政管理人员的态度来对待这个问题,**会**是怎样的情况。托洛茨基同志的根本性错误,恰恰也就在于他**对**他自己在纲领性小册子中所提出的**问题**,是以一个**行政管理人员**的态度来对待的(确切些说,是胡乱对付),而对**这些**问题他本来是可以而且应当**纯粹以宣传员的态度**来对待的。

实际上,托洛茨基的好的东西是什么呢?不是在他的提纲中,而是在他的**讲话**中——特别是当他忘记了他与工会工作者中的所谓

"保守"派进行的不成功的论战的时候——那种**生产宣传**无疑是好的和有益的。如果托洛茨基同志能以全俄生产宣传局的参加者和工作者的身份在工会问题委员会里进行切实的"经济性的"工作，发表讲话和文章，那他本来会给工作带来（并且无疑一定会带来）不少的益处。错误是在于"纲领性的提纲"。用行政管理人员的态度来对待工会组织中的"危机"，对待工会中的"两种趋势"，对待对俄共党纲的解释，对待"苏维埃工联主义"，对待"生产教育"，对待"结合"，——就像一根红线，贯穿着这个"纲领性的提纲"。我现在已经把托洛茨基"纲领"谈到的主要问题都列举出来了，对待这些问题的正确态度在目前——根据托洛茨基所掌握的材料——只能是宣传员的态度。

国家，这是实行强制的领域。只有疯子才会放弃强制，特别是在无产阶级专政时期。采用"行政手段"和以行政管理人员的态度来对待问题，在这里是绝对必需的。党呢，党是直接执政的无产阶级先锋队，是领导者。开除党籍而不是实行强制，这是一种特殊的诱导手段，是纯洁和锻炼先锋队的手段。工会是国家政权的蓄水池，是共产主义的学校，是学习主持经济的学校。这个领域的特殊之点和主要之点**不是**管理，**而是**"中央"（自然也还有地方）"国家管理机关、国民经济和**广大劳动群众之间的""联系"**（我们党纲经济部分中关于工会问题的第5条是这样说的）①。

对这个问题整个提法的错误，对这种相互关系的不理解，就像一根红线贯穿着托洛茨基的整个纲领性小册子。

可以设想一下，假定托洛茨基能从另外一方面去对待整个问

---

① 见《列宁全集》第2版第36卷第415页。——编者注

题,联系他的纲领中的其他问题来研究一下这个最有名的"结合"。可以设想一下,假定他的小册子是专门用来完成这样的任务,即详细地研究——譬如说——900件"结合"中的90件的情形,研究工会会员和固定的工会运动工作人员兼任最高国民经济委员会的管理工业的职务和工会中选举产生的职务的情形。可以设想一下,假定他把这90件事,跟抽样调查的统计材料,跟工农检查院及有关的人民委员部的检查员和指导员的报告一同加以分析,就是说,根据行政机关的材料加以分析,从工作的总结和结果、生产的成绩等等方面加以分析。总之,假定是用这样的态度来对待问题,那么这样的行政管理人员的态度就是正确的,只要是本着这样的态度,那就完全可以采用"整刷"的路线,就是说可以把注意力集中在应当撤换谁、调动谁、委派谁、现时对"领导层"提出些什么要求等问题上。在运输工会中央委员会一些人印的布哈林1月3日在彼得格勒发表的讲话中,布哈林说,以前托洛茨基主张"整刷",现在则已经放弃了这种观点。布哈林在这里也陷入了一种实际上令人发笑的、理论上同一个马克思主义者的称号完全不相容的折中主义。布哈林抽象地看问题,而不会(或者说不愿)具体地对待问题。既然我们,党中央和全党,还要进行行政管理,就是说,还要管理国家,我们就决不会放弃而且也不能放弃"整刷",即放弃撤职、调职、委派、开除等等办法。但是托洛茨基的纲领性小册子所谈的,根本不是这么一回事,那里面根本没有提出"实际的切实的问题"。季诺维也夫跟托洛茨基争论过的,我们跟布哈林在争论的,全党在争论的,并不是"实际的切实的问题",而是关于"工会运动方面的**趋势**"的问题(托洛茨基提纲第4条末尾)。

这个问题从实质上说是一个政治问题。就事情的实质——当前这一具体"事情"的实质——来讲,要像布哈林(他自然是充满最人道的感情和意图的)所希望的那样,用折中主义的修改和补充去纠正托洛茨基的错误,那是办不到的。

这里有一个而且只有一个解决的办法。

这就是,正确地解决关于"工会运动方面的趋势"、各阶级的相互关系、政治和经济的相互关系以及国家、党和工会("学校"和机关等等)的特殊作用的政治问题。这是第一。

第二,在正确地解决政治问题的基础上,进行——确切些说是不断进行——长期的、有系统的、坚持不懈的、耐心的、多方面的、反复的生产宣传,用国家机关的名义并且在国家机关的领导下,在全国范围内不断进行这种宣传。

第三,不要把"实际的切实的问题"跟关于趋势的争论(这种争论是"全党讨论"和广泛辩论必然有的东西)混为一谈,而要切实地提出这些问题,在切实地研究问题的委员会中提出这些问题,同时要询问见证人,研究报告和统计材料,然后在这一切的基础上(必须在这一切的基础上,必须在这样的条件下),根据相应的苏维埃机关、党的机关或这两种机关的决定来进行"整刷"。

而我们从托洛茨基和布哈林那里看到的却是这样一种混合物:在对待问题的态度上犯了政治错误,割断了中间的联系和传动带,迫不及待要采取徒劳的、没有效果的"行政手段"。既然布哈林用他的"玻璃杯"提出了理论根源问题,那么他们的错误的"理论"根源是很清楚的。布哈林的理论错误(在这个问题上是认识论的错误),就在于用折中主义偷换了辩证法。布哈林折中主义地提出问题,结果自己完全弄糊涂了,竟然发表了工团主义的言论。托洛茨基的错误是:片面、狂热、夸大、固执。托洛茨基的纲领是：玻璃杯是饮具，而这只玻璃杯是没有底的。

选自《列宁全集》第2版第40卷
第279—298页

论战斗唯物主义的意义 [158]

（1922年3月12日）

　　关于《在马克思主义旗帜下》杂志[159]的一般任务，所有要点托洛茨基同志在第1—2期合刊上已经谈过了，而且谈得很好。我只想谈几个问题，把杂志编辑部在第1—2期合刊的发刊词中所宣布的工作内容和工作计划规定得更确切一些。

　　这篇发刊词说，团结在《在马克思主义旗帜下》杂志周围的不全是共产党员，然而都是彻底的唯物主义者。我认为，共产党员和非共产党员的这种联盟是绝对必要的，而且正确地规定了杂志的任务。如果共产党员（以及所有成功地开始了大革命的革命家）以为单靠革命家的手就能完成革命事业，那将是他们最大最危险的错误之一。恰恰相反，要使任何一件重大的革命工作得到成功，就必须懂得，革命家只能起真正富有生命力的先进阶级的先锋队的作用，必须善于实现这一点。先锋队只有当它不脱离自己领导的群众并真正引导全体群

　　这是列宁为党的理论刊物《在马克思主义的旗帜下》撰写的一篇指导性文章。列宁在文中指明了党在哲学战线的工作方向，提出了马克思主义哲学家的任务，强调共产党人应该始终不渝地捍卫马克思主义哲学，同各种唯心主义思潮作不调和的斗争；应该积极宣传无神论，帮助人民群众摆脱愚昧无知。列宁要求共产党员在捍卫唯物主义和马克思主义的斗争中同党外唯物主义者结成联盟。列宁还论述了马克思主义哲学同自然科学的密切关系，一方面要求马克思主义哲学家要同自然科学家结成联盟，另一方面要求自然科学家努力成为辩证唯物主义者。

众前进时,才能完成其先锋队的任务。在各种活动领域中,不同非共产党员结成联盟,就根本谈不上什么有成效的共产主义建设。

《在马克思主义旗帜下》杂志所担负的捍卫唯物主义和马克思主义的工作也是如此。可喜的是俄国先进社会思想中的主要思潮具有坚实的唯物主义传统。且不说格·瓦·普列汉诺夫,只要指出车尔尼雪夫斯基就够了,现代的民粹派(人民社会党人[160]和社会革命党人[102]等)由于一味追随时髦的反动哲学学说,往往离开车尔尼雪夫斯基而倒退,他们被欧洲科学的所谓"最新成就"的假象所迷惑,不能透过这种假象看清它是替资产阶级及其偏见和反动性效劳的不同形式。

无论如何,我们俄国还有——而且在相当长的时期内无疑还会有——非共产党员的唯物主义者,而吸收一切拥护彻底的战斗唯物主义的人来共同反对哲学上的反动,反对所谓"有教养社会"的种种哲学偏见,是我们不可推诿的责任。老狄慈根(不要把他同他那自命不凡而实际上毫无成就的著作家儿子混为一谈)曾正确地、中肯地、清楚地表述了马克思主义对盛行于资产阶级国家并受到它们的学者和政论家重视的那些哲学流派的基本看法,他说:当今社会中的哲学教授多半实际上无非是"僧侣主义的有学位的奴仆"。[161]

我们俄国那些喜欢自命为先进人物的知识分子,同他们在其他各国的伙伴们一样,很不喜欢用狄慈根所说的评价来考察问题。他们所以不喜欢这样做,是因为真理的光芒是刺眼的。只要稍微深入思考一下当今那些有教养的人在国家政治、一般经济、日常生活以及其他方面对于占统治地位的资产阶级的依赖,就可以了解狄慈根这句一针见血的评语是绝对正确的。只要回顾一下欧洲各国经常出现的时髦哲学流派中的多数流派,哪怕只回顾一下由于镭的发现而兴起的哲学流派,直到目前正在竭力抓住爱因斯坦学说的哲学流派,就可以知道资产阶级的阶级利益、阶级立场及其对各种宗教的扶持同各种时髦哲学流派的思想内容之间的联系了。

由此可见,这个要成为战斗唯物主义刊物的杂志,首先应该是一个战斗的刊物,这就是说,要坚定不移地揭露和追击当今一切"僧侣主义的有学位的奴仆",而不管他们是以官方科学界的代表,还是以"民主主义左派或有社会主义思想的"政论家自命的自由射手162的面貌出现。

其次,这个杂志应该是一个战斗的无神论的刊物。我们有些部门,至少有些国家机关是主管这个工作的。但是,这个工作做得非常软弱无力,非常不能令人满意,看来是受到了我们真正俄罗斯式的(尽管是苏维埃式的)官僚主义这种一般环境的压抑。因此,为了弥补有关国家机关工作的不足,为了改进和活跃这一工作,这个要办成战斗唯物主义刊物的杂志必须不倦地进行无神论的宣传和斗争,这一点是非常重要的。要密切注意用各种文字出版的一切有关文献,把这方面一切多少有些价值的东西翻译出来,或者至少摘要介绍。

恩格斯早就嘱咐过现代无产阶级的领导者,要把18世纪末战斗的无神论的文献翻译出来,在人民中间广泛传播。①我们惭愧的是,直到今天还没有做这件事(这是证明在革命时代夺取政权要比正确地运用这个政权容易得多的许多例子之一)。有时人们用各种"动听的"理由来为我们这种软弱无力、无所作为和笨拙无能进行辩护,例如说18世纪无神论的旧文献已经过时、不科学、很幼稚等等。这种不是掩盖学究气就是掩盖对马克思主义一窍不通的冒充博学的诡辩,

---

① 参看《马克思恩格斯选集》第2卷人民出版社1972年版第591—592页。——编者注

是再坏不过了。当然，在18世纪革命家的无神论著作中有不少不科学的和幼稚的地方。但是，谁也不会阻止出版者把这些作品加以删节和附以短跋，指出人类从18世纪末以来对宗教的科学批判所取得的进步，指出有关的最新著作等等。一个马克思主义者如果以为，被整个现代社会置于愚昧无知和囿于偏见这种境地的亿万人民群众（特别是农民和手工业者）只有通过纯粹马克思主义的教育这条直路，才能摆脱愚昧状态，那就是最大的而且是最坏的错误。应该向他们提供各种无神论的宣传材料，告诉他们实际生活各个方面的事实，用各种办法接近他们，以引起他们的兴趣，唤醒他们的宗教迷梦，用种种方法从各方面使他们振作起来，如此等等。

18世纪老无神论者所写的那些泼辣的、生动的、有才华的政论，机智地公开地抨击了当时盛行的僧侣主义，这些政论在唤醒人们的宗教迷梦方面，往往要比那些文字枯燥无味，几乎完全没有选择适当的事实来加以说明，而仅仅是转述马克思主义的文章要合适千百倍，此类转述充斥我们的出版物，并且常常歪曲（这是毋庸讳言的）马克思主义。马克思和恩格斯的所有比较重要的著作我们都有了译本。担心在我国人们不会用马克思和恩格斯的修正意见来补充旧无神论和旧唯物主义，那是没有任何根据的。最重要的事情，也是我们那些貌似马克思主义、实则歪曲马克思主义的共产党员往往忽视的事情，就是要善于唤起最落后的群众自觉地对待宗教问题，自觉地批判宗教。

另一方面，请看一看当今对宗教作科学批判的代表人物吧。这些有教养的资产阶级代表人物在驳斥宗教偏见时差不多总要"加上"一些自己的见解，从而马上暴露出他们是资产阶级的思想奴隶，是"僧侣主义的有学位的奴仆"。

举两个例子。罗·尤·维佩尔教授在1918年出版了一本题名《基督教的起源》的小册子(莫斯科法罗斯出版社版)。作者叙述了现代科学的主要成就,但他不仅没有反对教会这种政治组织的武器,即偏见和骗局,不仅回避了这些问题,而且表示了一种简直可笑而反动透顶的奢望:要凌驾于唯心主义和唯物主义这两个"极端"之上。这是为现在占统治地位的资产阶级效劳,而资产阶级则从他们在世界各国劳动者身上榨取到的利润中拿出几亿卢布来扶持宗教。

德国的著名学者阿尔图尔·德雷夫斯在他的《基督神话》一书中驳斥了宗教偏见和神话,证明根本就没有基督这样一个人,但在该书末尾,他却主张要有一种宗教,不过,是一种革新的、去芜存精的、巧妙的、能够抵抗"日益汹涌的自然主义潮流"的宗教(1910年德文第4版第238页)。德雷夫斯是一个明目张胆的、自觉的反动分子,他公开帮助剥削者用更为卑鄙下流的新的宗教偏见来代替陈旧腐朽的宗教偏见。

这并不是说,不应该翻译德雷夫斯的东西。这只是说,共产党员和一切彻底的唯物主义者虽然在一定程度上要同资产阶级中的进步分子结成联盟,但是当这些进步分子变成反动的时候,就要坚决地揭露他们。这只是说,不敢同18世纪即资产阶级还是革命阶级时期的资产阶级代表人物结成联盟,就无异是背叛马克思主义和唯物主义,因为我们在同流行的宗教蒙昧主义的斗争中,必须通过某种形式在某种程度上同德雷夫斯们结成"联盟"。

《在马克思主义旗帜下》杂志要成为战斗唯物主义的刊物,就必须用许多篇幅来进行无神论的宣传,评介有关的著作,纠正我们国家在这方面工作中的大量缺点。特别重要的是要利用那些有许多具体事实和对比来说明现代资产阶级的阶级利益、阶级组织同宗教团体、宗教宣传组织之间的关系的书籍和小册子。[163]

有关北美合众国的一切材料都非常重要,那里宗教同资本之间的正式的、官方的、国家的关系要少一些。然而我们看得更为清楚,所谓"现代民主"(孟什维克、社会革命党人和一部分无政府主义者等对这种民主崇拜得五体投地),无非是有宣传对资产阶级有利的东西的自由,而对资产阶级有利的,就是宣传最反动的思想、宗教、蒙昧主义以及为剥削者辩护等等。

我希望这个要成为战斗唯物主义刊物的杂志,能为我国读者登载一些评介无神论书籍的文章,说明哪些著作在哪一方面适合哪些读者,并指出我国已出版哪些书籍(要像样的译本才能算数,但这样的译本还不怎么多),还应出版哪些书籍。

————

战斗唯物主义为了完成应当进行的工作,除了同没有加入共产党的彻底唯物主义者结成联盟以外,同样重要甚至更重要的是同现代自然科学家结成联盟,这些人倾向于唯物主义,敢于捍卫和宣传唯物主义,反对盛行于所谓"有教养社会"的唯心主义和怀疑论[13]的时髦的哲学倾向。

《在马克思主义旗帜下》杂志第1—2期合刊上登了阿·季米里亚捷夫论爱因斯坦相对论的文章,由此可以期待,这个杂志也能实现这后一种联盟。必须更多地注意这个联盟。必须记住,正因为现代自然科学经历着急剧的变革,所以往往会产生一些大大小小的反动的哲学学派和流派。因此,现在的任务就是要注意自然科学领域最新的革命所提出的种种问题,并吸收自然科学家参加哲学杂志所进行的这一工作,不解决这个任务,战斗唯物主义决不可能是战斗的,也决不可能是唯物主义。季米里亚捷夫在杂志第1期上不得不声明,各国已有一大批资产阶级知识分子抓住了爱因斯坦的理论,而爱因斯坦本人,用季米里亚捷夫的话来说,并没有对唯物主义原理进行任何主动的攻击。这不仅是爱因斯坦一人的遭遇,也是19世纪末以来自然科学的许多大革新家,甚至是多数大革新家的遭遇。

为了避免不自觉地对待此类现象,我们必须懂得,任何自然科学,任何唯物主义,如果没有坚实的哲学论据,是无法对资产阶级思想的侵袭和资产阶级世界观的复辟坚持斗争的。为了坚持这个斗争,为了把它进行到底并取得完全胜利,自然科学家就应该做一个现代唯物主义者,做一个以马克思为代表的唯物主义的自觉拥护者,也就是说,应当做一个辩证唯物主义者。为了达到这个目的,《在马克思主义旗帜下》杂志的撰稿人就应该组织从唯物主义观点出发对黑格尔辩证法作系统研究,即研究马克思在他的《资本论》及各种历史和政治著作中实际运用的辩证法,马克思把这个辩证法运用得非常成功,现在东方(日本、印度、中国)的新兴阶级,即占世界人口大多数但因其历史上无所作为和历史上沉睡不醒而使欧洲许多先进国家至今仍处于停滞和腐朽状态的数亿人民日益觉醒奋起斗争的事实,新兴民族和新兴阶级日益觉醒的事实,愈来愈证明马克思主义的正确性。

当然,这样来研究、解释和宣传黑格尔辩证法是非常困难的,因此,这方面的初步尝试不免要犯一些错误。但是,只有什么事也不做的人才不会犯错误。根据马克思怎样运用从唯物主义来理解的黑格尔辩证法的例子,我们能够而且应该从各方面来深入探讨这个辩证法,在杂志上登载黑格尔主要著作的节录,用唯物主义观点加以解释,举马克思运用辩证法的实例,以及现代史尤其是现代帝国主义战争和革命提供得非常之多的经济关系和政治关系方面辩证法的实例予以说明。依我看,《在马克思主义旗帜下》杂志的编辑和撰稿人这个集体应该是一种"黑格尔辩证法唯物主义之友协会"。现代的自然科学家从作了唯物主义解释的黑格尔辩证法中可以找到（只要他们善于去找，只要我们能学会帮助他们）自然科学革命所提出的种种哲学问题的解答，崇拜资产阶级时髦的知识分子在这些哲学问题上往往"跌入"反动的泥坑。

唯物主义如果不给自己提出这样的任务并不断地完成这个任务，它就不能成为战斗的唯物主义。用谢德林的话来说，它与其说是战斗，不如说是挨揍[164]。不这样做，大自然科学家在作哲学结论和概括时，就会和以前一样常常感到束手无策。因为，自然科学进步神速，正处于各个领域都发生深刻的革命性变革的时期，这使得自然科学无论如何离不了哲学结论。

最后，我举一个例子，这个例子虽然与哲学领域无关，但毕竟属于《在马克思主义旗帜下》杂志也想注意的社会问题领域。

这个例子表明，当今的伪科学实际上是最鄙陋最卑劣的反动观点的传播者。

不久以前我收到了"俄国技术协会"[165]第11部出版的第1期《经济学家》杂志[166]（1922年）。这是一位年轻的共产党员寄给我的，他大概还没有时间了解一下这本杂志的内容，就轻率地对这个杂志表示赞许。其实，这个杂志是当代农奴主的刊物（自觉到什么程度，我不知道），他们当然是披着科学、民主主义等等外衣的。

有一位叫皮·亚·索罗金的先生在这本杂志上发表了一篇《论战争的影响》的所谓"社会学"研究的洋洋大作。这篇深奥的文章堆满了作者从他本人和他的许多外国师友的"社会学"著作中引来的种种深奥的论据。请看他的高论吧。

我在第83页上看到：

"现在彼得格勒每1万起婚姻中,有92.2起离婚,这真是一个惊人的数字,而且每100起离婚中,又有51.1起是结婚不满1年的:其中有11%不满1个月,22%不满2个月,41%不满3—6个月,只有26%是超过6个月的。这些数字表明,现在的合法婚姻,实际上不过是掩盖婚外性关系并使那些'好色之徒'能够'合法地'满足自己欲望的一种形式罢了。"(《经济学家》杂志第1期第83页)

毫无疑问,这位先生以及出版这家杂志并刊登这种议论的俄国技术协会,都是以民主拥护者自居的;当他们听见人家叫他们的真实名字,即叫他们农奴主、反动分子和"僧侣主义的有学位的奴仆"的时候,他们一定会认为这是一种莫大的侮辱。

任何一个关心这个问题的人,只要稍微注意一下资产阶级国家关于结婚、离婚和非婚生子女的法律以及这方面的实际情况,就会知道现代资产阶级民主制,即使是在所有最民主的资产阶级共和国中,都是以农奴主的态度对待妇女和非婚生子女的。

当然,这并不妨碍孟什维克、社会革命党人和一部分无政府主义者以及西方一切类似他们的党派继续高喊民主,叫嚷布尔什维克违背民主。事实上,在结婚、离婚和非婚生子女地位这些问题上,正是布尔什维主义革命才是唯一彻底的民主革命。这是一个最直接涉及任何一个国家半数以上的人口利益的问题。尽管在布尔什维主义革命以前已经有过很多次自称为民主革命的资产阶级革命,但是只有布尔什维主义革命才第一次在这方面进行了坚决的斗争,它既反对反动思想和农奴制度,又反对统治阶级和有产阶级通常所表现的假仁假义。

如果索罗金先生以为每1万起婚姻中有92起离婚是一个惊人的数字,那我们只好认为,索罗金先生若不是在一所同实际生活隔绝得几乎谁也不会相信其存在的修道院里受的教育,那就是这位作者为了讨好反动派和资产阶级而歪曲事实。任何一个稍微了解资产阶级各国社会情况的人都知道，那里事实上离婚（当然是没有得到教会和法律认可的）的实际数字要大得多。俄国在这方面与别国不同的地方，就是它的法律不把假仁假义、妇女及其子女的无权地位奉为天经地义的事情，而是公开地并以国家政权的名义对一切假仁假义和一切无权现象作不懈的斗争。

马克思主义的杂志还必须对当代这类"有教养的"农奴主作斗争。其中也许有不少人甚至拿我们国家的钱，在我们国家机关里担任教育青少年的职务，虽然他们不配做这种工作，正如人所共知的奸污幼女者不配担任儿童学校的学监一样。

俄国工人阶级有本领夺得政权，但是还没有学会利用这个政权，否则它早就把这类教员和学术团体的成员客客气气地送到资产阶级"民主"国家里去了。那里才是这类农奴主最适合的地方。

只要愿意学习，就一定能够学会。

1922年3月12日

选自《列宁全集》第2版第43卷
第23—32页

重要论述摘编

马克思主义是唯物主义。正因为如此,它同18世纪百科全书派的唯物主义或费尔巴哈的唯物主义一样,也毫不留情地反对宗教。这是没有疑问的。但是,马克思和恩格斯的辩证唯物主义比百科全书派和费尔巴哈更进一步,它把唯物主义哲学应用到历史领域,应用到社会科学领域。我们应当同宗教作斗争。这是**整个**唯物主义的起码原则,因而也是马克思主义的起码原则。但是,马克思主义不是停留在起码原则上的唯物主义。马克思主义更前进了一步。它认为必须**善于**同宗教作斗争,为此应当**用唯物主义观点**来说明群众中的信仰和宗教的根源。同宗教作斗争不应该局限于抽象的思想宣传,不能把它归结为这样的宣传;而应该把这一斗争同目的在于消灭产生宗教的社会根源的阶级运动的具体实践联系起来。

《论工人政党对宗教的态度》(1909年5月13日〔26日〕),《列宁全集》第2版第17卷第391页

马克思、恩格斯和约·狄慈根出现于哲学舞台上,都是当唯物主义在所有先进知识分子中间、特别是在工人中间已经占居优势的时候。因此,马克思和恩格斯把自己的全部注意力集中于:不是重复旧的东西,而是认真地在理论上**发展**唯物主义,把唯物主义应用于历史,就是说,**修盖好**唯物主义哲学这所建筑物的**上层**,这是理所当然的。他们在认识论领域中**只限于**改正费尔巴哈的错误,讥笑唯物主义

者杜林的庸俗，批判毕希纳的错误（参看约·狄慈根的著作），强调这些在工人中间影响广名声大的著作家所**特别**缺少的东西，即辩证法，这是理所当然的。马克思、恩格斯和约·狄慈根并不担心叫卖者在几十种出版物中所叫卖的那些唯物主义的起码真理，而是把全部注意力集中于：不让这些起码真理庸俗化、过于简单化，导致思想僵化（"下半截是唯物主义，上半截是唯心主义"），导致忘却黑格尔的辩证法这个唯心主义体系的**宝贵**成果——毕希纳之流和杜林之流（以及勒克列尔、马赫、阿芬那留斯等等）一群雄鸡所不能从绝对唯心主义粪堆中啄出的这颗珍珠。

> 《唯物主义和经验批判主义》（1908年2—10月），《列宁全集》第2版第18卷第254页

马克思一再把自己的世界观叫做辩证唯物主义，恩格斯的《反杜林论》（**马克思读过全部手稿**）阐述的也正是这个世界观。

> 《唯物主义和经验批判主义》（1908年2—10月），《列宁全集》第2版第18卷第258页

马克思并没有停止在18世纪的唯物主义上，而是把哲学向前推进了。他用德国古典哲学的成果，特别是用黑格尔体系（它又导致了费尔巴哈的唯物主义）的成果丰富了哲学。这些成果中主要的就是**辩证法**，即最完备最深刻最无片面性的关于发展的学说，这种学说认为反映永恒发展的物质的人类知识是相对的。不管那些"重新"回到陈腐的唯心主义那里去的资产阶级哲学家的学说怎样说，自然科学的最新发现，如镭、电子、元素转化，都出色地证实了马克思的辩证唯物主义。

马克思加深和发展了哲学唯物主义，而且把它贯彻到底，把它对自然界的认识推广到对**人类社会**的认识。马克思的**历史唯物主义**是科学思想中的最大成果。过去在历史观和政治观方面占支配地位的那种混乱和随意性，被一种极其完整严密的科学理论所代替，这种科学理论说明，由于生产力的发展，如何从一种社会生活结构中发展出另一种更高级的结构，例如从农奴制中生长出资本主义。

正如人的认识反映不依赖于它而存在的自然界即发展着的物质那样，人的**社会认识**（即哲学、宗教、政治等等的不同观点和学说）反映社会的**经济制度**。政治设施是经济基础的上层建筑。我们看到，例如现代欧洲各国的各种政治形式，都是为巩固资产阶级对无产阶级的统治服务的。

马克思的哲学是完备的哲学唯物主义，它把伟大的认识工具给了人类，特别是给了工人阶级。

《马克思主义的三个来源和三个组成部分》（1913年3月），《列宁全集》第2版第23卷第42—45页

运用唯物主义辩证法从根本上来修改整个政治经济学，把唯物主义辩证法运用于历史、自然科学、哲学以及工人阶级的政治和策略——这就是马克思和恩格斯最为关注的事情，这就是他们作出最重要、最新的贡献的领域，这就是他们在革命思想史上迈出的天才的一步。

《马克思和恩格斯通信集》（1913年底），《列宁全集》第2版第24卷第276页

马克思和恩格斯认为，"旧"唯物主义，包括费尔巴哈的唯物主义

在内(更不要说毕希纳、福格特、摩莱肖特的"庸俗"唯物主义了),其主要缺点是:(1)这种唯物主义"主要是机械的"唯物主义,它没有考虑到化学和生物学(现在还应加上物质的电学理论)的最新发展;(2)旧唯物主义是非历史的、非辩证的(是反辩证法意义上的形而上学的),它没有彻底和全面地贯彻发展的观点;(3)他们抽象地理解"人的本质",而不是把它理解为"一切社会关系的〈一定的具体历史条件下的〉总和",所以他们只是"解释"世界,而问题却在于"改变"世界,也就是说,他们不理解"革命实践活动"的意义。

《卡尔·马克思》(1914年11月),《列宁全集》
第2版第26卷第55页

发现唯物主义历史观,或者更确切地说,把唯物主义贯彻和推广运用于社会现象领域,消除了以往的历史理论的两个主要缺点。第一,以往的历史理论至多只是考察了人们历史活动的思想动机,而没有研究产生这些动机的原因,没有探索社会关系体系发展的客观规律性,没有把物质生产的发展程度看做这些关系的根源;第二,以往的理论从来忽视居民**群众**的活动,只有历史唯物主义才第一次使我们能以自然科学的精确性去研究群众生活的社会条件以及这些条件的变更。马克思以前的"社会学"和历史学,**至多**是积累了零星收集来的未加分析的事实,描述了历史过程的个别方面。马克思主义则指出了对各种社会经济形态的产生、发展和衰落过程进行全面而周密的研究的途径,因为它考察了所有各种矛盾的趋向的**总和**,把这些趋向归结为可以准确测定的、社会**各阶级**的生活和生产的条件,排除了选择某种"主导"思想或解释这种思想时的主观主义和武断态度,揭示了物质生产力的状况是所有一切思想和各种不同趋向的**根源**。人们自己创造自己的历史，但人们即群众的动机是由什么决定的，各种矛盾的思想或意向间的冲突是由什么引起的，一切人类社会中所有这些冲突的总和是怎样的，构成人们全部历史活动基础的、客观的物质生活的生产条件是怎样的，这些条件的发展规律是怎样的，——马克思对这一切都注意到了，并且指出了科学地研究历史这一极其复杂、充满矛盾而又是有规律的统一过程的途径。

《卡尔·马克思》(1914年11月)，《列宁全集》
第2版第26卷第59—60页

无论什么时候都不应当把马克思主义使之用脚立地后接受过来的伟大的黑格尔辩证法，同那种为某些从我党革命派滚向机会主义派的政治活动家的曲折路线进行辩护的庸俗手法混为一谈，不应当把它同那种将各种特定的声明，将同一过程中不同阶段发展的各种特定的因素搅成一团的庸俗态度混为一谈。真正的辩证法并不为个人错误辩护，而是研究不可避免的转变，根据对发展过程的全部具体情况的详尽研究来证明这种转变的不可避免性。辩证法的基本原理是：没有抽象的真理，真理总是具体的……　同时也不应当把这个伟大的黑格尔辩证法同那种可以用"脑袋钻不进，就把尾巴塞进去"这句意大利谚语来形容的庸俗的处世秘诀混为一谈。

《进一步，退两步》(1904年2—5月)，《列宁
全集》第2版第8卷第412页

马克思并不是笼统地"否定"这个小资产阶级运动，并不是采取学理主义的态度忽视这个运动，并不像许多书呆子那样害怕接触革命的小资产阶级民主派会弄脏自己的手。马克思虽然对这个运动的

思想外衣的荒谬性加以无情的讥笑,但他力求以冷静的唯物主义态度来确定这个运动的**真正的**历史内容,确定那些不以人们的意志和意识、梦想和理论为转移,而是由于客观条件必然会产生的这一运动的结果。所以,马克思对于共产主义者支持这个运动不是进行斥责,而是表示完全赞同。马克思站在辩证的观点上,也就是全面地考察这个运动,既看到过去,也看到将来,指出对土地私有制的攻击有革命的一面。马克思承认小资产阶级运动是无产阶级共产主义运动的特殊的初步形态。

《马克思论美国的"土地平分"》(1905年4月7日〔20日〕),《列宁全集》第2版第10卷第55页

具体的政治任务要在具体的环境中提出。一切都是相对的,一切都是流动的,一切都是变化的。

《社会民主党在民主革命中的两种策略》(1905年6—7月),《列宁全集》第2版第11卷第69页

我们不否认一般的原则,但是我们要求对具体运用这些一般原则的条件进行具体的分析。抽象的真理是没有的,真理总是具体的。

《立宪民主党人的胜利和工人政党的任务》(1906年3月24—28日〔4月6—10日〕),《列宁全集》第2版第12卷第273页

一切抽象真理,如果应用时不加任何分析,都会变成空谈。

《俄共(布)第七次(紧急)代表大会文献》(1918年3月),《列宁全集》第2版第34卷第9页

每个马克思主义者对于考察斗争形式问题,应当提出些什么基本要求呢?第一,马克思主义同一切原始形式的社会主义不同,它不把运动限于某一种固定的斗争形式。它承认各种各样的斗争形式,并且不是"臆造"这些形式,而只是对运动进程中自然而然产生的革命阶级的斗争形式加以概括、组织,并使其带有自觉性。马克思主义同任何抽象公式、任何学理主义方法是绝对不相容的,它要求细心对待进行中的**群众**斗争,因为群众斗争随着运动的发展,随着群众觉悟的提高,随着经济危机和政治危机的加剧,会产生愈来愈新和愈来愈多的防御和攻击的方式。因此,马克思主义决不拒绝任何斗争形式。马克思主义决不局限于只是在当前可能的和已有的斗争形式,它认为,随着当前社会局势的变化,**必然**会出现新的、为这个时期的活动家所不知道的斗争形式。马克思主义在这方面可以说是向群众的实践**学习**的,决不奢望用书斋里的"分类学家"臆造的斗争形式来**教导**群众。例如,考茨基在考察社会革命的形式时说:我们知道,即将到来的危机会给我们带来我们现在还预见不到的新的斗争形式。

第二,马克思主义要求我们一定要**历史地**来考察斗争形式的问题。脱离历史的具体环境来谈这个问题,就是不懂得辩证唯物主义的起码常识。在经济演进的各个不同时期,由于政治、民族文化、风俗习惯等等条件各不相同,也就有各种不同的斗争形式提到首位,成为主要的斗争形式,而各种次要的附带的斗争形式,也就随之发生变化。不详细考察某个运动在它的某一发展阶段的具体环境,要想对一定的斗争手段问题作肯定或否定的回答,就等于完全抛弃马克思主义的立脚点。

《游击战争》(1906年9月30日〔10月13日〕),
《列宁全集》第2版第14卷第1—2页

把马克思和恩格斯有关英美工人运动的言论同有关德国工人运动的言论比较一下,是大有教益的。如果注意到在德国和英美两国,资本主义处于不同的发展阶段以及资产阶级这个阶级在这些国家全部政治生活中的统治形式各不相同这一事实,那么这种比较的意义就更大了。从科学的角度看,我们在这里可以看到唯物主义辩证法的典范,看到善于针对不同的政治经济条件的具体特点把问题的不同重点和不同方面提到首位加以强调的本领。从工人政党实际的政策和策略的角度看,我们在这里可以看到《共产党宣言》的作者针对不同国家的民族工人运动所处的不同阶段给战斗的无产阶级确定任务的典范。

> 《〈约·菲·贝克尔、约·狄慈根、弗·恩格斯、卡·马克思等致弗·阿·左尔格等书信集〉俄译本序言》(1907年4月6日〔19日〕),《列宁全集》第2版第15卷第197—198页

马克思主义对历史的曲折道路的态度,实际上同它对妥协的态度是一样的。历史的任何曲折转变都是妥协,是已经没有足够的力量彻底否定新事物的旧事物同还没有足够的力量彻底推翻旧事物的新事物之间的妥协。马克思主义并不拒绝妥协,马克思主义认为必须利用妥协,但这决不排斥马克思主义作为活跃的经常起作用的历史力量去全力进行反对妥协的斗争。谁弄不明白这个似乎矛盾的道理,那他就是对马克思主义一窍不通。

> 《反对抵制》(1907年6月26日〔7月9日〕),《列宁全集》第2版第16卷第6—7页

　　无政府工团主义和改良主义都只抓住工人运动中的**某一**方面，把片面观点发展为理论，把工人运动中形成工人阶级在某一时期或某种条件下活动的特点的那些趋向或特征说成是相互排斥的东西。而实际生活和实际历史本身却**包含**这些各不相同的趋向，正好像自然界的生命和发展一样，既包含缓慢的演进，也包含迅速的飞跃即渐进过程的中断。

《欧洲工人运动中的分歧》(1910年12月16日〔29日〕),《列宁全集》第2版第20卷第67页

　　恩格斯在谈到他本人和他那位著名的朋友时说过：我们的学说不是教条，而是行动的指南。这个经典性的论点异常鲜明有力地强调了马克思主义的往往被人忽视的那一方面。而忽视那一方面，就会把马克思主义变成一种片面的、畸形的、僵死的东西，就会抽掉马克思主义的活的灵魂，就会破坏它的根本的理论基础——辩证法即关于包罗万象和充满矛盾的历史发展的学说；就会破坏马克思主义同时代的一定实际任务，即可能随着每一次新的历史转变而改变的一定实际任务之间的联系。

《论马克思主义历史发展中的几个特点》(1910年12月23日〔1911年1月5日〕),《列宁全集》第2版第20卷第84页

　　发展似乎是在重复以往的阶段，但它是以另一种方式重复，是在更高的基础上重复（"否定的否定"），发展是按所谓螺旋式，而不是按直线式进行的；发展是飞跃式的、剧变式的、革命的；"渐进过程的中断"；量转化为质；发展的内因来自对某一物体、或在某一现象范围内或某一社会内发生作用的各种力量和趋势的矛盾或冲突；每种现

象的**一切**方面(而且历史在不断地揭示出新的方面)相互依存,极其密切而不可分割地联系在一起,这种联系形成统一的、有规律的世界运动过程,——这就是辩证法这一内容更丰富的(与通常的相比)发展学说的若干特征。

《卡尔·马克思》(1914年11月),《列宁全集》
第2版第26卷第57页

仅仅一般地做一个革命者和社会主义拥护者或者共产主义者是不够的。必须善于在每个特定时机找出链条上的特殊环节,必须全力抓住这个环节,以便抓住整个链条并切实地准备过渡到下一个环节;而在这里,在历史事变的链条里,各个环节的次序,它们的形式,它们的联接,它们之间的区别,都不像铁匠所制成的普通链条那样简单和粗陋。

《苏维埃政权的当前任务》(1918年4月),
《列宁全集》第2版第34卷第185页

考茨基、奥托·鲍威尔等等这样通晓马克思主义和曾经忠于社会主义的第二国际领袖们的经历可以(而且应当)作为有益的教训。他们完全认识到必须采取灵活的策略,他们自己学习过并向别人传授过马克思的辩证法(他们在这方面的著作,有许多东西永远是社会主义文献中有价值的成果),但是他们在**运用**这种辩证法的时候,竟犯了这样的错误,或者说,他们在实践中竟成为这样的**非**辩证论者,竟成为这样不会估计形式的迅速变化和旧形式迅速注入了新内容的人,以致他们的下场比海德门、盖得和普列汉诺夫好不了多少。他们破产的根本原因就在于他们只是"死盯着"工人运动和社会主义运动发展的某一形式,而忘记了这个形式的片面性,他们不敢正视由于客观条件的改变而必然发生的急剧变化,而继续重复那种简单的、背熟了的、初看起来是不容争辩的真理:三大于二。然而政治与其说像算术,不如说像代数,与其说像初等数学,不如说更像高等数学。实际上,社会主义运动的一切旧形式中都已注入了新内容,因此在数字前面出现了一个新符号即"负号",可是我们那些圣哲仍然(现在还在)固执地要自己和别人相信:"负三"大于"负二"。

《共产主义运动中的"左派"幼稚病》(1920年4—5月),《列宁全集》第2版第39卷第81页

这几天我翻阅了一下苏汉诺夫的革命札记。特别引人注目的是我国所有小资产阶级民主派也和第二国际全体英雄们一样迂腐。引人注目的是他们对过去的盲目模仿,至于他们非常怯懦,甚至其中的优秀人物一听说要稍微离开一下德国这个榜样,也要持保留态度,至于所有小资产阶级民主派在整个革命中充分表现出来的这种特性,就更不用说了。

他们都自称马克思主义者,但是对马克思主义的理解却迂腐到无以复加的程度。马克思主义中有决定意义的东西,即马克思主义的革命辩证法,他们一点也不理解。马克思说在革命时刻要有极大的灵活性,就连马克思的这个直接指示他们也完全不理解,他们甚至没有注意到,例如,马克思在通信中(我记得是在1856年的通信中)曾表示希望能够造成一种革命局面的德国农民战争同工人运动结合起来,就是对马克思的这个直接指示,他们也像猫儿围着热粥那样绕来

绕去，不敢触及。

《论我国革命》（1923年1月16日和17日），
《列宁全集》第2版第43卷第369页

物质是第一性的，思想、意识、感觉是高度发展的产物。这就是自然科学自发地主张的唯物主义认识论。

《唯物主义和经验批判主义》（1908年2—10月），《列宁全集》第2版第18卷第70—71页

从恩格斯的观点看来，不变的只有一点，那就是：人的意识（在有人的意识的时候）反映着不依赖于它而存在和发展的外部世界。而空洞的教授哲学所描述的任何其他的"不变性"、任何其他的"实质"、任何"绝对的实体"，在马克思和恩格斯看来，都是不存在的。物的"实质"或"实体"**也是**相对的；它们表现的只是人对客体的认识的深化。既然这种深化昨天还没有超过原子，今天还没有超过电子和以太，所以辩证唯物主义坚持认为，日益发展的人类科学在认识自然界上的这一切**里程碑**都具有暂时的、相对的、近似的性质。电子和原子一样，也**是不可穷尽的**，自然界是无限的，而且它无限地**存在着**。正是绝对地无条件地承认自然界**存在**于人的意识和感觉之外这一点，才把辩证唯物主义同相对主义的不可知论和唯心主义区别开来。

《唯物主义和经验批判主义》（1908年2—10月），《列宁全集》第2版第18卷第275页

注　释
索　引

注　释

1　《唯物主义和经验批判主义(对一种反动哲学的批判)》一书是列宁1908年
　　2—10月在日内瓦和伦敦写的,1909年5月由莫斯科环节出版社出版,署名
　　弗拉·伊林。这部著作的手稿和准备材料,至今没有找到。

　　　　本书是针对当时俄国知识界出现的一股修正马克思主义哲学的思潮
　　而写的。早在1906年秋,列宁读了亚·亚·波格丹诺夫的《经验一元论》第3
　　卷以后,就曾写了一封长达三个笔记本的关于哲学问题的信,并打算用
　　《一个普通马克思主义者的哲学札记》为标题把它刊印出来(此信至今没
　　有被发现)。1908年初,俄国马赫主义者出版了一批书,特别是出版了《关
　　于马克思主义哲学的论丛》一书,对辩证唯物主义公开进行修正。列宁读
　　后异常愤慨,决定写一批文章或专门的小册子来批评这些新休谟主义和
　　新贝克莱主义的修正主义者(参看列宁1908年2月12日(25日)给高尔基的
　　信和《马克思主义和修正主义》一文,见《列宁全集》第2版第45卷第178—
　　185页和第17卷第11—19页)。尽管列宁当时忙于《无产者报》的出版和其
　　他党的工作,但他仍以巨大精力投入哲学的研究,并着手《唯物主义和经
　　验批判主义》一书的写作。列宁主要是在日内瓦各图书馆从事研究和写
　　作,而为了详细了解当代哲学和自然科学文献,还于1908年5月前往伦敦,
　　在英国博物馆工作了一个月。1908年9月底,《唯物主义和经验批判主义》
　　一书基本完稿,只有《第四章第1节的补充。尼·加·车尔尼雪夫斯基是从哪
　　一边批判康德主义的?》和一条关于埃里希·贝歇尔的《精密自然科学的哲
　　学前提》的脚注(见《列宁全集》第2版第18卷第376—379页和第303—304
　　页)是在以后补写的。《唯物主义和经验批判主义》一书是巨大研究工作的
　　结晶,据查考,书中引用的不同作者的著作达300多种,其中一部分还是散
　　见于各种杂志上的文章。

　　　　这部书的手稿迄今下落不明,但据克鲁姆比尤格尔回忆,该书初版对
　　手稿几乎未作改动。该书是在阿·谢·苏沃林印刷厂排印的,列宁的姐姐

安·伊·乌里扬诺娃-叶利扎罗娃担任校对,斯克沃尔佐夫-斯捷潘诺夫也参加了校对。列宁亲自看了这本书的校样。1909年5月,《唯物主义和经验批判主义》一书出版,印数为2 000册。

《唯物主义和经验批判主义》一书出版后,受到马克思主义者的积极评价。1909年10月8日《新时代》杂志刊登了这本书出版的消息。1909年12月斯大林在给《无产者报》编辑部的信中把这本书称做是"一部独特的马克思主义哲学(认识论)原理集成"。1909年6月瓦·沃罗夫斯基在《敖德萨评论报》上发表的一篇短评中指出,这部著作"对俄国来说具有特别的价值"。至于格·瓦·普列汉诺夫,据弗·菲·哥林说,他"对这本书反应很好,尽管他在书中被狠狠地刺了一下"。

十月革命后,《唯物主义和经验批判主义》一书于1920年在俄国首次再版,印数为3万册。列宁的这部著作后来在全世界传播很广。我国于20世纪30年代初出版了它的第一个中文译本,以后又相继出版了多种中文译本。——1。

2　《关于马克思主义哲学的论丛》是一本哲学论文集,收载了7篇论文:弗·亚·巴扎罗夫的《现代的神秘主义和实在论》、雅·亚·别尔曼的《论辩证法》、阿·瓦·卢那察尔斯基的《无神论》、帕·索·尤什凯维奇的《从经验符号论观点看现代唯能论》、亚·亚·波格丹诺夫的《偶像之国和马克思主义哲学》、О.И.格尔方德的《狄慈根的哲学和现代实证论》、谢·亚·苏沃洛夫的《社会哲学的基础》。该书于1908年由种子出版社在彼得堡出版。——2。

3　实证论是19世纪30年代产生于法国的哲学流派,是对18世纪法国唯物主义和无神论的反动。实证论者自命为"科学的哲学家",只承认"实证的"、"确实的"事实,实际是只承认主观经验,认为科学只是主观经验的描写。实证论的创始人奥·孔德把实证论等同于科学的思维,而科学思维的任务,在他看来,就是描述和简化经验材料的联系。孔德反对神学,但同时又认为必须有"新的宗教"。他把所有承认客观现实的存在和可知性的理论都宣布为"形而上学",企图证明实证论既"高于"唯物主义也"高于"唯心主义。实证论在英国传播甚广,其主要代表人物是约·斯·穆勒和赫·斯宾塞。穆勒的著作突出地表现了实证论哲学的经验主义,表现了这一哲学拒绝对现实作哲学的解释。斯宾塞用大量自然科学材料来论证实证论。他认为进化是万物的最高法则,但他形而上学地理解进化,否认自然和社会中质的飞跃的可能性,认为进化的目标是确立普遍的"力量均衡"。在社会学方面斯宾塞主张"社会有机论",宣称各个社会集团类似生物机体的不同器官,各自担任严格规定的职能,而为社会的不平等作辩护。在19世纪下半叶,实证论在欧洲其他国家和美洲也相当流行。

恩·马赫和理·阿芬那留斯的经验批判主义是实证论的进一步发展。马赫主义者同早期实证论者有所不同的是更露骨地宣扬主观唯心主义。他们的共同点是反对唯物主义,主张一种"摆脱了形而上学"(即摆脱了唯物主义)的"纯粹经验"的哲学。

20世纪20年代产生的新实证论是实证论发展的新阶段。新实证论宣称哲学的基本问题是"妄命题",而哲学科学的任务只是对科学语言作"句法的"和"语义的"分析。——2、226、241。

4　信仰主义与僧侣主义含义相同。本书使用这个词的由来如下:列宁在1908年11月8日给姐姐安·伊·乌里扬诺娃-叶利扎罗娃的信中写道:"……如果书报检查机关的检查**很**严格,可以把各处的'僧侣主义'一词都改为'信仰主义',并在注解中加以说明('信仰主义是一种以信仰代替知识或一般地赋予信仰以一定意义的学说')。"(见《列宁全集》第2版第53卷第316页)列宁还曾建议用一个专门术语"萨满主义"来代替僧侣主义,但乌里扬诺娃-叶利扎罗娃不赞成,她在1909年1月27日的信中写道:"改'萨满主义'已经晚了。再说这个词难道好一些吗?"(同上书,第275注)从《唯物主义和经验批判主义》一书的第1版中可以看到,"僧侣主义"一词大都改成了"信仰主义",但也有些地方没有改。信中所提到的注释加在俄文第1版序言里,以后各版都保留未动。——2。

5　这里说的是在俄国1905—1907年革命失败后俄国社会民主工党内一部分知识分子中产生的一种宗教哲学思潮——造神说。这一思潮的主要代表人物是阿·瓦·卢那察尔斯基、弗·亚·巴扎罗夫等人。造神派主张把马克思主义和宗教调和起来,使科学社会主义带有宗教信仰的性质,鼓吹创立一种"无神的"新宗教,即"劳动宗教"。他们认为马克思主义的整个哲学就是宗教哲学,社会民主运动本身是"新的伟大的宗教力量",无产者应成为"新宗教的代表"。马·高尔基也曾一度追随造神派。

1909年6月召开的《无产者报》扩大编辑部会议谴责了造神说,指出它是一种背离马克思主义原理的思潮,声明布尔什维克派同这种对科学社会主义的歪曲毫无共同之处。列宁在《唯物主义和经验批判主义》一书以及1908年2—4月、1913年11—12月间给高尔基的信(见《列宁全集》第2版第18、45、46卷)中揭露了造神说的反马克思主义本质。——2、230。

6　看来是指弗·梅林给马克思和恩格斯发表在《新莱茵报》和《新莱茵报。政治经济评论》上的文章所写的注释(见《马克思和恩格斯在德国革命时代(1848—1850年)》文集1926年俄文版第3—86、287—289、293—307、511—512页)。梅林在1902年(即过50多年以后)注释马克思和恩格斯的这些文章时,指出其中的一些论点没有得到历史的证实。例如他说:"1850年2月,马克思和恩格斯曾预料巴黎无产阶级会举行起义,或者反动的东方大国会侵犯法国的首都,1850年4月,他们曾预料新的商业危机会到来,这两次他们都大错特错了。"——3。

7　马赫主义者即经验批判主义者。经验批判主义是一种主观唯心主义的哲学流派,19世纪末—20世纪初在西欧广泛流行,创始人是奥地利物理学家、哲学家恩斯特·马赫和德国哲学家理查·阿芬那留斯。在斯托雷平反动年代,俄国社会民主党内有一部分知识分子受了经验批判主义的影响,出现了一些马赫主义者,其代表者是孟什维克中的尼·弗·瓦连廷诺夫、帕·索·尤什凯维奇和布尔什维克中的弗·亚·巴扎罗夫、亚·亚·波格丹诺夫、阿·瓦·卢那察尔斯基等人。俄国马赫主义者以发展马克思主义为幌子,实际上在修正马克思主义哲学原理。列宁在《唯物主义和经验批判主义》一书中揭露了经验批判主义的反动实质,捍卫了马克思主义哲学免遭修正主义者的歪曲,在新的历史条件下发展了辩证唯物主义和历史唯物主义。——5、225、240。

8　《新经院哲学评论》杂志(《Revue Néo-Scolastique》)是一种神学哲学刊物,1894年由比利时天主教的高等哲学学院在卢万创办,首任编辑是枢机主教德·约·梅西耶。1946年起改称《卢万哲学评论》。——13。

9　根据列宁书信可以证明,手稿上是"**较诚实的论敌**"。在《唯物主义和经验批判主义》第1版准备付印时,安·伊·乌里扬诺娃-叶利扎罗娃把这几个字改做"**较有原则的论敌**"。列宁不赞成这样改,他在1909年2月27日(3月12日)写信给姐姐说:"凡是斥责波格丹诺夫、**卢那察尔斯基**一伙的地方,**请丝毫**也不要缓和。缓和是不行的。很遗憾,你把切尔诺夫同他们比起来是一个'较诚实的'论敌这句话勾掉了。这样语气就变了，同我的谴责的整个精神不符。关键问题在于：我们的马赫主义者都是马克思主义哲学方面的**不诚实的**、卑怯的敌人。"（见《列宁全集》第2版第53卷第342页）——19。

10　伏罗希洛夫是俄国作家伊·谢·屠格涅夫的长篇小说《烟》中的人物，是自诩渊博的书呆子和空谈家的典型。列宁在《土地问题和"马克思的批评家"》一文里也曾用这个形象来嘲笑维·米·切尔诺夫。他说："大家还记得《烟》里面那位曾到国外游历过的年轻的俄国大学讲师吗？他平时总是一声不吭，但有时心血来潮，又滔滔不绝地一连说出几十个、几百个大大小小的学者和名流的名字。我们这位博学多识的切尔诺夫先生同伏罗希洛夫一模一样，他把不学无术的考茨基彻底消灭掉了。"（见《列宁全集》第2版第5卷第129—130页）——21。

11　*新康德主义者*是在复活康德哲学的口号下宣扬主观唯心主义的资产阶级哲学派别。新康德主义19世纪中叶产生于德国，创始人是奥·李普曼和弗·阿·朗格。1865年李普曼出版了《康德及其追随者》一书。该书每一章都以"回到康德那里去！"的口号结束。他还提出纠正康德承认"自在之物"这一"根本错误"。朗格则企图用生理学来论证不可知论。新康德主义后来形成两大学派：马堡学派（赫·柯亨、保·格·纳托尔普等）和弗赖堡学派（威·文德尔班、亨·李凯尔特等）。前者企图利用自然科学的成就，特别是利用数学方法向物理学的渗透，来论证唯心主义，后者则把社会科学与自然科学对立起来，宣称历史现象有严格的独特性，不受任何规律性的支配。两个学派都用科学的逻辑根据问题来取代哲学的基本问题。新康德主义者从右边批判康德，宣布"自在之物"是认识所趋向的"极限概念"。他们否认物质世界的客观存在，认为认识的对象并不是自然界和社会的规律性，而仅仅是意识的现象。新康德主义的不可知论不是"羞羞答答的唯物主义"，而是唯心主义的变种，断言科学没有力量认识和改变现实。新康德主义者公开反对马克思主义，用"伦理社会主义"来对抗马克思主义。他们依据自己的认识论，宣布社会主义是人类竭力追求但不可能达到的"道德理想"。新康德主义曾被爱·伯恩施坦、康·施米特等人利用来修正马克思主义。俄国的合法马克思主义者企图把新康德主义同马克思主义结合起来。格·瓦·普列汉诺夫、保·拉法格和弗·梅林都批判对马克思主义所作的新康德主义的修正。列宁揭露了新康德主义的反动实质并指出了它同其他资产阶级哲学流派(内在论者、马赫主义、实用主义等等)的联系。——21。

12 **茜素**是一种红色有机染料,原先是从茜草根中提取的。1868年,德国化学家卡·格雷贝和卡·泰·李卜曼用化学方法取得了茜素。1869年1月11日,他们在德国化学学会会议上宣读了人工合成茜素的报告。人工合成茜素的原料是蒽醌。蒽醌由蒽经硝酸、铬酸或空气氧化而成。蒽含于煤焦油中,在270°—400℃的温度下可以分解出来。——22。

13 **怀疑论**是对客观世界和客观真理是否存在和能否认识表示怀疑的唯心主义哲学派别,产生于公元前4—前3世纪古希腊奴隶制发生危机的时代,其创始人是皮浪,最著名的代表是埃奈西德穆和塞克斯都-恩披里柯。古代怀疑论者从感觉论的前提出发,得出不可知论的结论。他们把感觉的主观性绝对化,认为人不能超出他自己的感觉范围,不能确定哪一种感觉是真的。他们宣称,对每一事物都可以有两种互相排斥的意见,即肯定和否定,因而我们关于事物的知识是不可靠的。他们要人们拒绝认识,对事物漠不关心,说这样就可以从怀疑中解脱出来,而达到心灵恬静即“无感”的境界。

在文艺复兴时代,法国哲学家米·蒙台涅、皮·沙朗和皮·培尔曾利用怀疑论来反对中世纪的经院哲学和教会。照马克思的说法,培尔“用怀疑论摧毁了形而上学,从而为在法国掌握唯物主义和健全理智的哲学打下了基础”,并宣告“**无神论社会**的来临”(见《马克思恩格斯全集》第1版第2卷第162页)。相反,法国哲学家和数学家布·帕斯卡却用怀疑论反对理性认识,维护基督教。

18世纪,怀疑论在大卫·休谟和伊·康德的不可知论中得到复活,戈·恩·舒尔采则试图使古代怀疑论现代化。新怀疑论十分明确地声称达到科学认识是不可能的。马赫主义者、新康德主义者和19世纪中至20世纪初的其他唯心主义哲学流派都利用怀疑论的论据。——36、149、232、327。

14 **伊壁鸠鲁主义**是公元前4—前3世纪古希腊唯物主义哲学家伊壁鸠鲁及其门徒的学说。伊壁鸠鲁把哲学分为物理学、准则学(关于认识的学说)和伦理学。物理学的出发点是承认世界的物质统一性。伊壁鸠鲁发展了德谟克利特的原子说,认为自然界中只存在原子和虚空。原子不仅在大小和形状上有差异,而且在重量上也不相同。原子由于自身的重量而产生运动。原子在虚空中的运动形式是直线下降,但由于自身内部的原因而发生偏斜,因而发生原子的互相碰撞和粘附,这就是物质形成的开端。伊壁鸠鲁曾提出灵魂物质性的学说,认为灵魂是"散布在整个机体上的极薄的物体"。

伊壁鸠鲁在认识论上是唯物主义感觉论者。他继承和发展了德谟克利特的影像说,认为发自物体的极其细微的影像通过感觉器官而进入人的心灵,"一切感官都是真理的报道者";"概念依赖于感性知觉",是感觉多次重复的结果。他还认为感性知觉本身就是真理的标准,而谬误的根源则在于个别感觉的偶然性,或者过于匆忙地下判断。

伊壁鸠鲁认为哲学的目的是追求人的幸福,使人摆脱痛苦,得到快乐。但所谓快乐并不是指"放荡者的快乐或肉体享受的快乐",而是指"身体的无痛苦和灵魂的无纷扰"。他用原子论唯物主义的原理证明,人不应当对神和死亡恐惧。这种思想带有无神论的性质。——37。

15　这里说的是上帝创造世界的神话,见圣经《旧约全书。创世记》第1—2章。——38。

16　指马克思的《关于费尔巴哈的提纲》(1845年),恩格斯的《路德维希·费尔巴哈和德国古典哲学的终结》(1888年)和《〈社会主义从空想到科学的发展〉英文版导言》(1892年)(见《马克思恩格斯全集》第1版第3卷第3—6页、第21卷第301—353页和第22卷第334—361页)。——44。

17　指英国庸俗经济学家纳·威·西尼耳为反对缩短工作日而编造的"理论"。他在《关于工厂法对棉纺织业的影响的书信》(1837年伦敦版)这本小册子中声称,工厂的全部纯利润是由最后一小时提供的;劳动时间每天缩短1小时,纯利润就会消失。马克思在《资本论》中批判了西尼耳的这种谬论(见《马克思恩格斯全集》第1版第23卷第251—256页)。——45。

18　《短篇哲学著作集》于1903年由狄茨出版社在斯图加特出版,共收入约·狄慈根1870—1878年发表在德国《人民国家报》和《前进报》上的7篇文章,还收入了他在1887年出版的一本小册子《一个社会主义者在认识论领域中的漫游》。

列宁在《短篇哲学著作集》一书上作了许多批注,其中很大一部分是在写作《唯物主义和经验批判主义》期间作的(见《列宁全集》第2版第55

卷)。——45。

19　指弗·亚·巴扎罗夫在《现代的神秘主义和实在论》一文中提出的论点:"马赫、阿芬那留斯和其他许多人用来作为认识论基础的'费力最小'原则……无疑是认识论中的'马克思主义'倾向。在这点上,完全不是马克思主义者的马赫和阿芬那留斯比真正的马克思主义者格·瓦·普列汉诺夫的获生的跳跃的认识论更靠近马克思。"(见《关于马克思主义哲学的论丛》1908年俄文版第69页)——48。

20　《哲学研究》杂志(《Philosophische Studien》)是德国唯心主义派别的杂志,主要研究心理学问题。1881—1903年由威·麦·冯特在莱比锡出版。1905年起改名为《心理学研究》杂志。——56。

21　《思想》杂志(《Mind》)是英国的唯心主义派别的刊物(月刊),研究哲学和心理学问题,1876年起先后在伦敦和爱丁堡出版。该杂志的第一任编辑是罗伯逊教授。——56。

22　《哲学评论》杂志(《Revue de Philosophie》)是法国的唯心主义刊物,由佩奥布创办,1900—1939年在巴黎出版。——57。

23　《自然哲学年鉴》(《Annalen der Naturphilosophie》)是德国的实证论派别的杂志,1901—1921年由威·弗·奥斯特瓦尔德在莱比锡出版,撰稿人中有恩·马赫、保·福尔克曼、哈·赫夫丁等。——71。

24　《康德研究》杂志(《Kantstudien》)是德国新康德主义者的刊物,由汉·费英格创办,1897—1944年先后在汉堡、柏林、科隆出版(有间断),1954年复刊。解释和研究康德哲学著作的文章在该杂志上占有大量篇幅。新康德主义者和其他唯心主义派别的代表人物都给这个杂志撰稿。——71。

25　契玛拉是希腊神话中的一只狮头、羊身、蛇尾的怪兽。它口喷烈焰,形状丑陋可怕,经常从山洞里出来攫食人兽,烧毁庄稼,后为希腊英雄柏勒洛丰杀死。契玛拉常被人们用来比喻奇怪的、非现实的东西,或荒诞不经、不切实际的幻想。——72。

26　这里是借用法国作家让·巴·莫里哀的喜剧《打出来的医生》中的一句台词。在该剧中,一个樵夫冒充医生给财主女儿治病,竟把心脏和肝脏的位置说颠倒了。在事情败露之后,他又说什么"以前确是心在左面,肝在右面,不过我们把这一切都改了"。——73。

27 《自然科学》杂志(《Natural Science》)是一种评述科学新进展的刊物(月刊),1892—1899年在伦敦出版。——84。

28 《哲学评论》杂志(《The Philosophical Review》)是美国唯心主义派别的刊物(双月刊),由舒尔曼创办,1892年起出版。——84。

29 在《唯物主义和经验批判主义》第1版里,此处印的是:"引起的不只是微笑。"列宁在1909年3月21日给姐姐安·伊·乌里扬诺娃-叶利扎罗娃的信中指出此处应为:引起的"不是微笑,而是憎恶",并要求务必把这一点列入勘误表(见《列宁全集》第2版第53卷第344页)。此书第1版所附的《重要勘误表》包括了这一更正。——88。

30 "社会学中的主观方法"是一种反科学的唯心主义的历史研究方法。这种方法否定社会发展的客观规律性,把历史归结为"杰出人物"的任意活动。19世纪30—40年代,社会学中的主观主义学派的代表人物是德国青年黑格尔派的布·鲍威尔、戴·施特劳斯、麦·施蒂纳等人。他们把人民说成是"没有批判能力的群氓",只能盲目追随"有批判头脑的个人"。马克思和恩格斯在《神圣家族》、《德意志意识形态》等著作中深刻而全面地批判了青年黑格尔派的观点。在19世纪下半叶的俄国,社会学中的主观方法的代表是彼·拉·拉甫罗夫和自由主义民粹派尼·康·米海洛夫斯基等人。列宁在《什么是"人民之友"以及他们如何攻击社会民主党人?》一文(见《列宁全集》第2版第1卷第102—296页)中批判了民粹派的主观社会学。——92。

31 《系统哲学文库》(《Archiv für systematische Philosophie》)是德国的唯心主义派别的杂志《哲学文库》的两个独立的分刊之一,1895—1931年在柏林出版,第一任编辑是保·格·纳托尔普。1925年起改名为《系统哲学和社会学文库》。该杂志用德文、法文、英文和意大利文刊载各国哲学思想代表人物的文章。——93。

32 老年黑格尔派又称黑格尔右派,是19世纪30—40年代黑格尔学派解体后形成的派别之一,代表人物是安·加布勒、赫·欣里希斯、卡·罗森克兰茨等。老年黑格尔派在哲学上承袭了黑格尔的唯心主义体系,抛弃了他的辩证法,利用他关于宗教和哲学同一的论点,把黑格尔哲学解释为神学的唯理论形式;在政治上拥护封建等级制度,把普鲁士王国看做是"世界理性"的体现,反对资产阶级提出的关于信仰自由和政教分立的民主要求。——102。

33 以太原来是古希腊哲学家设想的一种介质,17世纪被人们重新提出,用来解释光的传播和电磁、引力的相互作用等现象。依照当时说法,光像声波一样是一种机械的弹性波,因此它的传播也必须有一种弹性介质作媒介;而依照光在传播中的性质,这种介质必须无所不在,没有质量,绝对静止。这种介质就是以太。电磁和引力作用则是以太中的特殊的机械作用。以太说在19世纪以至20世纪初仍为人们普遍接受。但它既同科学新发现的事实相矛盾,又没有得到实验的证实。随着相对论的创立和对场的进一步研究,人们发现光(电磁波)的传播和一切相互作用的传递都通过各种场,而不通过机械介质,因此以太作为一种陈旧概念就不再使用。——105。

34 《俄国财富》杂志(《Русское Богатство》)是俄国科学、文学和政治刊物。1876年创办于莫斯科,同年年中迁至彼得堡。1879年以前为旬刊,以后为月刊。1879年起成为自由主义民粹派的刊物。1892年以后由尼·康·米海洛夫斯基和弗·加·柯罗连科领导,成为自由主义民粹派的中心,在其周围聚集了一批后来成为社会革命党、人民社会党和历届国家杜马中的劳动派的著名成员的政论家。在1893年以后的几年中,曾同马克思主义者展开理论上的争论。1906年成为人民社会党的机关刊物。1914—1917年3月以《俄国纪事》为刊名出版。1918年被查封。——107、153。

35 马尔萨斯主义是指英国资产阶级庸俗经济学家托·罗·马尔萨斯创立的反科学的人口理论。这一理论通过臆造的"人口自然规律",把资本主义制度下劳动群众的贫困归咎于人口增长快于生活资料的增长。马尔萨斯在《人口原理》一书(1798年)中说,人口按几何级数增长(1、2、4、8、16……),而生活资料只能按算术级数增长(1、2、3、4、5……)。马克思揭示了马尔萨斯主义的反动实质,称它为"……资产阶级对无产阶级的最公开的宣战"(见《马克思恩格斯全集》第1版第2卷第572页)。列宁在批判这种人口理论时指出:"人类的增殖条件直接决定于各种不同的社会机体的结构,因此应当分别研究每个社会机体的人口规律,不应当不管历史上有各种不同的社会结构形式而去'抽象地'研究人口规律。"(见《列宁全集》第2版第1卷第414页)——115。

36　在列宁引用的卡·格律恩的书中,马克思给路德维希·费尔巴哈的这封信是1843年10月20日写的。实际上,这封信写于1843年10月3日(见《马克思恩格斯全集》第1版第27卷第443—446页)。——118。

37　《德法年鉴》杂志(《Deutsch-Französische Jahrbücher》)是马克思和阿·卢格合编的德文刊物,1844年在巴黎出版。主要由于马克思和资产阶级激进派卢格之间有原则性的意见分歧,杂志只出了一期双刊号(第1—2期合刊)就停刊了。这一期《德法年鉴》载有马克思的《论犹太人问题》和《黑格尔法哲学批判导言》,恩格斯的《国民经济学批判大纲》和《英国状况。评托马斯·卡莱尔的〈过去和现在〉》(见《马克思恩格斯全集》第1版第1卷第419—451、452—467、596—625、626—655页)。这些著作标志着马克思和恩格斯最终转向唯物主义和共产主义。——118。

38　指恩格斯的《反杜林论》(1878年)、《路德维希·费尔巴哈和德国古典哲学的终结》(1888年)和《〈社会主义从空想到科学的发展〉英文版导言》(1892年)(见《马克思恩格斯全集》第1版第20卷第7—351页、第21卷第301—353页和第22卷第334—361页)。——119。

39　转向黑格尔是19世纪下半叶英国、美国和斯堪的纳维亚国家资产阶级哲学发展中的一个突出趋向。在英国,这种趋向是从1865年詹·哈·斯特林的《黑格尔的秘密》一书问世开始的。在垄断前资本主义转变为帝国主义时期,经验论哲学(耶·边沁、约·斯·穆勒、赫·斯宾塞)及其伦理个人主义的原则已经不符合英国资产阶级保守派的利益。黑格尔的绝对唯心主义具有从理论上论证宗教的广泛可能,因而引起了英国资产阶级思想家们的注意。于是一个称为"英国黑格尔派"的派别便应运而起,其代表人物是托·格林、爱·凯尔德和约·凯尔德兄弟、弗·布拉德莱等。他们极力反对唯物主义和自然科学,特别是反对达尔文主义。"英国黑格尔派"利用黑格尔学说的保守方面,抛弃它的唯理论和发展思想。黑格尔的辩证法被用来为不可知论作辩护。例如布拉德莱从人的思维的矛盾性质得出结论说,思维只在现象领域运动,因为存在的真正本质是不矛盾的、和谐的、绝对的。在社会学领域,"英国黑格尔派"论证建立强有力的中央集权国家的必要性,认为公民的利益要完全服从于这一国家。

在斯堪的纳维亚国家,黑格尔哲学的影响在19世纪下半叶也增强了。瑞典哲学家约·雅·波列留斯试图复活黑格尔主义,把它同占统治地位的主观唯心主义哲学(克·雅·博斯特隆、西·里宾格等)对立起来。挪威的黑格尔右派马·雅·蒙拉德、格·威·林格等用神秘主义精神解释黑格尔哲学,而背离它的唯理论,并企图使科学服从于宗教。——120。

40 实用主义是帝国主义时代资产阶级哲学(主要是美国哲学)的一个主观唯心主义派别,19世纪70年代末产生于美国,取代了曾占统治地位的宗教哲学。实用主义的主要论点是查·皮尔斯在1878年提出的。19世纪末至20世纪初,通过威·詹姆斯和斐·席勒的著作,实用主义形成了独立的哲学流派;约·杜威的工具主义是实用主义的进一步发展。

实用主义者认为哲学的中心问题是获得符合真理的知识,但是他们却完全歪曲了真理的概念。皮尔斯把认识看做是获得信念的纯粹心理过程。詹姆斯则拿"有用"、成功、有利等概念来取代作为现实在意识中的正确反映的真理概念。在他看来,任何概念,包括宗教概念在内,是不是真理,就看它们是否有用。杜威走得更远,他宣布所有科学理论、道德原则、社会设施都只是个人达到自己目的的"工具"。实用主义者认为知识的"真理性"(即有用性)的标准是经验。他们所谓的经验并不是人的社会实践,而是个人体验。他们把这种经验看做是唯一的实在,而宣布物质和精神这两个概念已经"陈旧"。实用主义者像马赫主义者一样,企图创立哲学中的"第三条路线",超越唯物主义和唯心主义,而实际上坚持的还是唯心主义。实用主义用"多元论"的观点来反对唯物主义一元论,认为宇宙中没有任何内部联系和规律性,而是像一种可以由个人按自己的方式、根据自己的个人体验来拼装的镶嵌画。根据当前需要,实用主义认为可以对同一事实作出不同的甚至矛盾的解释;它宣称不需要任何彻底性,只要对一个人有利,他既可以是决定论者,也可以是非决定论者,既可以承认神的存在,也可以否认神的存在。

实用主义曾经在美国广泛传播,几乎成了美国的官方哲学。从20世纪40年代开始,实用主义作为统一的独立的哲学派别在美国的地位开始下降,但它的基本精神仍起作用。实用主义在英国、意大利、德国、法国等国也在不同时期有过支持者。——124。

41　《国外周报》(《Gazette Etrangère》)是俄国侨民报纸,1908年3月16日—4月13日在日内瓦出版,共出了4号。报纸主要报道侨民的生活,也刊登有关俄国国内和国外事件的材料。该报第2号曾刊登1908年3月18日列宁在日内瓦国际大会上作的报告《公社的教训》。该报也刊登过亚·亚·波格丹诺夫、阿·瓦·卢那察尔斯基等人宣传"造神说"和马赫主义的文章。

　　　　列宁的引语摘自卢那察尔斯基的《简论现代俄国文学》(载于《国外周报》第2、3号)。——126。

42　《教育》杂志(《Образование》)是俄国一种合法的文学、科普和社会政治性刊物(月刊),1892—1909年在彼得堡出版。初期由瓦·德·西波夫斯基和瓦·瓦·西波夫斯基主编,从1896年起由亚·雅·奥斯特罗戈尔斯基负责编辑。在1902—1908年间,该杂志刊载过社会民主党人的文章。——126。

43　"拯救"一词列宁写的是德文hinüberretten,出自《反杜林论》第2版序言。恩格斯在那里写道:"马克思和我,可以说是从德国唯心主义哲学中拯救了自觉的辩证法并且把它转为唯物主义的自然观和历史观的唯一的人。"(见《马克思恩格斯全集》第1版第20卷第13页)列宁在《卡尔·马克思》一文中引用了这一句话(见《列宁全集》第2版第26卷第55—56页)。——133。

44　列宁指的是下面三部著作的问世:乔·威·弗·黑格尔的《逻辑学》(前两册于1812年和1813年出版),马克思和恩格斯的《共产党宣言》(1847年底写成,1848年2月出版)和查·达尔文的《物种起源》(1859年发表)。——133。

45　在列宁的手稿中,(11)和(12)原来是一条,后来列宁把该条的后半部分单列为(12),两条之间用分号断开。此处是按手稿翻译的(见《列宁全集》第2版第55卷第192页和第193页之间的插页)。——140。

46　即光速——任何可能的运动的极限速度。列宁在关于路·达姆施泰特《自然科学和技术历史指南》的札记中谈到测定光速的一些方法(见《列宁全集》第2版第55卷第348页。——141。

47　此处见德·伊·皮萨列夫《幼稚想法的失策》一文(《皮萨列夫全集》1956年俄文版第3卷第147—151页)。列宁在《怎么办?》一书中引用了皮萨列夫的这一思想和他的著作中相应的地方(见《列宁全集》第2版第6卷第163—164页)。——147。

48 《谈谈辩证法问题》一文写在《哲学》笔记本中,在《拉萨尔〈赫拉克利特的哲学〉一书摘要》和《亚里士多德〈形而上学〉一书摘要》之间,由于其中有引自《形而上学》的引文,所以有理由认为它是在列宁读过亚里士多德的这一著作以后写的。——148。

49 伊万是俄国最常见的人名。茹奇卡是俄语中看家狗的常用名字。——150。

50 此处见保·福尔克曼的《自然科学的认识论原理及其与当代精神生活的联系》一书第2版第35页。列宁关于该书的札记,见《列宁全集》第2版第55卷第343—344页。列宁在作黑格尔《哲学史讲演录》摘要时,也指出了类似的地方(同上书,第207页和第219—220页)。——151。

51 überschwenglich可译为"过分的"、"过度的"、"无限的"、"过火"等等。这个词是约·狄慈根在分析绝对真理和相对真理、物质和精神等等之间的关系时使用的一个字眼(例如,见《列宁全集》第2版第55卷第419—420、423页)。列宁也在自己的一些著作中使用它来揭示对概念的辩证法的唯物主义的理解。例如,在《唯物主义和经验批判主义》中,列宁发展了恩格斯对哲学基本问题所作的表述,他写道:"狄慈根在《漫游》中重复说,物质这个概念也应当包括思想。这是糊涂思想。因为这样一来,狄慈根自己所坚持的那种物质和精神、唯物主义和唯心主义在认识论上的对立就会失去意义。至于说到这种对立不应当是'无限的'、夸大的、形而上学的,这是不容争辩的(强调这一点是**辩证**唯物主义者狄慈根的巨大功绩)。这种相对对立的绝对必要性和绝对真理性的界限,正是确定认识论研究的**方向**的界限。如果在这些界限之外,把物质和精神即物理的东西和心理的东西的对立当做绝对的对立,那就是极大的错误。"(见《列宁全集》第2版第18卷第257页)列宁在《共产主义运动中的"左派"幼稚病》中也谈到真理的辩证性质(见《列宁全集》第2版第39卷第42页)。——152。

52 《什么是"人民之友"以及他们如何攻击社会民主党人?(答《俄国财富》杂志反对马克思主义者的几篇文章)》一书于1894年写成(第1编于4月完稿,第2、3编于夏天完稿)。1892—1893年列宁在萨马拉开始为写作此书作准备,他当时曾在萨马拉一个马克思主义小组中作过一些报告,批评自由主义民粹派分子瓦·沃·(瓦·巴·沃龙佐夫)、尼·康·米海洛夫斯基、谢·尼·尤沙柯夫和谢·尼·克里文柯等人。这些报告是《什么是"人民之友"》一书的准备材料。

这部书于1894年在彼得堡、莫斯科、哥尔克等地分编胶印出版,在俄国其他一些城市也传抄和翻印过。在国外,劳动解放社和其他俄国社会民主党人组织也看到过这部著作。

这部书的第1、3两编的胶印本于1923年初在柏林社会民主党档案馆和列宁格勒国立萨尔蒂科夫-谢德林公共图书馆差不多同时发现。《列宁全集》俄文第1、2、3版就是根据1923年发现的胶印本刊印的。1936年发现了新的胶印本,上面有许多显然是列宁所作的文字修改。《列宁全集》俄文第4、5版是根据这个胶印本刊印的,还补上了前几版遗漏的列宁对附录一的统计表的说明。

这部书的第2编至今没有找到。——153。

53　指尼·康·米海洛夫斯基写的《卡·马克思在尤·茹柯夫斯基先生的法庭上》一文,载于1877年10月《祖国纪事》杂志第10期。——156。

54　《社会契约论》是法国启蒙思想家让·雅克·卢梭的主要著作之一,1762年在阿姆斯特丹出版。这本书的中心思想是:人是生而自由平等的,国家只能是自由的人民自由协议的产物,如果自由被强力所剥夺,则人民有权进行革命,用强力夺回自己的自由。卢梭的这部著作对法国大革命产生了巨大的影响,但就其社会观来说是唯心主义的。——160。

55　指马克思给《祖国纪事》杂志编辑部的信(见《马克思恩格斯全集》第1版第19卷第126—131页)。这封信是马克思在1877年底读到尼·康·米海洛夫斯基《卡·马克思在尤·茹柯夫斯基先生的法庭上》一文时写的,马克思逝世后由恩格斯抄寄俄国。恩格斯说:“这封信曾以法文原本的手抄本在俄国流传很久,后来译成俄文于1886年发表在日内瓦的《民意导报》上,随后又在俄国国内的报刊上发表过。这封信同所有出自马克思笔下的东西一样,在俄国各界人士中引起极大注意。”(见《马克思恩格斯全集》第1版第22卷第504页)——167。

56　指马克思和恩格斯在1845—1846年合写的《德意志意识形态》一书。此书在他们生前未能全部出版,只发表了第2卷的第4章。1932年由联共(布)中央马克思恩格斯列宁研究院第一次用德文全文发表。——167。

57　见俄国作家米·叶·萨尔蒂科夫-谢德林的随笔《在国外》。其中写道,1876
年春他在法国听到一些法国自由派人士在热烈地谈论大赦巴黎公社战士
的问题。他们一致认为大赦是公正而有益的措施,但在结束这个话题时,
不约而同地都把食指伸到鼻子前,说了一声"mais"(即"但是"),就再也不
说了。于是谢德林恍然大悟:原来法国人所说的"但是"就相当于俄国人所
说的"耳朵不会高过额头",意思是根本不可能有这样的事情。——170。

58　氏族组织是原始社会的社会组织形式。氏族是基本的社会经济单位,由有
血缘关系的亲族组成,内部严禁通婚。若干氏族为一个部落,若干部落结
成部落联盟。在氏族组织中,人们适应当时生产力发展的水平,过着原始
共产主义的生活:生产资料公有,集体从事生产,产品平均分配,没有阶
级,没有剥削。氏族约产生于旧石器时代晚期,最初为母权制,到新石器时
代的晚期逐步过渡到父权制。氏族组织随着私有财产的出现和国家的产
生而解体。关于氏族组织,可参看马克思的《路易斯·亨·摩尔根〈古代社
会〉一书摘要》(见《马克思恩格斯全集》第1版第45卷第328—571页)和恩
格斯的《家庭、私有制和国家的起源》(见《马克思恩格斯选集》第4卷人民
出版社1972年版第1—175页)。——171。

59　采邑制度是一种特殊的封建土地占有制。采邑是封建君主的财产,由君主
暂时赐给军中供职人员或宫廷官吏使用。采邑制度的出现是与中央集权
的形成和集中的军队的建立分不开的。在俄国,采邑制度出现于15世纪,
至16世纪为鼎盛时期。从17世纪起,采邑和世袭领地这两种封建土地占有
制之间的区别逐渐消失。在1714年彼得一世颁布关于采邑世袭制法令以
后,采邑完全成为贵族地主的私有财产。——173。

60　指俄国古代的基辅罗斯(9—12世纪初)。——174。

61　即莫斯科国时期(15世纪末—17世纪)。——175。

62　村社是俄国农民共同使用土地的形式,其特点是在实行强制性的统一轮
作的前提下,将耕地分给农户使用,森林、牧场则共同使用,不得分割。村
社内实行连环保的制度。村社的土地定期重分,农民无权放弃土地和买卖
土地。村社管理机构由选举产生。俄国村社从远古即已存在,在历史发展
过程中逐渐成为俄国封建制度的基础。沙皇政府和地主利用村社对农民

进行监视和掠夺,向农民榨取赋税,逼迫他们服徭役。

村社问题在俄国曾引起热烈争论,发表了大量有关的经济学文献。民粹派认为村社是俄国向社会主义发展的特殊道路的保证。他们企图证明俄国的村社农民是稳固的,村社能够保护农民,防止资本主义关系侵入他们的生活。早在19世纪80年代,格·瓦·普列汉诺夫就已指出民粹派的村社社会主义的幻想是站不住脚的。到了90年代,列宁粉碎了民粹派的理论,用大量的事实和统计材料说明资本主义关系在俄国农村是怎样发展的,资本是怎样侵入宗法制的村社,把农民分解为富农与贫苦农民两个对抗阶级的。

在1905—1907年革命中,村社曾被农民用做革命斗争的工具。地主和沙皇政府对村社的政策在这时发生了变化。1906年11月9日,沙皇政府大臣会议主席彼·阿·斯托雷平颁布了摧毁村社、培植富农的土地法令,允许农民退出村社和出卖份地。这项法令颁布后的9年中,有200多万农户退出了村社。但是,村社并未被彻底消灭,到1916年底,欧俄仍有三分之二的农户和五分之四的份地在村社里。村社在十月革命以后还存在很久,直到全盘集体化后才最终消失。——175、233。

63　布勒宁式的讥讽态度指卑劣的论战手法。维·彼·布勒宁是俄国政论家和作家,反动报纸《新时报》的撰稿人。他对一切进步社会思潮的代表人物肆意诽谤。——176。

64　指国际工人协会。

国际工人协会(第一国际)是国际无产阶级的第一个群众性的革命组织,1864年9月28日在伦敦建立。马克思为国际工人协会起草了成立宣言和临时章程等重要文件,规定其任务是:团结各国工人,为完全解放工人阶级并消灭任何阶级统治而斗争。国际工人协会的中央领导机关是总委员会,马克思是总委员会的成员。国际工人协会在马克思和恩格斯的指导下,团结了各国工人阶级,传播了科学社会主义,同蒲鲁东主义、工联主义、拉萨尔主义、巴枯宁主义等各种机会主义流派进行了坚决的斗争。国际工人协会积极支持了1871年的巴黎工人起义。巴黎公社失败后,反动势力猖獗,工人运动处于低潮。1872年海牙代表大会以后,国际工人协会实际上已停止活动。根据马克思的建议,国际工人协会于1876年7月在费城代表会议上正式宣布解散。——176、233。

65 《新时报》(《Новое Время》)是俄国报纸，1868—1917年在彼得堡出版。出版人多次更换，政治方向也随之改变。1872—1873年采取进步自由主义的方针。1876—1912年由反动出版家阿·谢·苏沃林掌握，成为俄国最没有原则的报纸。1905年起是黑帮报纸。1917年二月革命后，完全支持资产阶级临时政府的反革命政策，攻击布尔什维克。1917年10月26日(11月8日)被查封。列宁称《新时报》是卖身投靠的报纸的典型。——178。

66 指维·彼·布勒宁1894年2月4日在《新时报》上写了一篇题为《批评随笔》的杂文，极力称赞尼·康·米海洛夫斯基对马克思主义者的攻击一事。——178。

67 出自俄国作家伊·安·克雷洛夫的寓言《象和哈巴狗》。寓言讲一只小哈巴狗朝着一只大象狂吠乱叫，无理取闹，以为这样可以使自己毫不费力地成为"大名鼎鼎的好汉"。——179。

68 出自俄国作家米·叶·萨尔蒂科夫-谢德林的寓言故事《风干鲤鱼》。在本文中，干鱼被用来比喻没有思想内容的空洞提法。——180。

69 指《德法年鉴》杂志。见注37。——182。

70 《欧洲通报》杂志(《Вестник Европы》)是俄国资产阶级自由派的历史、政治和文学刊物，1866年3月—1918年3月在彼得堡出版。1866—1867年为季刊，后改为月刊。先后参加编辑出版工作的有米·马·斯塔秀列维奇和马·马·柯瓦列夫斯基等。——186。

71 这篇短评是彼得堡大学教授伊·伊·考夫曼(伊·考—曼)写的。马克思认为它对辩证方法作了恰当的叙述。参看《马克思恩格斯选集》第2卷人民出版社1972年版第215—217页。——186。

72 以下引用的恩格斯的答复，见《反杜林论》第1编第13章(《马克思恩格斯选集》第3卷人民出版社1972年版第169—174页)。引文是列宁亲自译成俄文的。——188。

73 据罗马神话，雷神丘必特变成一头公牛，拐走了腓尼基王阿革诺耳的女儿欧罗巴。这自然不是所有公牛都能做到的。"丘必特可做的，公牛不可做"一语即由此演变而来。——195。

74　《祖国纪事》杂志（《Отечественные Записки》）是俄国刊物，在彼得堡出版。1820—1830年期间登载俄国工业、民族志、历史学等方面的文章。1839年起成为文学和社会政治刊物（月刊）。1839—1846年，由于维·格·别林斯基等人参加该杂志的工作，成为当时最优秀的进步刊物。60年代初采取温和保守的立场。1868年起，由尼·阿·涅克拉索夫、米·叶·萨尔蒂科夫-谢德林、格·扎·叶利谢耶夫主持，成为团结革命民主主义知识分子的中心。1877年涅克拉索夫逝世后，尼·康·米海洛夫斯基加入编辑部，民粹派对这个杂志的影响占了优势。《祖国纪事》杂志不断遭到沙皇政府书报检查机关的迫害。1884年4月被查封。——195。

75　据圣经传说，"金犊"是以色列人为了走出埃及而祈求祭司亚伦用黄金铸造的领路之神（见《旧约全书·出埃及记》）。——196。

76　指《共产党宣言》中提出的下述原理：

　　"共产党人的理论原理，决不是以这个或那个世界改革家所发明或发现的思想、原则为根据的。

　　这些原理不过是现存的阶级斗争、我们眼前的历史运动的真实关系的一般表现。"（见《马克思恩格斯选集》第1卷人民出版社1972年版第264页）——198。

77　指尼·康·米海洛夫斯基当时写的两篇文章：《关于马克思的一本书的俄文版》（1872年4月《祖国纪事》杂志第4期）和《卡·马克思在尤·茹柯夫斯基先生的法庭上》（1877年10月《祖国纪事》杂志第10期）。——201。

78　指谢·尼·尤沙柯夫。列宁在《什么是"人民之友"以及他们如何攻击社会民主党人?》一书的第2编里着重批评了这个民粹派分子的政治经济学观点（《列宁全集》第2版第1卷第171页）。——205。

79　《俄国思想》杂志（《Русская Мысль》）是俄国科学、文学和政治刊物（月刊），1880—1918年在莫斯科出版。它起初是同情民粹主义的温和自由派的刊物。1905年革命后成为立宪民主党的刊物，由彼·伯·司徒卢威和亚·亚·基泽韦捷尔编辑。——207。

80　出典于希腊神话。强盗普罗克鲁斯提斯把所有落到他手里的过路客强按在一张特制的床上，身材比床长的就剁去腿脚，比床短的就抻拉身躯。——212。

81　民意党是俄国土地和自由社分裂后产生的革命民粹派组织,于1879年8月建立。主要领导人是安·伊·热里雅鲍夫、亚·德·米哈伊洛夫、米·费·弗罗连柯、尼·亚·莫罗佐夫、维·尼·菲格涅尔、亚·亚·克维亚特科夫斯基、索·李·佩罗夫斯卡娅等。该党主张推翻专制制度,在其纲领中提出了广泛的民主改革的要求,如召开立宪会议,实现普选权,设置常设人民代表机关,实行言论、信仰、出版、集会等自由和广泛的村社自治,给人民以土地,给被压迫民族以自决权,用人民武装代替常备军等。但是民意党人把民主革命的任务和社会主义革命的任务混为一谈,认为在俄国可以超越资本主义,经过农民革命走向社会主义,并且认为俄国主要革命力量不是工人阶级而是农民。民意党人从积极的"英雄"和消极的"群氓"的错误理论出发,采取个人恐怖的活动方式,把暗杀沙皇政府的个别代表人物作为推翻沙皇专制制度的主要手段。他们在1881年3月1日(13日)刺杀了沙皇亚历山大二世。由于理论上、策略上和斗争方法上的错误,在沙皇政府的严重摧残下,民意党在1881年以后就瓦解了。列宁批判了民意党人的乌托邦式的纲领,但十分敬重他们同沙皇制度英勇斗争的精神。——215、237。

82　民权党人指俄国民权党的成员。民权党是俄国民主主义知识分子的秘密团体,1893年夏成立。参加创建的有前民意党人奥·瓦·阿普捷克曼、安·伊·波格丹诺维奇、亚·瓦·格杰奥诺夫斯基、马·安·纳坦松、尼·谢·丘特切夫等。民权党的宗旨是联合一切反沙皇制度的力量为实现政治改革而斗争。1894年春民权党的组织被沙皇政府破坏。大多数民权党人后来加入了社会革命党。——215。

83　份地是指1861年俄国废除农奴制后留给农民的土地。这种土地由村社占有,分配给农民使用,并定期重分。——216。

84　赫罗斯特拉特是公元前4世纪希腊人。据传说,他为了扬名于世,在公元前356年纵火焚毁了被称为世界七大奇观之一的以弗所城阿尔蒂米斯神殿。后来,赫罗斯特拉特的名字成了不择手段追求名声的人的通称。——224。

85　指爱·伯恩施坦的《社会主义的前提和社会民主党的任务》一书(1899年)。——224。

86　《我们的曙光》杂志（《Наша Заря》）是俄国孟什维克取消派的合法的社会
　　政治刊物（月刊），1910年1月——1914年9月在彼得堡出版。领导人是亚·
　　尼·波特列索夫，撰稿人有帕·波·阿克雪里罗得、费·伊·唐恩、尔·马尔托
　　夫、亚·马尔丁诺夫等。围绕着《我们的曙光》杂志形成了俄国取消派的中
　　心。第一次世界大战一开始，该杂志就采取了社会沙文主义立场。——
　　224。

87　这句话引自俄国作家伊·谢·屠格涅夫的长篇小说《父与子》，是书中主人
　　公、平民知识分子代表人物巴扎罗夫对他的同学、喜欢讲所谓典雅语言的
　　贵族子弟阿尔卡季·尼古拉耶维奇·基尔萨诺夫说的。——225。

88　分给我们的兔子一块熊耳朵意为给自我吹嘘者以奖赏，出典于俄国作家
　　伊·安·克雷洛夫的寓言《兔子打猎》。寓言说，一群野兽正在分它们猎获的
　　一只熊，没有参加猎熊的一只兔子却伸出前足来撕熊的耳朵，并且说是它
　　把熊从树林里赶到空地上，野兽们才得以把熊逮住杀死。野兽们感到兔
　　子的话虽系吹牛，却十分有趣，于是分给它一块熊耳朵。——225。

89　马基雅弗利式的计划是指按照尼·马基雅弗利的政治策略精神制定的一
　　种计划。马基雅弗利是意大利政治思想家，1498—1512年曾在佛罗伦萨共
　　和国历任要职。他反对意大利政治分裂，主张君主专制，认为君主为了达
　　到政治目的可以采取任何手段，包括背信弃义、欺骗、暗杀等。——226。

90　列宁指的是恩格斯的《反杜林论(欧根·杜林先生在科学中实行的变革)》
　　(见《马克思恩格斯全集》第1版第20卷第7—351页)。——226。

91　列宁指的是格·瓦·普列汉诺夫的《论一元论历史观之发展》一书。该书是
　　用恩·别尔托夫这一笔名于1895年出版的。——227。

92　百科全书派是18世纪法国的一批启蒙思想家，因出版《百科全书》(全称是
　　《百科全书或科学、艺术和工艺详解词典》，共35卷，1751—1780年出版)而
　　得名。德·狄德罗是该派的组织者和领导者，让·勒·达兰贝尔是狄德罗的
　　最亲密的助手。保·昂·迪·霍尔巴赫、克·阿·爱尔维修、伏尔泰等积极参加
　　了《百科全书》的出版工作。让·雅·卢梭参与了头几卷的编纂。《百科全书》
　　的撰稿人包括各个知识领域的专家，其中有博物学家乔·路·勒·布丰和
　　路·让·玛·多邦通，经济学家安·罗·雅·杜尔哥和弗·魁奈，工程师布朗热，

医生保·约·巴尔泰斯,林学家勒鲁瓦,诗人和哲学家让·弗·圣朗贝尔等。这些人尽管在学术上和政治上持有不同的观点,但都坚决反对封建主义、教会、经院哲学以及封建等级制度,而积极反对唯心主义哲学的唯物主义者在他们中间起着主导作用。他们是革命资产阶级的思想家,为18世纪末法国资产阶级革命作了思想准备。恩格斯指出:"法国的唯物主义者没有把他们的批评局限于宗教信仰问题;他们把批评扩大到他们所遇到的每一个科学传统或政治设施;而为了证明他们的学说可以普遍应用,他们选择了最简便的道路:在他们因以得名的巨著《百科全书》中,他们大胆地把这一学说应用于所有的知识对象。这样,唯物主义就以其两种形式中的这种或那种形式——公开的唯物主义或自然神论,成了法国一切有教养的青年的信条。"(见《马克思恩格斯全集》第1版第22卷第352页)——229。

93　第三届杜马(第三届国家杜马)是根据1907年6月3日(16日)沙皇解散第二届杜马时颁布的新的选举条例在当年秋天选举、当年11月1日(14日)召开的,存在到1912年6月9日(22日)。这届杜马共有代表442人,先后任主席的有尼·阿·霍米亚科夫、亚·伊·古契柯夫(1910年3月起)和米·弗·罗将柯(1911年起),他们都是十月党人。这届杜马按其成分来说是黑帮—十月党人的杜马,是沙皇政府对俄国革命力量实行反革命的暴力和镇压政策的驯服工具。这届杜马的442名代表中,有右派147名,十月党人154名,立陶宛—白俄罗斯集团7名,波兰代表联盟11名,进步派28名,穆斯林集团8名,立宪民主党人54名,劳动派14名,社会民主党人19名。因此它有两个反革命的多数:黑帮—十月党人多数和十月党人—立宪民主党人多数。沙皇政府利用前一多数来保证推行斯托雷平的土地政策,在工人问题上采取强硬政策,对少数民族采取露骨的大国主义政策;而利用后一多数来通过微小的让步即用改良的办法诱使群众脱离革命。

第三届杜马全面支持沙皇政府在六三政变后的内外政策。它拨巨款给警察、宪兵、法院、监狱等部门,并通过了一个大大扩大了军队员额的兵役法案。第三届杜马的反动性在工人立法上表现得尤为明显,它把几个有关工人保险问题的法案搁置了3年,直到1911年在新的革命高潮到来的形势下才予以批准,但保险条件比1903年法案的规定还要苛刻。1912年3月5日(18日),杜马工人委员会否决了罢工自由法案,甚至不许把它提交杜马会议讨论。在土地问题上,第三届杜马完全支持斯托雷平的土地法,于

1910年批准了以1906年11月9日（22日）法令为基础的土地法，而拒绝讨论农民代表提出的一切关于把土地分配给无地和少地农民的提案。在少数民族问题上，它积极支持沙皇政府的俄罗斯化政策，通过一连串的法律进一步限制少数民族的基本权利。在对外政策方面，它主张沙皇政府积极干涉巴尔干各国的内政，破坏东方各国的民族解放运动和革命。

第三届国家杜马的社会民主党党团，尽管工作条件极为恶劣，人数不多，在初期活动中犯过一些错误，但是在列宁的批评和帮助下，工作有所加强，在揭露第三届杜马的反人民政策和对无产阶级和农民进行政治教育等方面都做了大量的工作。——229。

94　立宪民主党人是俄国自由主义君主派资产阶级的主要政党立宪民主党的成员。立宪民主党（正式名称为人民自由党）于1905年10月成立。中央委员中多数是资产阶级知识分子、地方自治人士和自由派地主。主要活动家有帕·尼·米留可夫、谢·安·穆罗姆采夫、瓦·阿·马克拉柯夫、安·伊·盛加略夫、彼·伯·司徒卢威、约·弗·盖森等。立宪民主党提出一条与革命道路相对抗的和平的宪政发展道路，主张俄国实行立宪君主制和资产阶级的自由。在土地问题上，它主张将官家、皇室、皇族和寺院的土地分给无地和少地的农民；私有土地部分地转让，并且按"公平"价格给予补偿；解决土地问题的土地委员会由同等数量的地主和农民组成，并由官员充当他们之间的调解人。1906年春，它曾同政府进行参加内阁的秘密谈判，后来在国家杜马中自命为"负责的反对派"。第一次世界大战期间，它支持沙皇政府的掠夺政策，曾同十月党等反动政党组成"进步同盟"，要求成立责任内阁，即为资产阶级和地主所信任的政府，力图阻止革命并把战争进行到最后胜利。二月革命后，立宪民主党在资产阶级临时政府中居于领导地位，竭力阻挠土地问题、民族问题等基本问题的解决，并奉行继续帝国主义战争的政策。七月事变后，它支持科尔尼洛夫叛乱，阴谋建立军事独裁。十月革命胜利后，苏维埃政府于1917年11月28日（12月11日）宣布立宪民主党为"人民公敌的党"，该党随之转入地下，继续进行反革命活动，并参与白卫将军的武装叛乱。国内战争结束后，该党上层分子大多数逃亡国外。1921年5月，该党在巴黎召开代表大会时分裂，作为统一的党不复存在。——229、235。

95　路标派是指俄国立宪民主党的著名政论家、反革命自由派资产阶级的代表人物尼·亚·别尔嘉耶夫、谢·尼·布尔加柯夫、米·奥·格尔申宗、亚·索·伊兹哥耶夫、波·亚·基斯嘉科夫斯基、彼·伯·司徒卢威和谢·路·弗兰克。1909年春,他们把自己的论述俄国知识分子的一批文章编成文集在莫斯科出版,取名为《路标》,路标派的名称即由此而来。——229。

96 十月党人是俄国十月党的成员。十月党(十月十七日同盟)代表和维护大工商业资本家和按资本主义方式经营的大地主的利益,属于自由派的右翼。该党于1905年11月成立,名称取自沙皇1905年10月17日宣言。十月党的主要领导人是大工业家和莫斯科房产主亚·伊·古契柯夫和大地主米·弗·罗将柯,活动家有彼·亚·葛伊甸、德·尼·希波夫、米·亚·斯塔霍维奇、尼·阿·霍米亚科夫等。十月党完全拥护沙皇政府的对内对外政策,支持政府镇压革命的一切行动,主张用调整租地、组织移民、协助农民退出村社等办法解决土地问题。第一次世界大战期间,它号召支持政府,后来参加了军事工业委员会的活动,曾同立宪民主党等结成"进步同盟",主张把帝国主义的掠夺战争进行到最后胜利,并通过温和的改革来阻止人民革命和维护君主制。二月革命后,该党参加了资产阶级临时政府。十月革命后,十月党人反对苏维埃政权,在白卫分子政府中担任要职。——230。

97 马尼洛夫是俄国作家尼·瓦·果戈理的小说《死魂灵》中的一个地主。他生性怠惰,终日想入非非,崇尚空谈,刻意讲究虚伪客套。意为耽于幻想、无所作为的马尼洛夫精神一语即由此而来。——231。

98 指十二月党人。
    十二月党人是俄国贵族革命家,因领导1825年12月14日(26日)的彼得堡卫戌部队武装起义而得名。在起义前,十二月党人建立了三个秘密团体:1821年成立的由尼·米·穆拉维约夫领导的、总部设在彼得堡的北方协会;同年在乌克兰第二集团军驻防区成立的由帕·伊·佩斯捷利领导的南方协会;1823年成立的由安·伊·和彼·伊·波里索夫兄弟领导的斯拉夫人联合会。这三个集团的纲领都要求废除农奴制和限制沙皇专制。但是十二月党人害怕发生广泛的人民起义,因而企图通过没有人民群众参加的军事政变来实现自己的要求。1825年12月14日(26日),在向新沙皇尼古拉一世宣誓的当天上午,北方协会成员率领约3 000名同情十二月党人的士兵开进彼得堡参议院广场。他们计划用武力阻止参议院和国务会议向新沙皇宣誓,并迫使参议员签署告俄国人民的革命宣言,宣布推翻政府、废除农奴制、取消兵役义务、实现公民自由和召开立宪会议。但十二月党人的计划未能实现,因为尼古拉一世还在黎明以前,就使参议院和国务会议举行了宣誓。尼古拉一世并把忠于他的军队调到广场,包围了起义者,下令发射霰弹。当天傍晚起义被镇压了下去。据政府发表的显系缩小了的数字,在参议院广场有70多名"叛乱者"被打死。南方协会成员领导的切尔尼戈夫团于1825年12月29日(1826年1月10日)在乌克兰举行起义,也于1826年1月3日(15日)被沙皇军队镇压下去。

沙皇政府残酷惩处起义者,十二月党人的著名领导者佩斯捷利、谢·伊·穆拉维约夫-阿波斯托尔、孔·费·雷列耶夫、米·巴·别斯图热夫-留明和彼·格·卡霍夫斯基于1826年7月13日(25日)被绞死,121名十二月党人被流放西伯利亚,数百名军官和4 000名士兵被捕并受到惩罚。十二月党人起义对后来的俄国革命运动产生了很大影响。——231。

99　罗慕洛和瑞穆斯是罗马神话中的人物,西尔维亚和战神马尔斯结合而生的一对孪生兄弟。他们生下不久被国王阿穆利乌斯投入台伯河,但河水把这对婴儿漂到岸边。战神马尔斯派一只母狼把他们带入山洞,用狼奶喂养他们。他们长大后体格健壮,膂力过人,性格刚强,见义勇为,深得人民的爱戴。两人中的罗慕洛是罗马城的建造者。——232。

100　引自亚·伊·赫尔岑《终结和开始》(见《赫尔岑文集》1959年莫斯科版第16卷第171页)。——232。

101　参看亚·伊·赫尔岑《致老友书》(第4封和第2封信)(《赫尔岑文集》1960年莫斯科版第20卷下册第593、582页)。——233。

102　社会革命党人是俄国最大的小资产阶级政党社会革命党的成员。该党是1901年底—1902年初由一些民粹派团体联合而成的。社会革命党人否认无产阶级和农民之间的阶级差别,抹杀农民内部的矛盾,否认无产阶级在资产阶级民主革命中的领导作用。在土地问题上,社会革命党人主张消灭土地私有制,按照平均使用原则将土地交村社支配,发展各种合作社。在策略方面,社会革命党人采用了社会民主党人进行群众性鼓动的方法,但主要斗争方法还是搞个人恐怖。在第一次世界大战期间,社会革命党的大多数领导人采取了社会沙文主义的立场。

　　1917年二月革命后,随着广大的小资产阶级群众参加政治生活,社会
革命党的影响和党员人数激增(1917年5月已达50万)。社会革命党人和孟
什维克在苏维埃中,在土地委员会中都占多数。社会革命党中央实行妥协
主义和阶级调和的政策,积极支持资产阶级临时政府,党的首领亚·费·克
伦斯基、尼·德·阿夫克森齐耶夫、维·米·切尔诺夫、谢·列·马斯洛夫参加
了临时政府。1917年七月事变时期,社会革命党公开转向资产阶级方面。
社会革命党中央的妥协政策造成党的分裂,左翼于1917年12月组成了一
个独立政党——左派社会革命党。

　　1917年十月革命后,社会革命党人(右派和中派)公开进行反苏维埃
的活动,建立地下组织,1918年6月被开除出全俄中央执行委员会。1918—
1920年国内战争时期,他们进行反对苏维埃政权的武装斗争,对共产党和
苏维埃国家的领导人实行个人恐怖。社会革命党人推行所谓"第三种力
量"的蛊惑政策,在1918年充当了小资产阶级反革命活动的主要组织者,
在各地参与建立反革命"政府",实际上为资产阶级和地主的反革命统治
扫清了道路。1919年8月,一部分社会革命党人组成了人民派,同苏维埃政
权合作。该党的极右派则同白卫分子结成公开联盟。内战结束后,社会革
命党重新成了俄国国内反革命势力的领导。他们提出"没有共产党人参加
的苏维埃"的口号,组织了一系列的叛乱。这些叛乱被平定后,1922年社会
革命党彻底瓦解。——234、247、283、323。

103　劳动派(劳动团)是俄国国家杜马中的农民代表和民粹派知识分子代表组
成的小资产阶级民主派集团,1906年4月成立。领导人是阿·费·阿拉季因、
斯·瓦·阿尼金等。劳动派要求废除一切等级限制和民族限制,实行自治机
关的民主化,用普选制选举国家杜马。劳动派的土地纲领要求建立由官
地、皇族土地、皇室土地、寺院土地以及超过劳动土地份额的私有土地组
成的全民地产,由农民普选产生的地方土地委员会负责进行土地改革,这
反映了全体农民的土地要求,但它同时又容许赎买土地,则是符合富裕农
民阶层利益的。在国家杜马中,劳动派动摇于立宪民主党和布尔什维克之
间。布尔什维克党支持劳动派的符合农民利益的社会经济要求,同时批评
它在政治上的不坚定,可是劳动派始终没有成为彻底革命的农民组织。六
三政变后,劳动派在地方上停止了活动。第一次世界大战期间,劳动派多
数采取了沙文主义立场。二月革命后,它于1917年6月与人民社会党合并

为劳动人民社会党。——234。

104　农民协会(全俄农民协会)是俄国1905年革命中产生的群众性的革命民主主义政治组织,于1905年7月31日—8月1日(8月13—14日)在莫斯科举行了成立大会。据1905年10—12月的统计,协会在欧俄有470个乡级和村级组织,会员约20万人。协会的纲领性要求是:实现政治自由和在普选基础上立即召开立宪会议,支持抵制第一届国家杜马;废除土地私有制,由农民选出的委员会将土地分配给自力耕作的农民使用,同意对一部分私有土地给以补偿。农民协会曾与彼得堡工人代表苏维埃合作,它的地方组织在农民起义地区起了革命委员会的作用。农民协会从一开始就遭到警察镇压,1907年初被解散。——234。

105　《钟声》杂志(《Колокол》)是亚·伊·赫尔岑和尼·普·奥格辽夫在国外(1857—1865年在伦敦、1865—1867年在日内瓦)出版的俄国革命刊物,最初为月刊,后来为不定期刊,共出了245期。该刊印数达2 500份,在俄国国内传播甚广。《钟声》杂志除刊登赫尔岑和奥格辽夫的文章外,还刊载各种材料和消息,报道俄国人民的生活状况和社会斗争,揭露沙皇当局的秘密计划和营私舞弊行为。《钟声》杂志最初阶段的纲领以赫尔岑创立的俄国农民社会主义理论为基础,极力鼓吹解放农民,提出废除书报检查制度和肉刑等民主主义要求。但它也有自由主义倾向,对沙皇抱有幻想。1861年农民改革以后,《钟声》杂志便坚决站到革命民主派一边,登载赫尔岑和奥格辽夫尖锐谴责农民改革的文章以及俄国地下革命组织的传单、文件等。《钟声》杂志编辑部协助创立了土地和自由社,积极支持1863—1864年的波兰起义,从而与自由派最终决裂。——234。

106　《北极星》(《Полярная Звезда》)是一种文学政治文集,1855—1862年由亚·伊·赫尔岑创办的自由俄罗斯印刷所在伦敦出版,最后一集于1868年在日内瓦出版,共出了8集。前3集由赫尔岑主编,后几集由赫尔岑和尼·普·奥格辽夫主编。赫尔岑把文集取名为《北极星》并在文集封面上印了五位被判处死刑的十二月党人的画像,都意在强调他和十二月党人的革命继承关系(十二月党人亚·亚·别斯图热夫和孔·费·雷列耶夫曾在1823—1825年出版了一种叫做《北极星》的文学丛刊)。《北极星》文集刊登了大量有关十二月党人的资料,被检查机关查禁的亚·谢·普希金、雷列耶夫、米·

尤·莱蒙托夫的诗,维·格·别林斯基致尼·瓦·果戈理的信,赫尔岑的文章和回忆录《往事与随想》,奥格辽夫的文章和诗等。《北极星》对俄国进步文学和社会思想的发展起了重要的作用。——234。

107　引自尼·普·奥格辽夫《祭文》(《奥格辽夫社会政治和哲学著作选》1952年莫斯科版第1卷第654页)。——235。

108　引自亚·伊·赫尔岑《尼·加·车尔尼雪夫斯基》(《赫尔岑文集》1959年莫斯科版第18卷第221页)。——235。

109　指波兰1863—1864年起义。这次反对沙皇专制制度的起义,是由波兰王国的封建农奴制的危机和社会矛盾、民族矛盾的加剧而引起的。领导起义的是代表小贵族和小资产阶级利益的"红党"所组织的中央民族委员会。它同俄国革命组织土地和自由社中央委员会以及在伦敦的《钟声》杂志出版人建立了联系。它的纲领包含有波兰民族独立、一切男子不分宗教和出身一律平等、农民耕种的土地不付赎金完全归农民所有、废除徭役、国家出资给地主以补偿等要求。起义从1863年1月22日向俄军数十个据点发动攻击开始,很快席卷了波兰王国和立陶宛,并波及白俄罗斯和乌克兰部分地区。参加起义的有手工业者、工人、大学生、贵族知识分子、部分农民和宗教界人士等各阶层的居民。代表大土地贵族和大资产阶级利益的"白党"担心自己在社会上声誉扫地,也一度参加了斗争,并攫取了领导权。马克思对波兰起义极为重视,曾参与组织国际军团,支援起义。1864年5月,起义被沙皇军队镇压下去,数万名波兰爱国者被杀害、囚禁和流放西伯利亚。但是,起义迫使沙皇政府于1864年3月颁布了关于在波兰王国解放农奴的法令,因而在波兰历史上具有划时代的意义。——236。

110　引自亚·伊·赫尔岑《流言蜚语、烟黑、炭渣及其他》(《赫尔岑文集》1959年莫斯科版第18卷第35页)。——236。

111　引自亚·伊·赫尔岑1864年3月10日写的《给伊·谢·屠格涅夫的信》(《赫尔岑文集》1963年莫斯科版第27卷下册第455页)。——236。

112　引自《赫尔岑文集》1958年莫斯科版第14卷第233和411页。——236。

113　引自《赫尔岑文集》1958年莫斯科版第15卷第85和344页。——236。

114　指喀山省斯帕斯基县别兹德纳村农民起义。关于废除农奴制的条件的1861年2月19日宣言和条例的颁布,引起了农民的失望和愤怒。他们不相信宣读的条例文本是真的,认为地主和官吏把真正的宣言和条例藏起来了。1861年春,在许多省都发生了农民骚动,而以别兹德纳村农民的暴动规模最大。领导这次运动的是别兹德纳村青年农民安东·彼得罗夫。在他的号召下,农民拒绝服徭役,拒绝向地主交纳代役租,拒绝在确定份地数量和义务范围的"规约"上签字,抢夺地主仓库里的粮食。骚动波及到喀山省斯帕斯基、奇斯托波尔、拉伊舍沃三县以及相邻的萨马拉省和辛比尔斯克省各县共75个村庄。别兹德纳村起义遭到了残酷的镇压。1861年4月12日(24日),根据阿普拉克辛将军的命令,向4 000名手无寸铁的农民群众开枪,据官方报告,被打死和因伤而死的共91人,伤350人以上。4月19日(5月1日),安东·彼得罗夫被枪决。交付军事法庭审判的16个农民中,5个被判处笞刑和不同期限的监禁。别兹德纳惨案在俄国社会各进步阶层中引起了广泛的反响。亚·伊·赫尔岑在《钟声》杂志上对别兹德纳惨案作了详细报道。——236。

115　正教院是俄国管理正教事务的最高国家机关,建立于1721年,当时称圣执政正教院,与参议院的地位相等。正教院管理的事项有:纯粹宗教性质的事务(解释教义、安排宗教仪式和祈祷等),教会行政和经济事项(任免教会负责人员、管理教会财产等),宗教法庭事项(镇压异教徒和分裂派教徒、管理宗教监狱、检查宗教书刊、审理神职人员案件等)。正教院成员由沙皇从高级宗教人士中任命,另外从世俗人士中任命正教院总监对正教院的活动进行监督。十月革命后,苏维埃政权撤销了正教院。正教院后来作为纯教会机构重新建立,是莫斯科和全俄总主教下的咨询机关。——236。

116　引自亚·伊·赫尔岑《愚腐的主教、陈腐的政府和被欺骗的人民》(《赫尔岑文集》1958年莫斯科版第15卷第135—138页)。——237。

117　《光线报》(《Луч》)是俄国孟什维克取消派的合法报纸(日报),1912年9月16日(29日)—1913年7月5日(18日)在彼得堡出版,共出了237号。该报主要靠自由派捐款维持。对该报实行思想领导的是组成原国外取消派机关报《社会民主党人呼声报》编辑部的尔·马尔托夫、阿克雪里罗得、亚·马尔丁诺夫和唐恩。该报反对布尔什维克的革命策略,鼓吹建立所谓"公开党"的机会主义口号,反对工人的革命的群众性罢工,企图修正党纲的最重要的论点。列宁称该报是叛徒的机关报。

1913年7月11日(24日)起,《光线报》依次改用《现代生活报》、《新工人报》、《北方工人报》和《我们的工人报》等名称出版。——241。

118 崩得分子即崩得的成员。崩得是立陶宛、波兰和俄罗斯犹太工人总联盟的简称,1897年9月在维尔诺成立。参加这个组织的主要是俄国西部各省的犹太手工业者。崩得在成立初期曾进行社会主义宣传,后来在争取废除反犹太人特别法律的斗争过程中滑到了民族主义立场上。在1898年俄国社会民主工党第一次代表大会上,崩得作为只在专门涉及犹太无产阶级的问题上独立的"自治组织",加入了俄国社会民主工党。在1903年俄国社会民主工党第二次代表大会上,崩得分子要求承认崩得是犹太无产阶级的唯一代表。在代表大会否决了这个要求之后,崩得退出了党。在1906年俄国社会民主工党第四次(统一)代表大会后,崩得重新加入了党。崩得从1901年起,是俄国工人运动中民族主义和分离主义的代表。它在党内一贯支持机会主义派别(经济派、孟什维克和取消派),反对布尔什维克。第一次世界大战期间,崩得分子采取社会沙文主义立场。1917年二月革命后,崩得支持资产阶级临时政府。1918—1920年外国武装干涉和国内战争时期,崩得的领导人同反革命势力勾结在一起,而一般的崩得分子则开始转变,主张同苏维埃政权合作。1921年3月崩得自行解散,部分成员加入了俄国共产党(布)。——242。

119 《呼声报》(《Голос》)是孟什维克的报纸(日报),1914年9月—1915年1月在巴黎出版,头5号用《我们的呼声报》的名称。列·达·托洛茨基在该报起领导作用。参加该报工作的也有几个前布尔什维克。该报采取中派立场。1915年1月《呼声报》被法国政府查封,接替它出版的是《我们的言论报》。——244。

120 巴格达铁路是20世纪初人们对连接博斯普鲁斯海峡和波斯湾的铁路线(全长约2400公里)的通称。德国帝国主义为了向中近东扩张,从19世纪末就开始谋求修建这条铁路。1898年,德皇威廉二世为此亲自访问了土耳其首都伊斯坦布尔。1903年德国同土耳其正式签订了关于修建从科尼亚经巴格达到巴士拉的铁路的协定。这条铁路建成后可以把柏林、伊斯坦布尔、巴格达联系起来,使德国的势力延伸到波斯湾。这不仅威胁着英国在印度和埃及的殖民统治地位,而且同俄国在高加索和中亚的利益发生矛盾。因此,英俄法三国结成同盟来反对德国。这条铁路到第一次世界大战爆发时尚未建成,它是由英法两国的公司于1934—1941年最后修建完成的。——244。

121　三协约国(三国协约)是1907年最后形成的英、法、俄三国帝国主义联盟。这一联盟同德、奥、意三国同盟相对立,在第一次世界大战期间先后有美、日、意等20多个国家加入。十月革命后,协约国联盟的主要成员——英、法、美、日等国发动和组织了对苏维埃俄国的武装干涉。——245。

122　《新时代》杂志(《Die Neue Zeit》)是德国社会民主党的理论刊物,1883—1923年在斯图加特出版。1890年10月前为月刊,后改为周刊。1917年10月以前编辑为卡·考茨基,以后为亨·库诺。1885—1895年间,杂志发表过马克思和恩格斯的一些文章。恩格斯经常关心编辑部的工作,并不时帮助它纠正背离马克思主义的倾向。为杂志撰过稿的还有威·李卜克内西、保·拉法格、格·瓦·普列汉诺夫、罗·卢森堡、弗·梅林等国际工人运动活动家。《新时代》杂志在介绍马克思主义基本理论、宣传俄国1905—1907年革命等方面做了有益的工作。随着考茨基转到机会主义立场,1910年以后,《新时代》杂志成了中派分子的刊物。第一次世界大战期间,它持中派立场,实际上支持社会沙文主义者。——246、261。

123　《生活报》(《Жизнь》)是社会革命党的报纸,于1915年3月在巴黎开始出版,以代替当时被查封的《思想报》。该报后来迁到日内瓦出版,1916年1月停刊。——247。

124　司徒卢威主义即合法马克思主义,是19世纪90年代出现在俄国自由派知识分子中的一种思想政治流派,其主要代表人物是彼·伯·司徒卢威。司徒卢威主义利用马克思经济学说中能为资产阶级所接受的个别论点为俄国资本主义的发展作论证。在批判小生产的维护者民粹派的同时,司徒卢威赞美资本主义,号召人们"承认自己的不文明并向资本主义学习",而抹杀资本主义的阶级矛盾。列宁敏锐地看出司徒卢威主义是国际修正主义的萌芽,它必然要发展成为资产阶级的民族自由主义。——248。

125　开姆尼茨代表大会即1912年9月15—21日在开姆尼茨召开的德国社会民主党代表大会。这次代表大会通过的《关于帝国主义的决议》指出帝国主义国家的政策是"卑鄙的掠夺和侵略政策",号召工人阶级"加倍努力来反对帝国主义"。

　　巴塞尔代表大会即1912年11月24—25日在瑞士巴塞尔举行的第二国际非常代表大会。这次代表大会只讨论了一个问题,即反对军国主义与战争威胁问题。大会一致通过的《国际局势和社会民主党反对战争危险的统一行动》决议,即著名的巴塞尔宣言,号召全世界工人积极展开反对帝国主义战争的斗争,并建议社会党人在帝国主义战争爆发时,利用战争造成的经济危机和政治危机,来进行社会主义革命。

　　但是在第一次世界大战爆发后,西欧各国社会民主党的领袖们违反这个宣言和历次国际社会党代表大会的决议,采取社会沙文主义立场,站到了本国帝国主义政府一边。对第二国际领袖们的这种变节行为,列宁在《第二国际的破产》、《社会主义与战争》(见《列宁全集》第2版第26卷第223—277、319—363页)等著作中作了深刻的揭露和批判。——250。

126　《国际》杂志(《Die Internationale》)是罗·卢森堡和弗·梅林创办的关于马克思主义实践与理论问题的刊物。该杂志第1期于1915年4月出版,刊载了卢森堡的《国际的重建》、梅林的《我们的导师和党机关的政策》、克·蔡特金的《为了和平》及其他文章。这期杂志在杜塞尔多夫印刷,印了9 000份。杂志纸型曾寄给伯尔尼的罗·格里姆,由他翻印向瑞士及其他国家传播。该杂志于1918年德国十一月革命之后复刊。希特勒上台后作为非法刊物继续秘密出版,至1939年停刊。

　　在《国际》杂志周围的德国左派社会民主党人于1916年组成了国际派,即斯巴达克派。国际派和"德国国际社会党人"在第一次世界大战期间同为德国社会民主党内的左翼反对派。——253、258。

127　《社会民主党人报》(《Социал-Демократ》)是俄国社会民主党秘密发行的中央机关报。1908年2月在俄国创刊,第2—32号(1909年2月—1913年12月)在巴黎出版,第33—58号(1914年11月—1917年1月)在日内瓦出版,总共出了58号,其中5号有附刊。根据俄国社会民主工党第五次代表大会选出的中央委员会的决定,该报编辑部由布尔什维克、孟什维克和波兰社会民主党人的代表组成。实际上该报的领导者是列宁。1911年6月孟什维克尔·马尔托夫和费·伊·唐恩退出编辑部。同年12月起《社会民主党人报》由列宁主编。该报先后刊登过列宁的80多篇文章和短评。在反动年代和新的革命高涨年代(1907—1914年)，该报同取消派、召回派和托洛茨基分子进行了斗争，宣传了布尔什维克的路线，加强了党的统一和党与群众的联系。第一次世界大战期间，该报同国际机会主义、民族主义和沙文主义展开了斗争，反对帝国主义战争，团结了各国坚持国际主义立场的社会民主党人，宣传了布尔什维克在战争、和平和革命等问题上提出的口号，联合并加强了党的力量。该报在俄国国内和国外传播很广，影响很大。——254。

128　出典于俄国作家伊·安·克雷洛夫的寓言《杜鹃和公鸡》。寓言说，公鸡和杜鹃互相吹捧对方的歌喉如何美妙。杜鹃为什么厚着脸皮夸奖公鸡，就因为公鸡夸奖了它。列宁借用这一寓言讽刺第二国际的领袖们互相标榜，互相包庇。——254。

129　饶勒斯派是19世纪末20世纪初法国社会主义运动中以让·饶勒斯为首的右翼改良派。饶勒斯派对马克思主义基本原理持修正态度，认为社会主义的胜利不会通过无产阶级同资产阶级的阶级斗争而取得，这一胜利将是民主主义思想繁荣的结果。他们还赞同蒲鲁东主义关于合作社的主张，认为在资本主义条件下合作社的发展有助于逐渐向社会主义过渡。在米勒兰事件上，饶勒斯派竭力为亚·艾·米勒兰参加资产阶级内阁的背叛行为辩护。1902年，饶勒斯派成立了改良主义的法国社会党。1905年该党和盖得派的法兰西社会党合并成统一的法国社会党(工人国际法国支部)。第一次世界大战期间，在法国社会党领导中占优势的饶勒斯派采取了社会沙文主义立场，公开支持帝国主义战争。——255。

130　盖得派是19世纪80年代至20世纪初法国社会主义运动中以茹·盖得为首的一个派别，基本成员是19世纪70年代末期团结在盖得创办的《平等报》周围的进步青年知识分子和先进工人。1879年组成了法国工人党。1880年在勒阿弗尔代表大会上制定了马克思主义纲领。在米勒兰事件上持反对加入资产阶级内阁的立场。1901年与其他反入阁派一起组成法兰西社会党。1905年法兰西社会党与饶勒斯派的法国社会党合并为统一的法国社会党(工人国际法国支部)。第一次世界大战爆发后，盖得和相当大一部分盖得派分子转到了社会沙文主义方面,盖得、马·桑巴参加了法国政府。1920年,以马·加香为首的一部分左翼盖得派分子在建立法国共产党方面起了重要作用。——255。

131 《社会主义》杂志(《Le Socialisme》)是法国社会党人茹·盖得创办和主编的刊物,1907年至1914年6月在巴黎出版。——255。

132 1900年9月23—27日第二国际在巴黎举行的第五次代表大会上讨论过米勒兰主义问题。代表大会通过了卡·考茨基提出的调和主义决议,其中说:"个别社会党人参加资产阶级政府,不能认为是夺取政权的正常开端",而只能认为是由于特别重要的情况"迫不得已采取的暂时性的特殊手段"。法国社会党人和其他国家的社会党人就利用这一条为他们在第一次世界大战期间参加帝国主义资产阶级政府辩护。

米勒兰主义是主张社会党人参加资产阶级反动政府的机会主义流派,因法国社会党人亚·艾·米勒兰于1899年参加瓦尔德克-卢梭的资产阶级政府而得名。列宁认为米勒兰主义是一种修正主义和叛卖行为,社会改良主义者参加资产阶级政府必定会充当资本家的傀儡,成为这个政府欺骗群众的工具。——255。

133 伯恩施坦主义是德国社会民主党人爱·伯恩施坦的修正主义思想体系,产生于19世纪末20世纪初。伯恩施坦的《社会主义的前提和社会民主党的任务》(1899年)一书是对伯恩施坦主义的全面阐述。伯恩施坦主义在哲学上否定辩证唯物主义和历史唯物主义,用庸俗进化论和诡辩论代替革命的辩证法;在政治经济学上修改马克思主义的剩余价值学说,竭力掩盖帝国主义的矛盾,否认资本主义制度的经济危机和政治危机;在政治上鼓吹阶级合作和资本主义和平长入社会主义,传播改良主义和机会主义思想,反对马克思主义的阶级斗争学说,特别是无产阶级革命和无产阶级专政的学说。伯恩施坦主义得到了德国社会民主党右翼和第二国际其他一些政党的支持。在俄国,追随伯恩施坦主义的有合法马克思主义者、经济派等。——255。

134 这里是借用圣经《新约全书·路加福音》第18章的话,其中说:"有两个人上殿里去祷告:一个是法利赛人,一个是税吏。法利赛人站着,自言自语地祷告说:'上帝啊,我感谢你,我不像别人,勒索,不义,奸淫,也不像这个税吏。……'"法利赛人在圣经中被认为是伪善者。——256。

135　《前进报》(《Vorwärts》)是德国社会民主党的中央机关报(日报)。该报于
　　　1876年10月在莱比锡创刊,编辑是威·李卜克内西和威·哈森克莱维尔。
　　　1878年10月反社会党人非常法颁布后被查禁。1890年10月反社会党人非
　　　常法废除后,德国社会民主党哈雷代表大会决定把1884年在柏林创办的
　　　《柏林人民报》改名为《前进报》(全称是《前进.柏林人民报》),从1891年1
　　　月起作为中央机关报在柏林出版,由威·李卜克内西任主编。恩格斯曾为
　　　《前进报》撰稿,帮助它同机会主义的各种表现进行斗争。1895年恩格斯逝
　　　世以后,《前进报》逐渐转入党的右翼手中。它支持过俄国的经济派和孟什
　　　维克。第一次世界大战期间持社会沙文主义立场。1933年停刊。——257、
　　　260。

136　这个提纲即《指导原则》(参看注137),载于1916年2月《伯尔尼国际社会党
　　　委员会。公报》第3号,标题为《德国同志们的建议》。它规定了第一次世界
　　　大战期间德国左派社会民主党人在一些重要的理论和政治问题上的立
　　　场。
　　　　　《伯尔尼国际社会党委员会。公报》(《Internationale Sozialistische
　　　Komission zu Bern.Bulletin》)是国际社会党委员会的机关报,于1915年
　　　9月—1917年1月在伯尔尼用德、法、英三种文字出版,共出了6号。
　　　　　国际社会党委员会(I.S.K.)是齐美尔瓦尔德联盟的执行机构,在
　　　1915年9月5—8日举行的国际社会党第一次代表会议(齐美尔瓦尔德会
　　　议)上成立。组成委员会的是中派分子罗·格里姆、奥·莫尔加利、沙·奈恩
　　　以及担任译员的安·伊·巴拉巴诺娃。委员会设在伯尔尼。齐美尔瓦尔德代
　　　表会议之后不久,根据格里姆的建议,成立了国际社会党扩大委员会,参
　　　加扩大委员会的是同意齐美尔瓦尔德会议决议的各党的代表。代表俄国
　　　社会民主工党中央委员会参加扩大委员会的是列宁、伊·费·阿尔曼德和
　　　格·叶·季诺维也夫。——258。

137　国际派(斯巴达克派)是德国左派社会民主党人的革命组织,于第一次世
　　　界大战初期形成,创建人和领导人有卡·李卜克内西、罗·卢森堡、弗·梅
　　　林、克·蔡特金、尤·马尔赫列夫斯基、莱·约吉希斯(梯什卡)、威·皮克等。
　　　1915年4月,卢森堡和梅林创办了《国际》杂志,这个杂志是团结德国左派

社会民主党人的主要中心。1916年1月1日,全德左派社会民主党人代表会议在柏林召开,会议决定正式成立组织,取名为国际派。代表会议通过了一个名为《指导原则》的文件,作为该派的纲领,这个文件是在卢森堡主持和李卜克内西、梅林、蔡特金参加下制定的。1916年—1918年10月该派定期出版秘密刊物《政治书信》,署名斯巴达克,因此该派也被称为斯巴达克派。1917年4月,斯巴达克派加入了德国独立社会民主党,但保持组织上和政治上的独立。斯巴达克派在群众中进行革命宣传,组织反战活动,领导罢工,揭露世界大战的帝国主义性质和社会民主党机会主义领袖的叛卖行为。斯巴达克派在理论和策略问题上也犯过一些错误,列宁曾屡次给予批评和帮助。1918年11月,斯巴达克派改组为斯巴达克联盟,12月14日公布了联盟的纲领。1918年底,联盟退出了独立社会民主党,并在1918年12月30日—1919年1月1日举行的全德斯巴达克派和激进派代表会议上创建了德国共产党。——258、291。

138 指1916年1月12日《前进报》第11号登载的奥·吕勒的声明《论党的分裂》。他在声明中指出德国社会民主党的分裂是不可避免的。《前进报》编辑部在发表吕勒声明的同时发表了一篇编辑部文章,声称尽管把吕勒的声明全文照登,但它认为声明中所提出的争论问题不仅为时过早,而且完全是无的放矢。

关于《前进报》,见注135。——260。

139 《不来梅市民报》(《Bremer Bürger-Zeitung》)是德国社会民主党报纸(日报),于1890—1919年出版。1916年以前是不来梅左派社会民主党人的报纸。1916年,德国社会民主党中央施加压力,迫使当地党组织改组该报编辑部。同年该报转到了考茨基分子和谢德曼分子手里。——261。

140 《人民之友报》(《Volksfreund》)是德国社会民主党报纸(日报),1871年在不伦瑞克创刊。1914—1915年该报实际上是德国左派社会民主党人的机关报。1916年该报转到了考茨基分子手里。——261。

141 "德国国际社会党人"(I.S.D.)是第一次世界大战期间围绕着在柏林出版的《光线》杂志而组成的德国左派社会民主党人集团,它公开反对战争和机会主义,在同社会沙文主义派和中派划清界限方面持最彻底的立场。在齐美尔瓦尔德会议上,该集团代表尤·博尔夏特在齐美尔瓦尔德左派的决议草案上签了名。但该集团与群众缺乏广泛联系,不久就瓦解了。——261。

142　指1756—1763年以英国、普鲁士、汉诺威为一方和以法国、俄国、奥地利、萨克森、瑞典、西班牙为另一方在欧洲、美洲、印度和海上进行的战争,史称七年战争。这次战争的结果之一是,英国获得了法属北美殖民地并确立了在印度的优势,成为海上霸主。——263。

143　指1775—1783年美国独立战争。——264。

144　组委会分子指俄国孟什维克组织委员会的拥护者。

　　　组织委员会(简称组委会)是1912年在取消派的八月代表会议上成立的俄国孟什维克领导中心。第一次世界大战期间,组委会采取了社会沙文主义立场,站在沙皇政府方面为战争辩护。组委会先后出版过《我们的曙光》、《我们的事业》、《事业》、《工人晨报》、《晨报》等报刊。1917年8月孟什维克党选出中央委员会以后,组委会的职能即告终止。除了在俄国国内活动的组委会外,在国外还有一个组委会国外书记处。这个书记处由帕·波·阿克雪里罗得、伊·谢·阿斯特罗夫-波韦斯、尔·马尔托夫、亚·萨·马尔丁诺夫和谢·尤·谢姆柯夫斯基组成,持和中派相近的立场,实际上支持俄国的社会沙文主义者。书记处的机关刊物是《俄国社会民主工党组织委员会国外书记处通报》,1915年2月—1917年3月在日内瓦出版,共出了10号。——267。

145　号召派是指《号召报》集团的拥护者。《号召报》集团是1915年9月由孟什维克和社会革命党人组成的,持极端的社会沙文主义立场。该集团于1915年10月—1917年3月在巴黎出版周报《号召报》。《号召报》的领导人有格·瓦·普列汉诺夫、格·阿·阿列克辛斯基、伊·布纳柯夫、尼·德·阿夫克森齐耶夫等。——269。

146　《无产阶级革命和叛徒考茨基》一书是为批判卡·考茨基的小册子《无产阶级专政》而写的。

　　　1918年8月,在柏林出版的《社会主义的对外政策》杂志刊登了考茨基号召各国社会民主党同布尔什维克作斗争的文章:《是民主呢还是专政》。列宁在同年9月20日的《真理报》上看到此文的摘要后,立即给苏维埃共和国驻欧洲国家的三个使节——在柏林的阿·阿·越飞、在伯尔尼的扬·安·别尔津和在斯德哥尔摩的瓦·瓦·沃罗夫斯基——写信,提出了对考茨基从理论上把马克思主义庸俗化的行为作斗争的任务。列宁请他们在考茨基关于专政的小册子出版后立即给他寄一本来,同时寄来考茨基写的所有涉及布尔什维克的文章。

10月初,列宁读了考茨基的小册子《无产阶级专政》后,立即动手写作《无产阶级革命和叛徒考茨基》一书。在这部著作脱稿之前,列宁为了尽快占领阵地,又于10月9日用同一题目写了一篇文章(见《列宁全集》第2版第35卷第102—111页),发表在10月11日《真理报》上,并指示越飞、别尔津和沃罗夫斯基尽快把这篇文章译成外文发表。列宁的这篇文章译成德文后,于1918年和1919年分别在伯尔尼和维也纳发表;1919年译成意大利文在米兰发表。

《无产阶级革命和叛徒考茨基》一书于1918年11月10日写成,12月在莫斯科出版。1919年用外文在德国、奥地利、意大利、英国和法国出版。——273。

147 指法国、西班牙、意大利等西南欧国家。——274。

148 巴塞尔宣言即1912年11月24—25日在瑞士巴塞尔举行的国际社会党人非常代表大会一致通过的《国际局势和社会民主党反对战争危险的统一行动》决议,德文本称《国际关于目前形势的宣言》。宣言谴责了各国资产阶级政府的备战活动,揭露了即将到来的战争的帝国主义性质,号召各国人民起来反对帝国主义战争。宣言斥责了帝国主义的扩张政策,号召社会党人为反对一切压迫小民族的行为和沙文主义的表现而斗争。宣言写进了1907年斯图加特代表大会决议中列宁提出的基本论点:帝国主义战争一旦爆发,社会党人就应该利用战争所造成的经济危机和政治危机,来加速资本主义的崩溃,进行社会主义革命。——275。

149 恩格斯在1875年3月18—28日之间写给奥·倍倍尔的信中批判了"自由的人民国家"的论调(见《马克思恩格斯选集》第3卷人民出版社1972年版第26—33页)。——279。

150 左派社会革命党人是俄国小资产阶级政党社会革命党的左翼,于1917年12月2日(15)组成了独立的政党,其领袖人物是玛·亚·斯皮里多诺娃、波·达·卡姆柯夫和马·安·纳坦松。

　　左派社会革命党人这一派别在第一次世界大战中形成,1917年七月事变后迅速发展,在十月革命中加入了军事革命委员会,参加了武装起义。在全俄苏维埃第二次代表大会上,左派社会革命党人在社会革命党党团中是多数派。当右派社会革命党人遵照社会革命党中央的指示退出代表大会时,他们仍然留在代表大会中,并且在议程的最重要的问题上和布尔什维克一起投票。但是在参加政府的问题上,他们拒绝了布尔什维克的建议,而同孟什维克国际主义派一起要求建立有社会革命党、孟什维克和布尔什维克参加的所谓"清一色的社会党人政府"。左派社会革命党人在长期犹豫之后,为了保持他们在农民中的影响,决定参加苏维埃政府。经过布尔什维克和左派社会革命党人的谈判,1917年底有7名左派社会革命党人加入了人民委员会,而左派社会革命党人也保证在自己的活动中实行人民委员会的总政策。

　　左派社会革命党人虽然走上和布尔什维克合作的道路,但是反对无产阶级专政,在建设社会主义的一些根本问题上同布尔什维克有分歧。1918年初,左派社会革命党人反对签订布列斯特和约,在同年3月苏维埃第四次(非常)代表大会批准布列斯特和约后退出了人民委员会,但仍留在中央执行委员会和其他苏维埃机关中。左派社会革命党人也反对苏维埃政权关于在企业和铁路部门中建立一长制和加强劳动纪律的措施。1918年夏天,随着社会主义革命在农村中的展开和贫苦农民委员会的建立,左派社会革命党人中的反苏维埃情绪开始增长。1918年6月24日,左派社会革命党中央通过决议,提出用一切可行的手段来"纠正苏维埃政策的路线"。接着,左派社会革命党人于1918年7月6日在莫斯科发动了武装叛乱。这次叛乱被粉碎之后,全俄苏维埃第五次代表大会通过决议,把那些赞同其上层领导路线的左派社会革命党人从苏维埃开除出去。左派社会革命党的很大一部分普通党员甚至领导人并不支持其领导机构的冒险主义行动。1918年9月,一部分采取同布尔什维克合作立场的左派社会革命党人组成了民粹主义共产党和革命共产党。这两个党的大部分党员后来参加了俄共(布)。20年代初,左派社会革命党不复存在。——279。

151　指莫·雅·奥斯特罗戈尔斯基用法文写的《民主和政党》一书。此书于1903年在巴黎初次出版,1927年和1930年出了俄文本第1卷和第2卷。书中用英美两国历史上的大量事实揭露了资产阶级民主的虚伪性。——279。

152 《论国家》是列宁1919年7月11日在斯维尔德洛夫大学讲演的记录,最初由苏联列宁研究院于1929年1月18日发表于《真理报》。按照该校学员Я.Я.别尔兹1929年给列宁研究院的信以及其他一些资料的说法,列宁还于1919年8月29日在该校作了第二次讲演,题目是《关于国家,国家的意义、产生及阶级的产生》,可是第二次讲演的记录至今没有找到。

　　斯维尔德洛夫大学即斯维尔德洛夫共产主义大学,是苏联培养党政干部的第一所高等学校。这所大学的前身是1918年雅·米·斯维尔德洛夫倡议成立的全俄中央执行委员会附属鼓动员和指导员训练班。1919年1月,训练班改组为苏维埃工作学校,俄共(布)第八次代表大会以后又改组为中央苏维埃工作和党务工作学校。1919年7月3日,俄共(布)中央全会批准了关于中央苏维埃工作和党务工作学校改名为斯维尔德洛夫共产主义大学的决定。——281。

153 《论妥协》是列宁的一篇没有完稿的文章的开头部分,其中阐述的思想在《共产主义运动中的"左派"幼稚病》一书中有更详尽的发挥。这里提到的同乔·兰斯伯里的谈话,是1920年2月21日在克里姆林宫进行的。——298。

154 布朗基派是19世纪法国工人运动中的革命冒险主义派别,以路·奥·布朗基为代表。布朗基主义者不了解无产阶级的历史使命,忽视同群众的联系,主张用密谋手段推翻资产阶级政府,建立革命政权,实行少数人的专政。马克思和列宁高度评价布朗基主义者的革命精神,同时坚决批判他们的密谋策略,指出:布朗基主义企图不通过无产阶级的阶级斗争,而通过少数知识分子的密谋使人类摆脱雇佣奴隶制,是完全错误的。——299。

155 宪章运动是19世纪30—50年代英国无产阶级争取实行《人民宪章》的革命运动,是世界上第一次广泛的、真正群众性的、政治性的无产阶级革命运动。19世纪30年代,英国工人运动迅速高涨。伦敦工人协会于1836年成立,1837年起草了一份名为《人民宪章》的法案,1838年5月在伦敦公布。宪章提出了六点政治要求:(一)凡年满21岁的男子皆有选举权;(二)实行无记名投票;(三)废除议员候选人的财产资格限制;(四)给当选议员支付薪俸;(五)议会每年改选一次;(六)平均分配选举区域,按选民人数产生代表。1840年7月成立了全国宪章派协会,这是工人运动史上第一个群众性的工人政党。宪章运动出现过三次高潮。三次请愿均被议会否决,运动也遭镇压。但宪章运动终究迫使英国统治阶级作了某些让步,并对欧洲工人运动的发展产生了重大的影响。马克思和恩格斯积极支持宪章运动,同宪章运动的左翼领袖乔·哈尼、厄·琼斯保持联系,并力图使宪章运动朝着社会主义方向发展。——299。

156　这是列宁的一段亲身经历。1919年1月19日,列宁在去索科利尼基看望正在休养的娜·康·克鲁普斯卡娅的途中,遭到了一伙手执武器的强盗的袭击。强盗们抢走了列宁的钱包、手枪和汽车。这一案件很快被全俄肃反委员会和刑事调查局侦破。——300。

157　《再论工会、目前局势及托洛茨基同志和布哈林同志的错误》这本小册子是列宁就党内关于工会的作用和任务问题的争论而写的。小册子于1921年1月25日完稿,当天付排。1月26日夜,印好的一部分小册子就分发给了到各地参加关于工会问题争论的党中央委员。1月27日,小册子全部印出。小册子封面上标明仅供俄共党员阅读。——301。

158　《论战斗唯物主义的意义》一文是为1922年《在马克思主义旗帜下》杂志第3期写的。

　　据娜·康·克鲁普斯卡娅回忆,列宁是在科尔津基诺村休养时考虑写这篇文章的。他那时读了很多反宗教的书籍,其中有阿·德雷夫斯的《基督神话》和厄·辛克莱的《宗教的利润》(1925年出版的俄译本名为《宗教和发财》)等等。克鲁普斯卡娅写道:"在散步的时候我们谈论德雷夫斯,谈论辛克莱,谈论我们这里反宗教宣传搞得太肤浅,有许多庸俗化的做法,反宗教宣传没有同自然科学深刻地结合在一起,很少揭示宗教的社会根源,不能满足在革命年代迅速成长的工人们的要求。"(见1933年《在马克思主义旗帜下》杂志第1期第148—149页)

　　文章于1922年3月12日写成,但是列宁并没有停止对文章的继续加工。在把文章送杂志编辑部以前,列宁又在其中增加了关于用现代科学批判宗教的代表人物阿·德雷夫斯和罗·尤·维佩尔的内容,删去了提及辛克莱《宗教的利润》一书的地方,笼统地指出在反宗教宣传中利用此类著作的重要性。——322。

159　《在马克思主义旗帜下》杂志(《Под Знаменем Марксизма》)是苏联为

开展战斗唯物主义和无神论的宣传而创办的哲学和社会经济杂志,1922年1月—1944年6月在莫斯科出版。该刊为月刊,1933—1935年为双月刊。——322。

160　人民社会党人是1906年从俄国社会革命党右翼分裂出来的小资产阶级政党人民社会党的成员。人民社会党的领导人有尼·费·安年斯基、韦·亚·米雅柯金、阿·瓦·彼舍霍诺夫、弗·格·博哥拉兹、谢·雅·叶尔帕季耶夫斯基、瓦·伊·谢美夫斯基等。人民社会党提出"全部国家政权应归人民",即归从无产者到资产阶级知识分子的全体劳动者,主张对地主土地进行赎买和实行土地国有化,但不触动份地和经营"劳动经济"的私有土地。在俄国1905—1907年革命趋于低潮时,该党赞同立宪民主党的路线。六三政变后,因没有群众基础,实际上处于瓦解状态。二月革命后,该党开始恢复组织。1917年6月,同劳动派合并为劳动人民社会党。这个党代表富农利益,积极支持资产阶级临时政府,十月革命后参加反革命阴谋活动和武装叛乱,1918年后不复存在。——323。

161　指下述约·狄慈根的话:"我们从内心深处蔑视有学位的奴仆们口中的关于'教育和科学'的华美言辞,关于'理想的福利'的高谈阔论,他们今天用生造的唯心主义愚弄人民,就像当年多神教的僧侣们用当时得到的关于自然界的初始知识来欺蒙人民一样。"(见约·狄慈根《社会民主党的宗教》1906年柏林版第34—35页)——323。

162　自由射手是15—19世纪法国的非正规的特种步兵部队,在普法战争中曾从事游击活动。这里是在借喻意义上使用的。——324。

163　此处原为:"最近我浏览了厄普顿·辛克莱的小册子《宗教的利润》。毫无疑问,作者对待问题的态度和阐述问题的方法是有缺点的。但是本书是有价值的,它写得生动,提供许多具体事实和对比……"

　　据娜·康·克鲁普斯卡娅回忆,列宁阅读的《宗教的利润》一书是书的作者寄给她的,随书附有一封信,信中提到他利用自己的小说所进行的斗争。她说:"每天晚上列宁借助英文字典阅读。他对此书反宗教宣传方面不大满意,但喜欢书中对资产阶级民主制的批评。"(见1933年《在马克思主义旗帜下》杂志第1期第148页)——326。

164　"与其说是战斗,不如说是挨揍"一语,出自俄国作家米·叶·萨尔蒂科夫-
　　　谢德林的讽刺作品《一个城市的历史》。在这部作品里,有一节记载了愚人
　　　城一市长米卡拉则的挨打故事。米卡拉则是一个好色之徒。一天夜里,他
　　　潜入本城一位出纳员的家中,准备和出纳员的妻子私通,不料被其丈夫发
　　　现。于是发生了一场"战斗",结果,米卡拉则"与其说是厮打了一场,不如
　　　说是挨了一顿揍"。被打了一顿的市长大人只好仓皇溜走了事。——329。

165　俄国技术协会是以在俄国发展技术和工业为宗旨的科学团体,1866年在
　　　彼得堡成立。该协会共有15个部,在全国各地设有数十个分会。协会活动
　　　包括出版刊物、举办学校、资助实验、举行普及科技知识的讲座及展览会
　　　等。1917年十月革命后,协会改组了自己的活动,于1923年通过了新的章
　　　程和《关于工业基本需要》的纲领。参加协会的有敌视苏维埃政权的资产
　　　阶级技术知识分子和前企业主。1929年协会被查封。——329。

166　《经济学家》杂志(《Экономист》)是俄国技术协会第十一部即工业经济部
　　　主办的杂志,1921年12月—1922年6月在彼得格勒出版(第1期封面上印
　　　的是1922年)。列宁称《经济学家》杂志为"白卫分子的公开的中心"。
　　　　　该杂志第1期是它的编辑Д.А.卢托欣寄来、由尼·彼·哥尔布诺夫转
　　　交给列宁的。——329。

人 名 索 引

A

阿德勒，弗里德里希（弗里茨）（Adler, Friedrich (Fritz) 1879—1960）——奥地利社会民主党右翼领袖之一，"奥地利马克思主义"理论家，维·阿德勒的儿子。1907—1911年任苏黎世大学理论物理学讲师。1910—1911年任瑞士社会民主党机关报《民权报》编辑，1911年起任奥地利社会民主党书记。在哲学上是经验批判主义的信徒，妄图以马赫主义哲学"补充"马克思主义。他的主要哲学著作，除列宁提到的以外，还有《恩斯特·马赫战胜机械唯物主义》（1918）和《恩格斯和自然科学》（1925）。第一次世界大战期间主张社会民主党对帝国主义战争保持"中立"和促使战争早日结束。1914年8月辞去书记职务。1916年10月21日因枪杀奥地利首相卡·施图尔克伯爵被捕。1918年11月获释后重新担任党的书记，走上改良主义道路。1919年当选为全国工人代表苏维埃执行委员会主席。第二半国际和社会主义工人国际的组织者和领袖之一，1923—1939年任社会主义工人国际书记。——104。

阿芬那留斯，理查（Avenarius, Richard 1843—1896）——德国哲学家，主观唯心主义者，经验批判主义创始人之一。1877年起任苏黎世大学教授。否认物质世界的客观存在，认为"只有感觉才能被设想为存在着的东西"，杜撰所谓"原则同格"论、"潜在中心项"、"嵌入说"等。主要著作有《哲学——按照费力最小的原则对世界的思维》（1876）、《纯粹经验批判》（1888—1890）、《人的世界概念》（1891）等。1877年起出版《科学的哲学季刊》。——4、6、12、13—15、16、17、31、32、33、34、43、51—52、54—58、63、64、66、69、72、89、91、115、121、123、124、126、127、129。

阿克雪里罗得，柳博芙·伊萨科夫娜（正统派）（Аксельрод, Любовь Исааковна (Ортодокс) 1868—1946）——俄国哲学家和文艺学家，社会民主主义运动参加者。1887—1906年先后侨居法国和瑞士；曾加入国外俄国社会民主党人联合会。1903年俄国社会民主工党第二次代表大会后，起初加入布尔什维克，后转向孟什维克。在著作中批判了经济主义、新康德主义和经验批判主义,但同时又赞同普列汉诺夫的孟什维主义观点,重复他在哲学上的错误,反对列宁的哲学观点。第一次世界大战期间持社会沙文主义立场。1917年初是孟什维克中央委员会委员,后为普列汉诺夫统一派分子。1918年起不再积极参加政治活动,在一些高等院校从事教学工作。20年代是用机械论修正马克思主义哲学的代表人物之一。晚年从事艺术社会学的研究。主要著作有《哲学论文集》(1906)、《哲学家卡尔·马克思》(1924)、《黑格尔的唯心主义辩证法和马克思的唯物主义辩证法》(1934)等。——108。

阿克雪里罗得,帕维尔·波里索奇(Аксельрод, Павел Борисович 1850—1928)——俄国孟什维克领袖之一。19世纪70年代是民粹派分子。1883年参与创建劳动解放社。1900年起是《火星报》和《曙光》杂志编辑部成员。俄国社会民主工党第二次代表大会后是孟什维主义的思想家。1905年提出召开广泛的工人代表大会的反马克思主义主张。斯托雷平反动时期和新的革命高涨年代是取消派的思想领袖,参加孟什维克取消派的《社会民主党人呼声报》编辑部;1912年加入"八月联盟"。第一次世界大战期间表面上是中派,实际持社会沙文主义立场,曾参加齐美尔瓦尔德代表会议和昆塔尔代表会议,属于右翼。1917年二月革命后任彼得格勒苏维埃执行委员会委员,支持资产阶级临时政府。十月革命后侨居国外,敌视苏维埃政权,鼓吹武装干涉苏维埃俄国。——244、254。

阿拉克切耶夫,阿列克谢·安德列耶维奇(Аракчеев, Алексей Андреевич 1769—1834)——沙皇专制制度最反动的代表人物之一。1808年起任陆军大臣,1810年起任国务会议军事局主席。1815年起实际上掌握了国务会议、大臣委员会和御前办公厅的大权。他当权的整个时期是一个军警肆虐、特务横行、贪赃枉法、暗无天日、民不聊生的反动时期,人称"阿拉克切耶夫时代"。——231。

埃奈西德穆(克诺索斯的)(Aenesidemus of Knossos 公元前1世纪)——古希腊晚期怀疑论代表人物之一。——47、86。

爱因斯坦,阿伯特(Einstein, Albert 1879—1955)——理论物理学家,现代物理学的创始人之一。生于德国,1893年起住在瑞士。1933年前往美国,1940年加入美国籍。爱因斯坦一生的主要贡献是建立相对论和在光量子理论方面的发现。1921年获诺贝尔物理学奖。——323、327、328。

奥斯特罗戈尔斯基,莫伊塞·雅柯夫列维奇(Острогорский, Моисей Яков-левич 生于1854年)——俄国资产阶级自由派政论家、法学家,第一届国家杜马代表。著有《民主和政党》一书。——279。

奥斯特瓦尔德,威廉·弗里德里希(Ostwald, Wilhelm Friedrich 1853—1932)——德国自然科学家,唯心主义哲学家,唯能论的创始人。他提出的唯能论是物理学唯心主义的一个变种,认为能是最普遍的概念,试图离开物质来设想运动和能。列宁说他是伟大的化学家,渺小的哲学家。主要著作有《能量及其转化》(1888)、《战胜科学唯物主义》(1895)、《自然哲学讲演录》(1902)等。1901年起出版《自然哲学年鉴》。——15、16、73、124、125。

B

巴克斯,厄内斯特·贝尔福特(Bax, Ernest Belfort 1854—1926)——英国社会党人,历史学家和哲学家。从19世纪80年代初开始积极参加各种社会主义组织的活动。1911年英国社会党成立后,是该党的领导人之一。第一次世界大战期间持社会沙文主义立场,1916年被开除出党。宣传过马克思主义,同时也犯过唯心主义性质的错误,夸大"心理因素"在历史上的作用,用马赫主义观点解释经验等。主要著作有《社会主义信仰》(1886)、《实在问题》(1892)、《实在的根源》(1907)等。——57。

巴枯宁,米哈伊尔·亚历山德罗维奇(Бакунин, Михаил Александрович 1814—1876)——俄国无政府主义和民粹主义创始人和理论家之一。1840年起侨居国外,曾参加德国1848—1849年革命。1849年因参与领导德累斯顿起义被判死刑,后改为终身监禁。1851年被引渡给沙皇政府,囚禁期间向沙皇写了《忏悔书》。1861年从西伯利亚流放地逃往伦敦。1868年参加第一国际活动后,在国际内部组织秘密团体——社会主义民主同盟,妄图夺取总委员会的领导权。鼓吹无政府主义,宣称个人"绝对自由"是整个人类发展的最高目的,国家是产生一切不平等的根源;否定包括无产阶级专政在内的一切国家;不理解无产阶级的历史作用,公开反对建立工人阶级的独立政党,主张工人放弃政治斗争。由于进行分裂国际的阴谋活动,1872年在海牙代表大会上被开除出第一国际。——233。

巴扎罗夫,弗·(**鲁德涅夫,弗拉基米尔·亚历山德罗维奇**)(Базаров, В.(Руднев, Владимир Александрович) 1874—1939)——俄国哲学家和经济学家。1896年参加社会民主主义运动。1904—1907年是布尔什维克,曾为布尔什维克报刊撰稿。斯托雷平反动时期背弃布尔什维主义,宣传造神说和经验批判主义,是用马赫主义修正马克思主义的主要代表人物之一。1917年是孟什维克国际主义者,《新生活报》的编辑之一;反对十月革命。1921年起在国家计划委员会工作。和伊·伊·斯克沃尔佐夫-斯捷潘诺夫合译了《资本论》(第1—3卷,1907—1909年)和马克思的其他一些著作。晚年从事文艺和哲学著作的翻译工作。他的经济学著作涉及经济平衡表问题。他的哲学著作追随马赫主义,主要著作有《无政府主义的共产主义和马克思主义》(1906)、《两条战线》(1910)等。——2、18、48、85、109、110、126、224、225。

鲍曼,尤利乌斯(Baumann,Julius 1837—1916)——德国格丁根大学哲学教授(1869年起),把主观唯心主义和唯物主义成分结合起来的折中主义者。在认识论上是现象论者,认为人认识的是自己的表象,而不是本来的事物;认为思维形式和直观形式是先验的,但又承认现实中有某种东西与它们相一致。主要著作有《哲学是世界的定向》(1872)、《哲学要素》(1891)、《道德、法和神学的现实科学基础》(1898)。——93。

贝克莱,乔治(Berkeley,George 1685—1753)——英国哲学家,主观唯心主义者,英国教会主教。否认物质即"有形实体"的客观存在。认为物是"感觉的组合"。力图回避只承认自我才是真实存在的唯我论,主张存在着一种宇宙神灵,它规定自然界的规律以及人对这种规律的认识的规则和界限。贝克莱哲学是经验批判主义和其他一些资产阶级哲学派别的理论来源之一。主要著作有《视觉新论》(1709)、《人类知识原理》(1710)、《希勒斯和斐洛诺斯的三篇对话》(1713)等。——6、7、8、9、12、16、17、25、32、84、93、104、129、151。

贝歇尔,埃里希(Becher,Eriech 1882—1929)——德国哲学家。1909年起在明斯特任大学教授,1916年起在慕尼黑任大学教授。在博士论文《精密自然科学的哲学前提》(1907)和其他早期著作中,以不彻底的唯物主义立场批判恩·马赫和威·奥斯特瓦尔德的主观唯心主义观点。后来转到唯心主义立场,维护活力论。主要著作有《大脑和灵魂》(1911)、《世界的结构、规律和发展》(1915)、《哲学引论》(1926)。——93。

本特利,J.麦迪逊(Bentley,J.Madison 1870—1955)——美国心理学家和哲学家,1912年起任康奈尔大学教授。——84。

比龙,厄内斯特·约翰(Бирон,Эрнест Иоганн 1690—1772)——俄国女皇安娜·伊万诺夫娜的宠臣。在国内建立恐怖制度,推行国家机器德意志化的政策,利用自己的地位掠夺俄国国库,贪污受贿,投机倒把。女皇死后,一度为国家摄政王;1740年11月宫廷政变后被赶下台。——231。

比斯利,爱德华·斯宾塞(Beesly,Edward Spencer 1831—1915)——英国历史

学家和实证论哲学家。1859—1893年任伦敦大学历史学教授。在英国宣传法国实证论哲学家奥·孔德的思想,并把孔德的著作译成英文。曾担任1864年9月28日在伦敦召开的大会主席,这次大会通过了关于成立国际工人协会(第一国际)的决议。1893年起编辑《实证论者评论》杂志。——119。

彼得楚尔特,约瑟夫(Petzoldt,Joseph 1862—1929)——德国哲学家,主观唯心主义者,恩·马赫和理·阿芬那留斯的门徒。否认唯物主义这一哲学派别,企图用先验的"一义规定性"原则来偷换因果性,反对科学社会主义。主要著作有《纯粹经验哲学引论》(1900—1904)、《从实证论观点来看世界问题》(1906)等。——6、34、43、54、66—69、89、91、126、127。

彼得罗夫,安东(**西多罗夫,安东·彼得罗维奇**)(Петров,Антон(Сидоров,Антон Петрович)1824—1861)——俄国喀山省斯帕斯克县别兹德纳村的农奴,曾领导别兹德纳村农民起义,以抗议1861年的"农民改革"。起义失败后,被战地军事法庭判处枪决。——236。

俾斯麦,奥托·爱德华·莱奥波德(Bismarck,Otto Eduard Leopold 1815—1898)——德国国务活动家。1862年起任普鲁士首相兼外交大臣,推行铁血政策,建立起以普鲁士为霸主的统一的德意志帝国。1871年1月出任德意志帝国首任首相,维护地主和大资产阶级的利益;曾积极援助法国反革命资产阶级镇压巴黎公社。1878年颁布反社会党人非常法,镇压国内工人运动。从1881年开始又颁布一系列所谓"社会立法",实行疾病、意外灾难、残废和老年保险,企图用小恩小惠拉拢工人。由于内外政策遭受挫折,于1890年3月去职。——46。

毕尔生,卡尔(Pearson,Karl 1857—1936)——英国数学家、生物学家和唯心主义哲学家,1884年起任伦敦大学教授。维护反动的优生学理论——人类社会中的"自然选择论"。在哲学上是马赫主义者,否认自然规律的客观性,反对唯物主义世界观。主要哲学著作是《科学入门》。——16、17、52、54、65—66、83、84、85、96、98、124。

毕希纳,弗里德里希·卡尔·克里斯蒂安·路德维希(Büchner,Friedrich Karl Christian Ludwig 1824—1899)——德国生理学家和哲学家,庸俗唯物主义主要代表,资产阶级改良主义者;职业是医生。1852年起任蒂宾根大学法医学讲师。认为自然科学是世界观的基础,但不重视辩证法,力图复活机械论的自然观和社会观。主要著作有《力和物质》(1855)、《人及其在自然界中的地位》(1869)、《达尔文主义和社会主义》(1894)等。——12、115、119。

列尔曼,雅柯夫·亚历山德罗维奇(Берман,Яков Александрович 1868—1933)

——俄国社会民主党人，法学家和哲学家。19世纪80年代末参加社会民主主义组织的工作。1905—1907年革命期间，起初追随孟什维克，后来转向布尔什维克。他的哲学观点是形而上学唯物主义和实用主义的折中混合物。他是《关于马克思主义哲学的论丛》(1908)的作者之一(论文的题目是《论辩证法》)，写了一些修正辩证唯物主义的哲学著作：《从现代认识论来看辩证法》(1908)、《实用主义的实质》(1911)等。十月革命后加入俄共(布)，在高等院校任教，曾任斯维尔德洛夫共产主义大学教授。——2、18、91、101。

别尔托夫——见普列汉诺夫，格·瓦·。

别洛乌索夫，捷连季·奥西波维奇(Белоусов，Терентий Осипович 生于1875年)——俄国孟什维克取消派分子，第三届国家杜马伊尔库茨克省代表，在杜马中被选入预算和土地委员会。1912年2月退出社会民主党杜马党团，但未辞去代表职务。后脱离政治活动，在莫斯科合作社组织中工作。——229。

波格丹诺夫(**马林诺夫斯基**)，亚历山大·亚历山德罗维奇(Богданов(Малиновский)，Александр Александрович 1873—1928)——俄国社会民主党人，哲学家，社会学家，经济学家；职业是医生。19世纪90年代参加社会民主主义小组。1903年成为布尔什维克。作为多数派委员会常务局成员参加了俄国社会民主工党第三次代表大会的筹备工作，是图拉委员会出席代表大会的代表，在代表大会上被选入中央委员会。曾参加布尔什维克机关报《前进报》和《无产者报》编辑部，是布尔什维克《新生活报》的编辑。参加了党的第五次(伦敦)代表大会的工作。斯托雷平反动时期和新的革命高涨年代领导召回派，是前进集团的领袖。在哲学上试图建立自己的体系——经验一元论(经验批判主义的变种)。1909年6月因进行派别活动被开除出党。第一次世界大战期间持国际主义立场。十月革命后是共产主义科学院院士，在莫斯科大学讲授经济学。1918年是无产阶级文化派的思想家。1921年起从事老年医学和血液学的研究。1926年起任由他创建的输血研究所所长。——2、12—13、15—16、18、28—31、32、37—40、42、44、50、53、56—57、73—74、87、89、95、96、97、107—114、115、116、117、124、128。

波特列索夫，亚历山大·尼古拉耶维奇(Потресов，Александр Николаевич 1869—1934)——俄国孟什维克领袖之一。19世纪90年代初参加马克思主义小组。1896年加入彼得堡工人阶级解放斗争协会，后被捕，1898年流放维亚特卡省。1900年出国，参与创办《火星报》和《曙光》杂志。俄国社会民主工党第二次代表大会后是孟什维克刊物的主要撰稿人和领导人。斯托雷平反动时期和新的革命高涨年代是取消派思想家。第一次世界大战期间是社会沙文主义者。1917年在反布尔什维克的资产阶级《日报》中起领导作用。十月革命后侨居国外，为克伦斯基的《白日》周刊撰稿，攻击苏维埃政权。——224—230、242、245、271。

波义耳，罗伯特（Boyle，Robert 1627—1691）——英国化学家和物理学家，1680—1691年任伦敦皇家学会会长。制定了化学的实验方法，提出了化学元素的第一个科学定义，作了从理论上确定化学的对象和任务的尝试，并把机械原子论观念运用于化学。1662年发现气体体积与压力成反比的定律，后被称为波义耳—马略特定律。他的哲学观点是机械唯物主义成分同神学的结合。主要著作是《怀疑的化学家》（1661）。——41。

伯恩施坦，爱德华（Bernstein，Eduard 1850—1932）——德国社会民主党和第二国际右翼领袖之一，修正主义的鼻祖。1872年加入社会民主党，曾是欧·杜林的信徒。1879年和卡·赫希柏格、卡·施拉姆在苏黎世发表《德国社会主义运动的回顾》一文，主张放弃革命斗争，适应俾斯麦制度，受到马克思、恩格斯的严厉批评。1881—1890年任党的中央机关报《社会民主党人报》编辑。从90年代中期起同马克思主义彻底决裂。1896—1898年以《社会主义问题》为题在《新时代》杂志上发表一组文章，1899年发表了《社会主义的前提和社会民主党的任务》一书，从经济、政治和哲学方面对马克思主义的理论和策略作了全面的修正。1902年起为国会议员。第一次世界大战期间持中派立场。1917年参加德国独立社会民主党，1919年公开转到右派方面。1918年十一月革命失败后出任艾伯特—谢德曼政府的财政部长助理。——224、261。

柏拉图（**阿里斯托克**）（Platon（Aristocles） 公元前427—前347）——古希腊哲学家，古代哲学中客观唯心主义派别的创始人，奴隶主贵族的思想家。柏拉图的哲学，特别是他的宗教伦理学和关于"理想国"的学说，反映了奴隶主贵族的利益。他认为，可感觉的实物不是客观地存在的，它只是理念世界的影子和反映。柏拉图的神秘主义认识论是建立在信仰灵魂不死和灵魂可以独立于肉体的基础之上的。他断言，只有通过对灵魂在理念王国中观察到的东西的回忆，才能认识真理。柏拉图毕生从事著述，作品均未散失，大部分是用对话的形式写成的。在早期对话著作中有《会饮篇》、《斐多篇》、《泰阿泰德篇》、《国家篇》等，在晚期对话著作中有《智者篇》、《政治家篇》、《法律篇》等。——36、151。

布哈林，尼古拉·伊万诺维奇（Бухарин，Николай Иванович 1888—1938）——

1906年加入俄国社会民主工党。1907年入莫斯科大学法律系经济学专业学习。1908年起任党的莫斯科委员会委员。1909—1910年几度被捕,1911年从流放地逃往欧洲。在国外开始著述活动,参加欧洲工人运动。1917年二月革命后回国,当选为莫斯科苏维埃执行委员会委员、党的莫斯科委员会委员,任《社会民主党人报》和《斯巴达克》杂志编辑。在党的第六次代表大会(1917)至第十六次代表大会(1930)上当选为中央委员。1917年10月起任莫斯科军事革命委员会委员,参与领导莫斯科的武装起义。同年12月起任《真理报》主编。1918年初反对签订布列斯特和约,是"左派共产主义者"集团的领袖。1919年3月当选为党中央政治局候补委员。1919年共产国际成立后任共产国际执行委员会委员和主席团委员。1920—1921年工会问题争论期间领导"缓冲"派。1924年6月当选为中央政治局委员。1926—1929年主持共产国际的工作。1929年被作为"右倾派别集团"的领袖受到批判,同年被撤销《真理报》主编、中央政治局委员、共产国际执行委员会委员和主席团委员职务。1931年起任苏联最高国民经济委员会主席团委员。1934—1937年任《消息报》主编。1934年当选为中央候补委员。1937年3月被开除出党。——301—321。

布勒宁,维克多·彼得罗维奇(Буренин, Виктор Петрович 1841—1926)——俄国政论家,诗人。1876年加入反动的《新时报》编辑部,成为新时派无耻文人的首领。对一切进步社会思潮的代表人物肆意诽谤,造谣诬蔑。——176、178、203、207。

布雷斯福德,亨利·诺埃尔(Brailsford, Henry Noel 1873—1958)——英国政论家,和平主义者。支持巴尔干、爱尔兰、埃及和印度的民族解放运动。曾积极为英国自由派报刊和工人报刊撰稿。1907年加入独立工党。第一次世界大战爆发后是和平主义的民主监督联合会的领导人之一。1922—1926年任独立工党机关报《新领袖报》的编辑。——244。

布吕纳蒂埃尔,斐迪南(Brunetière, Ferdinand 1849—1906)——法国批评家、历史学家和文艺学家。企图把自然科学的方法,首先是达尔文的进化论用于文学史。政治上持保守派观点,后转向公开的反动立场,想恢复天主教会的权力。主要著作有《法国文学史评论》(1880—1907)、《历史和文学》(1884—1886)等。——98。

布洛斯,威廉(Blos, Wilhelm 1849—1927)——德国历史学家和政论家。1872年加入德国社会民主党,70年代末加入社会民主党右翼。第一次世界大战期间持社会沙文主义立场。1918—1920年主持符腾堡临时政府。著有《1789—1804

年的法国革命》和《德国1848年革命史》。——166。

C

蔡特金,克拉拉(Zetkin,Clara 1857—1933)——德国工人运动和国际工人运动活动家,国际社会主义妇女运动领袖之一,德国共产党创建人之一。19世纪70年代末参加革命运动,1881年加入德国社会民主党。1882年流亡奥地利,后迁居瑞士苏黎世,为秘密发行的德国社会民主党机关报《社会民主党人报》撰稿。1889年积极参加第二国际成立大会的筹备工作。1890年回国。1892—1917年任德国社会民主党主办的女工报纸《平等报》的责任编辑。作为德国社会民主党左翼领导人之一,与罗·卢森堡、卡·李卜克内西、弗·梅林一起同伯恩施坦及其他机会主义者进行了坚决的斗争。第一次世界大战期间持国际主义立场,反对社会沙文主义。曾积极参与组织1915年3月在伯尔尼召开的国际妇女社会党人代表会议。1916年参与组织国际派(后改称斯巴达克派和斯巴达克联盟)。1917年德国独立社会民主党成立后为党中央委员。1919年起为德国共产党党员,当选为中央委员。1920年起为国会议员。1921年起先后当选为共产国际执行委员会委员和主席团委员,领导国际妇女书记处。1925年起任国际支援革命战士协会主席。——258。

车尔尼雪夫斯基,尼古拉·加甫里洛维奇(Чернышевский,Николай Гаврилович 1828—1889)——俄国革命民主主义者,作家,文艺批评家,经济学家,哲学家。1853年开始为《祖国纪事》和《同时代人》杂志撰稿,1856—1862年是《同时代人》杂志的领导人之一,是俄国19世纪60年代革命运动的领袖与土地和自由社的思想鼓舞者。因揭露1861年农民改革的骗局,号召人民起义,于1862年被沙皇政府逮捕,入狱两年,后被送到西伯利亚服苦役。1883年解除流放,1889年被允许回家乡居住。著述很多,涉及哲学、经济学、教育学、美学、伦理学等领域。在哲学上批判了贝克莱、康德、黑格尔等人的唯心主义观点,力图以唯物主义精神改造黑格尔的辩证法。对资本主义作了深刻的批判,认为社会主义是由整个人类发展进程所决定的,但作为空想社会主义者,又认为俄国有可能通过农民村社过渡到社会主义。所著长篇小说《怎么办?》(1863)和《序幕》(约1867—1869)表达了社会主义理想,产生了巨大的革命影响。——235、237、323。

D

达尔文,查理·罗伯特(Darwin,Charles Robert 1809—1882)——英国博物学家, 进化论的奠基人。1859年出版《物种起源》一书,提出以自然选择为基础的生物进化学说,认为变异性和遗传性是有机体所特有的,那些在生存斗争中对动植物有利的变异积累起来和遗传下去,就会引起新的动植物形态的出现。随后又发表《动物和植物在家养下的变异》(1868)、《人类起源及性的选择》(1871)等著作,进一步充实了进化学说。恩格斯把达尔文学说同能量守恒和转换定律、细胞学说并列为19世纪自然科学三大发现。——114、162。

大卫,爱德华(David,Eduard 1863—1930)——德国社会民主党右翼领袖之一,经济学家;德国机会主义者杂志《社会主义月刊》创办人之一。1893年加入社会民主党。公开修正马克思主义关于土地问题的学说,否认资本主义经济规律在农业中的作用。1903年出版《社会主义和农业》一书,宣扬小农经济稳固,维护所谓土地肥力递减规律。1903—1918年和1920—1930年为国会议员,社会民主党国会党团领袖之一。第一次世界大战期间是社会沙文主义者;在《世界大战中的社会民主党》(1915)一书中为德国社会民主党右翼在第一次世界大战中的机会主义立场辩护。1919年2月任魏玛共和国国民议会第一任议长。1919—1920年任内政部长,1922—1927年任中央政府驻黑森的代表。——256、260、271。

德雷夫斯,阿尔图尔(Drews,Arthur 1865—1935)——德国唯心主义哲学家,研究早期基督教史的历史学家。在所著《基督神话》(1910—1911)、《基督教起源于诺斯替教》(1924)、《过去和现在对于基督历史真实性的否定》(1928)等书中,驳斥了基督存在的历史真实性,用唯心主义观点批判了教会信条和宗教偏见。——326。

德谟克利特(阿布德拉的)(Democritus 约公元前460—前370)——古希腊唯物主义哲学家,原子论创始人之一。认为世界是由不变的、质量相同的原子和原子在其中运动着的虚空组成的;物体的多样性可以用形态和大小不同的原子的排列次序和状态来说明;宇宙是无限的,万物都服从严格的必然性;反对唯心主义,批驳了关于非物质的灵魂的学说,认为灵魂也是物质的。他的哲学观点对唯物主义世界观的发展有很大影响。他在哲学、逻辑学、宇宙学、物理学等方面有大量著作,但没有保留下来,我们看到的只是一些残篇。马克思和恩格斯称他为"经验的自然科学家和希腊人中第一个百科全书式的学者"(《马克思恩格斯全集》第1版第3卷第146页）。——36、151。

狄慈根，欧根（Dietzgen，Eugen 1862—1930）——约·狄慈根的儿子，《狄慈根全集》的出版人。他把自己的哲学观点称作"自然一元论"，在这种理论中唯物主义和唯心主义似乎可以调和起来。他把约·狄慈根的哲学观点的弱点绝对化，认为必须以此来"补充"马克思主义，结果既否定唯物主义，又否定辩证法。晚年公开反对共产主义。主要著作有为约·狄慈根著作的各种版本所写的序言以及《唯物主义还是唯心主义?》（1921）、《进化的唯物主义和马克思主义》（1929）、《打倒阶级战争》（1929）等。——323。

狄慈根，约瑟夫（Dietzgen，Joseph 1828—1888）——德国制革工人，社会民主党人，哲学家。曾参加德国1848年革命，革命失败后流亡国外。漂泊美国和欧洲20年，一面做工，一面从事哲学研究。1869年回到德国，结识了前来德国访友的马克思，积极参加德国社会民主党的工作。1884年再度去美国，曾主编北美社会主义工人党机关报《社会主义者报》。在哲学上独立地得出了辩证唯物主义的结论，尖锐地批判了哲学唯心主义和庸俗唯物主义，捍卫了认识论中的唯物主义反映论，同时也犯了一些错误，如夸大人类知识的相对性，把物质和意识混为一谈，但这不能贬低狄慈根在哲学上的功绩。主要著作有《人脑活动的实质》（1869）、《一个社会主义者在认识论领域中的漫游》（1887）、《哲学的成就》（1887）等。1919年在斯图加特出版了《狄慈根全集》（共三卷）。——41—42、45、46、62、66、121—123、126、127、152、239—242、323。

狄德罗，德尼（Diderot，Denis 1713—1784）——法国唯物主义哲学家和无神论者，作家和艺术理论家，18世纪法国资产阶级启蒙运动的著名代表人物。在他倡导和主持下，出版了《百科全书，或科学、艺术和工艺详解辞典》（1751—1780）。他作为百科全书派的领袖，团结了一批法国的先进思想家，他们对18世纪末法国资产阶级革命的思想准备起了重要作用。他的唯物主义是形而上学的，但有一些深刻的辩证思想。他尖锐地批判了唯心主义、不可知论和封建贵族道德，在文学艺术中坚持现实主义。他的政治观点反映了革命的法国资产阶级的利益，要求以代议制代替君主制。主要著作有《哲学思想》（1746）、《对自然的解释》（1754）、《达兰贝尔和狄德罗的谈话》（1769）、《拉摩的侄子》（1805）等。——10、12、32。

笛卡儿，勒内（Descartes，René 1596—1650）——法国科学家和哲学家。在哲学上是"二元论"者，认为物质和精神是两个独立并存的实体。在宇宙论、天体演化论、物理学、生理学等方面是唯物主义者，在心理学、认识论等方面是唯心主义者。主要著作有《方法论》(1637)、《关于第一哲学的沉思》(1641)、《哲学原理》(1644)等。——151。

杜勃罗留波夫,尼古拉·亚历山德罗维奇(Добролюбов, Николай Александрович 1836—1861)——俄国革命民主主义者,文学批评家,唯物主义哲学家,车尔尼雪夫斯基最亲密的朋友和战友。1857年参加《同时代人》杂志的编辑工作,1858年开始主持杂志的书评栏,1859年又开辟了讽刺栏《哨声》。1859—1860年发表了一系列论文:《什么是奥勃洛摩夫性格?》、《黑暗的王国》、《真正的白天什么时候到来?》、《黑暗王国的一线光明》等,这些论文是战斗的文学批评的典范。杜勃罗留波夫一生坚决反对专制制度和农奴制度,热情支持反对专制政府的人民起义。杜勃罗留波夫与赫尔岑、别林斯基和车尔尼雪夫斯基同为俄国社会民主主义的先驱。——235。

杜恒,皮埃尔·莫里斯·玛丽(Duhem, Pierre-Maurice-Marie 1861—1916)——法国理论物理学家、哲学家和自然科学史家。写了一些物理学史方面的著作,在认识论上是马赫主义者。——17、96、102—105、124。

杜林,欧根·卡尔(Dühring, Eugen Karl 1833—1921)——德国哲学家和经济学家。毕业于柏林大学,1863—1877年为柏林大学讲师。70年代起以"社会主义改革家"自居,反对马克思主义,妄图创立新的理论体系。在哲学上把唯心主义、庸俗唯物主义和实证论混合在一起;在政治经济学方面反对马克思的劳动价值学说和剩余价值学说;在社会主义理论方面以资产阶级改良主义精神阐述自己的社会主义体系,反对科学社会主义。恩格斯在《反杜林论》一书中系统地批判了他的观点。主要著作有《国民经济学和社会主义批判史》(1871)、《国民经济学和社会经济学教程》(1873)、《哲学教程》(1875)等。——5、6、37、39、40、75—77、78、87、115、119、184、185、188、189、190、191—194、199、203、226。

敦克尔,凯特(Duncker, Käte 1871—1953)——德国社会主义妇女运动活动家。1907年起为德国女工运动机关刊物《平等》杂志撰稿。第一次世界大战期间持国际主义立场;1915年为《国际》杂志撰稿,是国际派(后改称斯巴达克派和斯巴达克联盟)的成员。曾参加德国共产党的创建工作,1918—1919年任该党中央委员。法西斯掌权后流亡国外,法西斯垮台后在德意志民主共和国从事科研教学工作。——258。

F

斐洛(亚历山大的)(Philo of Alexandria 约公元前25—公元50)——古代哲学家,犹太亚历山大学派的领导人。他企图把犹太教信仰同柏拉图主义和斯多葛主义结合起来。他的神秘主义对基督教神学有很大影响。——148。

费·唐·——见唐恩,费·伊·。

费尔巴哈,路德维希·安德列亚斯(Feuerbach,Ludwig Andreas 1804—1872)——德国唯物主义哲学家和无神论者,德国古典哲学代表人物之一,德国资产阶级最激进的民主主义阶层的思想家。1828年起在埃朗根大学任教。他在自己的第一部著作《关于死和不死的思想》(1830)中反对基督教关于灵魂不死的教义;该书被没收,本人遭迫害,并被学校解聘。1836年移居布鲁克贝格村(图林根),在农村生活了近二十五年。在从事哲学活动的初期是唯心主义者,属于青年黑格尔派。到30年代末摆脱了唯心主义;在《黑格尔哲学批判》(1839)和《基督教的本质》(1841)这两部著作中,割断了与黑格尔主义的联系,转向唯物主义立场。费尔巴哈的主要功绩是在唯心主义长期统治德国哲学之后,恢复了唯物主义的权威。他肯定自然界是客观存在的,它不以人的意识为转移;人是自然的产物,人能认识物质世界和客观规律。费尔巴哈的唯物主义是马克思主义哲学的理论来源之一。但他的唯物主义是形而上学的和直观的,是以人本主义的形式出现的,他的历史观仍然是唯心主义的;他把人仅仅看做是一种脱离历史和社会关系而存在的生物,不了解实践在认识和社会发展过程中的作用。晚年关心社会主义文献,读过马克思的《资本论》,并于1870年加入德国社会民主党。在马克思《关于费尔巴哈的提纲》和恩格斯《路德维希·费尔巴哈和德国古典哲学的终结》中对费尔巴哈的哲学作了全面的分析。——12、17、19、21、25、26、36、44、48—49、58—59、60、63、64、67、73、75、77、97、115、118、121、126、127、151、229、232。

费希纳,古斯塔夫·泰奥多尔(Fechner,Gustav Theodor 1801—1887)——德国自然科学家,唯心主义哲学家,1834年起任莱比锡大学物理学教授。对实验心理学有贡献,关于研究感觉的著作最为著名。在哲学上受弗·谢林的影响,企图把唯心主义和宗教同他的科学发现的自发唯物主义性质调和起来。主要著作是《心理物理学原理》(1860)。——119。

费希特,约翰·戈特利布(Fichte,Johann Gottlieb 1762—1814)——德国古典哲学的代表之一,主观唯心主义者。1794年起先后任耶拿大学、柏林大学、埃朗根大学教授。从"右"的方面批判康德主义的唯物主义因素,否认"自在之物"的客观存在,宣称人的"自我"是唯一的实在、万能的创造力。"自我"不仅是理性,而且也是意志和行动。"自我"设定"非我",二者又综合为绝对的自我。主要著作有《知识学》(1794)、《论学者的使命》(1794)、《人的使命》(1800)等。——47、48、52、56。

冯特,威廉·麦克斯(Wundt,Wilhelm Max 1832—1920)——德国哲学家和心理学家,实验心理学奠基人之一。1864年起在海德堡任大学生理学教授,1874年起在苏黎世任哲学教授,1875年起在莱比锡任哲学教授。是唯心主义者、信仰主义者和唯意志论者,受康德和莱布尼茨的影响,也受新康德主义和实证论的影响。认为心理学是哲学基本学科,坚持二元论的心理生理平行论,企图根据社会心理学来解释个人的活动,认为历史发展的规律是不能认识的。主要著作有《生理心理学原理》(1873—1874)、《哲学体系》(1889)、《心理学概论》(1896)等。——56、64、94。

弗兰克,阿道夫(Franck,Adolphe 1809—1893)——法国唯心主义哲学家,和其他一些哲学家合编了一部哲学辞典,著有《共产主义面临历史的裁判》(1849)。——36—37。

弗兰克,菲力浦(Frank,Philipp 生于1884年)——现代新实证论哲学家和物理学家。1912—1938年在布拉格任教授,1938年移居美国。主要著作有《机械论物理学的终结》(1935)、《在物理学和哲学之间》(1941)、《科学的哲学》(1957)。——70—71。

福尔克曼,保尔(Volkmann,Paul 1856—约1938)——德国理论物理学教授,在哲学上是折中主义者,反对唯物主义,维护新教教会;是法伊欣格尔的"虚构主义"的信徒。写过一些自然科学认识论方面的著作,如《自然科学的认识论原理》。——71、72、151。

福格特,卡尔(Vogt,Karl 1817—1895)——德国自然科学家,庸俗唯物主义主要代表之一,小资产阶级民主主义者。曾参加德国1848—1849年革命,是法兰克福国民议会议员。革命失败后流亡瑞士。疯狂反对科学社会主义,参与迫害无产阶级革命家,发表诽谤马克思和恩格斯的声明。马克思在《福格特先生》一文中揭露了他堕落为路易·波拿巴雇用的密探的嘴脸。写过一些动物学、地质学和生理学方面的著作。——12、115。

G

盖得,茹尔(巴季尔,马蒂约)(Guesde, Jules(Basile, Mathieu)1845—1922)——
法国工人运动和国际工人运动活动家,法国工人党创建人之一,第二国际的
组织者和领袖之一。19世纪60年代是资产阶级共和主义者。拥护1871年的巴
黎公社,公社失败后流亡瑞士和意大利,一度追随无政府主义者。1876年回
国。在马克思、恩格斯影响下逐步转向马克思主义。1877年11月创办《平等
报》,宣传社会主义思想,为1879年工人党的建立作了思想准备。1880年和拉
法格一起在马克思和恩格斯指导下起草了法国工人党纲领。1880—1901年领
导工人党,同无政府主义者和可能派进行了坚决的斗争。1889年积极参加创
建第二国际的活动。1893年当选为众议员。1901年盖得及其拥护者建立法兰
西社会党,该党于1905年同改良主义的法国社会党合并,盖得为统一的法国
社会党的领袖之一。20世纪初逐渐转向中派立场。第一次世界大战一开始即
采取社会沙文主义立场,参加了法国资产阶级政府。1920年法国社会党分裂
后,支持少数派立场,反对加入共产国际。——254、255、271。

格尔方德,О. И. (Гельфонд, О. И. 1863—1942)——《关于马克思主义哲学的
论丛》(1908)的作者之一,职业是医生。19世纪80年代末起参加革命运动,十
月革命后当医生。他的哲学观点是唯物主义和不可知论的杂烩。写过一些医
著和几篇哲学论文:《狄慈根的哲学和现代实证论》(1908,收入《关于马克思
主义哲学的论丛》)、《论经验批判主义的认识论》(1908)等。——2、62。

格律恩,卡尔(Grün, Karl 1817—1887)——德国政论家,19世纪40年代中期是
"真正的社会主义"的主要代表之一。大学时代接近青年黑格尔派,1842—
1843年主编资产阶级激进派的《曼海姆晚报》,1848—1849年革命时期为小资
产阶级民主派,普鲁士国民议会议员。1850年起侨居布鲁塞尔,1861年回到德
国。格律恩的"真正的社会主义"是一种空想学说,根据这种学说,在靠教育、
博爱等等建立起来的未来社会中,"真正的"人的本质、"真正的人道主义"才
会实现。他把路·费尔巴哈哲学的唯心主义方面同皮·约·蒲鲁东的无政府主
义思想结合了起来。马克思和恩格斯批判了"真正的社会主义",认为这是德
国小市民利益的表现。主要著作有《法兰西和比利时的社会运动》(1845)、《费
尔巴哈和社会主义者》(1845)、《现代哲学》(1876)等。1874年出版了费尔巴哈
的两卷遗著。——118。

古契柯夫,亚历山大·伊万诺维奇(Гучков, Александр Иванович 1862—1936)

——俄国大资本家,十月党的组织者和领袖。1905—1907年革命期间支持政府残酷镇压工农。1907年5月作为工商界代表被选入国务会议,同年11月被选入第三届国家杜马;1910年3月—1911年3月任杜马主席。第一次世界大战期间是中央军事工业委员会主席和国防特别会议成员。1917年3—5月任临时政府陆海军部长。1917年8月参与策划科尔尼洛夫叛乱。十月革命后反对苏维埃政权,1918年起为白俄流亡分子。——248。

H

哈布斯堡王朝(Habsburger)——神圣罗马帝国(1273—1806,有间断)、西班牙王国(1516—1700)、奥地利帝国(1804—1867)和奥匈帝国(1867—1918)的王朝。——264。

海德门,亨利·迈尔斯(Hyndman, Henry Mayers 1842—1921)——英国社会党人。1881年创建民主联盟(1884年改组为社会民主联盟),担任领导职务,直至1892年。1900—1910年是社会党国际局成员。1911年参与创建英国社会党,领导该党机会主义派。第一次世界大战期间是社会沙文主义者。1916年英国社会党代表大会谴责他的社会沙文主义立场后,退出社会党,组建了沙文主义的民族社会党(1918年改名为社会民主联盟)。敌视俄国十月革命,赞成武装干涉苏维埃俄国。——243、254、255。

海克尔,恩斯特(Haeckel, Ernst 1834—1919)——德国唯物主义自然科学家,19世纪后半期至20世纪初最大的生物学家之一;1862—1909年任耶拿大学教授。促进了达尔文学说的发展和传播,提出了关于生物界的起源和历史发展规律的学说。1866年提出并论证了生物发生律。反对自然科学中的唯心主义,积极同神秘主义和僧侣主义作斗争。1906年建立一元论者协会,其宗旨是反对宗教宇宙观。海克尔不是自觉的唯物主义者,试图把自己的自然科学的唯物主义同占统治地位的唯心主义世界观调和起来,宣传社会达尔文主义。主要著作有《机体形态学总论》(1866)、《自然创造史》(1868)、《宇宙之谜》(1899)等。——10。

海姆,鲁道夫(Haym, Rudolf 1821—1901)——德国哲学史家和文学史家,1860年起在哈雷任大学教授。主要著作有《费尔巴哈和哲学》(1847)、《黑格尔和他的时代》(1857)、《浪漫主义学派》(1870)等。——58。

海涅,沃尔弗冈(Heine, Wolfgang 1861—1944)——德国政治活动家,右派社会民主党人;职业是律师。1898年被选入帝国国会,但不久因拒绝参加社会民主党人组织的政治游行而被撤销当选证书。曾为《社会主义月刊》杂志撰稿。他的修正主义观点经常受到倍倍尔、梅林等人的严厉批判。第一次世界大战期间是社会沙文主义者。德国1918年十一月革命后任普鲁士政府司法部长，1919—1920年任内政部长。1920年起脱离政治活动，从事律师工作。——256。

海因策，麦克斯(Heinze, Max 1835—1909)——德国莱比锡大学哲学教授(1875年起)。写过一些哲学史方面的著作，曾修订并出版弗·宇伯威格的《哲学史概论》(第5—9版)。主要著作有《希腊哲学中的逻各斯学说》。——94。

赫尔岑，亚历山大·伊万诺维奇(Герцен, Александр Иванович 1812—1870)——俄国革命民主主义者，作家和哲学家。在十二月党人的影响下走上革命道路。1829—1833年在莫斯科大学求学期间领导革命小组。1834年被捕，度过六年流放生活。1842年起是莫斯科西欧主义者左翼的领袖，写了《科学中华而不实的作风》(1842—1843)、《自然研究通信》(1844—1845)等哲学著作和一些抨击农奴制度的小说。1847年流亡国外。在欧洲1848年革命失败以后，对欧洲革命失望，创立"俄国社会主义"理论，成为民粹主义创始人之一。1853年在伦敦建立自由俄国印刷所，印发革命传单和小册子，1855年开始出版《北极星》文集，1857—1867年与尼·普·奥格辽夫出版《钟声》，揭露沙皇专制制度，进行革命宣传。在1861年农民改革的准备阶段曾有一度摇摆。1861年起坚定地站到革命民主主义方面，协助建立土地和自由社。晚年关注第一国际的活动。——231—238。

赫拉克利特(爱非斯的)(Herakleitos 约公元前530—前470)——古希腊唯物主义哲学家，辩证法的奠基人之一。——148、151。

赫林，艾瓦德(Hering, Ewald 1834—1918)——德国生理学家，1895年起先后在维也纳、布拉格、莱比锡任大学教授。以感觉器官生理学方面的著作而享有盛名。在哲学上倾向唯心主义，赞同二元论的心理生理平行论。主要著作有《论记忆是有机物质的普遍机能》(1870)、《论光觉学说》(1905)等。——87。

赫胥黎，托马斯·亨利(Huxley, Thomas Henry 1825—1895)——英国博物学家，达尔文的好友和达尔文学说的普及者。1871—1880年任英国皇家学会秘书，1883—1885年任该会会长。在动物学、古生物学、人类学和比较解剖学等方面进行了研究，证明人和高级猿猴形态相近。在哲学上是自发的"羞羞答答的"(恩格斯语)唯物主义者，但却否认唯物主义，自称是不可知论者(他第一次把不可知论这个术语用于哲学)。主要著作有《人类在自然界的地位》(1863)、《休谟》(1879)、《进化论与伦理学》(1893)等。——119、120、121。

黑格尔,乔治·威廉·弗里德里希(Hegel, Georg Wilhelm Friedrich 1770—1831)
——德国哲学家,客观唯心主义者,德国古典哲学的主要代表。1801—1807年
任耶拿大学哲学讲师和教授。1808—1816年任纽伦堡中学校长。1816—1817
年任海德堡大学哲学教授。1818年起任柏林大学哲学教授。黑格尔的哲学是
18世纪末至19世纪初德国唯心主义哲学的最高发展。他根据唯心主义的思维
与存在同一的基本原则,建立了客观唯心主义的哲学体系,并创立了唯心主
义辩证法的理论。认为在自然界和人类出现以前存在着绝对精神,客观世界
是绝对精神、绝对观念的产物;绝对精神在其发展中经历了逻辑阶段、自然阶
段和精神阶段,最终回复到了它自身;整个自然的、历史的和精神的世界都处
于不断的运动、变化和发展中,矛盾是运动、变化的核心。黑格尔哲学的特点
是辩证方法同形而上学体系之间的深刻矛盾。黑格尔的唯心主义辩证法是马
克思主义哲学的理论来源之一。黑格尔的社会政治观点是保守的,他是立宪
君主制的维护者。主要著作有《精神现象学》(1807)、《逻辑学》(1812—1816)、
《哲学全书》(1817)、《法哲学》(1821)、《哲学史讲演录》(1833—1836)、《历史
哲学讲演录》(1837)、《美学讲演录》(1836—1838)等。——20、21、33、43、88、
91、93、103、118、119、120、131、134、136、137、142、143、145、148、150、151、
159、183、184、185、186、187、188、189、190、191、192、193、194、229、232、244、
245、314、328、329。

亨尼施,康拉德(Haenisch, Konrad 1876—1925)——德国社会民主党人,政论
家。普鲁士邦议会议员。第一次世界大战期间是德国社会沙文主义思想家之
一;1915年10月起任社会沙文主义者的刊物《钟声》杂志的编辑。1918—1921
年任普鲁士宗教和教育部长。——255、256。

华德,詹姆斯(Ward, James 1843—1925)——英国心理学家,唯心主义哲学家
和神秘主义者,1897年起任剑桥大学教授。企图利用物理学的发现来反对唯
物主义,维护宗教。主要著作有《自然主义和不可知论》(1889)等。——123、
125、127。

霍尔巴赫,保尔·昂利·迪特里希(Holbach, Paul Henri Dictrich 1723—1789)
——法国唯物主义哲学家,无神论者,18世纪法国资产阶级启蒙运动思想家
之一。——151。

J

吉芬,罗伯特(Giffen, Robert 1837—1910)——英国经济学家和统计学家,英国

资本主义的辩护士。19世纪60年代起为一些资产阶级定期刊物撰稿。1876—1897年任英国贸易部统计司司长，是英国一些统计学会和经济学会的主席和创办人。写有经济、财政和统计方面的著作。——245。

季米里亚捷夫，阿尔卡季·克利缅季耶维奇(Тимирязев, Аркадий Климентьевич 1880—1955)——苏联教授，数学物理学博士。先后是共产主义科学院院士和主席团委员。写有百余种理论物理学、物理学史和物理学方法论等方面的科学著作。——327、328。

季诺维也夫(拉多梅斯尔斯基)，格里戈里·叶夫谢耶维奇(Зиновьев (Радомысльский), Григорий Евсеевич 1883—1936)——1901年加入俄国社会民主工党，党的第二次代表大会后是布尔什维克。在党的第五次代表大会(1907)至第十四次代表大会(1925)上当选为中央委员。1908—1917年侨居国外，参加布尔什维克《无产者报》编辑部和党的中央机关报《社会民主党人报》编辑部。1912年后同列宁一起领导中央委员会俄国局。第一次世界大战期间持国际主义立场。1917年4月回国，进入《真理报》编辑部。1917年10月10日被选入中央政治局。十月革命前夕反对举行武装起义。1917年11月主张成立有孟什维克和社会革命党人参加的联合政府，遭到否决后声明退出党中央。1917年12月起任彼得格勒苏维埃主席。1919年共产国际成立后任共产国际执行委员会主席。1919年当选为党中央政治局候补委员，1921年当选为中央政治局委员。1925年组织"新反对派"，1926年与托洛茨基结成"托季联盟"。1926年被撤销中央政治局委员和共产国际的领导职务。1927年11月被开除出党，后来两次恢复党籍，两次被开除出党。——303、304、305、310、315、317、319。

加尔德宁，尤·——见切尔诺夫，维·米·。

加里波第，朱泽培(Garibaldi, Giuseppe 1807—1882)——意大利民族英雄，意大利统一时期民族解放运动的著名军事家，资产阶级民主派领袖之一。1834年参加热那亚海军起义，起义失败后逃往国外。1836—1848年流亡南美，参加了当地人民争取独立和解放的斗争。1848年回国投身革命，是1849年罗马共和国保卫战的领导人之一。1848、1859和1866年领导志愿军，参加对抗奥地利的解放战争。1860年组织千人志愿军，解放了波旁王朝统治下的西西里后，实际上统一了意大利。1862和1867年两度进攻教皇统治下的罗马，但均告失败。1870—1871年普法战争期间，他和两个儿子一起参加法军同入侵法国的普军作战。热烈拥护第一国际，积极协助建立第一国际意大利支部。欢迎巴黎公社，曾缺席当选为国民自卫军中央委员会委员。马克思、恩格斯和列宁给予这位争取自由的杰出战士以高度的评价。——248。

伽法尼,路易吉(Galvani,Luigi 1737—1798)——意大利解剖学家和生理学家,
电学创始人之一,电生理学的奠基人。主要著作是《论肌肉运动中的电力》
(1791)。——183。

伽桑狄,皮埃尔(Gassendi,Pierre 1592—1655)——法国唯物主义哲学家,物理
学家和数学家;对经院哲学给予了尖锐的批判。——151。

局外人——见米海洛夫斯基,尼·康·。

K

卡列耶夫,尼古拉·伊万诺维奇(Кареев,Николай Иванович 1850—1931)——
俄国历史学家。1879年起先后任华沙大学和彼得堡大学教授。在方法论上是
典型的唯心主义折中主义者,在政治上属于改革后一代的自由派,主张立宪,
拥护社会改革。70年代写的《18世纪最后25年法国农民和农民问题》(1879)得
到马克思的好评。90年代起反对马克思主义,把它等同于"经济唯物主义"。
1905年加入立宪民主党,当选为第一届国家杜马代表。其他主要著作有《法国
农民史纲要》(1881)、《历史哲学基本问题》(三卷本,1883—1890)、《西欧近代
史》(七卷本,1892—1917)、《法国革命史学家》(三卷本,1924—1925)。1910
年当选为彼得堡科学院通讯院士,1929年起为苏联科学院荣誉院士。——
164。

卡鲁斯,保尔(Carus,Paul 1852—1919)——美国哲学家,主观唯心主义者和神
秘主义者。1887年起出版《公开论坛》杂志,1890年起出版《一元论者》杂志。卡
鲁斯的哲学"一元论"力图调和宗教与科学,宣传佛教。主要著作有《人的灵
魂》(1891)、《佛经》(1894)、《数学原理》(1908)等。——126。

卡斯坦宁,弗里德里希(Carstanjen,Friedrich)——瑞士哲学家,1896年起任苏黎
世大学哲学教授,马赫主义者,理·阿芬那留斯的学生。1896年阿芬那留斯去
世后,编辑出版《科学的哲学季刊》杂志。主要著作有《理查·阿芬那留斯对纯
粹的一般认识论的生物力学论证。纯粹经验批判引论》(1894)、《经验批判主
义——兼答威·冯特的论文》(1898)等。——54。

卡维林,康斯坦丁·德米特里耶维奇(Кавелин,Константин Дмитриевич 1818—
1885)——俄国资产阶级自由派政论家,历史学家、法学家和实证论哲学家。曾
为《同时代人》、《祖国纪事》和《欧洲通报》杂志撰稿。在1861年农民改革的准备
和进行期间,反对革命民主主义运动,赞成专制政府的反动政策。——235。

凯约,约瑟夫(Caillaux,Joseph 1863—1944)——法国国务活动家,法国资产阶级激进党领袖之一。第一次世界大战前曾任财政部长、内阁总理和内政部长。在对外政策方面主张同德国接近,1911年缔结了关于瓜分非洲殖民地势力范围和允许德国资本进入法国交易所的法德协定。第一次世界大战期间继续谋求同德国和解,因而遭到本国反德的沙文主义集团的反对。1925年起任参议员。1925和1926年任财政部长。1932—1940年任参议院财政委员会主席。1940年起脱离政治活动。——245。

康德,伊曼努尔(Kant,Immanuel 1724—1804)——德国哲学家,德国古典唯心主义哲学奠基人。1755—1770年任柯尼斯堡大学讲师,1770—1796年任该校教授。1770年以前致力于研究自然科学,发表了《自然通史和天体论》(1755)一书,提出了关于太阳系起源的星云说。1770年以后致力于"批判地"研究人的认识以及这种认识的方式和界限,发表了《纯粹理性批判》(1781)、《实践理性批判》(1788)、《判断力批判》(1790),分别阐述他的认识论、伦理学、美学等观点。康德哲学的基本特点是调和唯物主义和唯心主义。它承认在意识之外独立存在的物,即"自在之物",认为"自在之物"是感觉的源泉,但又认为"自在之物"是不可知的,是超乎经验之外的,是人的认识能力所不可能达到的"彼岸的"东西,人只能认识他头脑里固有的先验的东西。——19、20、21、22、23、32、33、43、44、47、60、63、66、69、71、73、74、78、83、84、93、97、119、129、135、136、151、229、241。

考茨基,卡尔(Kautsky,Karl 1854—1938)——德国社会民主党和第二国际的领袖和主要理论家之一。1875年加入奥地利社会民主党,1877年加入德国社会民主党。1881年与马克思和恩格斯相识,在他们的影响下转向马克思主义。从19世纪80年代到20世纪初写过一些宣传和解释马克思主义的著作:《卡尔·马克思的经济学说》(1887)、《土地问题》(1899)等。1883—1917年任德国社会民主党理论刊物《新时代》杂志主编。曾参与起草1891年德国社会民主党纲领(爱尔福特纲领)。1910年以后逐渐转到机会主义立场,成为中派领袖。第一次世界大战前夕提出超帝国主义论,大战期间打着中派旗号支持帝国主义战争。1917年参与建立德国独立社会民主党,1922年拥护该党右翼与德国社会民主党合并。1918年后发表《无产阶级专政》等书,攻击俄国十月革命,反对无产阶级专政。——21、155、177、227、228、230、243、245、246—248、250、252—257、260、261、267、271、272、273—280。

柯尔佐夫,德·(**金兹堡,波里斯·阿布拉莫维奇**;谢多夫,尔·)(Кольцов,Д.

兰边境普军参谋长。写有拿破仑战争史和其他战争史方面的著作。他的主要著作《论战争》曾被译成多种文字,对世界军事理论有很大影响,书中提出了"战争是政治通过另一种手段的继续"的深刻论点。——245、246。

克里文柯,谢尔盖·尼古拉耶维奇(Кривенко, Сергей Николаевич 1847—1906)——俄国政论家,自由主义民粹派代表人物。1879年起与民意党人接近,主张进行恐怖活动和政治斗争。1884年被捕并流放,1890年从流放地归来后加入自由主义民粹派的右翼。写有《论文化孤士》(1893)、《途中来信》(1894)、《关于人民工业的需要问题》(1894)等。——154。

孔德,奥古斯特(Comte, Auguste 1798—1857)——法国哲学家和社会学家,实证论创始人。宣称拥护实证知识,认为科学的任务是描写经验的材料。把历史唯心地理解为观念发展的结果,提出社会发展三阶段论:神学阶段、形而上学阶段和实证阶段。宣称科学—工业阶段,即资本主义,似乎完成了全部社会的发展。主张阶级调和,把资本家和工人阶级利益的协调看成是社会的理想。主要著作有《实证哲学教程》(1830—1842)、《实证政治体系》(1851—1854)。——118。

库格曼,路德维希(Kugelmann, Ludwig 1830—1902)——德国社会民主党人,医生,马克思和恩格斯的朋友。曾参加德国1848—1849年革命。1865年起为第一国际会员,是国际洛桑代表大会(1867)和海牙代表大会(1872)的代表。曾协助马克思出版和传播《资本论》。1862—1874年间经常和马克思通信,反映德国情况。马克思给库格曼的信1902年第一次发表于德国《新时代》杂志,1907年被译成俄文出版,并附有列宁的序言。——42、114、119、239。

库诺,亨利希(Cunow, Heinrich 1862—1936)——德国社会民主党的理论家,历史学家、社会学家和民族志学家。早年倾向马克思主义,后成为修正主义者。1902年任《前进报》编委。第一次世界大战期间是社会沙文主义者,战后在社会民主党内持极右立场。1917—1923年任德国社会民主党理论刊物《新时代》杂志编辑。1919—1930年任柏林大学教授,1919—1924年任民族志博物馆馆长。——248、250。

L

拉甫罗夫,彼得·拉甫罗维奇(Лавров, Петр Лаврович 1823—1900)——俄国革命民粹主义理论家,哲学家,政论家,社会学家。1862年加入秘密革命团体——第一个土地和自由社。1866年被捕,次年被流放到沃洛格达省,在那里写了《历史信札》(1868—1869)。1870年从流放地逃到巴黎,加入第一国际,参加了巴黎公社。1871年5月受公社的委托去伦敦,在那里与马克思和恩格斯相识。1873—1876年编辑《前进》杂志,1883—1886年编辑《民意导报》,后参加编辑民意社文集《俄国社会革命运动史资料》(1893—1896)。是社会学主观学派的代表,被认为是民粹主义"英雄"和"群氓"理论的精神始祖。还著有《国际史论丛》、《1873—1878年的民粹派宣传家》等社会思想史、革命运动史和文化史方面的著作。——227。

拉姆赛,威廉(Ramsay, William 1852—1916)——英国化学家和物理学家。1880年起任布里斯托尔大学教授,1887年起任伦敦大学教授,是彼得堡科学院名誉院士。先后发现氩(与约·雷利合作)、氦、氪、氖、氙(与莫·特拉弗斯合作)等元素,并确定了它们在元素周期表中的位置。曾发明从煤层中直接取得煤气的方法,得到列宁的高度评价(见《列宁全集》第2版第23卷《一个伟大的技术胜利》一文)。主要著作有《化学体系》(1891)、《大气中的各种气体》(1896)、《现代化学》(1901)、《传记性的和化学的论文集》(1908)等。——105。

拉萨尔,斐迪南(Lassalle, Ferdinand 1825—1864)——德国工人运动活动家,小资产阶级社会主义者,德国工人运动中的一个机会主义变种——拉萨尔主义的鼻祖。积极参加了德国1848年革命。欧洲反动年代曾和马克思、恩格斯通信。19世纪60年代初曾帮助德国工人摆脱资产阶级影响,参与创建全德工人联合会,当选为联合会主席(1863)。联合会的建立对德国工人运动具有积极意义,但是拉萨尔把它引上了机会主义道路。拉萨尔主张争取普选权和建立由国家资助的工人生产合作社来解放工人。曾同俾斯麦勾结并支持他在普鲁士霸权下自上统一德国的政策。马克思、恩格斯、列宁深刻地批判了拉萨尔主义。——146、148。

拉斯,恩斯特(Laas, Ernst 1837—1885)——德国实证论哲学家,1872年起在斯特拉斯堡任大学教授。与理·阿芬那留斯同时论证主体和客体有不可分割的联系(即"原则同格"),把客体看做是个人意识或一般意识的内容。主要著作有《康德的经验类比》(1876)、《唯心主义和实证论》(1879—1884)。——20。

莱尔,雷金纳德·约翰(Ryle, Reginald John 1854—1922)——英国自然科学家。曾在1892年《自然科学》杂志第6期上发表《劳埃德·摩根教授论〈科学入门〉》一文,为卡·毕尔生的唯心主义观点辩护。——84。

莱维,阿尔伯(Lévy, Albert)——法国哲学教授,主要著作有《费尔巴哈的哲学及其对德国著作界的影响》(1904)、《施蒂纳和尼采》(1904)等。——26—27。

莱伊,阿贝尔(Rey, Abel 1873—1940)——法国实证论哲学家,1919年起任巴黎大学(索邦)教授。在自然科学上是不彻底的自发唯物主义者;在认识论上持马赫主义立场。主要著作有《现代物理学家的物理学理论》(1907)、《现代哲学》(1908)等。列宁对《现代哲学》的评注见《列宁全集》第2版第58卷。——98—100、101、103。

兰斯伯里,乔治(Lansbury, George 1859—1940)——英国工党领袖之一。1892年加入社会民主联盟,1906年加入工党。1910—1912年和1922—1940年为议员。1912—1922年编辑出版《每日先驱报》。1929—1931年任公共工程大臣。1931—1935年任工党主席。——298。

朗格,弗里德里希·阿尔伯特(Lange, Friedrich Albert 1828—1875)——德国哲学家和经济学家,新康德主义创始人之一。1870年起任苏黎世大学教授,1872年起任马堡大学教授。拥护生理学唯心主义,歪曲唯物主义,认为唯物主义作为研究自然界的方法是有效的,作为一种哲学理论是站不住脚的,并必然导致唯心主义。企图用把"自在之物"变成主观概念的办法排除康德的二元论。在他以资产阶级自由派的观点所写的著作中,歪曲工人运动的实质,站在社会达尔文主义立场上,把生物学规律搬用于人类社会,拥护马尔萨斯的人口过剩律,把资本主义看做是人类社会"自然的和永恒的"制度。主要著作有《工人问题对现在和将来的意义》(1865)、《唯物主义史及对当代唯物主义意义的批判》(1866)等。——20、97、101、113、114、115、119。

劳合-乔治,戴维(Lloyd George, David 1863—1945)——英国国务活动家和外交家,自由党领袖。1890年起为议员。1905—1908年任贸易大臣,1908—1915年任财政大臣。1916—1922年任首相,残酷镇压殖民地和附属国的民族解放运动;是武装干涉和封锁苏维埃俄国的鼓吹者和策划者之一。曾参加1919年巴黎和会,是凡尔赛和约的炮制者之一。——245。

勒克列尔,安东(Leclair, Anton 1848—1919)——奥地利哲学家,主观唯心主义者,内在论学派代表;维护信仰主义,反对唯物主义。主要著作有《从贝克莱和康德对认识的批判来看现代自然科学的实在论》(1879)、《一元论的认识论概论》(1882)等。——80—81、127。

雷姆克,约翰奈斯(Rehmke, Johannes 1848—1930)——德国唯心主义哲学家,内在论学派代表之一,1885年起在格赖夫斯瓦尔德大学任教授。反对辩证唯物主义和自然科学唯物主义,维护宗教,把神说成是一种"实在概念"。主要著作《普通心理学教科书》(1894)、《哲学是一门基本科学》(1910)、《逻辑学或哲学是认识论》(1918)等。——80、97。

雷特尔恩(Рейтерн 死于1861年)——沙俄上校,因不愿参与枪杀华沙示威群众
而自杀。——236。

黎尔,阿洛伊斯(Riehl, Alois 1844—1924)——德国新康德主义哲学家,1873年
起先后在格拉茨、弗赖堡、基尔、哈雷和柏林任教授;企图对康德学说作"实在
论的"解释以适应现代自然科学。主要著作是《哲学的批判主义及其对实证科
学的意义》(1876—1887)。——20、56。

李特列,埃米尔(Littré, Emile 1801—1881)——法国哲学家和语文学家,实证
论代表人物,语文学院院士(1871)。《法语词典》(第1—4卷,1863—1872)的
编纂者。——277。

列金,卡尔(Legien, Karl 1861—1920)——德国右派社会民主党人,德国工会
领袖之一。1890年起任德国工会总委员会主席。1903年起任国际工会书记处
书记,1913年起任主席。1893—1920年(有间断)为德国社会民主党的国会议
员。1919—1920年为魏玛共和国国民议会议员。第一次世界大战期间是社会
沙文主义者。1918年十一月革命期间同其他右派社会民主党人一起推行镇压
革命运动的政策。——256、260、266、267、271。

列谢维奇,弗拉基米尔·维克多罗维奇(Лесевич, Владимир Викторович 1837—
1905)——俄国实证论哲学家。19世纪80—90年代追随自由主义民粹派,曾为
《俄国财富》杂志撰稿。认为必须在新康德主义认识论特别是经验批判主义认
识论的基础上改革旧实证论,把经验批判主义看做哲学思想发展的顶峰。主
要著作均收入《列谢维奇文集》(三卷本,1915年出版)。——92。

卢格,阿尔诺德(Ruge, Arnold 1802—1880)——德国政论家,青年黑格尔派,资
产阶级激进派。1844年同马克思一起在巴黎出版《德法年鉴》,不久与马克思
分道扬镳。1848年为法兰克福国民议会议员,属于左派。50年代是侨居英国的
德国小资产阶级流亡者的领袖之一。1866年后成为民族自由党人,拥护俾斯
麦,写文章支持以普鲁士为霸主统一德国。——182。

卢那察尔斯基,阿纳托利·瓦西里耶维奇(Луначарский, Анатолий
Васильевич 1875—1933)——19世纪90年代初参加俄国革命运动,1895年
加入俄国社会民主工党,党的第二次代表大会后是布尔什维克。曾先后参加
布尔什维克的《前进报》、《无产者报》和《新生活报》编辑部。斯托雷平反动时
期脱离布尔什维克,参加前进集团,在哲学上宣扬造神说和马赫主义。第一次
世界大战期间持国际主义立场。1917年二月革命后参加区联派,在俄国社会

民主工党(布)第六次代表大会上随区联派集体加入布尔什维克党。十月革命后到1929年任教育人民委员,以后任苏联中央执行委员会学术委员会主席。1930年起为苏联科学院院士。在艺术和文学方面著述很多。——2、3、88、89、125、126、127、128。

卢森堡,罗莎(尤尼乌斯)(Luxemburg, Rosa(Junius) 1871—1919)——德国、波兰和国际工人运动活动家,德国社会民主党和第二国际左翼领袖和理论家之一,德国共产党创建人之一。生于波兰。19世纪80年代后半期开始革命活动,1893年参与创建波兰王国社会民主党,为党的领袖之一。1898年移居德国,积极参加德国社会民主党的活动,反对伯恩施坦主义和米勒兰主义。曾参加俄国第一次革命(在华沙)。1907年在伦敦参加俄国社会民主工党第五次代表大会,在会上支持布尔什维克。第一次世界大战期间持国际主义立场,是建立国际派(后改称斯巴达克派和斯巴达克联盟)的发起人之一。参加领导了德国1918年十一月革命,同年底参与领导德国共产党成立大会,作了党纲报告。1919年1月柏林工人斗争被镇压后,于15日被反革命军队逮捕和杀害。列宁对她评价很高,同时也批评了她的一些错误。——253、254、258—272。

卢梭,让·雅克(Rousseau, Jean-Jacques 1712—1778)——法国启蒙思想家,哲学家,教育学家,文学家。对18世纪法国资产阶级革命的思想准备起了重要作用。认为私有制是社会压迫的根源,但又不主张彻底消灭私有制,而提出一种空想的平均主义的私有财产分配理论。在哲学上的主要倾向是唯心主义,但也往往提出一些唯物主义论点。主要著作有《论科学与艺术》(1750)、《论人类不平等的起源和基础》(1755)、《尤丽,或新爱洛绮斯》(1761)、《社会契约论》(1762)、《爱弥儿,或论教育》(1762)等。——193。

鲁祖塔克,扬·埃内斯托维奇(Рудзутак, Ян Эрнестович 1887—1938)——1905年加入俄国社会民主工党,布尔什维克。1906年任党的里加委员会委员。1907年被捕并被判处十年苦役。1917年二月革命时获释。十月革命后担任工会领导工作,后任最高国民经济委员会主席团委员、中央纺织工业委员会主席。从1920年党的第九次代表大会起当选为中央委员。1920年起任运输工会中央委员会主席、全俄工会中央理事会总书记、全俄中央执行委员会土耳其斯坦委员会主席和俄共(布)中央委员会土耳其斯坦局主席。1922—1924年任俄共(布)中央委员会中亚局主席。1923—1924年任党中央委员会书记。1924—1930年任交通人民委员。1926年起任苏联人民委员会和劳动国防委员会副主席,1931年起同时任党中央监察委员会主席和苏联工农检查人民委员。1923—

1926年为党中央政治局候补委员,1926—1932年为政治局委员,1934年起为政治局候补委员。曾任全俄中央执行委员会和苏联中央执行委员会主席团委员。——303、304。

路加,埃米尔(Lucka,Emil 1877—1941)——奥地利作家和康德主义哲学家。主要著作有《幻想》(1908)、《灵魂的界限》(1914)以及列宁提到的文章。——71、93—94。

吕勒,奥托(Rühle,Otto 1874—1943)——德国左派社会民主党人,政论家和教育家。1912年起为帝国国会议员。第一次世界大战期间持国际主义立场,在国会中投票反对军事拨款。1919年加入德国共产党。德共分裂后,1920年初参与创建德国共产主义工人党,后因进行破坏党的统一的活动,被开除出德国共产主义工人党,重新回到社会民主党。——260。

伦施,保尔(Lensch,Paul 1873—1926)——德国社会民主党人。1905—1913年任德国社会民主党左翼机关报《莱比锡人民报》编辑。第一次世界大战爆发后转向社会沙文主义立场。战后任鲁尔工业巨头主办的《德意志总汇报》主编。1922年根据德国社会民主党普通党员的要求被开除出党。——248、255、256、266。

罗伯斯比尔,马克西米利安·玛丽·伊西多尔(Robespierre,Maximilien Marie Isidore 1758—1794)——18世纪末法国资产阶级革命家,雅各宾派领袖。1792年8月巴黎人民起义后,被选入巴黎公社和国民公会,领导雅各宾派反对吉伦特派。1793年5月31日至6月2日起义后,领导雅各宾派政府——公安委员会。1794年7月27日反革命热月政变被捕,次日被处死。——248。

罗曼诺夫王朝(Романовы)——俄国皇朝(1613—1917)。——236。

罗普申,维·——见萨文柯夫,波·维·。

洛克,约翰(Locke,John 1632—1704)——英国唯物主义哲学家。提出了基本上是唯物主义的感觉认识论,认为经验是知识的唯一来源,感觉是外部世界作用于感官的结果。批判了勒·笛卡尔的天赋观念学说,证明一切知识和观念都是后天获得的,但又认为除来自外界的感觉外,还有心灵本身活动所产生的内部经验(反省),因此在认识论上是二元论者。他的哲学观点不仅被唯物主义者,而且被唯心主义者所利用,列宁说:"贝克莱和狄德罗都渊源于洛克"。主要著作有《人类理智论》(1690)等。——32。

洛帕廷,列夫·米哈伊洛维奇(Лопатин,Лев Михайлович 1855—1920)——俄国唯心主义哲学家,莫斯科大学教授,莫斯科心理学学会主席,1894年起任

《哲学和心理学问题》杂志编辑。在哲学观点上追随神秘主义者弗·谢·索洛维约夫,鼓吹唯灵论,认为论证"灵魂不死"是哲学的迫切问题之一,力图说明灵魂是具有意志自由的创造本原。主要著作有《哲学的重要任务》(1886—1891)、《近代哲学史》(1905—1908)、《哲学评述和言论集》(1911)。——96、125。

M

马尔萨斯,托马斯·罗伯特(Malthus,Thomas Robert 1766—1834)——英国经济学家,英国资产阶级庸俗政治经济学的创始人之一。毕业于剑桥大学耶稣学院,1797年成为牧师。1805—1834年任东印度公司创办的海利贝里学院历史和经济学教授。剽窃他人理论予以加工,于1798年匿名发表《人口原理》一书。认为人口按几何级数增长,而生活资料按算术级数增长,因而造成人口绝对过剩,而贫穷和罪恶抑制人口增长,使生活资料与人口恢复平衡。把资本主义制度下劳动人民失业、贫困、饥饿和其他灾难都归之于自然规律的作用,露骨地为资本主义辩护,受到反动统治阶级的推崇。主要著作还有《政治经济学原理的实际应用》(1820)。——114、115。

马尔托夫,尔·(策杰尔包姆,尤利·奥西波维奇)(Мартов,Л.(Цедербаум,Юлий Осипович)1873—1923)——俄国孟什维克领袖之一。19世纪90年代初参加社会民主主义运动。1895年参与组织彼得堡工人阶级解放斗争协会。1896年被捕并流放图鲁汉斯克三年。1900年参与创办《火星报》,为该报编委。在俄国社会民主工党第二次代表大会上,领导机会主义少数派,反对列宁的建党原则;从那时起成为孟什维克中央机关的领导成员和孟什维克报刊的编辑。斯托雷平反动时期和新的革命高涨年代是取消派分子,编辑《社会民主党人呼声报》,参与组织"八月联盟"。第一次世界大战期间是中派分子,曾参加齐美尔瓦尔德代表会议和昆塔尔代表会议。1917年二月革命后领导孟什维克国际主义派。十月革命后反对镇压反革命和解散立宪会议。1919年当选为全俄中央执行委员会委员,1919—1920年为莫斯科苏维埃代表。1920年9月侨居德国。曾参与组织第二半国际,在柏林创办和编辑孟什维克杂志《社会主义通报》。——254、257、268、271。

马赫,恩斯特(Mach,Ernst 1838—1916)——奥地利物理学家和哲学家,主观唯心主义者,经验批判主义创始人之一。1864年起先后在格拉茨和布拉格任大学数学和物理学教授,1895—1901年任维也纳大学哲学教授。在认识论上复活贝克莱和休谟的观点,认为物体是"感觉的复合",感觉是"世界的真正要素"。主要著作有《力学发展的历史评述》(1883)、《感觉的分析》(1886)、《认识和谬误》(1905)等。——4—5、6、7、8—10、11、12、13、16、17、24、27、31、32、33、34、35、43、45、46、47、48、52、54、56、57、58、63—65、66、69、71、72、75、77、78、79、80、81、82、83、85、87、89、91—92、93、94、95、96、97、98、102、103、104、115、121、123、124、125、126、127、129。

马斯洛夫,彼得·巴甫洛维奇(Маслов, Петр Павлович 1867—1946)——俄国经济学家,社会民主党人。写有一些土地问题著作,修正马克思主义政治经济学原理。曾为《生活》、《开端》和《科学评论》杂志撰稿。俄国社会民主工党第二次代表大会后是孟什维克;曾提出孟什维克的土地地方公有化纲领。在俄国社会民主工党第四次(统一)代表大会上代表孟什维克作了关于土地问题的报告,被选入中央机关报编辑部。斯托雷平反动时期和新的革命高涨年代是取消派分子。第一次世界大战期间是社会沙文主义者。十月革命后脱离政治活动,从事教学和科研工作,研究社会主义政治经济学问题。1929年起为苏联科学院院士。——242。

马耶夫斯基,叶夫根尼(**古托夫斯基,维肯季·阿尼采托维奇**)(Маевский, Евгений(Гутовский, Викентий Аницетович)1875—1918)——俄国社会民主党人,孟什维克。斯托雷平反动时期和新的革命高涨年代是取消派分子。第一次世界大战期间是护国派分子。十月革命后反对苏维埃政权。——242。

迈尔,齐格蒙德(Mayer,Sigmund)——维也纳的企业家,《维也纳的社会问题》(1871)一书的作者。——181。

麦迭姆(**格林贝格**),弗拉基米尔·达维多维奇(Медем(Гринберг),Владимир Давидович 1879—1923)——崩得领袖之一。1899年参加俄国社会民主主义运动,1900年加入明斯克崩得组织。曾流放西伯利亚,1901年从流放地逃往国外。1903年起为崩得国外委员会委员,代表该委员会出席了俄国社会民主工党第二次代表大会,在会上是反火星派分子。1906年当选为崩得中央委员。曾参加俄国社会民主工党第五次(伦敦)代表大会的工作,支持孟什维克。十月革命后领导在波兰的崩得组织。1921年到美国,在犹太右翼社会党人的《前进报》上撰文诽谤苏维埃俄国。——242。

梅林,弗兰茨(Mehring,Franz 1846—1919)——德国工人运动活动家,德国社会民主党左翼领袖和理论家之一,历史学家、政论家和文艺学家,德国共产党创建人之一。19世纪60年代末起是资产阶级民主主义政论家,曾担任民主主义报纸《人民报》主编。1891年加入德国社会民主党,担任党的理论刊物《新时代》杂志的固定撰稿人和编辑,1902—1907年任《莱比锡人民报》主编,积极反对第二国际的机会主义和修正主义,批判考茨基主义。第一次世界大战爆发后坚决谴责帝国主义侵略战争和社会沙文主义者的背叛政策;是国际派(后改称斯巴达克派和斯巴达克联盟)的组织者和领导人之一。1918年参加了建立德国共产党的准备工作。欢迎俄国十月革命,曾撰文驳斥对十月革命的恶毒攻击,维护苏维埃政权。在研究德国中世纪史、德国社会民主党史和马克思主义史方面作出了重大贡献,在整理出版马克思、恩格斯和拉萨尔的遗著方面也做了大量工作,但在其著作中有不少缺点和错误。主要著作有《莱辛传奇》(1893)、《德国社会民主党史》(1897—1898)、《马克思传》(1918)等。——3、253、254、258。

弥勒,约翰奈斯·彼得(Müller,Johannes Peter 1801—1858)——德国自然科学家,1830年起任波恩大学教授、1833年起任柏林大学教授。1834年创办《解剖学、生理学和科学医学文库》杂志,创立生理学家学派。从事中枢神经系统和感觉器官的研究,提出感官殊能律,把感觉看做是人的感官的内在能的表现结果,按照康德主义得出外部世界不可认识的结论。写有生理学、比较解剖学、胚胎学和组织学方面的著作。主要著作有《人和动物的视觉比较生理学》(1826)、《生理学原理》(1833—1840)等。——97。

米海洛夫斯基,尼古拉·康斯坦丁诺维奇(局外人)(Михайловский,Николай Константинович(Посторонний) 1842—1904)——俄国自由主义民粹派理论家,政论家,文艺批评家,实证论哲学家,社会学主观学派代表人物。1860年开始写作活动。1868年起为《祖国纪事》杂志撰稿,后任编辑。1879年与民意党接近。1882年以后写了一系列谈"英雄"与"群氓"问题的文章,建立了完整的"英雄"与"群氓"的理论体系。1884年《祖国纪事》杂志被封闭后,给《北方通报》、《俄国思想》、《俄罗斯新闻》等报刊撰稿。1892年起任《俄国财富》杂志编辑,在该杂志上与俄国马克思主义者进行激烈的论战。——112、153—211、213、214、227。

米勒兰,亚历山大·艾蒂安(Millerand,Alexandre Étienne 1859—1943)——法国政治活动家,法国社会党和第二国际的机会主义代表人物。1885年起多次当选议员。原属资产阶级激进派,90年代初参加法国社会主义运动,领导运动中的机会主义派。1898年同让·饶勒斯、泽·卡梅利纳等人组成法国独立社会党人联盟。1899年参加瓦尔德克–卢梭内阁,任工商业部长,同镇压巴黎公社的刽子手加利费合作;这是有史以来社会党人第一次参加资产阶级政府,列宁把这个行动斥之为"实践的伯恩施坦主义"。1904年被开除出法国社会党,此后同阿·白里安、勒·维维安尼等前社会党人一起组成独立社会党人集团。1909—1915年先后任公共工程部长和陆军部长,竭力主张把帝国主义战争进行到底。俄国十月革命后是武装干涉苏维埃俄国的策划者之一。1920年1—9月任总理兼外交部长,1920年9月—1924年6月任法兰西共和国总统。资产阶级左翼政党在大选中获胜后,被迫辞职。1925年和1927年当选为参议员。——248。

米柳亭,弗拉基米尔·巴甫洛维奇(Милютин, Владимир Павлович 1884—1937)——1903年参加俄国社会民主主义运动,起初是孟什维克,1910年起为布尔什维克。曾在库尔斯克、莫斯科、奥廖尔、彼得堡和图拉做党的工作,屡遭沙皇政府迫害。1917年二月革命后任俄国社会民主工党(布)萨拉托夫委员会委员、萨拉托夫苏维埃主席。在党的第七次全国代表会议(四月代表会议)和第六次全国代表大会上当选为中央委员。十月革命后参加第一届人民委员会,任农业人民委员。1917年11月主张成立有孟什维克和社会革命党人参加的联合政府,遭到否决后声明退出党中央和人民委员会。1918—1921年任最高国民经济委员会副主席。1924年起历任工农检查人民委员部部务委员、中央统计局局长、国家计划委员会副主席、苏联中央执行委员会学术委员会主席等职。1920—1922年为党中央候补委员,1924—1934年为中央监察委员。写有一些关于经济问题的著作。——306、307。

缅施科夫,米哈伊尔·奥西波维奇(Меньшиков, Михаил Осипович 1859—1919)——俄国政论家,黑帮报纸《新时报》的撰稿人。十月革命后反对苏维埃政权,1919年被枪决。——35。

摩尔根,路易斯·亨利(Morgan, Lewis Henry 1818—1881)——美国民族学家,原始社会史学家;职业为律师。1875年当选国家科学院院士。1880年担任美国科学促进会主席。论证了作为原始公社制度基本形式的氏族的发展学说,发现了人类早期的社会组织原则及其发展规律,为科学地理解原始社会的历史奠定了基础。马克思、恩格斯对摩尔根的巨大贡献给予很高的评价。主要著作是《古代社会》(1877)。——169、171。

摩根,康韦·劳埃德(Morgan, Conwy Lloyd 1852—1936)——英国生物学家,心理学家和哲学家,1884年起任布里斯托尔大学教授。早期持唯物主义立场,后来成为现代英国资产阶级哲学中的一个唯心主义派别——"倏忽进化"学派的代表人物,认为世界上有某种"内在力量"(上帝)在起作用。主要著作有《动物的生命和智慧》(1890—1891)、《比较心理学绪论》(1895)、《倏忽进化》(1923)等。——10、84。

摩莱肖特,雅科布(Moleschott,Jacob 1822—1893)——荷兰学者,先后在苏黎世大学、都灵大学、罗马大学任生理学教授。庸俗唯物主义主要代表之一;复活机械论的自然观和社会观。主要哲学著作是《生命的循环》(1852);还写有一些生理学著作。——12、115。

穆勒,约翰·斯图亚特(Mill,John Stuart 1806—1873)——英国哲学家,经济学家,逻辑学家,实证论代表人物。哲学观点接近休谟的经验论和孔德的实证论,否认物质世界的客观存在,认为感觉是唯一的实在。对逻辑学中的归纳法的研究有一定贡献,但片面夸大归纳法的作用。在经济学上追随古典学派,但比李嘉图倒退一步,用生产费用论代替劳动价值论。企图用节欲论来解释资本家的利润。主张通过分配关系的改革实现社会改良。主要著作有《三段论法和归纳法的逻辑体系》(1843)、《政治经济学原理》(1848)、《汉密尔顿爵士哲学探讨》(1865)等。——52。

N

拿破仑第一(**波拿巴**)(Napoléon I (Bonaparte)1769—1821)——法国皇帝,资产阶级军事家和政治家。法国资产阶级革命时期参加革命军。1799年发动雾月政变,自任第一执政,实行军事独裁统治。1804年称帝,建立法兰西第一帝国,颁布《拿破仑法典》,巩固资本主义制度。多次粉碎反法同盟,严重打击了欧洲封建反动势力。但拿破仑的对外战争逐渐变为同英俄争霸和掠夺、奴役别国的侵略战争。1814年欧洲反法联军攻陷巴黎后,被流放于厄尔巴岛。1815年重返巴黎,再登皇位。滑铁卢之役战败后,被流放于大西洋圣赫勒拿岛。——38、43、50、82、188、262、263。

拿破仑第三(**波拿巴,路易**)(Napoléon III (Bonaparte,Louis)1808—1873)——法国皇帝(1852—1870),拿破仑第一的侄子。法国1848年革命失败后被选为法兰西共和国总统。1851年12月2日发动政变,1852年12月称帝。在位期间,对外屡次发动侵略战争,包括同英国一起发动侵略中国的第二次鸦片战争。对内实行警察恐怖统治,强化官僚制度,同时以虚假的承诺、小恩小惠和微小的改革愚弄工人。1870年9月2日在普法战争色当战役中被俘,9月4日巴黎革命时被废黜。马克思在《路易·波拿巴的雾月十八日》一书中对拿破仑第三作了评述。——233、247。

纳希姆松,米龙·伊萨科维奇(斯佩克塔托尔)(Нахимсон, Мирон Исаакович (Спектатор)1880—1938)——俄国经济学家和政论家。1899—1921年是崩得分子。第一次世界大战期间持中派立场。1935年在莫斯科国际农业研究所和共产主义科学院工作。写有一些关于世界经济问题的著作。——267。

尼古拉二世(**罗曼诺夫**)(Николай II(Романов)1868—1918)——俄国最后一个皇帝,亚历山大三世的儿子。1894年即位,1917年二月革命时被推翻。1918年7月17日根据乌拉尔州工兵代表苏维埃的决定在叶卡捷琳堡被枪决。——246。

牛顿,艾萨克(Newton, Isaac 1642—1727)——英国物理学家、天文学家和数学家,剑桥大学教授。1672年被选为伦敦皇家学会会员,1703年起任皇家学会会长。确立了经典力学的基本定律,发现了万有引力定律和光的色散,与戈·莱布尼茨并称为微积分的创始人。在哲学观点上是自发的唯物主义者。——79、98。

P

佩什,乔治(Paish, George 1867—1957)——英国经济学家和统计学家,和平主义者。1881—1900年为英国保守党报纸《统计学家报》的编辑部撰稿人,1900—1916年是该报编辑之一。1914—1916年任英国国库(财政部)财政和经济问题顾问。一些经济学会和统计学会的主席和会员。写有一系列关于世界经济和政治问题的著作。——245。

彭加勒,昂利(Poincaré, Henri 1854—1912)——法国数学家和物理学家,1886年起任巴黎大学教授,1887年起为巴黎科学院院士。在研究微分方程理论、数学物理、天体力学等方面有贡献;和阿·爱因斯坦同时奠定了相对论的基础。在哲学上接近马赫主义,否认物质的客观存在和自然界的客观规律性,认为自然规律是人们为了"方便"而创造的符号、记号;在他看来,科学理论的价值不取决于它是否正确而深刻地反映客观实在,而取决于它应用起来是否方便和适宜。主要哲学著作有《科学和假说》(1902)、《科学的价值》(1905)、《科学和方法》(1909)等。——17、70、83、96、98、101、103、124、125。

皮浪(Pyrrhon 约公元前365—前275)——古希腊哲学家,古代怀疑论创始人。认为客观真理是不可认识的,宣扬逃避和漠视实际生活。——47。

皮萨列夫,德米特里·伊万诺维奇(Писарев, Дмитрий Иванович 1840—1868)——俄国革命民主主义者,政论家,文学评论家,唯物主义哲学家。——147。

蒲鲁东,皮埃尔·约瑟夫(Proudhon, Pierre-Joseph 1809—1865)——法国政论

家,经济学家,社会学家,小资产阶级思想家,无政府主义创始人之一。1840年出版《什么是财产?》一书,从小资产阶级立场出发批判大资本主义所有制,幻想使小私有制永世长存。主张由专门的人民银行发放无息贷款,帮助工人购置生产资料,使他们成为手工业者,再由专门的交换银行保证劳动者"公平地"销售自己的劳动产品,而同时又不触动生产工具和生产资料的资本主义所有制。认为国家是阶级矛盾的主要根源,提出和平"消灭国家"的空想主义方案,对政治斗争持否定态度。1846年出版《经济矛盾的体系,或贫困的哲学》,阐述他的小资产阶级的哲学和经济学观点。马克思在《哲学的贫困》一书中对该书作了彻底的批判。在1848年革命时期被选入制宪议会后,攻击工人阶级的革命发动,赞成1851年12月2日的波拿巴政变。——163。

普利什凯维奇,弗拉基米尔·米特罗范诺维奇(Пуришкевич, Владимир Митрофа-нович 1870—1920)——俄国大地主,狂热的黑帮反动分子,君主派。1900年起在内务部任职,1904年为维·康·普列韦的内务部特务处官员。1905年参与创建黑帮组织"俄罗斯人民同盟",1907年退出同盟而成立了新的君主派反革命组织"米迦勒天使长同盟"。第二、第三和第四届国家杜马代表,因在杜马中发表歧视异族和反犹太人的演说而臭名远扬。第一次世界大战期间要求建立"强有力的政权"把战争进行到"最后胜利"。1917年二月革命后主张恢复君主制。十月革命后竭力反对苏维埃政权,是1917年11月初被揭露的军官反革命阴谋的策划者。——230。

普列汉诺夫,格奥尔吉·瓦连廷诺维奇(别尔托夫)(Плеханов, Георгий Ва-лентинович(Бельтов)1856—1918)——俄国早期的马克思主义理论家,后来成为孟什维克和第二国际机会主义领袖之一。19世纪70年代参加民粹主义运动,是土地和自由社成员及土地平分社领导人之一。1880年侨居瑞士,逐步同民粹主义决裂。1883年创建俄国第一个马克思主义团体——劳动解放社。翻译和介绍了马克思和恩格斯的许多著作,对马克思主义在俄国的传播起了重要作用;写过不少优秀的马克思主义著作,批判民粹主义、合法马克思主义、经济主义、伯恩施坦主义、马赫主义。20世纪初是《火星报》和《曙光》杂志编辑部成员。俄国社会民主工党第二次代表大会后逐渐转向孟什维克。1905—1907年革命时期反对列宁的民主革命的策略,后来在孟什维克和布尔什维克之间摇摆。斯托雷平反动时期和新的革命高涨年代反对取消主义,领导了孟什维克护党派。第一次世界大战期间持社会沙文主义立场。1917年二月革命后返回俄国,支持资产阶级临时政府。对十月革命持否定态度,但拒绝支持反革

专制制度进行政治斗争，认为只有建立革命者的专门组织才能顺利地进行这场斗争。他是天才的组织家，曾力图把一切不满沙皇政府的人联合在民意党周围，在大学生、陆海军中建立秘密小组，重视在城市工人中进行革命工作。在他的倡议下，俄国创办了第一家工人报纸《工人报》。但是他不理解工人阶级的历史作用，完全不懂得科学社会主义，而把个人恐怖手段看作是推翻沙皇专制制度的主要手段，多次组织谋刺亚历山大二世的活动。1881年3月1日亚历山大二世遇刺前两天被捕，当他的同志们被捕后，他宣布自己参加了组织谋刺沙皇的活动。在法庭上拒绝辩护，并发表演说进行革命鼓动。同年4月3日（15日）在彼得堡被处以绞刑。——248。

茹柯夫斯基，尤利·加拉克季昂诺维奇（Жуковский，Юлий Галактионович 1833—1907）——俄国经济学家和政论家，社会思想史学家。曾任俄国国家银行行长、参议员。1860年起先后为《同时代人》和《欧洲通报》两家杂志的撰稿人。1877年在《欧洲通报》第9期上发表《卡尔·马克思和他的〈资本论〉一书》一文，恶毒攻击马克思主义，在俄国引起了一场激烈论战。——156、190、194—195。

S

萨尔蒂科夫-谢德林，米哈伊尔·叶夫格拉福维奇（萨尔蒂科夫，米·叶·；谢德林）（Салтыков-Щедрин，Михаил Евграфович（Салтыков，М. Е.，Щедрин）1826—1889）——俄国讽刺作家，革命民主主义者。1848年因发表抨击沙皇制度的小说被捕，流放七年。1856年初返回彼得堡，用"尼·谢德林"这个笔名发表了《外省散记》。1863—1864年为《同时代人》杂志撰写政论文章，1868年起任《祖国纪事》杂志编辑，1878年起任主编。60—80年代创作了《一个城市的历史》、《戈洛夫廖夫老爷们》等长篇小说，批判了俄国的专制农奴制，刻画了地主、沙皇官僚和自由派的丑恶形象。——329。

萨兰德拉，安东尼奥（Salandra，Antonio 1853—1931）——意大利国务活动家，意大利工业垄断组织和大地主的"自由联盟"的极右翼领袖之一。原为律师，曾在罗马大学任教。1886年起为意大利众议员。曾任农业大臣、财政大臣和国库大臣。1914—1916年任意大利内阁首相，1915年领导意大利参加协约国一方作战。战后是意大利参加巴黎和会和国际联盟的代表。支持意大利法西斯的夺权斗争；法西斯上台后，1922—1924年同墨索里尼政府合作。1925年起不再积极参加政治活动。——248。

萨文柯夫,波里斯·维克多罗维奇(罗普申,维·)(Савинков, Борис Викторович
(Ропшин, В.)1879—1925)——俄国社会革命党领袖之一。1903年加入社会
革命党,1903—1906年是该党"战斗组织"的领导人之一,多次参加恐怖活动。
1911年侨居国外。第一次世界大战期间是社会沙文主义者。1917年二月革命
后回国,任临时政府驻最高总司令大本营的委员、西南方面军委员、陆军部
副部长、彼得格勒军事总督;根据他的提议在前线实行了死刑。十月革命后
参加克伦斯基—克拉斯诺夫叛乱,参与组建顿河志愿军,建立地下反革命组
织——保卫祖国与自由同盟,参与策划反革命叛乱。1921—1923年在国外领
导反对苏维埃俄国的间谍破坏活动。1924年偷越苏联国境时被捕,被判处死
刑,后改为十年监禁。在狱中自杀。——247。

塞克斯都-恩披里柯(Sextus Empiricus 2世纪)——古希腊哲学家和医生,古代
怀疑论的著名代表。否定认识真理的可能性,反对任何"独断的"判断和道德
原则,断言人不应该有任何信念,把信念看做是谋取幸福的主要障碍。他的著
作留传下来的有《皮浪的基本原理》和《反对数学家》,其中有丰富的哲学史
料。——47。

桑巴,马赛尔(Sembat, Marcel 1862—1922)——法国社会党改良派领袖之一,
新闻工作者。曾为社会党和左翼激进派刊物撰稿。1893年起为众议员。1905年
法国社会党与法兰西社会党合并后,是统一的法国社会党的右翼领袖之一。
第一次世界大战期间是社会沙文主义者。1914年8月—1917年9月任法国帝国
主义"国防政府"公共工程部长。1915年2月参加协约国社会党伦敦代表会议,
会议目的是在社会沙文主义纲领的基础上实现协约国社会党的联合。——
271。

施特勒贝尔,亨利希(Ströbel, Heinrich 1869—1945)——德国社会民主党人,中
派分子。1905—1916年任德国社会民主党中央机关报《前进报》编委。1908—
1918年为普鲁士邦议会议员。第一次世界大战初期反对社会沙文主义和帝国
主义战争,属于国际派,在国际派中代表向考茨基主义方面动摇的流派。1916
年完全转向考茨基主义立场。1917年是建立德国独立社会民主党的发起人之
一。1918年11月—1919年1月为普鲁士政府成员。1919年回到社会民主党,因
不同意该党领导的政策,于1931年退党。1922年起为德国国会议员。——258、
261。

施韦格勒,阿尔伯特(Schwegler, Albert 1819—1857)——德国神学家、哲学家、
语文学家和历史学家。曾将亚里士多德的《形而上学》译成德文,主编1843—

1848年在斯图加特和蒂宾根出版的《现代年鉴》。著有《哲学史纲要》(1847)
等。——37、150。

舒伯特-索尔登,理查(Schubert-Soldern,Richard 1852—1935)——德国哲学
教授,内在论哲学代表;曾参加德国《内在论哲学杂志》的出版工作。主要著作
有《论客体和主体的超验性》(1882)、《认识论的基础》(1884)、《人类的幸福和
社会问题》(1896)等。——80、109—110、111、127。

舒尔采,戈特利布·恩斯特(Schulze,Gotlieb Ernst 1761—1833)——德国唯心
主义哲学家,大卫·休谟的追随者,教授。否认康德的自在之物,认为这是向
唯物主义的让步,否认客观认识的可能性,把认识局限于感觉经验,企图恢
复古希腊怀疑论,并使之现代化。由于他的一部主要哲学著作以古希腊怀疑
论哲学家埃奈西德穆为名,所以在哲学史上他被称为舒尔采—埃奈西德穆。
主要著作有《哲学科学概论》(1788—1790)、《埃奈西德穆或关于耶拿的赖因
霍尔德教授先生提出的基础哲学的原理》(1792)、《理论哲学批判》(1801)
等。——47—48、86。

舒佩,威廉(Schuppe,Wilhelm 1836—1913)——德国哲学家,主观唯心主义者,
内在论学派首脑。1873年起任格赖夫斯瓦尔德大学教授。认为世界不能离开
意识而存在,存在和意识是同一的。这种观点必然导致唯我论。主要著作有
《认识论的逻辑》(1878)、《内在论哲学》(1897)、《唯我论》(1898)等。——80、
109、127。

司徒卢威,彼得·伯恩哈多维奇(Струве,Петр Бернгардович 1870—1944)——
俄国经济学家,哲学家,政论家,合法马克思主义主要代表人物。19世纪90年
代编辑合法马克思主义者的杂志《新言论》和《开端》。在1894年发表的第一部
著作《俄国经济发展问题的评述》中,就在批判民粹主义的同时,对马克思的
经济学说和哲学学说提出"补充"和"批评"。20世纪初同马克思主义和社会民
主主义彻底决裂,转到自由派营垒。1902年起编辑自由派资产阶级刊物《解
放》杂志,1903年起是解放社的领袖之一。1905年起是立宪民主党中央委员,
领导该党右翼。1907年当选为第二届国家杜马代表。第一次世界大战爆发后
是俄国帝国主义思想家。十月革命后敌视苏维埃政权,是邓尼金和弗兰格尔
反革命政府的成员,后逃往国外。——127、248。

斯巴达克(Spartacus 死于公元前71年)——公元前73—前71年古罗马最大的一
次奴隶起义的领袖,色雷斯人。意大利卡普亚城一角斗士学校的角斗奴隶。因
不堪奴隶主的虐待,于公元前73年密谋起义。事泄,率七十余人逃至维苏威

山，各地奴隶和贫民纷纷投奔，起义队伍迅速扩大，同罗马奴隶主军队作战连战皆捷。公元前71年被克拉苏率领的罗马军队打败，斯巴达克与六万名奴隶英勇牺牲。斯巴达克的名字已作为勇敢、高尚、对人民无限忠诚、同压迫者无情斗争的光辉典范而载入史册。——291。

斯宾诺莎，巴鲁赫(Spinoza, Baruch 1632—1677)——荷兰唯物主义哲学家，唯理论者，无神论者。——151。

斯宾塞，赫伯特(Spencer, Herbert 1820—1903)——英国哲学家，社会学家。实证论的代表，社会有机体论的创始人。认为社会和国家如同生物一样是由简单到复杂的不断发展进化的有机体，社会的阶级构成以及各种行政机构的设置犹如执行不同功能的各种生物器官，适者生存的规律也适用于社会。主要著作是《综合哲学体系》(1862—1896)。——112、158。

斯柯别列夫，马特维·伊万诺维奇(Скобелев, Матвей Иванович 1885—1938)——1903年参加俄国社会民主主义运动，孟什维克；职业是工程师。1906年侨居国外，为孟什维克出版物撰稿，参加托洛茨基的维也纳《真理报》编辑部。第四届国家杜马代表，社会民主党杜马党团领袖之一。第一次世界大战期间是中派分子。1917年二月革命后任彼得格勒工兵代表苏维埃副主席、第一届中央执行委员会副主席；同年5—8月任临时政府劳动部长。十月革命后脱离孟什维克，先后在合作社系统和对外贸易人民委员部工作。1922年加入俄共(布)，在经济部门担任负责工作。1936—1937年在全苏无线电委员会工作。——271。

斯密斯，诺曼·凯姆普(Smith, Norman Kemp 1872—1958)——英国唯心主义哲学家，接近新实在论；1919—1945年任爱丁堡大学教授。主要著作有《唯心主义认识论绪论》(1924)、《大卫·休谟的哲学》(1941)等。——56。

斯佩克塔托尔——见纳希姆松，米·伊·。

斯塔洛，约翰·伯纳德(Stallo, John Bernard 1823—1900)——美国哲学家和物理学家；早年信奉黑格尔唯心主义，后来拥护经验批判主义。——102、103。

苏沃洛夫，谢尔盖·亚历山德罗维奇(Суворов, Сергей Александрович 1869—1918)——俄国社会民主党人，著作家和统计学家。19世纪90年代开始革命活动时是民意党人，1900年起为社会民主党人。1905—1907年在俄国一些城市的布尔什维克组织中工作，是俄国社会民主工党第四次(统一)代表大会代表。1905—1907年革命失败后，参加党内马赫主义者知识分子集团，攻击马克思主义哲学。在该集团编纂的《关于马克思主义哲学的论丛》(1908)中发表了他的《社会哲学的基础》一文。1910年以后脱党,从事统计工作。1917年加入孟什维克国际主义派。十月革命后在莫斯科和雅罗斯拉夫尔工作。在1918年7月雅罗斯拉夫尔发生反革命暴动时死去。——2。

孙中山(1866—1925)——中国伟大的革命先行者。——315。

索罗金,皮季里姆·亚历山德罗维奇(Сорокин, Питирим Александрович 1889—1968)——俄国社会革命党右翼领袖,社会学家。1917年二月革命后任社会革命党右翼刊物《人民意志报》主编。——329—330。

T

塔尔海默,奥古斯特(Thalheimer, August 1884—1948)——德国共产党右倾机会主义派别领袖之一,政论家。1904年加入德国社会民主党。第一次世界大战期间持国际主义立场,1914—1916年任社会民主党《人民之友报》编辑;参加国际派(后改称斯巴达克派和斯巴达克联盟)。1916—1918年曾参与出版反对帝国主义战争和社会沙文主义的秘密鼓动材料《斯巴达克通信》。1918—1923年为德国共产党中央委员和德共中央机关报《红旗报》编辑。1921年采取"左派"立场;是所谓"进攻论"的提出者之一。1923年秋,当德国出现革命形势时,和亨·布兰德勒一起执行机会主义政策。1923年底被解除党内领导职务。1929年因进行右倾派别活动被开除出党。——258。

唐恩(古尔维奇),费多尔·伊里奇(费·唐·)(Дан(Гурвич), Федор Ильич(Ф. Д.)1871—1947)——俄国孟什维克领袖之一,职业是医生。1894年参加社会民主主义运动,加入彼得堡工人阶级解放斗争协会。1903年成为孟什维克。斯托雷平反动时期和新的革命高涨年代在国外领导取消派,编辑取消派的《社会民主党人呼声报》。第一次世界大战期间是社会沙文主义者。1917年二月革命后任彼得格勒苏维埃执行委员会委员和第一届中央执行委员会主席团委员,支持资产阶级临时政府。十月革命后反对苏维埃政权,1922年被驱逐出境,在柏林领导孟什维克进行反革命活动。1923年参与组织社会主义工人国际。1923年被取消苏联国籍。——242。

屠格涅夫,伊万·谢尔盖耶维奇(Тургенев, Иван Сергеевич 1818—1883)——俄国作家。他的作品反映了19世纪30—70年代俄国社会的思想探索和心理状态,揭示了俄国社会生活的特有矛盾。他反对农奴制,但寄希望于亚历山大二世,期望通过"自上而下"的改革使俄国达到渐进的转变,主张在俄国实行立宪君主制。——21、235、236。

托洛茨基（**勃朗施坦**），列夫·达维多维奇（Троцкий（Бронштейн），Лев Давидович 1879—1940）——1897年加入俄国社会民主工党。1905年同亚·帕尔乌斯一起提出和鼓吹"不断革命论"。斯托雷平反动时期和新的革命高涨年代，采取取消派立场。1912年组织"八月联盟"。第一次世界大战期间持中派立场。1917年二月革命后参加区联派，在党的第六次代表大会上随区联派集体加入布尔什维克党，当选为中央委员。1917年10月10日被选入中央政治局。十月革命后任外交人民委员，1918年初反对签订布列斯特和约，同年3月改任共和国革命军事委员会主席、陆海军人民委员等职。1919—1926年为党中央政治局委员。1920—1921年挑起关于工会问题的争论。1923年起进行反党派别活动。1925年初被解除革命军事委员会主席和陆海军人民委员职务。1926年与季诺维也夫结成"托季联盟"。1927年被开除出党，1929年被驱逐出境，1932年被取消苏联国籍。在国外组织第四国际，继续进行反对苏联党和国家、破坏国际共产主义运动的活动。死于墨西哥。——301—321、322。

W

瓦·沃·——见沃龙佐夫，瓦·巴·。

瓦连廷诺夫，尼·（**沃尔斯基，尼古拉·弗拉基斯拉沃维奇**）（Валентинов，Н.（Вольский，Николай Владиславович）1879—1964）——俄国孟什维克，新闻工作者，马赫主义哲学家。俄国社会民主工党第二次代表大会后站在布尔什维克一边，1904年底转向孟什维克，编辑孟什维克的《莫斯科日报》，参加孟什维克的《真理》、《我们的事业》、《生活事业》等杂志的工作，为资产阶级的《俄罗斯言论报》撰稿。斯托雷平反动时期是取消派分子；在哲学上用马赫和阿芬那留斯的主观唯心主义观点来修正马克思主义。十月革命后在最高国民经济委员会的《工商报》任副编辑，后在苏联驻巴黎商务代表处工作。1930年侨居国外。主要著作有《马克思主义的哲学体系》（1908）、《马赫和马克思主义》（1908）等。——2、18、56、86、95。

瓦扬，爱德华·玛丽（Vaillant，Edouard Marie 1840—1915）——法国工人运动活动家，布朗基主义者。1866—1867年加入第一国际。1871年为巴黎公社执行委员会委员，领导教育委员会。公社失败后流亡伦敦，被选为第一国际总委员会委员。曾被缺席判处死刑，1880年大赦后返回法国，1881年领导布朗基派中央革命委员会。1893年起为议员。在反对米勒兰主义斗争中与盖得派接近，是1901年盖得派与布朗基派合并为法兰西社会党的发起人之一。1905—1915年是法国社会党(1905年建立)的领导人之一。第一次世界大战期间持社会沙文主义立场。——254、255。

万科韦拉尔特,扬·弗朗斯(科韦拉尔特)(Van Cauwelaert,Jan Frans(Cauwelaert)生于1880年)——比利时法学家和国务活动家。1907年起在弗赖堡大学兼任教授,1910年起为众议院议员。后来担任过外交职务,为内阁大臣。1905—1907年曾在《新经院哲学评论》杂志上发表过几篇唯心主义哲学文章。——13、56。

王德威尔得,埃米尔(Vandervelde,Émile 1866—1938)——比利时政治活动家,比利时工人党领袖,第二国际的机会主义代表人物。1885年加入比利时工人党,90年代中期成为党的领导人。1894年起多次当选为议员。1900年起任第二国际常设机构——社会党国际局主席;一贯采取机会主义立场,曾为伯恩施坦主义辩护。第一次世界大战爆发后成为社会沙文主义者,是大战期间欧洲国家中第一个参加资产阶级政府的社会党人。1918年起历任司法大臣、外交大臣、公共卫生大臣、副首相等职。1917年二月革命后到俄国鼓吹继续进行战争,敌视俄国十月革命,支持武装干涉苏维埃俄国。曾积极参加恢复第二国际的活动,1923年起是社会主义工人国际书记处书记和常务局成员。——273—280。

威廉二世(**霍亨索伦**)(Wilhelm II (Hohenzollern)1859—1941)——德国皇帝和普鲁士国王(1888—1918)。——246。

维利,鲁道夫(Willy,Rudolph 1855—1920)——德国马赫主义哲学家,理·阿芬那留斯的学生。其著作除列宁分析过的以外,尚有《从原始一元论观点看总体经验》(1908)、《理想与生活……》(1909)等。——13、69、70。

维佩尔,罗伯特·尤里耶维奇(Виппер,Роберт,Юрьевич 1859—1954)——苏联历史学家,莫斯科大学教授。——325—326。

沃尔特曼,路德维希(Woltmann,Ludwig 1871—1907)——德国社会学家和人类学家。他企图证明马克思主义哲学和康德主义是相同的;认为工人运动的主要任务是进行经济斗争。他把达尔文学说套用于社会的发展,断言社会的阶级结构不仅取决于历史原因,而且取决于人与人之间天然的不平等。他维护种族主义理论,认为种族特征是政治和经济发展的最重要的因素;贩卖日耳曼民族优越的思想。他的观点成为德国法西斯主义思想体系的一个组成部分。——113。

沃龙佐夫,瓦西里·巴甫洛维奇(瓦·沃·)(Воронцов,Василий Павлович(В.

B.)1847—1918)——俄国经济学家,社会学家,政论家,自由主义民粹派思想家。曾为《俄国财富》、《欧洲通报》等杂志撰稿。认为俄国没有发展资本主义的条件,把农民村社理想化。19世纪90年代发表文章反对俄国马克思主义者,鼓吹同沙皇政府和解。主要著作有《俄国资本主义的命运》(1882)、《俄国手工工业概述》(1886)、《农民经济中的进步潮流》(1892)、《我们的方针》(1893)、《理论经济学概论》(1895)。——179。

X

西尼耳,纳索·威廉(Senior,Nassau William 1790—1864)——英国庸俗经济学家,1825—1830年和1847—1852年任牛津大学教授。在各届政府的劳动和工业问题委员会中担任领导职务。倡导"节欲论",并极力反对缩短工作日。马克思在《资本论》第一卷中批判了他在1837年发表的小册子《关于工厂法对棉纺织业的影响的书信》。——45。

谢德林——见萨尔蒂科夫-谢德林,米·叶·。

谢德曼,菲力浦(Scheidemann,Philipp 1865—1939)——德国社会民主党右翼领袖之一。1903年起参加社会民主党国会党团。1911年当选为德国社会民主党执行委员会委员,1917—1918年是执行委员会主席之一。第一次世界大战期间是社会沙文主义者。1918年10月参加巴登亲王马克斯的君主制政府,任国务大臣。1918年十一月革命期间参加所谓的人民代表委员会,借助旧军队镇压革命。1919年2—6月任魏玛共和国联合政府总理。1933年德国建立法西斯专政后流亡国外。——256。

谢多夫,尔·——见柯尔佐夫,德·。

谢尔诺-索洛维耶维奇,亚历山大·亚历山德罗维奇(Серно-Соловьевич,Александр Александрович 1838—1869)——俄国19世纪60年代革命民主主义运动活动家,车尔尼雪夫斯基的追随者。俄国平民知识分子的秘密革命团体"土地和自由社"(1861年成立)的组织者和领导人之一。写过一篇抨击性文章《我们的家事》,批评赫尔岑向自由主义的动摇。1867年起是第一国际日内瓦支部成员,和马克思有过通信联系。——235。

谢林,弗里德里希·威廉·约瑟夫(Schelling,Friedrich Wilhelm Joseph 1775—1854)——18世纪末至19世纪初德国唯心主义哲学代表。曾在耶拿(1798年起)、维尔茨堡(1803年起)、慕尼黑(1806年起)和柏林(1841年起)任大学教授。初期信奉费希特哲学,后创立客观唯心主义的"同一哲学",提出存在和思维、物质和精神、客体和主体绝对同一的观念，并认为绝对同一是"宇宙精神"的无意识状态。把自然界的发展描述成"宇宙精神"自我发展的辩证过程。谢林是自然哲学最著名的代表，自然哲学尽管具有唯心主义性质，但在谢林的哲学体系中是最有价值的一部分。后期成为普鲁士王国的御用思想家，宣扬宗教神秘主义的"启示哲学"。主要著作有《自然哲学体系初稿》(1799)、《先验唯心主义体系》(1800)等。——118。

谢姆柯夫斯基，谢·(**勃朗施坦，谢苗·尤利耶维奇**)(Семковский，С.(Бронштейн，Семен Юльевич)1882—1937)——俄国社会民主党人，孟什维克。曾加入托洛茨基的维也纳《真理报》编辑部，为孟什维克取消派报刊和外国社会民主党人的报刊撰稿；第一次世界大战期间是中派分子，孟什维克组织委员会国外书记处成员。1917年回国后，进入孟什维克中央委员会。1920年同孟什维克决裂。——241—242。

休谟，大卫(Hume，David 1711—1776)——英国哲学家，主观唯心主义者，不可知论者；历史学家和经济学家。继乔·贝克莱之后，用唯心主义精神发展约·洛克的感觉论。承认感觉是认识的基础，认为认识的任务就是组合初步的感觉和由感觉形成的概念。否认唯物主义的因果观，认为外部世界的存在问题是无法解决的。休谟的观点对于资产阶级唯心主义哲学后来的发展有很大影响。主要著作有《人性论》(1739—1740)、《道德原则研究》(1751)等。——17、19、20、21、23、24、32、33、43、44、47、48、60、63、64、67、69、71、72、74、83、86、104、119、129、151、241。

休特古姆，阿尔伯特(Südekum，Albert 1871—1944)——德国社会民主党右翼领袖之一，修正主义者。1900—1918年是帝国国会议员。第一次世界大战期间是社会沙文主义者。在殖民地问题上宣扬帝国主义观点，反对工人阶级的革命运动。1918—1920年任普鲁士财政部长。1920年起不再积极参加政治活动。"休特古姆"一词已成为极端机会主义者和社会沙文主义者的通称。——253。

Y

亚里士多德(Aristotélês 公元前384—前322)——古希腊哲学家和学者，古代奴隶社会统治阶级的思想家。师事柏拉图，但批判了老师的唯心主义理论。在哲学观点上摇摆于唯心主义和唯物主义之间。在古希腊哲学家中学识最为渊博，不仅是形式逻辑的奠基人，而且研究了辩证思维最基本的形式，被恩格斯称为"古代世界的黑格尔"。此外，还研究了心理学、物理学、政治学、历史学、

观点。著有《从经验符号论观点看现代唯能论》一文(此文收入《关于马克思主义哲学的论丛》)(1908)及《唯物主义和批判实在论》(1908)、《新思潮》(1910)、《一种世界观与种种世界观》(1912)等书。十月革命后反对苏维埃政权。——2、18、56、70、71、72—73、76、95、128。

宇伯威格,弗里德里希(Ueberweg,Friedrich 1826—1871)——德国哲学家,1867年起任柯尼斯堡大学教授;在哲学观点上接近唯物主义。主要著作有《哲学史概论》(1862—1866);还写有《逻辑学体系和逻辑学说史》(1857)、《论唯心主义、实在论和唯心实在论》(1859)等。——94。

Z

詹姆斯,威廉(James,William 1842—1910)——美国哲学家和心理学家,主观唯心主义者,实用主义创始人之一。1880年起任哈佛大学教授。他对一些哲学概念(意识、经验、真理等)的解释接近经验批判主义。主要著作有《心理学原理》(1890)、《实用主义》(1907)、《从多元论观点看宇宙》(1909)等。——124。

正统派——见阿克雪里罗得,柳·伊·。

《列宁专题文集》编审委员会

主　　编　韦建桦

副 主 编　顾锦屏

编　　委　（以姓氏笔画为序）

王学东　　王丽华　　刘彦章　　刘燕明

杨祝华　　李洙泗　　张海滨　　武锡申

郭佰京　　高晓惠　　翟民刚

责任编辑：郇中建
装帧统筹：曹　春
编辑助理：崔继新
技术设计：程凤琴
责任校对：吴海平　赵立新　徐林香　张　彦

图书在版编目（CIP）数据

列宁专题文集.论辩证唯物主义和历史唯物主义/中共中央马克思恩格斯列宁斯大林
　著作编译局编.
—北京：人民出版社，2009.12（2020.11重印）
ISBN 978-7-01-007887-8

Ⅰ.列…　Ⅱ.中…　Ⅲ.①列宁著作-辩证唯物主义②列宁著作-历史唯物主义
　Ⅳ.A26

中国版本图书馆 CIP 数据核字（2009）第 060689 号

书　　名　列宁专题文集
　　　　　论辩证唯物主义和历史唯物主义
　　　　　LIENING ZHUANTI WENJI
　　　　　LUN BIANZHENGWEIWUZHUYI HE LISHIWEIWUZHUYI
编　　者　中共中央马克思恩格斯列宁斯大林著作编译局
出版发行　人民出版社
　　　　　（北京朝阳门内大街 166 号　邮编 100706）
邮购地址　100706 北京朝阳门内大街 166 号
邮购电话　（010）65250042　65289539
经　　销　新华书店
印　　刷　北京新华印刷有限公司
版　　次　2009 年 12 月第 1 版　2020 年 11 月第 2 次印刷
开　　本　700 毫米×1000 毫米 1/16
印　　张　28
字　　数　324 千字
书　　号　ISBN 978-7-01-007887-8
定　　价　62.00 元

ISBN 978-7-01-007887-8

9 787010 078878 >